航空法评论

（第10辑）

主　　　　编：郝秀辉
本辑执行主编：王锡柱

法律出版社
LAW PRESS·CHINA
北京

图书在版编目(CIP)数据

航空法评论. 第10辑 / 郝秀辉主编. -- 北京 : 法律出版社, 2022
ISBN 978-7-5197-7007-5

Ⅰ. ①航… Ⅱ. ①郝… Ⅲ. ①航空法-研究-中国 Ⅳ. ①D922.296.4

中国版本图书馆CIP数据核字(2022)第151936号

航空法评论(第10辑)
HANGKONGFA PINGLUN (DI-10 JI)

郝秀辉 主编

策划编辑 周丽君 李沂蔚
责任编辑 李沂蔚
装帧设计 李 瞻

出版发行 法律出版社
编辑统筹 法律应用出版分社
责任校对 裴 黎
责任印制 刘晓伟
经　　销 新华书店

开本 710毫米×1000毫米 1/16
印张 19.75 **字数** 349千
版本 2022年9月第1版
印次 2022年9月第1次印刷
印刷 北京虎彩文化传播有限公司

地址:北京市丰台区莲花池西里7号(100073)
网址:www.lawpress.com.cn
投稿邮箱:info@lawpress.com.cn
举报盗版邮箱:jbwq@lawpress.com.cn

销售电话:010-83938349
客服电话:010-83938350
咨询电话:010-63939796

书号:ISBN 978-7-5197-7007-5
定价:86.00元
凡购买本社图书,如有印装错误,我社负责退换。电话:010-83938349

目　录

卷首语

转眼间,《航空法评论》(第10辑)即将出版。这一辑和前面的9辑,都有赖于航空法学界同人的大力支持才得以出版,同时,征稿和编辑过程仍是“看似寻常最崎岖,成如容易却艰辛”。幸有同人支持,《航空法评论》(第10辑)即将出版,迫不及待和大家共享这份喜悦,又深知航空法学研究的繁荣仍是道阻且长。

2011年《航空法评论》(第1辑)出版伊始,《航空法评论》始终致力于为航空法学研究者提供一个平台,推动学术研究的发展。有各位同人的支持,《航空法评论》才能发展至今。迄今,中国航空法学研究虽有长足进步,但无论是数量还是质量都还有较大的提升空间,航空产业发展面临法治保障供给不足的困境,许多问题有待于通过法律途径予以解决。

航空法学关注航空活动中产生的法律问题,但航空法学并非遥居云端,而是深深扎根于大地之中。翱翔于蓝天的航空器始终要从大地起飞,最终又降落于大地,而这一起一落之间,都可能产生法律问题,需要法律制度护航。

在中国乃至世界航空业不断发展的背景下,许多新问题有待法学研究者深入探讨。国内发达的无人机制造业需要法律提供制度保障,而C919大飞机的生产与交付也将我国的大飞机制造产业推进到新的阶段,航空制造业的法律制度跟进不足。如何未雨绸缪,通过法律保障航空制造强国地位,还需各位同人建言献策。航空法如何回应智能时代的自动驾驶问题、数据治理问题,有待于进一步研究。航空法学如何与《民法典》《刑法》

等部门法的规则衔接,航空立法如何积极回应航空运输业与航空制造业的“两业融合”,中国航空法与国际公约的适用如何协调等,仍是需要持续探讨的重大问题。

《航空法评论》(第10辑)秉持初心,以“航空立法研究”为主题进行征文,所收录的文章分为十个模块,分别为“人物”“民航行业监管立法问题研究”“通用航空立法问题研究”“新形势与新业态下的航空立法问题研究”“旅客信息保护与证件检查立法问题研究”“航空立法与其他部门法衔接问题研究”“域外航空立法经验梳理”“航空立法与国际公约的衔接问题研究”“航空法律实务问题研究”“航空法学研讨会综述”。十个模块中既有航空立法过程的人物故事,又报道了领域内召开的航空法问题研讨会议;有航空领域新技术、新形势、新业态对于航空法影响的研究,同时又有对于各部门法衔接、航空立法与国际公约衔接等问题进行的研究;有理论前沿,又有法律事务,体现了航空法的多重面向。

从人类制造的航空器进入天空的那一刻起,甚至是从人类有飞天梦想的那一刻起,航空法学的诞生只是时间问题,罗马法中那句“土地权利上及于天,下及于无穷”的法谚语注定要进入故纸堆中。随着航空技术的不断推进,航空业持续发展,许多旧的规则也将成为历史,最终蒙上尘埃,湮没在历史长河之中,仅具有史料价值。甚至是许多在现在看来的前沿研究,或许也难逃在时代更迭中被不断更新的命运,至于航空法学的研究群体,也终将会一代新人换旧人。

然而,这并不是一件悲哀的事。新旧更迭本就是常态,而且新人及其研究带来了新鲜的血液。此时读来令人欣喜的研究成果或许在将来会被遗忘,但它承载着研究者的心血,推动着航空法学研究的进步,试图解决当下面临的问题,许多研究成果也有助于完善现有的法律规则,保障航空产业的发展秩序。航空法学研究要向上生长,也要向下扎根,即使研究者和研究成果难以成为长青树,即使研究成果不能成为绿叶、不能成为树根,也可化作春泥。新旧之间不只是更替,还有延续,功成不必在我,功成必定有我。对学术研究而言,若一万年太久,不妨只争朝夕,待到新竹高于旧竹枝之时,也可体会到进一步有进一步的欢喜。

《航空法评论》(第10辑)即将出版,聊以此言与诸位共话这十年踪迹十年心。这已出版的9辑和待出版的第10辑,仰仗相关部门关照,承蒙各位作者赐稿,有赖出版社和编辑支持,幸得各位读者厚爱。后续每一辑,仍是期待大家,继续关照,继续赐稿,继续支持,继续厚爱,共同推动航空法学走向繁荣。

《航空法学评论》编辑部

2022年3月17日

[人物]

回忆我国航空法学研究奠基人

——徐振翼

吴建端*

中华人民共和国成立以来，我国民航事业取得的辉煌成就令世人瞩目，从一个航空弱国跃升为第二航空运输大国，三大航空公司进入全球十强，被外媒誉为“新世界七大奇迹之首”的北京大兴国际机场顺利投入使用。在国际民航组织第 39 届大会上，我国再次当选一类理事国，这是自 2004 年以来中国第五次连任一类理事国。这些成就的取得离不开一代又一代民航人，包括航空法学者的艰苦努力和辛勤付出。其中有一位学者，我的导师——徐振翼研究员就值得特别怀念。

徐振翼先生为当代航空法学家，出生于 1918 年 10 月，一生潜心研究航空法，致力于我国民航法律制度建设与发展。徐振翼先生出生寒门，很早就开始工作，曾在当时的铁路部门任职，后来经过刻苦努力考入原中央大学，研读当时少见的国际法学，并获得国际法学硕士学位。学习国际法，走国际化之路与国际接轨是先生一生的追求。

中华人民共和国成立之初，成立了军委民航局，后来较长时间里，我国民航归军队领导。徐振翼先生在中华人民共和国成立伊始便加入我国民航队伍，穿上不带肩章帽徽的军装，辛勤工

---

* 吴建端，中国民航大学法学院兼职教授，国际航空法博士，毕业于荷兰莱顿大学。

作的同时,注意收集各类稀少的法律资料,默默地耕耘航空法学。20世纪60~70年代,随着虹桥国际机场远程国际航线的开通、中美关系的改善和越来越多的国家与我国建立外交及经贸关系,我国民航国际化摆上了议事日程。作为当时民航仅有的高学历法学人才,徐振翼先生参与并执笔编撰新中国第一部民航运输规则——《中国民航运输业务工作条例》,分别编写了客货运输规则以及事故处理等工作细则。

令人惊奇的是,20世纪70年代末到80年代初,在资料极度匮乏的情况下,徐振翼先生负责主持编写了民航国际运输规章制度,先后写出了《国际旅客运输业务手册》《国际定座手册》《中国民航旅客、行李国际运输规则》等。笔者有幸保留了这三本40年前撰写的手册,重新翻阅有关章节,仍然被那规范、严谨、清晰、国际化的行文深深折服。

20世纪80年代中期到90年代中期,在邓小平同志民航要走企业化道路指示的感召下,我国民航开始从军管向企业化国际化发展。与此同时,我国航空法学工作和研究开始起步。

在此期间,徐振翼先生先后被聘任为中国民用航空总局、中国国际航空公司和中国东方航空集团有限公司(以下简称东航)的法律顾问,开展了理论与实践紧密结合的工作,并为我国民航招收了一批法学人才,其中有人担任了国际民航组织秘书长,也有人新近担任了中国国际法学会常务理事。1985年,徐振翼先生出版了《航空法知识》,虽然不过百多页,但站在时代认知角度看,却是当时少有的具有国际眼光的航空法律著述,实属不易。

1988年,刚刚成立不久的东航的首任总经理袁桃园和党委书记王立安做了一件我国民航法制史上开创性的事,率先在东航成立了我国民航企业第一家法律顾问室,任命时年70周岁的徐振翼先生为主任。这样的高龄任命迄今没有第二例,将来也不大可能有。这个决策需要极大的魄力,同时也是徐振翼先生深厚法学功底和丰富的实践经验使然。

这一时期,经过著名法学专家的评议,徐振翼先生成为我国首个教授级航空法学研究员,并于1986年率先在上海社会科学院进行挑选,将当年报考国际经济法的两位学生纳入麾下,主攻国际航空法,笔者有幸成为徐振翼先生的开门弟子。

20世纪70年代末到80年末,上海社会科学院拥有多名获得海外学位归来的国际法学教授,可谓星光熠熠。当时全国有将近一半的国际法研讨会是由上海社科院组织召开的。从1986年入学开始,笔者在上海社会科学院就学期间得到徐振翼先生的言传身教和其他教授的教诲,受益终身。

笔者到东航上班的第一天，徐振翼先生到我办公室，第一件事是用手指抹了一下我的办公桌面，看看有没有灰尘。徐振翼先生对于出具的法律意见书的每一个段落、每一个字、每一个标点符号都是仔细推敲，追求严谨到极致。

1990年10月2日，广州白云机场发生了我国有史以来最大的一起劫机案件，也是中国人民保险集团有史以来最大的航空保险赔付案件。劫机案件造成厦门航空公司一架波音737飞机起火烧毁，广州民航局一架波音757飞机被撞毁，西南航空公司一架波音707飞机被撞坏，121名旅客及7名机组人员死亡，90余名旅客受伤，直接保险损失为9000多万美元。徐振翼先生受邀为善后小组提供法律咨询，笔者有幸全程参与，并于第二年将该案件民事赔偿的法律问题写成英文分析文章，发表在荷兰“Air Law”双月刊上（现改名“Air and Space Law”），这也是我国航空法研究者第一次在海外发表涉及航空运输责任的案例分析文章。

1988年，中国工艺品进出口公司上海分公司交付比利时航空公司运输总重量为5174克拉、价值67万美元的毛坯钻石，从比利时安特卫普到日本东京，再从东京运到中国的上海。结果该钻石在上海被航空公司地面代理公司大通空运的接货员兼司机陈志杰盗走。陈志杰以为是一堆石子，慌里慌张中将大量的钻石抛向筑路工地和河滨里，后来司法机关派出大批人员搜寻，却只找回相当于18万美元的钻石，其他的埋入地下或在河底沉睡着。陈士杰不知自己犯下的是当时国字第一号钻石大案，后被法院依据当时的刑法规定判处死刑。

随后，涉及民事部分，国外当事人分别在中国北京和国外的法院，采取不同的诉因，起诉大通空运及相关航空公司。徐振翼先生应邀参与案件处理并亲赴比利时与外方交涉。徐振翼先生展现出扎实深厚的法律功底，力挽狂澜，最后法院判决被告方只赔偿1万多比利时法郎的声明价值费，按照当时的汇率计算，相当于2000元人民币。该案历时多年，是一件影响深远的航空法成功案例。

法治建设是一个国家现代化进程的重要标志。我国政府于1979年就授权民航总局*负责《中华人民共和国民用航空法》起草工作。徐振翼先生参加各项筹备工作，并代表民航总局出席全国第一、二次法制工作会议，且作了大会发言。1987年后，徐振翼先生任《中华人民共和国民用航空法（草案）》起草领导小组成员、起草小组法律顾问。起草工作实质上是在其主持下，经反复修改、专家论证以及报国务院原法制局审核，于1995年10月30日经全国人大常委会通过并正式颁布。

其间，有半年时间，徐振翼先生曾带领起草小组遍访欧美各航空强国，组织收

---

* 现为中国民航局。——编者注

集并翻译欧美多个国家的航空立法。他曾多次邀请我国当年顶尖的法学家参与条文的论证,其中有上海社会科学院的卢峻教授(哈佛大学法学博士)、丘日庆教授(印第安纳大学法学博士)、周子亚教授(柏林大学国际法硕士),北大教授赵理海(哈佛大学法学博士)、芮沐(法兰克福大学法学博士),外交部法律顾问贺其治教授,中山大学教授端木正(巴黎大学法学博士)等十多位法学大家参与。笔者当年有幸参加了几次研讨会,记忆犹新,曾奉命前往北京大学、外交学院迎接芮沐、赵理海教授、马骏教授(时任中国国际法学会秘书长)等参会。在上海社会科学院就学和参加各种研讨会议的过程中,这些教授们的耳提面命至今难以忘怀。《民用航空法》被评价为立法水准高,与这些教授们深厚的法律素养是分不开的。

如今,手抚那几本当年起草小组成员们翻译的有点泛黄的法国、日本、俄罗斯、美国、苏联和罗马尼亚等国航空法中译本,重读《民用航空法》,不禁令人感叹时光荏苒,法学大家们有些已经匆匆离去。

庆幸的是,我们航空法学研究和建设已经不是一个或几个人的负重前行。今天的航空法学研究队伍与研究范围已非往昔可比。一大批年轻、富有才气的研究人员正在中年骨干的带领下走向世界,发出中国的声音、提出中国的主张、奉献中国的解决方案。我国的航空法学研究和祖国经济与民航事业的发展同频共振,值得欣慰。

[民航行业监管立法问题研究]

智慧民航发展对行业监管的立法需求

李　昂*

早在2016年，中国民用航空局（以下简称民航局）《关于推进民航科技教育创新发展的意见》即提出"重点建设新一代民航旅客服务系统、'智慧机场'信息化工程、民航公共云服务平台、民航通信网基础设施平台、民航旅客服务信息平台、通用航空信息服务平台等'六大信息化工程'，为民航安全高效运行提供基础和支撑，打造'智慧民航'"①。2018年民航局《关于深入推进民航绿色发展的实施意见》提出要建设"智慧空管"②。2019年9月25日，习近平总书记出席北京大兴国际机场投运仪式，对民航工作作出重要指示，要求建设以"平安、绿色、智慧、人文"为核心的四型机场，为中国机场未来发展指明了方向。③ 2019年12月，冯正霖局长在第十届中国民航发展论坛上

---

* 李昂，中国民航大学法学院讲师，法学博士，研究方向为行政法基础研究、民航行政法。

① 民航局《关于推进民航科技教育创新发展的意见》（民航发〔2016〕116号），载 http://www.caac.gov.cn/XXGK/XXGK/ZFGW/201703/t20170331_43420.html，最后访问日期：2021年12月18日。

② 民航局《关于深入推进民航绿色发展的实施意见》（民航发〔2018〕115号），载 http://www.caac.gov.cn/XXGK/XXGK/ZFGW/201811/t20181116_192928.html，最后访问日期：2021年12月18日。

③ 参见《中国民航四型机场建设行动纲要（2020—2035年）》（民航发〔2020〕1号），载 http://www.caac.gov.cn/XXGK/XXGK/ZCFB/202001/P020200110664548555485.pdf，最后访问日期：2021年12月18日。

发表了《以智慧塑造民航业的全新未来》的讲话,指出要"借智慧之势,牢牢抓住民航发展对战略机遇","取智慧之法,积极汇聚民航发展的变革动能","成智慧之道,全力开拓民航发展的新阶段"①。以此为引领,民航局在机场建设②、基础设施建设③、航空宽带通信技术④、统计⑤等方面都发布了政策文件,取得了一定成就。

作为一项新兴且极具发展潜力的事物,智慧民航的发展需要立法予以保护和规范。然而,一方面,智慧治理和建设整体处于初步形成阶段,未来发展形态取决于相关信息技术更新频率,而法律、行政法规通常针对相对稳定、变动可能较小的事项进行立法规范;另一方面,智慧民航的建设需要政府部门大力推动,以部门规章这种较多约束性规则的形式进行立法也不合适。因此,由民航行业监管部门进行广义上的立法规范,促进智慧民航发展,预防可能出现的问题,规避风险,是智慧民航现阶段发展的最佳选择。探索行业监管部门立法应当规定哪些事项,是本文写作的主要目的。

一、明确智慧民航的概念

智慧民航,是指运用新一轮科技革命和产业变革的最新成果,分析整合民航各种关键信息和要素资源,最终实现对行业安全、服务、运营、保障等需求作出数字化处理、智能化响应和智慧化支撑的建设过程,其典型特征是人工智能、物联网、云计算、移动互联网、大数据等新一代信息技术在民航领域的广泛应用和深度融合。⑥不过,法律概念需要反映法律规范所调整对象的特有属性或本质属性,从具体法规和案例研究中归纳出一般性和抽象性观念。⑦ 前述智慧民航的概念描述性较强,还有进一步抽象归纳的空间,为此,需要重新审视"智慧民航"这一词汇,定义"智慧"

---

① 冯正霖:《以智慧塑造民航业的全新未来》,载《中国民航报》2019年5月20日,第1版。

② 参见《中国民航四型机场建设行动纲要(2020—2035年)》(民航发〔2020〕1号),载http://www.caac.gov.cn/XXGK/XXGK/ZCFB/202001/P020200110664548555485.pdf,最后访问日期:2021年12月18日。

③ 参见《民航局印发新型基础设施建设〈实施意见〉和〈五年行动方案〉》,载http://www.caac.gov.cn/XWZX/MHYW/202012/t20201230_205869.html,最后访问日期:2021年12月18日。

④ 参见民航局《关于印发中国民航新一代航空宽带通信技术路线图的通知》,载http://www.caac.gov.cn/XXGK/XXGK/TZTG/202105/t20210518_207630.html,最后访问日期:2021年12月18日。

⑤ 参见民航局《关于推进民航统计现代化改革的若干意见》(民航发〔2021〕38号),载http://www.caac.gov.cn/XXGK/XXGK/ZCFB/202108/t20210830_209048.html,最后访问日期:2021年12月18日。

⑥ 参见冯正霖:《以智慧塑造民航业的全新未来》,载《中国民航报》2019年5月20日,第1版。

⑦ 参见吴丙新:《法律概念的解释——法律适用的合法性与妥当性》,山东大学2005年博士学位论文,第17页。

的含义。

(一)"智慧"的理论与立法发展

智慧民航中的"智慧"是一个"舶来品"。2009 年 1 月,国际商业机器公司(International Business Machines Corporation, IBM)首席执行官(Chief Executive Officer, CEO)提出了"智慧地球"(Smart Planet)概念;9 月,美国迪比克市与 IBM 宣布共建美国第一个智慧城市。2010 年 3 月,欧盟委员会(European Commission)出台《欧洲 2020 战略》,提出三项重点任务——智慧型增长、可持续增长和包容性增长。其中,智慧型增长意味着要强化知识创造和创新,充分利用信息技术。具有新内涵的"智慧"被介绍到国内,引起了不同专业学者的研究热情,逐步提出了"智慧城市""智慧政府""智慧社会"等概念。其中,与"智慧"结合、发展最迅速的是智慧城市,是指通过广泛采用互联网、云计算、移动互联网、大数据等新一代信息技术,提高城市规划、建设、管理、服务、生产、生活的自动化、智能化水平,使城市运转更高效、更敏捷、更低碳。① 智慧城市的发展包括政治、经济、社会三个方面,据此产生了"智慧政府""智慧经济""智慧社会"三个次级概念。智慧政府,是指利用物联网、云计算、移动互联网、人工智能、数据挖掘、知识管理等技术,提高政府办公、监管、服务、决策的智能化水平,形成高效、快捷、便民的新型政府。智慧经济以智慧产业为载体、以智慧企业为主体。智慧产业指的是数字化、网络化、信息化、自动化、智能化程度较高的产业;智慧企业指的是生产经营智能化水平较高的企业,是企业信息化发展的高级阶段。智慧社会,是指高度智能化的社会,包括社会事业的智能化与市民生活的智能化,前者如智慧教育、智慧医疗、智慧学校等,后者如智慧社区、智慧家居。②

与理论研究相似,"智慧"亦被广泛应用在我国立法和政策制定实践中。第一份与"智慧"相关的立法政策文件是,2010 年 12 月广东省政府办公厅发布的《关于加快发展物联网建设智慧广东的实施意见》,中央层面第一份文件则是 2012 年住房和城乡建设部办公厅《关于开展国家智慧城市试点工作的通知》。2013 ~ 2015 年,中央政府及其工作部门发布的有关智慧建设的主要文件包括:原国家林业局于 2013 年发布的《中国智慧林业发展指导意见》、住房和城乡建设部办公厅 2014 年发布的《智慧社区建设指南(试行)》、原国家旅游局 2015 年发布的《关于促进智慧旅

① 参见金江军、郭英楼:《智慧城市:大数据、互联网时代的城市治理》(第 4 版),电子工业出版社 2018 年版,第 8 页。

② 参见金江军、郭英楼:《智慧城市:大数据、互联网时代的城市治理》(第 4 版),电子工业出版社 2018 年版,第 11 页。

游发展的指导意见》、商务部办公厅2015年发布的《关于智慧物流配送体系建设实施方案的通知》等。① 2016年,中共中央办公厅、国务院办公厅印发了《国家信息化发展战略纲要》,提到要进行智慧城市、智慧法院、智慧健康医疗建设②,相关"智慧"立法政策制定工作进入爆发期,中央层面出现了"智慧气象"③"智慧家庭"④"智慧港口"⑤"智慧能源"⑥"智慧健康养老"⑦"智慧监管"⑧等新的智慧发展方向,地方则陆续出现了《银川市智慧城市建设促进条例》《济宁市智慧城市促进条例》《大同市智慧城市促进条例》《鹰潭市智慧城市促进条例》以及千余份与智慧发展相关的规范性文件。⑨ 不过,在数量如此庞大的文件中,却鲜有正面定义"智慧"的。相对而言,银川、鹰潭的条例给出的智慧城市概念比较规范,前者认为智慧城市是"指运用互联网、物联网、云计算、大数据、空间地理信息等信息技术,促进城市规划、建设、管理和服务智慧化,构建惠民、利民、便民的现代城市智慧式管理、运行和

① 资料来源于北大法宝网,http://www.pkulaw.cn,最后访问日期:2021年12月18日。

② 《中共中央办公厅国务院办公厅印发〈国家信息化发展战略纲要〉》,载http://www.gov.cn/gongbao/content/2016/content_5100032.htm,最后访问日期:2021年12月18日。

③ 《中国气象局减灾司关于印发〈全国智慧农业气象服务平台数据存储规范(试行)〉的通知》(气减函〔2016〕66号),载http://www.pkulaw.cn/fulltext_form.aspx?Db=chl&Gid=8e3f48ef393c554bbdfb&keyword=智慧&EncodingName=&Search_Mode=accurate&Search_IsTitle=0,最后访问日期:2021年12月18日。

④ 《工业和信息化部、国家标准化管理委员会关于印发〈智慧家庭综合标准化体系建设指南〉的通知》(工信部联科〔2016〕375号),载http://www.pkulaw.cn/fulltext_form.aspx?Db=chl&Gid=6c3330403d05bbb7bdfb&keyword=智慧&EncodingName=&Search_Mode=accurate&Search_IsTitle=0,最后访问日期:2021年12月18日。

⑤ 《交通运输部关于开展智慧港口示范工程的通知》(交水函〔2017〕101号),载http://www.pkulaw.cn/fulltext_form.aspx?Db=chl&Gid=41f41fb8fa5225f7bdfb&keyword=智慧&EncodingName=&Search_Mode=accurate&Search_IsTitle=0,最后访问日期:2021年12月18日。

⑥ 《国家能源局关于公布首批"互联网+"智慧能源(能源互联网)示范项目的通知》(国能发科技〔2017〕20号),载http://www.pkulaw.cn/fulltext_form.aspx?Db=chl&Gid=3319a935127c2fb4bdfb&keyword=智慧&EncodingName=&Search_Mode=accurate&Search_IsTitle=0,最后访问日期:2021年12月18日。

⑦ 《工业和信息化部、民政部、国家卫生计生委(已撤销)关于印发〈智慧健康养老产业发展行动计划(2017-2020年)〉的通知》(工信部联电子〔2017〕25号),载http://www.pkulaw.cn/fulltext_form.aspx?Db=chl&Gid=b78b84986a5124edbdfb&keyword=智慧&EncodingName=&Search_Mode=accurate&Search_IsTitle=0,最后访问日期:2021年12月18日。

⑧ 《国家药监局关于印发〈国家药品监督管理局关于加快推进药品智慧监管的行动计划〉的通知》(国药监综〔2019〕26号),载http://www.pkulaw.cn/fulltext_form.aspx?Db=chl&Gid=b1ad901c2ea24cfabdfb&keyword=智慧&EncodingName=&Search_Mode=accurate&Search_IsTitle=0,最后访问日期:2021年12月18日。

⑨ 资料来源于北大法宝网,http://www.pkulaw.cn,最后访问日期:2021年12月18日。

公共服务系统"①;后者则认为智慧城市"是指运用云计算、大数据、物联网、人工智能等现代信息技术,促进产业发展数字化、社会治理智能化、公共服务便捷化的新型城市模式"②。

(二)"智慧"的内涵

总的来看,对"智慧"的定义方式主要有三种:第一种侧重于"智",往往由具有工科知识背景研究者提出,强调新一代信息技术的基础作用,突出智慧建设的原发动力;第二种侧重于"慧",多由管理科学的研究者与实践者提出,强调应用新一代信息技术推动现有管理、服务、产业等方面等深刻变革;第三种亦是由具有管理知识背景研究者提出,从整体出发,兼顾"智"与"慧"的关系,以智能化为基础,推动管理与服务的模式创新,最终实现全面、健康、和谐发展。③ 相对而言,第三种定义方式更完善,但容易在表述上过于冗长、不够抽象概括。总的来说,"智慧"的含义需要把握三个要素:一是以新一代信息技术作为基础,这是"智慧"的根基;二是以公共管理、公共服务变革与创新为目标,这是防范技术失控、以技术服务于人的约束性条件;三是信息技术发展与公共管理革命的协同,实现"智""慧"并重、协调一致、和谐发展的宏伟前景。

与"智慧"相近的另一个"热词"是"数字",代表性研究方向是数字政府。数字政府是2002年开始的电子政务在政策上的延伸,它指的是在技术层面即政府基于数字技术以更有效率的方式分配信息,在组织层面即政府基于数字基础设施的赋能、协同与重构。④ 数字政府既是一种平台,也是一种生态系统,包括政府与公民交流的门户网站、社交媒体、移动客户端和政府内部信息系统与业务流程。⑤ 全国各地对如何建设数字政府开展了积极探索,其中"云上贵州"政务数据平台、浙江"最多跑一次"惠民工程、广东"粤省事"小程序等活动较为成功,积累了不少优秀经验。在理论界,学者们对数字政府的概念、内容、发展史等基础理论做了梳理,并对各地实践进行了现状、问题与对策分析,达成了数字政府的初步理论共识。有观点认

① 《银川市智慧城市建设促进条例》,载 http://www.pkulaw.cn/fulltext_form.aspx? Db = lar&Gid = 986eed6515fcc824d35ad2cc95ab4dc9bdfb&keyword = 智慧 &EncodingName = &Search_Mode = accurate&Search_IsTitle = 0,最后访问日期:2021年12月18日。

② 《鹰潭市智慧城市促进条例》,载 http://www.pkulaw.cn/fulltext_form.aspx? Db = lar&Gid = a1257c3331710e8717636fadb02ab09dbdfb&keyword = 智慧 &EncodingName = &Search_Mode = accurate&Search_IsTitle = 0,最后访问日期:2021年12月18日。

③ 参见赵大鹏:《中国智慧城市建设问题研究》,吉林大学2013年博士学位论文。

④ 参见黄璜:《数字政府:政策、特征与概念》,载《治理研究》2020年第3期。

⑤ 参见马亮:《数字政府建设:文献述评与研究展望》,载《党政研究》2021年第3期。

为，智慧政府是电子政务的高级阶段，比数字政府更新、更先进。笔者认为，“智慧”与“数字”之间并不是非此即彼的关系，它们的共同核心都是强调在信息化/数字化时代背景下，深入发掘数字/数据的潜能，从而丰富人的有限理性，使决策更加科学、政府更加高效、企业更具活力、社会更为和谐。

（三）智慧民航的概念

结合前文分析，可以将智慧民航定义为行业监管部门、民航企业与消费者共同利用新一代信息技术，全面提升民航行业数字化、智能化、便捷化、全球化的建设模式。智慧民航不是政府单方面的任务，需要由行业监管部门进行政策引导和基础性技术设施建设，航空公司、机场以及大中小型互联网企业共同参与，民航消费者不断提出建议进行细节优化，因此需要在定义中强调智慧民航建设主体包括行业监管部门、民航企业和消费者共同参与。新一代信息技术包括但不限于物联网技术、云计算技术、移动互联网技术、大数据技术、空间信息技术、人工智能等，随着科技发展，未来还有可能产生更新的技术形式，因此在定义中可以适当简化。数字化强调智慧民航要以数据为核心，优化数据的采集、处理、分析、应用；智能化强调各系统的自主学习能力与分析处理问题能力；便捷化强调智慧民航建设要以人文本，充分考虑消费者需求；全球化强调我国智慧民航建设跑步前进、取得全球领先地位并加强国际合作的长远目标。

二、智慧民航行业监管的立法定位与模式选择

（一）立法定位

从理论上看，当前围绕智慧治理形成的理论主要包括智慧城市、智慧经济、智慧政府、智慧社会等几个相互关联又各自具备一定独立性的理论体系，而智慧民航建设与智慧经济、智慧政府、智慧城市都有交集。这是因为：(1)民航是国家经济发展的重要组成部分，因此智慧民航具备智慧经济的特征，需要以智慧制造为支撑，以智慧企业为关键，以智慧产业为载体。(2)智慧民航发展离不开行业监管部门的推动与规范，因此在智慧民航建设中，行政监管部门需要以智慧政府、数字政府建设为纲，进行自我建设、自我规制。(3)民航是交通运输的分支，机场是城市交通的重要枢纽，因此智慧民航还涉及智慧城市相关理论，以物联网、云计算等新技术强化智慧机场、智慧空管建设。

从立法位阶上看，行业监管部门的立法属于政府工作部门制定规范性文件行为即行政规定行为，成果是在行业范围内对监管主体自身、航空公司、机场等行业监管对象以及民航消费者有影响力和约束力的规范性文件，其上位法包括法律、行政法

规、部门规章。智慧民航建设要利用好数据，首先，在行业监管立法中，在数据安全方面遵守《数据安全法》规定，在个人数据采集与隐私方面遵守《个人信息保护法》和《民法典》中关于隐私权的相关规定。其次，依据法律保留与法律优位原则，行业监管部门的立法成果不能违背上位法的强制性规范，即法律、行政法规与部门规章的相关强制性规范。最后，按照内部行政层级要求，智慧民航立法要与党中央、国务院及其办公厅、部委有关智慧建设的规范性文件传递的精神和价值导向保持一致。

（二）立法模式选择

目前，与智慧相关的广义立法活动主要有两种类型：一种是由地方人大及其常委会制定的地方性法规，常用形式为《促进条例》。例如，2016 年出台的《银川市智慧城市建设促进条例》，分为总则、发展规划、信息基础设施共享、信息采集共享、应用推广措施、法律责任、附则七章共 44 条。① 另一种则是由中央和地方各级政府及其工作部门制定的规范性文件，常以《指南》《指导意见》《办法》《规定》《行动计划》等命名。其中，《指南》《行动计划》《指导意见》在行为性质上属于行政指导，不具有强制执行力，对处于推广促进阶段的智慧民航而言更为合适；在指导性文件中，以《指导意见》最为规范，且可以在《指导意见》内明确行政机关的职责、原则、任务、程序、法律责任与监督等规则，进行自我约束。因此，智慧民航等行业监管立法最好采用《指导意见》形式，在内容上则需要借鉴其他行政部门制定的规范性文件，以及智慧城市建设促进条例等地方性法规的立法体例。

三、智慧民航行业监管立法的指导思想与原则

（一）树立大数据思维

正如冯正霖局长在讲话中所说，新一轮科技革命改变了我们的思维方式、行为方式，敞开怀抱迎接智慧时代，首先需要所有民航人树立大数据思维。大数据只有具备新处理模式才能具有更强的决策力、洞察力和流程优化能力的海量、高增长率和多样化的信息资产②，具有数量巨大（Volume）、类型繁多（Variety）、处理速度快（Velocity）、真实高质量（Veracity）的“4V”特征③。根据信息时代三大定律之一的

---

① 参见《银川市智慧城市建设促进条例》，载 http://www.pkulaw.cn/fulltext_form.aspx? Db = lar&Gid = 986eed6515fcc824d35ad2cc95ab4dc9bdfb&keyword = 智慧 &EncodingName = &Search_Mode = accurate&Search_IsTitle = 0，最后访问日期：2021 年 12 月 18 日。

② 参见徐继华、冯启娜、陈贞汝：《智慧政府：大数据治国时代的来临》，中信出版社 2014 年版，第 40 ~ 41 页。

③ 参见徐继华、冯启娜、陈贞汝：《智慧政府：大数据治国时代的来临》，中信出版社 2014 年版，第 46 页。

麦特卡尔夫定律(Metcalfe's Law),数据“物以多为贵”,具有正外部性,网络数据的使用者越多,创造的价值、效用越大。这是因为,信息的消费过程同时也是信息的生产过程,消费信息的人越多,信息所包含的资源总量就越大。① 因此,智慧民航的建设需要有更多主体参与,不同航空公司之间、航空公司与机场之间、监管部门与民航企业之间都可以进行数据共享,扩展数据资源,创造更多数据价值。大数据思维可以增强民航行业监管部门决策过程中“数据说话”的分量,推动精细化管理,推进公共资源配置合理化、公共服务人性化、运行整体化、运作智慧化。② 同时,行业监管部门可以邀请网络服务商参与大数据的基础设施建设,引导更多企业参与数据挖掘活动,创造更多商业价值。

(二)明确行业监管部门角色

在智慧治理与建设中,政府发挥的作用包括规划设计、整合协调、筹资融资、建设运营与监管服务。③

首先,民航行业监管部门在日常监督管理活动中随时都在生产数据,因此其第一个角色就是智慧民航的建设者。为此,监管部门应当在监督管理过程中注意数据采集与数据分析,提升内部管理系统的智能化水平,同时加强培训,提升工作人员运用数据和智能系统的能力。

其次,智慧民航建设的关键在于民航企业,行业监管部门的第二个角色是合作建设智慧民航的引领者与协调者。正所谓“船小好掉头”,而民航行业需要资金量大、服务人员多,无论是航空公司还是机场公司,往往体量很大,在新技术挑战下缺乏直面和主动应用的动力。这就需要民航监管部门积极引导,通过智慧航企、智慧机场、智慧空管的试点、示范工作,展示智慧民航的商业价值和效果。出于保持竞争力的考虑,部分民航企业会将其掌握的消费者信息等数据视为垄断性资源,不愿共享;此时,需要民航监管部门从中协调,打消企业顾虑,推动航空公司之间、航空公司与机场之间的数据共享与共同应用,挖掘新的民航商业盈利空间。

最后,监管部门对民航发展方向具有引领和把控作用,是智慧民航的掌舵者。为此,可以在内部成立专门的智慧民航领导小组,突出智慧民航工作的重要性;进行智

① 参见徐继华、冯启娜、陈贞汝:《智慧政府:大数据治国时代的来临》,中信出版社2014年版,第62~63页。

② 参见金江军、郭英楼:《智慧城市:大数据、互联网时代的城市治理》(第4版),电子工业出版社2018年版,第113页。

③ 参见田学进:《智慧城市建设中的政府角色——基于上海市的经验研究》,上海交通大学2016年博士学位论文。

慧民航的长期规划与短期发展设计，推进智慧民航有序发展；完善法律规范，确立智慧民航建设标准与评价体系，统一新技术的行业应用和服务标准，健全人才、产业、资金等各项配套政策；与其他政府部门合作，加强智慧民航数据使用的安全性。

（三）化解问题，规避风险

智慧民航将行业监管由事后监管转变为事前监管，即从以事后追责、修正错误为主转变成事前预测可能发生的问题、潜在风险并予以化解和规避，能够大幅度减少问题与事故的实际发生，减少发展代价，提升民航社会价值。对智慧民航来说，可能遇到的问题与风险包括两类：一类是数据技术、智慧建设本身的风险；另一类是民航行业开展智慧建设的风险。

智慧建设以新一代信息技术为基础，然而技术本身就有风险性。大数据技术的应用面临的第一个风险是数据造假。国内生产总值（gross domestic product，GDP）数据虚高，发展改革、住房建设、统计等不同部门提供的房价涨幅数据"掐架"，刑事犯罪率人为"洗白"等问题在国内都有曝光，反映了中国基层统计基础薄弱的现实。① 这需要在数据统计过程中，坚决维护统计数据的真实准确，改进统计方法，加强监督检查，严惩统计违法违纪行为。第二个风险是数据呈现与解读的谬误，包括滥用相关关系或者把相关关系与因果关系混为一谈，数据只反映片面事实或被偷换概念，展示数据的图表失实导致数据结论具有误导性，以简单量化的方式掩盖对实际意义的考量。换句话说，在更多场合下，数据给出的是分析前提，而在得出结论的过程中会出现一些歧路。第三个风险是信息孤岛与数据烟囱问题。这是指不同主体之间的数据和信息相互孤立、不共享互换，以及信息与业务流程和应用相互脱节，从而影响沟通协作，导致管理成本增加。信息孤岛有些是主体为保证商业竞争力而故意为之，有些则因不同主体沟通不畅造成。消除信息孤岛，需要民航监管部门上下级之间利用多级网络和中心数据库，构建统一的信息处理平台；同时，民航与其他政府部门进行水平信息系统整合，实现跨部门信息资源共享和政务协同。总之，新一代信息技术应当为智慧建设服务，而不能成为权力扩张和滥用的新形式②，要始终理性看待信息技术应用，技术是人类理性思维的丰富而绝非替代，防范利用数据作出脱离实际的决策，阻碍社会发展。

无论是对行业监管还是对企业运营而言，智慧民航建设都面临数字化转型的困难，尤其是在运行组织体系与一些陈旧的规制方面。（1）现有的人力资源知识体

① 参见徐继华、冯启娜、陈贞汝：《智慧政府：大数据治国时代的来临》，中信出版社2014年版，第219～220页。

② 参见马长山：《智慧社会的基层网格治理法治化》，载《清华法学》2019年第3期。

系不能满足智能化的要求。从生产应用到运行维护,以及现场管理与战略决策,几乎所有人员都难以适应智能化的知识要求,在全新的技术与系统面前缺乏技术自信,难以管控运行风险。(2)智能技术与现有规制冲突。例如,大小机场对行业规制的理解与应用不同,使自动化服务效率低下,以及由于信息保障系统封闭造成的行业服务数据孤岛等。(3)管理理念相对陈旧。例如,智慧机场建设面临的原有信息系统需要重建的问题,现有信息保障系统需要更新换代的问题,生产运行管理需要由事中和事后管理全面向事前和事中管理转变的问题,航空安全与服务质量全面融合的问题等。[①] 产生上述问题的主要原因,在于作为技术密集型行业,民航企业和监管部门都对既有技术有一定的路径依赖,技术革新往往需要对已有系统进行全面的、覆盖性的替换,需要大量成本投入,因此缺乏智慧建设的动力。化解问题的关键:一是要进行正向引导,让企业看到智慧民航建设的商业价值;二是要对从业人员建立激励机制,鼓励更多人才学习智能知识,迎头赶上。

(四)保障人权

智慧建设催生人权发展出了"第四代人权"——"数字人权"。数字人权以数据和信息为载体,展现着智慧社会中人的数字化生存样态和发展需求的基本权利,具体包括数据信息自主权、数据信息知情权、数据信息表达权、数据信息公平利用权、数据信息隐私权、数据信息财产权等。[②] 数字时代对人权的侵犯往往与新技术应用密切相关。例如,新闻报道中的"大数据杀熟",就是数据根据老客户的偏好,在其可接受范围内以更高的价格提供商品和服务,侵犯了消费者的权益。还有令人担忧的算法"黑箱"引发的系统性歧视问题,以及数据服务商概括性的"知情同意授权"对消费者隐私的全面剥夺,等等。为此,需要构建一种多元平衡、互动共享的数字人权保护机制,公开数据分析的算法,由第三方专家论证算法系统的可靠性和有效性,建立算法的伦理规则,培养算法的道德学习能力等。

智能是一个群体性行为,倾听人民的想法,考虑消费者的感受,不仅有利于智慧民航建设,也能够增强决策的民主性。在智慧民航建设中,行业监管部门可以开发一个 App 或者利用官方微博,了解消费者需求和接受投诉,在机场和航空公司相关应用 App 上以虚拟积分奖励等方式鼓励消费者提出建议,并将这些投诉建议转化成技术措施以改进智能系统。另外,要保留适合老年人等无法自主进行智能操作的人群乘坐飞机的途径,保障智慧建设中弱势群体的消费权利。

---

① 参见邹建军:《数字时代如何做好智慧民航建设》,载《中国民航报》2020年1月16日,第7版。

② 参见马长山:《智慧社会背景下的"第四代人权"及其保障》,载《中国法学》2019年第5期。

四、智慧民航行业监管立法的主要内容

（一）界清行业监管部门的职责

1. 强化民航行业监管部门的组织建设。在纵向上，要梳理行业监管部门上下级之间的关系，对基层民航监管机构进行适当放权，减少下级逐级上报事项；建立上下级共享的网络和信息数据库，并在数据库内部设置智能提醒，解放工作人员，提高审批与监管效率。在横向上，加强民航与公安、网信、网络安全等部门的协同合作，开展数据共享，消除数据孤岛，深入挖掘公共数据价值。

2. 开展新技术的基础设施建设。包括大容量集群存储设备与系统的建设；全国统一、各级监管部门皆可使用的民航行业监管云平台的建设，推进监管、航企、机场共用的民航监管数据共享平台建设。

3. 建立健全智慧民航数据标准体系。统一的信息处理标准是数据采集的前提，有助于就数据搜集的边界和格式达成管理层面上的一致意见。例如，美国政府提出的最小数据集规则，是国家管理层面强制收集的数据指标。我国近几年推行并基本完成的社会信用统一代码，也为大数据的运行奠定了基础。智慧民航数据标准应当由行业监管部门会同专家共同科学制定，明确强制采集的最小数据集，设定全行业统一的数据代码。

4. 既有系统升级。（1）采用人工智能、知识管理等手段升级改造传统办公自动化系统（Office Automation，OA），建立具有记忆功能、自动提醒功能、排序功能、移动办公功能等智能化的办公系统。（2）升级民航行业监管执法信息系统（Supervision and Enforcement System，SES）。改进信息录入功能，开发一键录入所有基础信息功能；可以考虑适度开放部分信息，供民航企业与消费者查询，提升政府信息公开水平；将 SES 与执法人员的移动执法系统关联，方便执法者在外调取有关材料，执行公务。（3）民航局官方网站升级。将既有网站进行系统化、智能化升级，提高网站提供民航信息的知识含量，优化普通用户的信息查询功能，推进政府信息公开，促进社会各界对政府数据的开发利用。

5. 加强人员管理。智慧民航需要的是既懂监管又会智能化系统操作的“大数据人才”。据此，一方面，需要开展监管部门内部人员培训，将参与培训纳入绩效考核系统，促进人员提升数据处理技能；另一方面，可以建立公务员和监管部门内部工作单位的知识成果申报制度，鼓励积极分享数据信息应用和交流的政府文化。

（二）开展试点、示范工作

智慧民航可以选择部分相对先进、可靠、低成本、低风险的项目开展试点和示

范工作[①],逐步推动智慧民航的全面建设。

1. 智慧机场建设。智慧机场一直是智慧民航建设的"排头兵",它具有可视化、服务化、移动化的特点,在完成机场业务流程信息化管理和可视化运维的基础上,重点建设"服务敏捷""运营预测""工作协同"等内容。[②] 可以在机场主体服务区域设置一体化智能设备,根据乘客信用评级开展差异化安检[③],利用射频识别(Radio Frequency Identification,RFID)技术的登机牌实现对行李的全程跟踪[④],等等。2019年,在民航中南地区管理局支持下,深圳机场集团与华为公司共同在深圳建立了智慧机场先行示范基地,目前运转良好。

2. 智慧空管建设。利用雷达、飞行传感器等,空管可以实现飞机位置、速度、姿态等自动监测,方便空中交通管制人员引导飞机起降。还可以利用人脸识别技术,对飞行员驾驶情况进行实时监控,在飞行员疲惫时予以提醒。2019年,民航西南地区空中交通管理局与中国电科第十四研究所签署了《航空智慧气象实验室合作框架》,是行业监管部门与企业合作开展智慧空管建设的良好尝试。

3. 探索智慧民航的更多试点示范工作。例如,民航局与霍尼韦尔公司开展合作,推广空中互联黑匣子、智能算法软件等技术的使用;2018年与中国电子科技集团有限公司签署战略合作协议,全面推进民航服务信息化、民航装备国产化。此外,民航发展论坛的召开,为智慧民航建设提供定期交流的平台。智慧民航的试点示范工作,需要民航行业监管部门积极探索,主动与其他主体合作。

(三)强化数据安全,保障消费者权益

智慧民航建设中,保障数据安全是重点。这需要行业监管部门与互联网企业开展合作,防范数据泄露、数据窃取、数据损坏、攻击关键基础设施等数据自身安全风险,杜绝数据操纵、数据污染、数据恶意挖掘和数据不当二次流通等数据滥用安全风险。[⑤]

保障消费者权益,需要在智慧民航活动开展中树立以人为本的服务理念,以保障人权为更高的价值选择,建立数据收集与数据分析、数据挖掘的算法审查机制,设置

① 参见蔡翠:《我国智慧交通发展的现状分析与建议》,载《公路交通科技(应用技术版)》2013年第6期。

② 参见廖必凯、代军、王魏:《浅谈信息化对民航"智慧机场"的支撑作用》,载《民航管理》2015年第4期。

③ 参见李良川:《智慧时代民航地面服务保障模式转型的分析和研究》,载《民航管理》2020年第6期。

④ 参见杜婷:《智慧民航,离我们还有多远》,载《大飞机》2019年第7期。

⑤ 参见夏义堃:《论政府数据开放风险与风险管理》,载《情报学报》2017年第1期。

数据应用的伦理审查。以消费者便捷为导向,运用人工智能、人脸识别等技术服务消费者。例如,可以运用人脸识别或者其他信息识别技术,对单独乘坐飞机的老人进行识别,在其到达机场后主动提供陪伴或走绿色通道,提升服务质量。聆听消费者反馈,积极拓展消费者投诉与举报的网络渠道,提升智慧民航建设的民主化程度。

五、结语

中国民航想要在强者环伺的国际民航运输市场上占有一席之地,拥有自己的话语权,在新一代信息技术全面推动产业革新的时代,选择走智慧民航发展道路是必然选择。然而,智慧民航的未来取决于信息技术的发展速度,以及民航行业吸收应用技术的创新程度,而非依靠立法者与研究者的预测与想象,这也是包括本文在内的诸多理论研究在提及智慧民航的发展内容上有些“虚无缥缈”的重要原因。不过,无论如何,保障数据安全、尊重和保障消费者权益,始终是智慧民航的发展“边框”,以此为底线,集全体民航人之大智慧,定可助中国民航扶摇直上。

民航业社会性规制的一般法律框架重塑*

康　健**

一、民航业风险提升呼吁社会性规制

近年来,随着政府对民航业经济性规制的放松,我国民用航空(以下简称民航)相关产业取得了长足发展。例如,以春秋航空股份有限公司、华夏航空股份有限公司等为代表的民营航空公司渐次涌现,以无人机为代表的新型航空器在运输、摄影等领域得到广泛应用等。据统计,截至 2020 年,我国民航运输规模已经连续 15 年位居世界第二。随着民航相关产业规模的不断扩大、发展速度的不断提升,出现安全、健康、环境、秩序等风险的可能性也在不断扩大。

第一,安全风险。一是生命和财产安全风险。安全是民航业的生命线,虽然我国民航安全水平长期处于世界前列,但民航安全仍面临严峻形势。例如,2016 年上海虹桥机场的跑道入侵事件、2020 年东海航空的空中斗殴事件等,严重威胁消费者的生命和财产安全。二是信息安全风险。信息技术在民航业的广泛应用是推进民航业发展的核心要素,但亦面临严重的安全风险。例如,泄露、出售乘客信息的事件时有发生,在掌握乘客信息后通过诈称"航班延误""航班取消"等手段实施诈骗等事件

---

* 基金项目:天津市普通高校人文社科重点研究基地中国民航大学航空法律与政策研究中心开放式基金项目:契约型公务法人在跨区域机场协同发展中的应用研究(项目编号:HKFYZCYJZX202104)。

** 康健,法学博士,中国民航大学法学院讲师。

也屡见不鲜。

第二,健康风险。一是机组人员身心健康风险。随着我国航空运输量的不断扩大,飞行员缺口也不断增大,使机组人员的飞行任务量不断增加,相应的健康风险也随之增大。二是乘客的健康风险。随着经济水平的提高,越来越多的人选择飞机出行,由此带来的乘客健康风险也不断增大。三是超常态运行模式下的健康风险。例如,在新冠肺炎疫情防控期间,机组成员及乘客的健康风险不断放大,考验着民航业社会性规制的智慧。

第三,环境风险。民航业的快速发展也带来了严重的环境风险。例如,民航客机飞行过程中排放了大量的二氧化碳,据联合国政府间气候问题研究小组估计,3.5%的全球人为气温升高是由航空业引起的,到了2050年,这数字可能增长到15%。又如,修建机场破坏当地的生态环境,客机起降所造成的噪声污染也使机场周边居民不堪其扰等。

第四,秩序风险。以无人机为代表的新型航空器在我国的蓬勃发展,体现了我国高端制造业的不断进步,但无人机"黑飞"、违法使用等事件也凸显了秩序风险的增大。例如,2019年4月成都双流机场遭遇四架"黑飞"无人机干扰,导致58个航班备降其他机场,4架飞机返航,严重扰乱了空中交通秩序。

社会性规制是与经济性规制相对应的一种规制形态,是政府规制中不可或缺的一环。有学者指出,社会性规制是"以保障劳动者和消费者的安全、健康、环境保护为目的,对物品和服务的质量和伴随它们而产生的各种活动制定一定的标准,并禁止和限制特定行为的机制"①。在民航业经济性规制放松的时代前提下,民航业安全、健康、环境、秩序等社会风险发生的概率也在不断提高,因此,政府对"互联网+"仅仅进行经济性规制是远远不够的,必须强化相关的社会性规制,以防范风险,推动我国民航业安全、持续、快速发展。

二、民航业新型规制模式在社会性规制领域的局限

2018年,中国民用航空局(以下简称民航局)正式推行以"行业监察事项库、企业法定自查、非现场监管、信用监管、精准监管、双随机、一公开"等为主要内容的新型规制模式,以期实现民航业由以事前规制为主向以事中、事后规制为主的转变,由"保姆式"规制向系统性规制的转换。新型规制模式在厘清权责界限、降低规制成本、丰富规制手段、推进企业自我规制的发展等方面都具有重要意义,但其在规

① [日]植草益:《微观规制经济学》,朱绍文、胡欣欣等译,中国发展出版社1992年版,第22页。

制实践中,特别是在社会性规制领域亦暴露出一些局限性。

(一)规制漏洞

规制漏洞是造成规制失灵的基础性因素。当前,在新型规制模式下产生规制漏洞的原因主要有二:一是规制依据不完善;二是规制链条不通畅。

1. 规制依据不完善。(1)社会性规制的实施是以法律为依据的,但法律的稳定性价值追求往往使其难以囊括民航业发展中出现的所有可能,这就造成政府社会性规制的开展频繁出现无法可依的现象,形成规制漏洞。例如,对于蓬勃发展的无人机行业而言,我国的无人机适航规则仍处于极度模糊的状态,消费级无人机监管的政策法规依据亦不明确①,这都造成了无人机监管中的规制漏洞。(2)规制依据的精细化程度不足、对市场需求的回应性不强,影响了社会性规制的有效开展,形成规制漏洞。例如,有的监管机关长期未制定规章,监察员依据几份红头文件和规范性文件进行检查,对违规行为无法进行行政处罚,在监管过程中底气不足、腰杆不硬,督促行政相对人整改隐患问题的手段不足。

2. 规制链条不通畅。民航社会性规制体系的有效运行,依赖于通畅的规制链条。在民航新型规制模式下,政府监管责任与企业主体责任间的抵牾,极易造成监管链条的梗阻,形成规制漏洞。在新型规制模式下,由于企业在安全生产中负有主体责任,企业希望监管事项库能够面面俱到,从而减少自身的监管资源投入,降低企业经营成本,规避相应的责任追究;而执法机构则倾向于减少监管事项,以节约规制资源,降低规制成本,减免规制责任。这种抵牾状态形成了规制链条梗阻的基础性因素,最终影响了整个规制链条的通畅性,在实践中造成监管机构消极履行监察职责,企业怠于开展法定自查或在法定自查事项的设定中“依样画葫芦”等乱象,极易形成规制漏洞。

(二)规制过度

基于民航业对安全的特殊要求,我国民航业长期受到政府的严格管制,虽然民航局试图通过推行新型规制模式实现从保姆式监管向系统性监管的转换,但在社会性规制实践中,管制型思维浓厚、规制过度的现象仍屡见不鲜。(1)监管职责泛化造成规制过度。例如,一些监管机构依旧从管制型思维出发,对企业的生产经营开展全面检查,虽然监管机构的行政检查与企业法定自查并行不悖,但依据民航局推行新规制模式之本意,监管机构的行政检查应坚持问题导向,实施精准监管、系

---

① 参见王锡柱:《无人机产品管理法律制度建构》,载《北京航空航天大学学报(社会科学版)》2021年第1期。

统监管,若在社会性规制实践中继续实施全面检查,不仅浪费规制资源,增加规制成本,也会产生重复规制、过度规制问题,既干扰了企业正常的生产经营活动,也无益于企业主体责任的真正落地。(2)监管精细化程度不足造成规制过度。例如,在机场安全管理体系(Safety Management System,SMS)审核工作中,中小机场缺乏同时建立四套安全体系①的能力,而监管机构也未对该安全体系的通用性进行整合,造成分类监管、分层监管落实不力,不仅增加了企业负担,也无益于监管效能的提升。

(三)规制俘获

规制俘获是造成政府社会性规制失灵的重要原因。信息不对称、制度供给不足,是当前民航业社会性规制领域出现规制俘获现象的重要原因。(1)信息不对称导致规制俘获。例如,由于民航业政策与法规库存量巨大且变动较快,一些政策法规缺乏系统化的整合、呈现碎片化分布的状态,一些政策法规出台后欠缺必要的解释说明,这些现象都极易导致信息传递中出现理解和执行的偏差,从而为规制俘获现象的出现提供了可乘之机。(2)制度供给不足导致规制俘获。例如,我国的航权分配长期采取审批模式,但缺乏合理的公共资源分配程序,而由于航权分配关系着民航公司的切身利益,围绕航权分配展开公关战、奉送航权协调费等已经是公开的秘密,从而为权力寻租提供了巨大的空间;又如,当前新兴通用航空(以下简称通航)产业发展迅速,但相应的制度供给却严重缺乏,监管主体对通航企业引导不足,监管倾向安全利益多一些,而产业发展利益设计不足,这种监管利益与公众利益脱钩的客观环境导致被监管者常以发展为由对监管者进行俘获。②

(四)规制资源供给不足

规制资源不足是制约民航业社会性规制有效开展的基础性因素。当前,在新型规制模式下,规制资源不足主要体现于以下两个方面:(1)监察员数量供给不足,人员配置不合理。例如,近10年来,国内各运输机场年均吞吐量增长超过10%,而各监管局的监察员数量受到编制限制长期维持不变,监察员人均年度行政监察工作量已经达到318项标准放行程序(Standard Instrument Departure,SID),还有大量

① 四套安全体系即机场安全管理体系、空管安全管理体系、航空安保管理体系和危险品航空运输安全管理体系。

② 参见董丹丹:《航空强国战略视域下通用航空监管转型研究》,载 http://att.caacnews.com.cn/zsfw/tyhk/202110/t20211029_59316.html,最后访问日期:2021年12月11日。

专项检查、临时性检查和重大运输保障任务①,监察员数量供给不足已经严重制约了民航业社会性规制的有效开展;又如,在社会性规制实践中,许多监管活动的开展均未能依据监察员数量对监管活动的工作量、检查时间、检查形式进行精细化设计,从而导致了监察员配置的“粗放化”现象,造成执法端的规制资源的供给不足。(2)规制手段仍相对欠缺,落后于市场需求。在新型规制模式下,私人规制、信用规制、非现场规制等新型规制手段得到了应用,但从总体上看,一方面,既有的规制手段由于欠缺合理的设计,其效用仍未得到充分发挥;另一方面,既有的规制手段仍不足以应对所有的民航业风险。例如,对于新兴通航产业,究竟是采取严格规制?还是采取放松规制?既有的规制手段并不能给出满意的答案。

综上,民航业与日俱增的风险性,以及当前民航业社会性规制领域的局限性,警示我们必须进行相应的规制改革,构建一个能够有效平衡监管责任与主体责任,及时预防安全、健康、环境、秩序等风险的社会性规制体系。

三、民航业社会性规制体系的重塑

民航业社会性规制体系的有效运行依赖于系统完备、科学规范的民航法律法规体系;责任明晰、运行高效,能够富集市场主体合力的多元主体合作规制格局;适应民航业发展特点,有助于规制目标达成的规制手段;完善的规制监督机制以及成熟的规制评价指标体系。因此,民航业社会性规制体系的重塑需要从以下几个方面入手。

(一)完善法律法规,从源头上预防规制漏洞

系统完备、科学规范的民航法律法规体系是民航业社会性规制有效开展的前提,也是从源头上预防规制漏洞产生的根本性措施。

1. 要秉持预防原则,及时完善重点领域的法律法规。基于信息技术在民航业的广泛应用,民航业的信息化、协同化、智能化发展已成趋势,这也使得民航业面临的不确定性风险越发突出。例如,2017 年 5 月 27 日,英国航空公司信息系统出现了全球性崩溃,导致希斯罗机场与盖特威克机场取消了当天 6 时前所有英国航空公司的航班;又如,2021 年 2 月 22 日,重庆摄影无人机逼停轻轨 2 号线列车事件。这些不确定性风险的发生都警示我们,在开展社会性规制时必须秉持预防原则,对可能发生的风险保持高度警惕。预防原则要求法律法规的制定必须着眼于风险的

① 参见张戈:《关于民航非现场监管的实践与研究》,载 http://att.caacnews.com.cn/zsfw/zcfg/202111/t20211103_60171.html,最后访问日期:2021 年 12 月 11 日。

不确定性，对于那些新技术应用密集、风险程度高的重点领域，如旅客信息安全、远控系统安全、无人机空域准入等领域，应及时强化和完善相关法律法规，为民航业社会性规制的开展提供完备、明确的规制依据，助力于风险的有效预防与社会性规制的目标的达成。

2. 法律的制定要及时回应市场需求，走精细化发展的道路。（1）法律的制定要及时回应市场需求，满足社会性规制开展的实际需要。例如，在空防安全规制中，空警的地位与及其与机长的关系尚不明确①，对如何协调空警执法权与机长治安权间的关系也存在颇多争议，这些都需要法律法规的及时回应，以避免规制漏洞的产生。（2）要不断推进法律制定的精细化程度，促使社会性规制的开展由"粗放型"向"精准型"转化。一是要主动将法律的原则性规定予以具体化。例如，新规制模式将政府的监管责任通过监管事项库予以具体化就是一个绝佳的范例，但当前民航法律法规体系中仍存在不少原则性、模糊性的规定，应主动开展清查，及时将其具体化以指引社会性规制的有效开展。二是要不断推进法律法规体系的规范化、层次化。例如，当前适航行政许可审批的主要依据是《国务院对确需保留的行政审批项目设定行政许可的决定》，但其法律位阶较低、权威性不足，应适时将该项审批事项由法律予以确定，以更好地指导适航审批实践，预防规制漏洞。

（二）提高规制系统性，推进社会性规制与企业 CSR 耦合

生产安全、消费安全以及环境污染等问题的解决，不仅需要政府强化社会性规制，还需要在分权的基础上，积极落实企业的社会责任（corporate social responsibility, CSR），即实现政府社会性规制与企业 CSR 的耦合。此种耦合的路径主要有以下三种：（1）授权型自我规制，指的是规制者强制被规制企业制定并执行企业内部的规则，进而实现规制者的政策目标。② （2）共同规制，指的是企业、公民社会组织（civil society organizations, CSOs）、政府性组织和国际性机构共同促成规制标准的制定、执行、监督并实现利益相关者之间的对话。③ （3）回应型规制，指的是背景依托型的规制，应该根据当前规制环境的变化而产生不同的方案。④

当前，新型规制模式推进行业监察事项库以及企业法定自查，正是积极落实授

① 参见卢敏：《〈民航法〉修订的三大关注点分析》，载《民航管理》2021 年第 3 期。

② Braithwaite J. , Ian A. , *Responsive Regulation*, Oxford, Oxford University Press, 1992, p. 437.

③ Zadek S. , *The Logic of Collaborative Governance: Corporate Responsibility, Accountability, and the Social Contract*, *Corporate Social Responsibility Initiative Working Paper*, John F. Kennedy School of Government Harvard University Cambridge MA. , 2016.

④ Braithwaite J. , Ian A. , *Responsive Regulation*, Oxford, Oxford University Press, 1992, p. 451.

权型自我规制与共同规制的举措。但由于社会性规制策略的系统性不足,使政府监管责任与企业主体责任间抵牾的负外部性凸显,造成规制链条梗阻、诱发政府规制过度。基于此,为有效提升规制策略的系统性,我们应该从以下四个方面入手:

1. 加强对企业承担社会责任的宣传引导,从源头上弱化监管责任与主体责任间的抵牾。企业对其应承担的社会责任认识不足,是造成法定自查形式化的重要原因,因此我们必须从正向与反向两个角度对企业承担社会责任加强宣传引导,使企业意识到开展法定自查不是监管部门指派的"负担",而是其履行法律义务的基本方式。一方面,企业开展法定自查不仅有助于避免风险的发生、规避法律责任追究,也有助于其实现持续安全稳定经营、提高企业的整体利润;另一方面,应向企业明确法定自查不规范、不及时的负面后果,如系统性法律风险的引发、失信联合惩戒的实施等,而这种负面后果的发生必然不利于企业的长期发展。

2. 优化嵌套式规则体系,为社会性规制与企业 CSR 的耦合提供制度保障。在新型规制模式下,民航法律法规、"行业监察事项库"、"企业法定自查事项库"形成了三个层次的嵌套式规则体系。一般而言,下一层次的规则变动受制于上一层次的规则,下一层次规则的实践效果也会反作用于上一层次的规则,促使其及时优化,从而使整个规则体系兼具权威性与灵活性。为了能使这个嵌套式规则体系更好地发挥作用,我们应特别注意规则体系的优化:(1)及时完善民航法律法规,这是整个嵌套式规则特细的核心,也是"行业监察事项库"设计的依据,如果缺乏法律依据,相关监察事项的"入库"也就无从谈起。(2)"监察事项库"处于嵌套式规则体系的中间环节,也是政府监管责任与企业主体责任争议的核心,地位至关重要。因此,"监管事项库"的设计必须充分吸收行业各方的意见,权衡利弊、统筹兼顾,既要承接民航法律法规的要求,又要适时吸收相关企业自我规制实践效果的反馈,在监管资源有限和履职尽责上寻求平衡点。(3)"企业法定自查事项库"必须充分落实"行业监察事项库"的基本要求,并能根据企业需要,进行必要的调整,为政府"监察事项库"的完善提供鲜活的实践素材。

3. 在规制策略的设计中引入辅助性原则,避免对企业自我规制的过度干预。政府规制过度是引发民航业社会性规制失灵的重要原因,旨在解决政府与市场权力划分的辅助性原则就此指出,私人或市场可以解决的事务,由其自身承担;若不能解决,则由政府承担。[①] 辅助性原则揭示了个人或小单位在整体社会、国家结构

① 参见沈广明:《分享经济的规制策略——以辅助性原则为基点》,载《当代法学》2018年第3期。

中，具有行为优先权。① 在市场经济高度发达的当代社会，私人企业、行业组织等市场主体较之于政府更能直观地感受社会风险的发生、发展，拥有政府力所不及的规制能力。为了有效预防风险，实现多元化规制，政府需要依据辅助性原则的要求主动向市场分权，只有在市场规制失灵的情况下，政府规制才能全面介入。具体而言，在新型规制模式下，监管机构应适时放宽对行政检查全面性的苛求，而应将监管重点放到对企业法定自查结果的审核上，以发现的问题为导向展开精准监管，并综合运行信用监管、行政约谈等手段督促企业开展法定自查，这也是真正落实企业主体责任的根本举措。

4. 强化回应型规制，以政府强制力为后盾，督促社会性规制与企业 CSR 有效耦合。回应型规制对于社会性规制与企业 CSR 耦合的督促作用，主要体现于两个方面：(1) 就嵌套式规则体系的完善而言，上一层次的规则要根据下一层次规则的实践效果及时作出调整，避免规则体系的僵化和脱离实际，为社会性规制的开展提供有效的规制依据；(2) 就企业自我规制的实际效果而言，如果企业的自我规制难以达成规制目标，政府应以强制力为后盾，采取严厉的回应措施，通过直接规制或迫使企业自纠等方式达成规制目标。例如，依据民航局会同中国证券监督管理委员会发布的《关于开展信息共享和监管协作有关事项的通知》之规定，若企业被民航局行政处罚达到一定程度，将会在上市、融资等领域遭受一系列限制。

(三) 积极完善既有规制手段，探索运用新型规制手段

民航业新型规制模式在行政许可、行政检查等传统型规制手段的基础上，引入了信用规制、非现场规制等新型规制手段，这对于丰富社会性规制的手段，提高社会性规制的系统性都大有裨益。但信用规制与非现场规制在运行中也暴露出一系列问题，难以充分发挥其规制效能，需要我们及时予以调整完善；同时，民航业社会性规制领域出现的一些规制过度、信息不对称、规制形式化等问题，也需要我们从规制手段的选择方面予以积极回应。

1. 积极完善既有规制手段

(1) 信用规制的完善。第一，应适时推动信用规制的依据至少上升至部门规章的层级。2017 年民航局印发了《民航行业信用管理办法（试行）》，基本完成了针对民航行业供给侧（民航从业单位和个人）和需求侧（民航旅客）两个维度的信用制度的建立和实施工作，但《民航行业信用管理办法（试行）》仅仅为规范性文件，法律位阶较低、权威性不足，有必要推动其法律位阶的提升，以更好地指导信用规制实践。

---

① 参见詹镇荣：《民营化法与管制革新》，台北，元照出版有限公司 2005 年版，第 284～285 页。

第二,要进一步加大信用信息及相关处置措施的公开共享力度。一方面,通过将守信奖励、失信惩戒的信息向全行业公开,使市场主体对于其行为后果有更为直观的认识,促使其更好地规范自身的行为;另一方面,将信用信息向全社会公布,通过其他市场主体的自发选择,增强守信企业的市场支持度、降低失信企业的市场竞争力,从而倒逼相关市场主体诚信守法,不断加强其自身的信用建设。

(2)非现场规制的完善。非现场规制对于缓解规制资源不足,提高规制效率意义重大,特别是在新冠肺炎疫情形势下,非现场规制的重要性更为凸显。为了更好地发挥非现场规制的作用,尚需从以下两个方面予以完善:第一,要完善非现场规制在规制依据上的供给。当前,民航局并未厘清非现场规制与现场规制的界限,也并未明确非现场规制的程序与方式,实践中盲目扩大非现场规制范围或极度限缩非现场规制范围的情况屡见不鲜,非现场规制的程序及方式的应用也缺乏必要的规范性、严谨性,这些对于非现场规制效能的发挥以及其与现场规制的协调发展都极为不利。因此,民航局有必要出台非现场规制清单,并明确非现场规制的程序以及方式,以规范非现场规制的实施。第二,要进一步加强非现场规制的技术建设,为非现场规制的开展提供技术保障。当前非现场规制的开展在影像数据的收集上主要依赖于监察员的拍照、录像等,这不利于非现场监管的及时性、全面性;在相关数据的传递、存储上则在一定程度上依赖于腾讯会议、腾讯云、华为 Welink 等通用软件,而民航信息敏感性较高,通过通用软件传递、存储相关信息无疑面临较大的安全风险。针对上述问题,一方面,民航局应积极探索在关键场所设置执法记录仪、接入企业监控系统等手段,实现影像数据收集的及时性、全面性;另一方面,民航局有必要针对非现场规制建立专业的规制系统,并完善相关数据在传递、存储等方面的技术指引,提高数据处理的专业化程度,保障民航信息安全。

2. 探索运用新型规制手段

随着民航业经济性规制的放松以及信息技术在民航业的广泛应用,民航业的发展可谓日新月异,同时安全、健康、环境、秩序等风险愈加新颖化、复杂化,这就需要我们根据风险变迁的特点,不断调整社会性规制的策略,并积极探索适应民航业发展的新型规制手段。

(1)包容审慎规制。包容审慎规制是包容审慎监管理念在民航业社会性规制领域的滥觞。随着新兴科技革命在民航业的深入发展,一大批新技术、新业态、新模式、新产业("四新"经济)纷纷涌现。例如,以无人机为代表的通用航空新业态,以机场智能货运为代表的无人驾驶新技术的应用,以低空旅游、航空运动等为代表的新型航空产业模式,等等。对这些"四新"经济的规制考验着规制者的智慧:一方面,“四新”经济往往突破了既有法律的规制范围,形成规制依据的缺失;另一方面,若依据既有法律,采取严格执法原则,则会扼杀创新活力。因此,我们有必要针对这些“四新”经济采取包容审慎的规制策略。例如,对于那些安全、环境风险较大的“四新”经济,可以探索适用“规制沙盒”,使规制者与被规制者共同参与到沙盒的模拟推演中,针对推演中出现的问题,及时调整规制策略,最终遴选出最优的规制策略,从而实现鼓励创新与预防风险扩大化的统一。又如,对于那些风险较低的“四新”经济,可以为其设定一定时限的“包容期”,在“包容期”内,通过审慎行使执法权力,建立“容错”机制等措施,为新型经济形态营造一个宽松的发展环境。但需要明确的是,采取包容审慎的规制策略并不意味着放纵,规制者应时刻监控“四新”经济的发展,当其越过“规制红线”时,则应及时调整规制策略,转向严格规制。

(2)第三方审核规制。第三方审核制度,是指政府依靠独立于规制者与被规制者之外的“第三方”来核实规制策略的执行及其效果的制度,其本身亦是一种独立的规制手段。当前,民航业安全、健康、环境等风险的复杂性、新颖性都对规制资源供给、规制专业化程度提出了更高的要求,而政府理性与资源的有限性使其难以保障社会性规制的全面、及时、有效。因此,通过在特定的社会性规制领域引入第三方审核制度,对于缓解规制资源不足、转嫁规制成本、提高规制的专业性、推进合作治理的发展等都是大有裨益的。为了推进第三方审核规制的实施,我们有必要注意以下四点:第一,选择适当的领域引入第三方审核规制,并不是所有的民航业社会性规制领域都适合开展第三方审核规制,如涉及国家安全、技术秘密等信息敏感的领域仍应由政府组织规制实施。第二,应严格第三方的准入资格,使引入的第三方具备合格的业务能力,能有效开展规制审核工作。第三,要制定严格的利益冲突规避制度,保障第三方的独立性。第四,应建立第三方问责机制,并严格审核过程中的信息披露规则与报告制度,督促第三方合法履职、严格尽责。

(四)强化民航业社会性规制的监督机制

社会性规制涉及整个社会利益的调整和社会福利的得失,因此,规制部门特别是政府规制部门掌握着影响巨大的规制权力,但规制部门被俘获、规制部门不作为或乱作为的现象并不鲜见,极易造成政府社会性规制的失灵。因此,有必要开展对规制者的规制,构建和完善民航业社会性规制的监督机制。

1. 建立规制规制者的独立机构。在当前规制模式下,民航局既是规制依据的制定者,又是规制的实际实施者,兼具“裁判员”与“运动员”的双重身份,而这与社会性规制应有的客观中立性相违背。为了强化对规制者的监督,有必要在交通运输部内部建立独立于民航局以外的规制规制者的机构,通过评估规制者的规制目标、规制手段、规制程序、规制产生的效果、规制信息公开等方面的内容来开展规制监督,同时有必要建立相应的规制责任追究机制及规制绩效考核机制,通过制度的完善督促规制部门依据规制目标,积极、公开、公正、合理地行使规制职能。

2. 建立社会性规制绩效考核机制。由于社会性规制要消耗巨大的社会成本,除了在规制实施前进行"成本—效益"控制,也应在规制实施后引入绩效考核机制,对规制实施消耗的成本与产生的社会效益进行综合评估,评估的内容应包括规制的开展是否正确、是否达到了相应的规制目的、规制执行中出现了哪些问题、规制成本与产生的规制效益是否符合事前"成本—效益"分析的结论等方面。规制实施后的绩效考核机制,有助于督促规制部门及时、公正、合理地行使规制职能,同时也为嗣后社会性规制的开展总结了经验和教训,有助于社会性规制策略的调整优化。除了政府部门之外,行业或企业也应探索建立相应的绩效考核机制,通过制度的约束,提升自身的规制能力和规制效率。

3. 严格规制部门的信息公开制度。规制部门社会性规制权力的行使关系市场主体和公民的切身利益,"暗箱操作""权钱交易"在民航业社会性规制的开展中并不鲜见,因此有必要完善规制部门的信息公开制度,除了不宜公开的信息,原则上规制主体、规制决策过程、规制手段、规制"成本—效益"分析结果等信息都应公开,接受市场主体的监督。首先,规制信息公开有助于市场主体监督权的行使,防范规制俘获,督促规制部门公正、合理行使规制职能;其次,规制信息公开有助于市场主体根据规制信息及时调整自身的行为,在提高自身对规制策略的适应性的同时也减少了政府的规制成本;最后,规制信息公开也有助于市场主体及时提出针对规制策略的意见,使规制部门能够针对规制策略中的不足之处及时进行调整优化,以适应民航业发展的客观情况。

四、结语:民航业社会性规制的动力源泉

民航业社会性规制体系的有效运转,需要我们采取及时完善规制依据、补齐规制链条、推进社会性规制与企业CSR耦合、不断探索应用新型规制手段、强化对规制者的监督机制等措施。但市场主体间的利益分野,往往会造成市场主体在融入社会性规制体系中的推诿和被动局面,因此,需要一个持续性的动力源泉来推动社会性规制体系的有效运转。民航业实施社会性规制的目的在于,预防安全、健康、环境与秩序风险,维护消费者的生命、健康、财产等合法权益。公民作为社会性规制实施的直接和根本受益人,天然地成为推动民航业社会性规制体系运转的根本动力。要推动民航业社会性规制体系的有效运转,必须充分调动公民参与社会性

规制体系的积极性,丰富公民参与治理、实施监督的渠道。(1)要加强社会性规制的宣传工作,使公民意识到社会性规制体系的建构关系到公民的生命、财产、健康、环境等切身利益,促使公民积极通过多种形式参与社会性规制体系的构建和运转。(2)鼓励公民通过向立法机关提供立法建议、向行政机关表达利益诉求、向法院提起维权诉讼、参加消费者协会等方式表达安全、健康、环境与秩序方面的利益诉求,迫使相关主体采取措施,推进社会性规制体系的完善。(3)公民也是社会性规制体系中的重要一环,在各种形式的合作规制中发挥动力和链接作用。公民要充分发挥其在社会性规制体系构建中的主观能动性。例如,企业管理人可以通过完善法定自查制度,落实企业主体责任;又如,公民可以为民航业社会性规制的开展建言献策,提供智力支持等。

通用航空管理法律制度的完善

贾圣真*

一、"两个框架"出台后通用航空法律制度的发展与问题

通用航空作为民用航空的"两翼"之一，产业链长，辐射范围广，可以有效带动经济发展，在航空作业、工业生产、应急救援、休闲娱乐等多个领域发挥着独特作用。我国一直重视通用航空产业的发展，国务院、国务院办公厅于2012年、2016年两次发文，提出大力发展通用航空产业①；但是由于各方面原因，通航产业和市场的发展并不尽如人意，除去市场环境、空域管理等外部因素外，通航管理体制、政策环境和法律环境也是制约通用航空产业发展的重要原因。

通用航空法律规范涉及民法、商法、行政法等多个法律部门，涉及的法律问题比较广泛和复杂，但纵观几十年来的通用航空产业发展实践，可以发现政府与市场、政府与企业的关系，构成了通用航空领域的主要矛盾。政府对通用航空活动的管理体制、监管理念、监管环节和监管方式，决定了通用航空企业的制度性成本，对通航产业的发展前景具有方向性的影响。② 因此可以说，通用航空法律制度的核心就是作为行政法的一个子系

* 贾圣真，法学博士，中国民航大学法学院讲师，硕士生导师。

① 国务院《关于促进民航业发展的若干意见》（国发〔2012〕24号），国务院办公厅《关于促进通用航空业发展的指导意见》（国办发〔2016〕38号）。

② 参见贾圣真：《政府规制主线下的"通用航空法"课程建设探索》，载《创新与创业教育》2021年第4期。

统的通用航空管理法律制度。笔者主要探讨通用航空管理法律制度的完善。

为贯彻国家“放管服”改革精神,鼓励和推动通航发展,2019 年中国民用航空局(以下简称民航局)发布了《关于推进通用航空法规体系重构工作的通知》(民航发〔2019〕5 号),提出了通航业务框架和通航法规框架(以下简称“两个框架”)。“两个框架”是开展中国民航通航政策法规体系重构的总体性文件,明确了未来一段时间中国通用航空整体政策走向、立法思路和制度设计需要遵循的基本原则和具体要求。遵循“两个框架”的思路,近年来通用航空管理理念、管理方式均有很大变化,民航局制定、修订了一批涉及通航的规章和规范性文件,向着重构通航法规体系的方向迈进,通航法律法规体系进入密集变动期。表 1 反映了“两个框架”发布以来,民航局主导的我国通用航空法律体系重构的主要进展。

表 1 “两个框架”发布以来我国通用航空法律体系的主要进展

类别	名称	文号
规章	民用航空导航设备开放与运行管理规定	交通运输部令 2021 年第 2 号
	民用航空通信导航监视设备飞行校验管理规则	交通运输部令 2021 年第 7 号
	通用航空经营许可管理规定	交通运输部令 2020 年第 18 号
	民用航空器事件调查规定	交通运输部令 2020 年第 2 号
规范性文件	关于推进精准监管工作的意见	民航发〔2019〕9 号
	民航行业法定自查容错规范	民航规〔2019〕72 号
	B 类通用机场备案办法(试行)	民航规〔2019〕74 号
	通用航空短途运输管理暂行办法	民航规〔2020〕24 号
	通用机场空管运行管理办法	民航规〔2021〕8 号,AP－83－TM－2021－01
	通用航空空管运行规定	民航规〔2021〕9 号,AP－93－TM－2021－01
	通用航空企业诚信经营评价管理暂行办法	民航规〔2021〕16 号
	民航局深化“证照分离”改革进一步激发市场主体发展活力实施方案	民航发〔2021〕31 号
	通用航空包机飞行管理暂行办法	
	通用航空飞行人员执照和训练的管理	AC－61－FS－2019－008R5
	国外无人机驾驶航空器系统管理政策法规	IB－TM－2020－001

如表 1 所述,2019 年以来,民航局从通用航空的发展特点和规律出发,按照“急

用先修”的原则,全面修订了4部规章,此外还“一揽子”修订了11部规章的45个条款①,配套出台了一系列政策文件,使通用航空的监管法规更加适合当前形势的需要。在市场监管、空管、机场、通信导航监视设备、通航人员管理等方面初步实现了通用航空法规体系重构的构想,增强了通航治理能力,有效降低了通用航空企业运营和飞行的制度成本,“相对独立的通航法规体系”初具雏形。

同时也应该看到,通用航空法律制度面临高新技术应用和通用航空产业发展的挑战,且通航管理法律体系建设自身仍存在一些问题。首先,通用航空法律体系的立法、修法进度较慢,通航法规框架的设想到目前为止未能完全落实。通航法规体系的系统性、独立性仍然不足。民航局作为交通运输部下属的国家局,不具有完整的规章制定权,立法计划的编制、规章制定的流程比较漫长,涉及民航管理的规章制定和修订的效率受到影响。其次,根据《立法法》规定,国务院部门规章的定位主要是执行性的,这导致在上位法未修改到位的情况下,规章不能先行修改,在整个通航法规体系重构过程中,上、下位法之间的协调衔接存在一定的问题。再次,即使是已经修改到位的涉及民航管理的规章和民航局自己出台的政策文件,其内容规定的合理性、严谨性、科学性也不十分完善,仍有进一步推敲改进的空间。最后,全面依法治国的推进和行政法治的发展,对通用航空管理法律制度建设提出了更高的要求,目前通航管理法律制度的某些方面在内容和观念上还比较陈旧,不能适应法治政府建设的新形势。

上述情况说明,尽管有“两个框架”作为“时间表”“路线图”,但“两个框架”的完全落实仍需要一个过程,且“两个框架”自身也需要不断调整。通用航空管理法律制度的完善不单是政策问题,而是一个法理性、系统性、技术性很强的课题,有必要立足于法学基本原理,实现从理念到制度的革新。

二、通用航空管理法律制度的理念革新

(一)行政法治要求的升级

党的十八大以来,以习近平同志为核心的党中央带领全党全国各族人民开启新时代法治建设的新征程,将依法治国提到了前所未有的高度。党的十八大明确提出“全面推进依法治国”,并将其纳入“四个全面”战略布局予以有力推进。2017年10月,党的十九大提出,到2035年基本建成法治国家、法治政府、法治社会,确立

① 参见中国航空运输协会通用航空分会编:《2019－2020中国通用航空发展报告》,中国航空运输协会通用航空分会,2020年9月。

了新时代法治中国建设的路线图、时间表。习近平总书记多次强调，推进全面依法治国，法治政府建设是重点任务和主体工程。① 在此背景下，对政府依法行政的要求全面升级。2021 年 8 月中共中央、国务院印发的《法治政府建设实施纲要（2021—2025 年）》提出了法治政府建设的总体目标，提出了十个方面的要求。民航法治是法治政府建设的一个必备组成部分，面对新时代的新要求，民航法治建设和通用航空管理法律制度的完善，必须置于整个法治政府建设的大背景下统筹推进。

1. 对通用航空法律体系及其相关法律要有全面的认识和把握。在构建和认识通用航空管理法律体系时，不能仅考虑以《民用航空法》为顶点，以涉及民航管理的规章为主体的封闭系统，而必须全面照顾到整个国家法律体系。除《民用航空法》外，与通用航空管理联系紧密的还有《安全生产法》《行政处罚法》《行政许可法》《行政强制法》等法律，通航领域处罚、许可、强制的设定和实施，监督检查和执法活动都必须符合法律的要求。除部门立法外，近年来，地方人大和地方政府为了促进通用航空产业的发展，也出台了一些地方性法规和地方政府规章，民航局制定规章和出台相关政策时应该加以考虑。地方立法与涉及民航管理的规章的关系，应该按照《立法法》确立的原则予以处理。

2. 在立法和执法理念上要升级换代，把制度建设的重点从行业管理转向规范政府自身的活动。由于行业的特殊性，通用航空管理法律制度还带有计划经济时代的一些痕迹，往往容易从管理者自身的立场出发，成为政府单方面支配相对人的“管理法”。根据新时代的行政法治要求，通用航空管理法律制度建设的重心应该是用法治给行政权力定规矩、划界限，加快转变政府职能，打造市场化、法治化、国际化的营商环境。在立法过程中，要贯彻科学立法、民主立法、依法立法的要求，注意听取行业、专家和公众的意见，警惕部门利益和利益集团的特殊利益，消除立法和政策制定的封闭性和突然性。在执法过程中，要完善行政执法程序，创新行政执法方式，完善事中、事后监管手段，注意减少对企业正常生产经营活动的干扰，畅通意见表达和救济渠道，保护相对人的权利。

（二）政府监管理念的革新

近年来，国务院大力推进“放管服”改革，政府监管理念持续革新，且与法治政府建设深度融合。国务院办公厅《关于促进通用航空业发展的指导意见》（国办发

① 参见习近平：《坚定不移走中国特色社会主义法治道路 为全面建设社会主义现代化国家提供有力法治保障》，载《求是》2021 年第 5 期。

〔2016〕38号)确立了“市场主导,政府引导,安全第一,创新驱动,重点突破,全面推进”的基本原则,民航局提出了“放管结合,以放为主,分类管理”的指导思想。政府监管理念必须深度革新,才能符合新形势下通用航空产业监管的新要求。

“放松规制”是“放管服”改革的主要手段。与公共运输航空相比,通用航空领域企业规模小而数量多,盈利能力弱,市场成熟度低,这决定了政府对通用航空市场的监管应该采取与公共运输航空不同的策略。与受到政府高度管制的公共运输航空领域相比,通用航空应该更趋向于“自由市场”,发挥市场在资源配置中的决定性作用。凡是通过市场自治、行业自律等措施可实现行政目的的,应该优先采用非行政手段,避免干预企业生产经营自主权,避免为企业进入退出通航市场设置过高门槛,优化行政许可、飞行、监督检查等阶段的办事流程,减轻企业制度性负担。

对以无人机为代表的通航领域的新兴产业、业态,应探索包容审慎监管。一方面,要坚持底线思维,特别关注无人机设计、制造、飞行的安全问题以及无人机技术应用可能造成的不良社会后果,对潜在风险要及时发现,尽早指导和纠正。另一方面,要尊重企业的经营自主权,包容创新,不能简单套用公共运输航空或其他通用航空领域的监管要求,限缩新产业、业态的发展空间。

(三)新技术的应用

“放管服”改革对政府的监管手段和治理能力提出了新的要求。随着科技的进步,特别是互联网、大数据的运用,政府监管方式正在经历革命性变化。通用航空管理法律制度的建设应该兼容“智慧民航”建设,提升监管的智能化、精准化水平,“用技术管技术”。(1)加强低空飞行服务保障体系建设,提升航空情报、气象服务、通信监视等能力,并制定设备管理、服务提供等方面的标准或规范。(2)把通用航空领域的电子政务、数据利用和信息化作为一项基础设施进行建设,确立数据资源的收集、维护、传输和利用规则,加快出台民航数据的相关标准,建构公正、高效、安全的数据管理机制,与《网络安全法》《数据安全法》《个人信息保护法》的规定相衔接。

三、通用航空管理手段的完善

(一)行政许可

《民航航空法》最近几次修改都与通用航空许可领域关系密切。2017年修订时,删除了第147条第2款中的从事经营性通用航空应该“依法办理工商登记;未取得经营许可证的,工商行政管理部门不得办理工商登记”的要求,相关市场主体办理工商登记不再需要民航局的前置审批,实现了由“先证后照”向“先照后证”的转变,更有利于中小企业的诞生。民航局多次修改《通用航空经营许可管理规定》,并于2020年进行了全面修订,大幅度降低了准入要求和通用航空许可条件,采取按飞行活动性质划分的“载客”、“载人”和“其他”三类,实现对通用航空企业的分类管理,创新许可方式,实行告知承诺制。这些举措都有助于吸引社会资本进入通航领域,激发市场活力。在《通用航空经营许可管理规定》全面修订后,对非经营性通用航空许可和通用航空机场许可的法律规范,就成为通用航空许可领域的明显短板。

2021年,全国人大常委会作出决定,将《民用航空法》第147条第1款规定的从事非经营性通用航空的,“应当向国务院民用航空主管部门办理登记”修改为“应当向国务院民用航空主管部门备案”,并增加了未备案的罚则(第211条第2款)。非经营性通用航空活动由登记制改为备案制,在法律上取消了此项许可,便利了非经营性通用航空活动的实施。随着上位法的修改,《非经营性通用航空登记管理规定》(CCAR-285)失去上位法依据,2022年4月,交通运输部发布《关于废止〈非经营性通用航空登记管理规定〉的决定》(交通运输部令2022年第14号),废止了该规章。2022年7月,民航局发布了《非经营性通用航空备案管理办法》(民航规〔2022〕24号,以下简称《管理办法》),《管理办法》规定,非经营性通用航空活动备案分为主体备案和活动备案。主体备案分为单位备案和个人备案两种。活动备案是指在飞行活动结束后,报备飞行活动信息的行为。《管理办法》大大简化了备案手续和备案材料,并规定了事中事后监管措施。《管理办法》的出台,减轻了广大航空爱好者和开展非经营性通用航空活动的单位的负担,降低了从事非经营性通用航空活动的门槛,为非经营性通用航空进一步发展打下了基础。

2018年《民用航空法》修改时,增加了民用机场新的分类标准,体现了国务院办公厅《关于促进通用航空业发展的指导意见》关于“对通用机场实施分类分级管理”的思路,修改了《民用航空法》第62条规定的民用机场开放使用许可制度,规定对公众开放的民用机场,继续实施事前许可,其他民用机场改为事后备案。这一条款的修改使通用航空机场分类分级管理成为可能,它改变了原来统一的事前许可制度,容纳了事后备案的管理模式,使通用航空机场的建设和使用更具灵活性。2018年《民用航空法》修改后,《通用机场分类管理办法》(民航发〔2017〕46号)对B类机场的规定已不能适用,目前民航局制定的《B类通用机场备案办法(试行)》效力位阶较低,且内容并不全面,将来有必要将通用航空机场的规定从民用机场的一般规定中独立出来,形成以规章层次的《通用机场管理规定》为核心的通用航空机场的分类、许可、备案、建设、管理、运行体系,并辅以相应的配套文件和行业标准、技术标准。

(二)行政检查和法定自查

我国民用航空法律体系中关于通用航空检查的规定有两种方式:一是在立法中设"监督检查"一章,如《通用航空经营许可管理规定》第四章"监督检查"。二是制定专门的行政检查程序规定,如《民用航空行政检查工作规则》(CCAR - 13 - R1)。2019年2月,民航局印发了《关于推进精准监管工作的意见》,提出树立精准监管的理念,区分行政检查与法定自查,加大通航企业法定自查、民航局不规定行政检查的范围,确需保留的监管事项,要根据通航实际降低符合性判断标准,放松对风险较低的通航非载客非经营事项的监管。采用自律和他律相结合、以自律为主的方式,依托法定自查、使用信用手段实施管理。在通航领域将重点监管与"双随机,一公开"监管相结合,编制并公开随机抽查事项清单。

在"精准监管"理念下,通航检查制度完善的重点应该是正确处理行政检查与法定自查的关系。行政检查是行政机关对相对人是否依法从事生产经营活动和其他社会活动而进行了解、查看,获取有关材料信息并予以督促的行为。行政检查在行政管理活动中普遍存在,可以说凡是行政主体都有相应的行政检查权。根据《安全生产法》规定,民航部门依照该法和其他有关法律、行政法规的规定,在其职责范围内对有关行业、领域的安全生产工作实施监督管理。据此,民航局对民航单位实施行政检查不仅是一项权力,而且是一项法定职责。因此,企业法定自查不能替代行政检查,企业安全生产主体责任不能替代政府安全监管责任。[①] 应该在考虑法定职责、检查能力、人员专业水平等因素的基础上,准确界分法定自查和行政检查的范围和责任,把通航行政检查定位为实现通航监督管理职能的一种手段,起到收集信息资料,预防和纠正相对人的违法行为,消除安全隐患的作用。

建立法定自查的法律依据是2021年修改后的《安全生产法》第41条[②],民航局《关于民航单位法定自查有关问题的通告》是目前开展法定自查工作的主要依据。企业生产经营过程应该符合持续合规的要求,其自我检查和自身制度建设属于企

① 参见沈瑁、孟祥鹏:《民航监管模式改革视角下法定自查工作的推进与创新》,载《民航管理》2020年第9期。

② 《安全生产法》第41条第1款、第2款规定:"生产经营单位应当建立安全风险分级管控制度,按照安全风险分级采取相应的管控措施。生产经营单位应当建立健全并落实生产安全事故隐患排查治理制度,采取技术、管理措施,及时发现并消除事故隐患。事故隐患排查治理情况应当如实记录,并通过职工大会或者职工代表大会、信息公示栏等方式向从业人员通报。其中,重大事故隐患排查治理情况应当及时向负有安全生产监督管理职责的部门和职工大会或者职工代表大会报告。"

业自律或者自我规制范畴。将企业的自查“法定化”，是对企业自我规制的规制，联结了企业自律与民航局的行业监管，将民航局的监管要求注入企业自身的管理活动中。法定自查制度是为了解决保姆式监管和高耗能监管问题而推行的，如果增加了民航局行政检查和企业的额外负担，就违背了制度设立的初衷。为此，第一，要协调民航单位的自查标准和民航局的行政检查标准，及时调整完善行政检查事项库。第二，要将法定自查融入企业日常的生产经营活动中，尊重企业生产、经营、管理的自主权，不宜强制要求企业建立完整的“一刀切”的自查制度，而是以自查事项引导企业改善管理，促进自身生产经营水平和安全管理能力的提高，降低运行成本和事故风险。第三，要将法定自查与“双随机、一公开”、信用监管、行政处罚的容错规范等相结合，理顺不同制度之间的衔接机制。

在未来，建议修订《民用航空行政检查工作规则》，明确行政检查和企业法定自查的范围，明确政府和企业各自的责任。考虑到通航领域的特殊性，对通航企业、通航机场的检查，作出有针对性的规定。2021 年 11 月，民航局发布了《关于民航单位法定自查有关问题的通告（征求意见稿）》，正式实施后有望进一步理顺法定自查工作机制，推动法定自查从横向铺开向纵深推进转变，使法定自查成为民航生产经营单位落实主体责任的有效抓手。

（三）行政处罚

2021 年《行政处罚法》和《安全生产法》的修改，对通航领域行政处罚的设定、实施和执法活动提出了新的要求。

第一，关于行政处罚的设定。《行政处罚法》第 2 条对行政处罚概念作了定义。第 9 条增加了行政处罚的种类，新增的行政处罚种类包括通报批评、降低资质等级、责令关闭、限制开展生产经营活动、限制从业。第 13 条规定，国务院部门规章可以在法律、行政法规规定的给予行政处罚的行为、种类和幅度的范围内作出具体规定。尚未制定法律、行政法规的，国务院部门规章对违反行政管理秩序的行为，可以设定警告、通报批评或者一定数额罚款的行政处罚。

行政处罚概念的澄清和种类的增加，更有助于我们把握现实中各类行政管理措施的性质，规范行政处罚的设定。涉及民航管理的规章设定行政处罚，限于警告、通报批评或者一定数额罚款，罚款限额由国务院规定。其他规范性文件一律不得设定行政处罚。2021 年《行政处罚法》实施后，有必要对目前通用航空领域的行政处罚设定情况进行全面评估，特别是对信用管理、违法信息公布、企业信息公示等制度是否属于“通报批评”“限制从业”的行政处罚，应该形成有说服力的意见，消除可能的争议。[①] 对于符合行政处罚概念,即行政机关依法对违反行政管理秩序的公民、法人或者其他组织,以减损权益或者增加义务的方式予以惩戒的行为,应该认定为行政处罚,由有权机关以法定方式设定;对于不符合设定条件,但具有行政处罚之实际效果的,应该及时清理。

第二,关于一事不再罚原则。《行政处罚法》第29条规定:"对当事人的同一个违法行为,不得给予两次以上罚款的行政处罚。同一个违法行为违反多个法律规范应当给予罚款处罚的,按照罚款数额高的规定处罚。"一方面,《行政处罚法》确立了择一重处罚的原则,在通航领域可能涉及《民用航空法》与《安全生产法》等相关法律的竞合,涉及民航管理的规章在具体规定应受处罚的行为和罚款限额时,应予特别注意。另一方面,由于通航活动与地方关系密切,可能出现民航局与地方政府都有执法权的情况,这时一事不再罚原则如何落实,也有必要加以考虑,预防可能发生的争议。

第三,关于行政处罚的实施。《行政处罚法》纳入行政执法公示制度、行政执法全过程记录制度、重大执法决定法制审核制度,扩大听证程序的适用范围,落实了行政执法人员持证上岗和资格管理制度要求,明确了法制审核范围,新增了"首违不罚"制度,增加了对行政处罚裁量基准的要求。《安全生产法》进一步强化和落实了生产经营单位的主体责任,强化安全预防措施,加大了处罚力度,丰富了安全监管的手段。上述修改对通航行政处罚的实施有直接影响,必须按照法律最新要求,加强执法人员培训,严格规范公正文明执法。大力进行民航法治宣传教育,提升全行业法治意识,化解潜在的矛盾争端。

(四)政府补贴

政府补贴是政府引导和干预市场的一种常用的规制手段。在通航领域,补贴更是发挥着非常重要的作用。国内的通航企业盈利能力不强,中小企业面临运营费用高昂、作业分布不均衡、经济体量不足、通航设施不足和低空空域限制等情况,如果没有政府补贴,多数企业甚至会面临亏损。根据民航局通航发展专项资金预算方案,2021年,用于220家通航企业的补贴预算共计5.0375亿元。其中,飞行作业补贴共计4.7243亿元,飞行员执照补贴共计3132万元。2022年,总补贴金额达到5.3904亿元,其中飞行作业补贴共计5.1072亿元,飞行员执照补贴共计2832万

---

① 国务院《关于进一步贯彻实施〈中华人民共和国行政处罚法〉的通知》(国发〔2021〕26号)要求:"对违反行政管理秩序的公民、法人或者其他组织,以减损权益或者增加义务的方式实施惩戒的,要依法设定行政处罚,不得以其他行政管理措施的名义变相设定,规避行政处罚设定的要求。对上位法设定的行政处罚作出具体规定的,不得通过增减违反行政管理秩序的行为和行政处罚种类、在法定幅度之外调整罚款上下限等方式层层加码或者'立法放水'。"

元。在通航产业发展的关键阶段,政府补贴可以大大降低企业的运营成本,引导企业活动,支持行业发展。在疫情对民航业造成严重冲击的情况下,政府补贴还可起到稳就业、稳经济、提供通航作业的公共产品的重要作用。

从行政法理论上讲,行政补贴属于授益行政行为,受法律规范的程度较低。但是,这并不意味着实施政府补贴不需要法律调控。通航政府补贴涉及公共财政资金的运用,事关市场主体切身利益,在资金去向、分配规则、实施效果等方面,存在大量的法律空白,亟待完善。

目前,通航补贴的主要依据是《通用航空发展专项资金管理办法》(民航发〔2012〕111 号),主要补贴内容是飞行作业补贴和飞行员执照补贴。此外,机场补贴、支线航空补贴、研发补贴以及地方政府补贴等,也有可能为通航企业所享受。有必要全面梳理民航领域的政府补贴类型和政策依据,进行通盘考虑,优化通航补贴的实施过程和实际效果。(1)梳理补贴资金来源、法律规范、政策依据,并集中公开,形成相对稳定、明确的民航补贴规范体系,做到补贴规则透明。(2)按照国务院《优化营商环境条例》和民航局"两个框架"的思路,审查和修订补贴规则,确保通航企业享受补贴的权利平等、机会平等、规则平等,保障市场主体经营自主权,预防在补贴领域滥用行政权力排除、限制竞争的行为。(3)优化行政补贴申请、审核、发放流程,做好信息公开,提升补贴绩效。在申请阶段,应为企业提供必要的说明和指导,为企业预留充足的时间;在审核阶段,应明确和细化审核标准,减少行政部门的裁量权,对不予补贴的,应该说明理由并听取申请人的意见;在发放阶段,应该按时发放资金,保障企业的信赖利益,不得随意变更。(4)加强政府补贴实施效果的评估,及时修订相关规则,实现不同类型的补贴功能互补,形成"组合拳",发挥财政资金的最大效用。

四、立法修法的若干建议

(一)《民用航空法》对通用航空规定的完善

《民用航空法》第十章"通用航空"只有六个条文,过于原则。部分涉及通用航空领域的行政法规的规定也很粗疏,大量的规范以涉及民航管理的规章和行政规范性文件形式出现,导致通用航空法律规范体系结构失衡。在法律控制日趋严密的形势下,越低层次的行政规范,其所能规定的事项越受限制,容易出现缺乏上位法依据的情况。因此,未来修订《民用航空法》时,有必要充实"通用航空"一章的内容,为形成与公共运输航空相对独立的通航法规体系奠定基础。

(1)应该理清通用航空的概念和范围,确定一个简洁的、具有包容性的通用航空概念。对于短途支线运输、无人机飞行是否属于通用航空,最好在法律层面上作出明确规定。(2)对经营性通用航空许可、非经营性通用航空备案的条件应做更详细的规定,特别是经营性通用航空许可的监督检查、信用管理、告知承诺制、非经营性通用航空备案的实质含义等应该作出具体规定,为通航管理手段的完善提供法律依据。(3)在"通用航空"一章之外的其他章节,包括航空器、航空人员、机场、飞行、搜寻援救和事故调查等,也应考虑通用航空的特殊性,作出有针对性的规定。(4)可以考虑在第一章"总则"部分明确民用航空补贴的形式、目的、资金来源和主要规则,为通航补贴提供法律依据。(5)完善违反通用航空管理法律制度的法律责任。

(二)相关涉及民航管理的规章的完善

在我国涉及民航管理的规章体系中,也存在通用航空与公共运输航空的结构失衡。涉及民航管理的规章中专门规范通用航空活动的规章较少,一些规章中存在"参照"适用的情况,实际上是在按照管理公共运输航空的标准和方式管理通用航空,制约了通用航空的发展。"两个框架"的提出,即旨在改变这种情况,截至2022年7月,大部分规章已经修改到位,但仍有部分立法、修法计划还未完成。例如,《民用航空产品和零部件合格审定规定》(CCCAR-21)对个人自制航空器还没有作出规定,《通用机场管理规定》(CCAR-138)于2021年征求意见,但至今还没有出台。未来应该继续推动立法、修法,使法规框架的设想尽早落地。在今后一段时间内,继续延续通航法规框架的思路,考虑通航领域的特殊性,将通航从公共运输航空中相对独立出来,应该是通航规章制定和修改的重点。

除列入通航法规框架的规章外,随着实践的发展,其他涉及通航的规章也有修改的必要。建议全面修订《民用航空行政检查工作规则》(CCAR-13),适应行政执法的新要求,明确行政检查与法定自查的范围。研究制定《民用航空政府补贴规定》,在条件成熟时形成部门规章。另外,《非经营性通用航空备案管理办法》是《非经营性通用航空登记管理规定》(CCAR-285)废止后的替代措施,但是,受限于行政规范性文件的效力位阶,《管理办法》无权设定行政处罚,对罚则和信用管理等手段的规定比较模糊。从长远来看,仍以上升为规章层次为宜,如此,可形成以"通用航空经营许可"和"非经营性通用航空备案"为核心的通航规章群,通航法规体系比较均衡。立法修法的总体思路和若干具体建议,已体现在本文第三部分,在此不加赘述。

(三)行政规范性文件发挥作用的空间

在中国的国情下,法律、法规、规章之外的其他规范性文件虽然形式上不是

“法”,但实质上发挥着重要作用,涉及行政管理和社会生活的方方面面,实际影响着相对人的权利义务。民航业内紧密联系型的政企关系,使企业受行政规范性文件的影响更大。国务院《关于促进民航业发展的若干意见》(国发〔2012〕24 号)、国务院办公厅《关于促进通用航空业发展的指导意见》(国办发〔2016〕38 号)、《关于推进通用航空法规体系重构工作的通知》(民航发〔2019〕5 号)在性质上都属于行政规范性文件,但却是通用航空管理法律制度变革的推动力量和直接依据。民航领域有丰富的规范性文件体系,标准化程度较高,在通用航空管理法律制度的完善过程中,行政规范性文件仍有进一步发挥作用的空间。

制定行政规范性文件,合法性是首要标准,也是底线思维,应该坚持法定职责必须为、法无授权不可为,严格按照法定权限制定和发布行政规范性文件。行政规范性文件,不得增加法律、法规规定之外的行政权力事项或者减少法定职责;不得设定行政许可、行政处罚、行政强制等事项,不得增加办理行政许可事项的条件,不得规定出具循环证明、重复证明、无谓证明的内容;无上位法依据,不得减损相对人的合法权益或者增加其义务;不得超越职权规定应由市场调节、企业和社会自律、公民自我管理的事项;不得违法制定含有排除或者限制公平竞争内容的措施,不得违法干预或者影响市场主体正常生产经营活动,不得违法设置市场准入和退出条件。[①] 民航局法制审核部门应该严格审核把关,并将“两个框架”的符合性纳入审查,确保通航领域总体政策思路的一致性,使“两个框架”的内容落实落地。

对行政规范性文件监督力度的增强,并不意味着行政规范性文件在通航管理法律制度中就无所作为。应该在评估行政规范性文件的价值和功能的基础上,恰当配置其与涉及民航管理的规章的使用范围,从而实现二者相互配合,合理使用。与正式立法相比,行政规范性文件具有克服成文法弊端,缓冲法律规定和现实情况流变之间的紧张关系,压缩裁量权等积极功能。[②] 它制定程序简便,出台快捷,可以对通航管理领域存在的问题迅速做出反映。在涉及民航管理的规章立法资源受限制或者立法条件不成熟的情况下,发布规范性文件也可以成为制定规章的替代手段。规范性文件文体灵活,可以容纳那些不适宜形成规章条文的,具有政治性、时效性、倡导性、技术性、解释性的内容,形成通航监管政策,指导通航行业发展,得到企业和公众配合。

为更好发挥行政规范性文件在通航管理中的作用,未来应该继续优化规范性

---

① 国务院办公厅《关于加强行政规范性文件制定和监督管理工作的通知》(国办发〔2018〕37 号)。

② 参见贾圣真:《论国务院行政规定的法效力》,载《当代法学》2016 年第 3 期。

文件的制定程序。(1)在制定过程中进行评估论证,对专业性、技术性较强的行政规范性文件,可以引入相关领域专家进行论证。(2)广泛征求意见。在征求意见时,除公布拟制定的行政规范性文件草案外,应附上必要的制定依据和说明。应该引导行业内的企业、科研院校、协会、学会等各主体有组织地积极参与到意见表达过程中。除特别注意征求利益相关方亦即通航企业的意见外,也应注意听取社会公众的意见。要建立意见沟通协商反馈机制,对相对集中的意见建议不予采纳的,公布时要说明理由。(3)做好行政规范性文件类型和功能的划分。民航领域规范性文件类型较多,有"民航规"、"民航发"、管理程序(AP)、咨询通告(AC)、管理文件(MD)、公作手册(WM)、信息通告(IB)等,应该进一步完善各类型规范性文件的制定标准、功能、流程和应用场景,充分发挥民航行政规范性文件的体系化优势,与正式立法形成功能互补、互相支撑的规范体系。

(四)通用航空领域行业标准的完善

根据我国《标准化法》规定,标准是指农业、工业、服务业以及社会事业等领域需要统一的技术要求。标准包括国家标准、行业标准、地方标准和团体标准、企业标准。国家标准分为强制性标准、推荐性标准,行业标准、地方标准是推荐性标准。通用航空领域的标准建设的意义在于:(1)具体化法律规范的要求,形成法律体系的延伸部分;(2)保障通航活动的安全,提高通航发展水平;(3)为企业和个人从事通用航空活动进行指引,形成稳定的预期和规范的市场环境。

目前,通用航空领域的标准以国家标准和行业标准为主,涵盖航空摄影、航空探矿、农业航空等内容,主要涉及航空作业,但在通航运输、娱乐飞行等领域缺乏规划①,在通航机场建设等领域还没有摆脱准用运输机场标准的状态。在未来,必须加强通航领域标准的规划,在基础通用标准、安全质量管理、飞行、空中交通服务、空管设备、机场及地面设施、运行保障与服务、飞行器及设备制造等方面分析标准需求,发挥行业协会、科研院所作用,出台一系列符合当前通航发展水平的行业标准和团体标准。在无人机制造等领域,可以引导龙头企业率先制定企业标准,增强中国通用航空企业的竞争力和在国际市场中的话语权。

五、结语

实现通用航空管理制度的法治化,是行政法治建设的题中应有之义。通用航

① 参见张传彬、张子杰:《中美"通用航空娱乐飞行"管理法规标准体系的比较研究》,载郝秀辉主编:《航空法评论》(第9辑),中国民航出版社2021年版,第297~317页。

空管理法律制度既是民用航空法的一翼，又是行政管理法中的一个子部门。因此，完善通用航空管理法律制度，既需要考虑民航领域的专业性、特殊性，又需要符合行政法律制度的要求，体现行政法治的理念、精神、原则和原理，这对民航法制工作者提出了相当高的要求。

“两个框架”发布以来，通用航空法律体系重构的大方向符合通航产业发展的需要和民航法律体系建设的要求，但是在系统性、专业性、科学性、规范性方面，仍有很长的路要走。通用航空管理法律制度的完善，首先是理念的革新，必须坚持依法行政，更新监管理念，包容技术创新，形成面向未来的立法顶层设计。在此基础上，完善行政许可、行政检查、法定自查、行政处罚、政府补贴等管理手段，处理法律、法规、规章、规范性文件、行业标准等规范体系的技术性问题。通过完善通航管理法律制度，为企业提供更好的生存、发展环境，为消费者和公众提供质量更高的服务，为通用航空产业的发展提供法律和制度支撑。

通用航空领域争议解决及政策法规分析大数据报告

彭　澎*

2019年以来,甘肃神舟律师事务所接触了多起通用航空领域的诉讼及非诉讼案件,本着深入了解客户从事的行业,才能提供更优质法律服务的理念。笔者借助公开平台(国家企业信用信息公示系统、国家统计局网站、中国民航局网站、大众媒体)及alpha案例库,检索梳理了中国通用航空领域的争议解决及政策法规分析大数据报告,试图呈现该行业企业经营中存在的主要风险,并管窥中国通用航空行业的发展前景。

一、我国通用航空行业发展概况

通用航空,是指除军事、警务、海关缉私飞行和公共航空运输飞行以外的航空活动,包括从事工业、农业、林业、渔业、矿业、建筑业等方面的作业飞行和医疗卫生、抢险救灾、气象探测、海洋监测、科学实验、遥感测绘、教育训练、文化体育、旅游观光、通勤航空等方面的飞行活动。

2021年3月,全国人大发布的《中华人民共和国国民经济

---

* 彭澎,甘肃神舟律师事务所副主任,专职律师。中华全国律师协会青年律师领军人才训练营学员,甘肃省律师协会涉外法律服务专业委员会副主任,青年律师委员会委员。酒泉市律师协会副秘书长。

和社会发展第十四个五年规划和2035年远景目标纲要》,在“建设现代化基础设施体系”一章提出“稳步建设支线机场、通用机场和货运机场,积极发展通用航空”。将通用航空行业发展提升到了一个新的高度。但其实在20世纪80年代,我国的通用航空产业就已经起步,1983年3月中信海洋直升机股份有限公司(中信海直000099)的前身中国海洋直升机专业公司成立;1986年1月8日,国务院下发《关于通用航空管理的暂行规定》(国发〔1986〕2号,已失效),这份文件也是笔者检索到关于通用航空行业最早的国家级规定。30年后的2016年5月13日,国务院办公厅发布了《关于促进通用航空业发展的指导意见》(国办发〔2016〕38号),指导意见披露,截至2015年年底,我国已建成通用机场超过300个,通用航空企业281家,在册通用航空器1874架,2015年飞行量达73.2万小时。并提出了“到2020年,建成500个以上通用机场,基本实现地级以上城市拥有通用机场或兼顾通用航空服务的运输机场,覆盖农产品主产区、主要林区、50%以上的5A级旅游景区。通用航空器达到5000架以上,年飞行量200万小时以上,培育一批具有市场竞争力的通用航空企业。通用航空器研发制造水平和自主化率有较大提升,国产通用航空器在通用航空机队中的比例明显提高。通用航空业经济规模超过1万亿元,初步形成安全、有序、协调的发展格局”的发展目标。

2016年12月,中国民航局发布了《通用航空发展“十三五”规划》,在对指导意见提出的2020年发展目标进行细化的同时,也指出了我国通用航空行业发展基础薄弱、发展结构待优化、发展动力须增强的三大困境。

五年之后,2021年6月,中国民用航空局(以下简称民航局)发布的《2020年民航行业发展统计公报》显示,截至2020年年底,获得通用航空经营许可证的通用航空企业523家,在册航空器总数达到2892架,在册管理的通用机场数量达到339座。2020年,全行业完成通用航空生产飞行98.40万小时(见图1)。

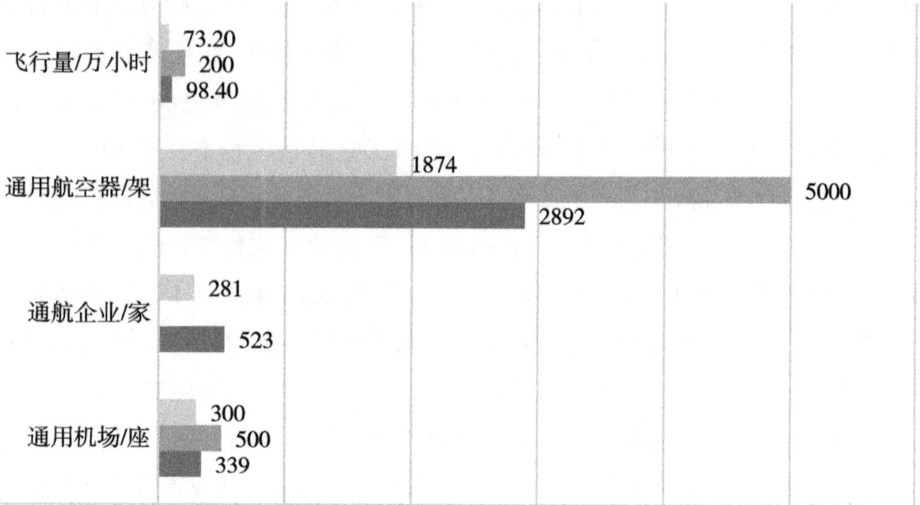

时期	通用机场/座	通航企业/家	通用航空器/架	飞行量/万小时
2015年	300	281	1874	73.20
“十三五”规划目标	500		5000	200
2020年	339	523	2892	98.40

图1 “十三五”期间通用航空行业发展情况

虽然近年的成绩离“十三五”规划确定的发展目标尚有距离。但不可否认,中国通用航空产业发展大有潜力,随着“十四五”期间持续深化供给侧结构性改革,以创新驱动、高质量供给引领和创造新需求的战略导向,关心、关注通用航空领域的人越来越多,通用航空这一既关乎基础设施建设,又引领消费升级的行业体系,再一次焕发出勃勃生机。

二、通用航空行业争议解决数据分析

某一行业领域历史发生的争议案件,往往能够揭示行业发展的主要风险以及继续发展的合规要求。笔者团队借助icourt法律检索系统,检索了中国裁判文书网上有数据记载以来(最早是2012年),争议方包含通用航空企业的所有民事争议类法律文书,并从不同维度和层级进行了分析:

检索时点:2021年10月23日;

案例来源:Alpha案例库;

案由:民事;

当事人包含:通用航空;

案件数量:3155件。

(一)整体情况分析

从图2的案件数量年份分布可以看到,民事纠纷案例数量伴随文书公开,呈逐年增长的趋势。近三年来案件数量增速加快,体现出行业发展逐步提速,争议纠纷越来越多的趋势。

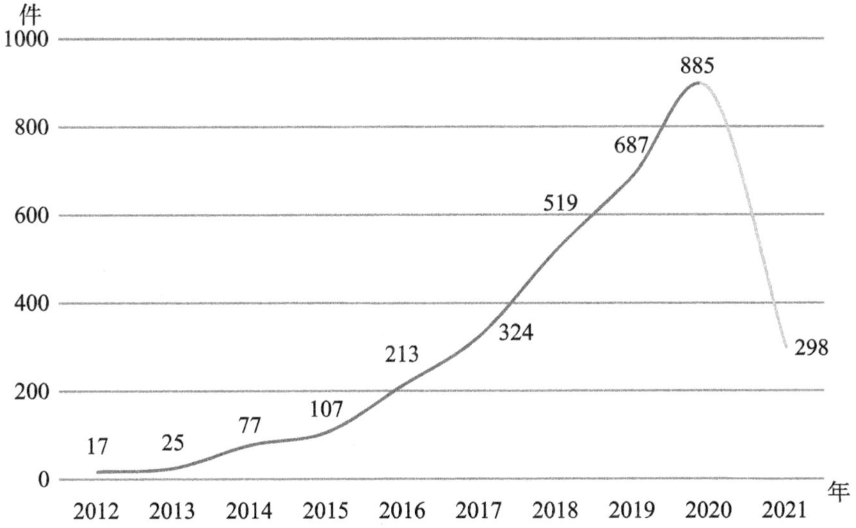

图2 案件数量

从图3地域分布来看,当前通用航空行业民事案例较多的省份是广东省、上海市、北京市,分别占比为11.25%、9.03%、8.68%。其中,广东省的案件量最多,达到355件。除了经济发达或较发达的省份外,西北和东北地区的新疆维吾尔自治区和黑龙江省通用航空行业的民事案例也较多,也反映出该两个省份通用航空行业的发展规模相对较大,应用前景也较为广阔。

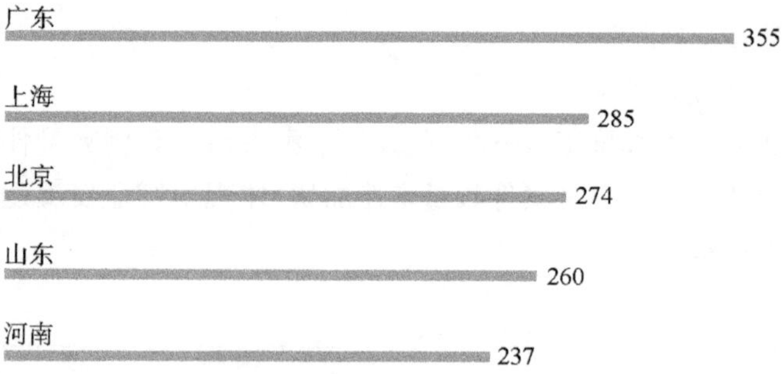

图3 地域分布

(二)法律风险分析

根据上述检索条件检索到的案例一共涉及十个一级案由,合同、准合同类纠纷数量最多,达1698件,占总数的54.97%;第二位的是劳动争议、人事争议类纠纷895件,占28.97%(见图4)。

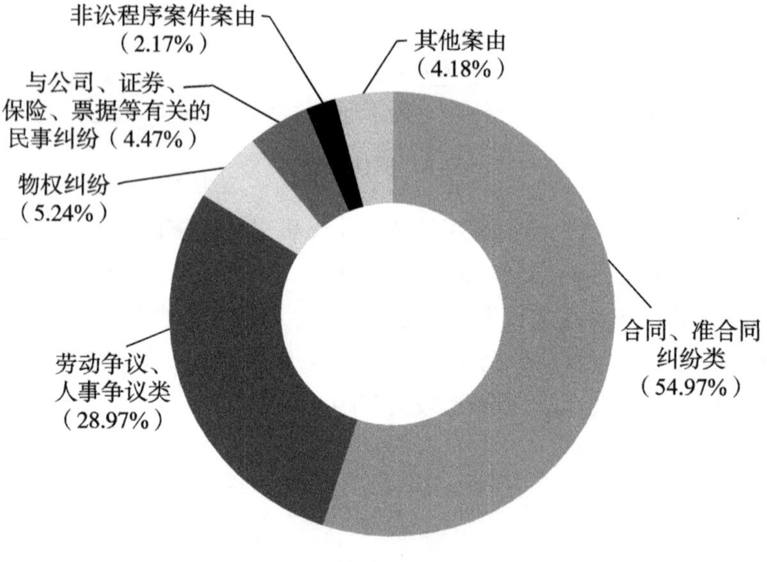

图4 民事一级案由分布

1. 劳动人事争议占比高

先就劳动争议、人事争议类案件进行分析。笔者同样检索了数据库内争议一方包含"公司"关键词,案由为"民事"的全部案件,检索得出的劳动争议、人事争议类案件仅占案件总数的7.15%，低于通用航空行业的劳动争议类案件比例。这说明，通用航空行业劳动争议类案件较为高发，经营者需要加强劳动人事用工方面的合规管理。

笔者在实务中了解到，通用航空企业关键岗位的技术性人员，如飞行员、机务维修人员、塔台管制员等都是企业的核心人力资源。行业整体快速发展，技术人员培养跟不上，非常容易出现人员不稳定、频繁跳槽影响企业发展的情况。有的企业员工知晓企业的商业模式、未来发展计划、供应链及大客户信息，转投他方将会给企业带来巨大的损失；有的关键技术人员是企业一手培养起来的，耗费了巨大的人力物力，无故离职让企业前期的培养成本付诸东流；有的小型通用航空企业关键性技术人员仅有一两名，此类人员的离职甚至会直接中断企业经营。

上述情况使通用航空企业在经营过程中需要人力资源的绝对安全，要在日常经营中不断完善劳动人事制度，在劳动合同中重视竞业限制条款和关键员工的保密义务。对于在企业中成长起来的核心骨干技术人员以及引进的高技术人才要设置合理、有效、常态化的股权激励计划，维护企业人力资产的稳定和增值。

2. 融资渠道单一

对于案件数量最多的合同、准合同类纠纷，向下检索到的二级案由分布较广，比例靠前的四类合同为借款合同纠纷类394件，占比为23.45%；服务合同纠纷类262件，占比为15.60%；买卖合同纠纷类164件，占比为9.76%；租赁合同纠纷类145件，占比为8.63%（见图5）。

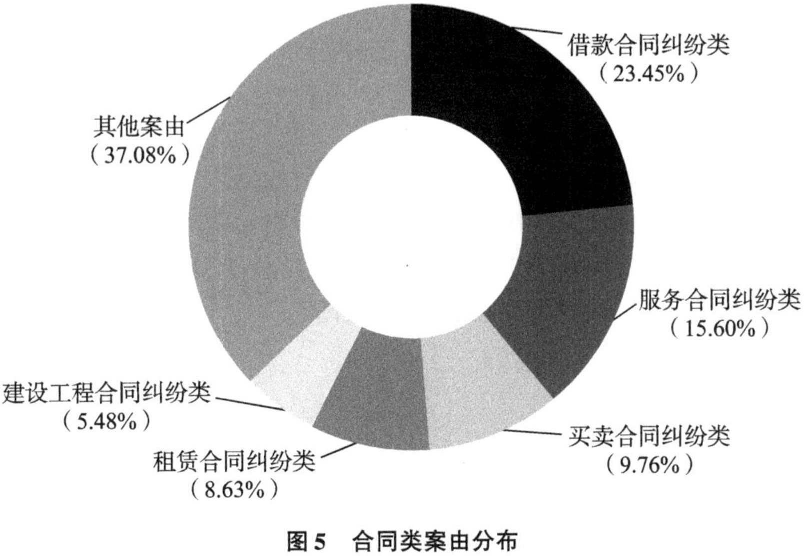

图5 合同类案由分布

其中,借款合同纠纷类项下,民间借贷纠纷案件占比达79.69%,金融借款合同纠纷案件占比仅有18.78%。这就说明通用航空企业,尤其是初创期的通用航空企业,很难拿到银行贷款,因为本身就不易得到银行贷款,与银行相关的金融借款合同纠纷案件就少。通用航空企业融资,大多数还是依靠民间借贷。

结合实务分析,形成这一局面的原因主要是,银行贷款大都需要抵押担保,通用航空企业最主要的资产就是航空器,向银行申请贷款,只能抵押自己拥有的飞机。但是根据《民法典》的规定,飞机属特殊动产,抵押权设立采用登记对抗主义,而飞机的抵押权登记机构是民航局,虽然民航局目前抵押权登记实行网上办理,办理程序较为快捷,但是对于大多数通用航空企业所在城市的地方商业银行来说,抵押飞机是陌生的而且风险难以控制。对于地方银行来说,飞机抵押担保贷款是一项特殊的业务,银行为了最大限度地控制风险,缺乏向通用航空企业发放贷款的动力。

从后端来说,即使商业银行向通用航空企业发放了飞机抵押担保贷款,如果通用航空公司经营失利,贷款逾期违约,银行要收回债权时就得评估处置抵押物——飞机。目前,我国航空器的估价机构本就不多,飞机拍卖处置的意向买家更是稀缺,这都为银行化解飞机抵押担保类不良债权带来了较大困难,使商业银行更加不愿意向通用航空企业提供贷款。

故而通用航空行业的发展,急需探索融资渠道多样化,一方面,需要探索建立完善、专业的航空器估价和交易市场,同时对于通用航空企业贷款给予优惠政策,让商业银行乐于向通用航空企业发放贷款;另一方面,通用航空企业自身需要完善公司合规经营、优化股权结构,在股权融资方向寻求突破,多管齐下破解发展过程中的融资难题。

3. 培训类合同争议较多

检索得到的数据显示,通用航空行业合同纠纷中占比第二的是服务合同纠纷类,继续向下检索发现,教育培训合同纠纷案件数量超过54%,为服务合同纠纷类项下最多的案件类型。服务类合同案由分布见图6。

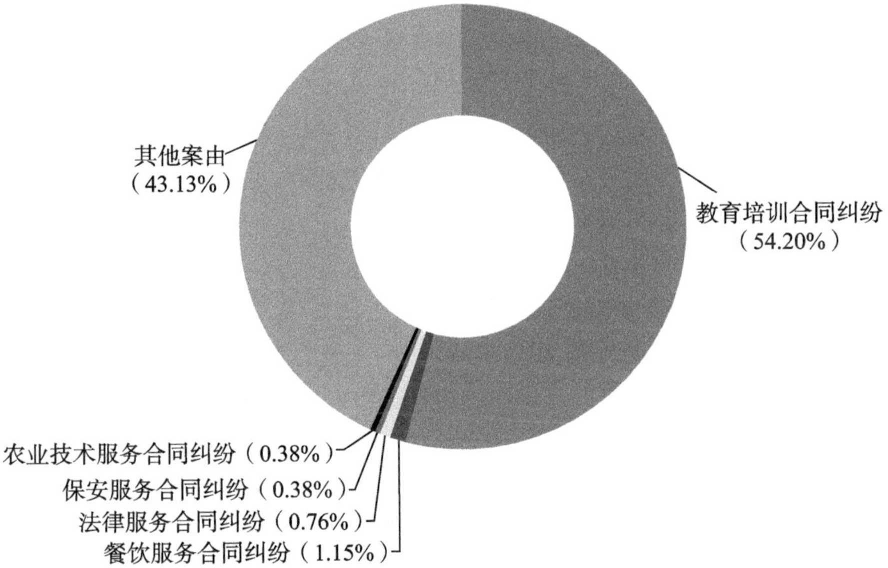

图6　服务合同纠纷类案由分布

这一现象和目前我国通用航空行业的经营结构密切相关。上文提到的民航局《通用航空发展"十三五"规划》就指出："目前(2016年——笔者注)我国通用航空交通功能和消费属性远没有得到发挥,未能满足多样化、个性化的社会服务需求。航空培训类业务占60%以上,生产性服务占20%左右,适应于消费导向的应急救援、医疗救助、短途运输、私人飞行等新兴服务比例小。"

直至目前,这一问题也没有得到很好的解决。民航局《2020年民航行业发展统计公报》显示,2020年通用航空生产飞行98.40万小时,其中培训类作业36.94万小时,占比37.54%;培训之外的其他经营类作业仅有28.24万小时,占比28.69%。培训类作业依然是目前我国通航领域的主营科目,这也就使教育培训合同纠纷成为通航企业主要的法律争议问题,通用航空企业应该关注教育培训方面的法律风险控制。有培训资质的通用航空企业对外培训飞行员,需要设计标准化的培训流程、制度和培训合同;自身没有资质需要委托航校培训飞行员的通用航空企业也要根据自身需求,合理选择培训项目并对培训中容易发生的法律纠纷提前作出约定和防范。

4.农业用途易造成对第三人侵权

通用航空行业目前除用于教育培训、旅游观光服务外,使用场景较多的就是农、林业生产领域,如农林喷洒、播种等。但笔者分析发现,此类作业项目出现了较多侵犯第三方权利的案例。大多是在通用航空企业接受委托向固定区域播撒农药过程中,由于位置偏离或气象、风向因素导致农药飘散造成对第三方人、畜、作物的损害。

此类事件往往波及面广,受害人众多,容易引发较多损害赔偿类争议,这也提醒通用航空企业在进行此类经营作业时,需要规范操作,并且在作业合同中有针对性地约定第三人损害等相关责任承担条款。

三、通用航空行业发展政策法规分析

2012年12月11日财政部、民航局就发布了《通用航空发展专项资金管理暂行办法》(民航发〔2012〕111号),从民航发展基金中安排专项补贴鼓励通用航空企业开展生产经营活动,迄今已有九个年头。2021年9月28日,民航局财务司发布《关于2022年通用航空发展专项资金预算方案的公示》,有220家通用航空企业可以享受专项资金对其2021年飞行作业、飞行员执照两项补贴合计5.39亿元,这一数字在2019年和2020年分别是4.82亿元和5.037亿元,补贴金额逐年上升。

在法规层面,近年来,各级立法部门及行业主管部门均在国务院深化"放管服"改革、优化营商环境等要求下,对通用航空行业的监管向市场化转变,简政放权、加强事中事后监管,有效地减轻了通航企业的制度性成本。

2019年1月,民航局发布《关于推进通用航空法规体系重构工作的通知》(民航发〔2019〕5号),将通用航空法规体系重构提上了工作议程,为未来一段时间中国通用航空整体政策走向、立法思路和制度设计明确了原则和要求。2020年,《通用航空经营许可管理规定》《通用航空短途运输管理暂行办法》《通用航空包机飞行管理暂行办法》等一批部门规章和地方性法规陆续发布,从国家到地方层面,支持、鼓励通用航空规范化快速发展的法规体系正在建成。

而随着"十四五"规划的逐步展开,通用航空行业也必将得到更多的政策关注与扶持,笔者检索发现,2019~2021年不到三年的时间里,在地方层面陆续有吉林省、贵州省、湖南省、陕西省、河北省、黑龙江省、内蒙古自治区发布了最新的通用航空产业发展规划和扶持政策;在地州一级行政单位中,也有四川阿坝州、内蒙古通辽市、吉林松原市、江西吉安市、山西长治市与忻州市、浙江丽水市等发布了类似的规划和扶持政策,这也为通用航空企业自身发展布局提供了更多的参考。

四、小结

与发达国家以及部分航空产业发展迅速的发展中国家相比较,我国的通用航空产业未来发展潜力巨大。但是一个行业的发展与国家的产业政策、整体经济环境、市场认知、供应链培育、人才积累、资本投入都密不可分。本报告仅仅依靠公开数据对通用航空行业重点争议类型及当前的政策趋势与法规环境进行了简要分析,对于舆论互动、行政监管处罚、头部企业经营业态和商业模式等尚未涉及,难免会有缺憾。笔者亦愿意继续研究,与法律实务相结合,推出并完善针对通用航空行业的法律服务产品。

通用航空力量参与应急救援体系的模式及路径研究

张传彬* 袁 野**

一、引言

从国际航空业发展经验来看,人均国内生产总值(gross domestic product,GPD)达到4000美元是航空产业发展的重要节点。在此阶段,通用航空快速发展,并在航空应急救援及各类突发事件处置中,发挥着重大作用。20世纪50年代以来,多个国家相继建立起了实用且广泛的航空应急救援体系,并在各类重大突发事件的应对中起到了关键作用。中国地域广阔,地形、地势多变、复杂,重大灾难与各类突发事件时有发生,对于航空应急力量的需求较大。然而,中国航空救援力量相对薄弱,航空器与应急救援设施设备的数量及使用,与社会及公众的现实需求有着较大差距。综观世界范围内航空应急救援模式,多采用将通用航空组织或企业纳入航空救援体系的方法,以达到扩充应急救援力量,同时实现降低财政和公众负担的目的。例如,美国发展出了以服务合同模式为主的通用航空应急救援模式,德国建立了包含德国汽车协会(Allgemeiner Deutscher Automobil-Club,ADAC)、德国航空救援队(Deutsche Rettungs Flugwacht,

---

* 张传彬,中国民航大学法学院公共事业管理专业、博士、讲师,研究方向为民航行政管理与应急管理。

** 袁野,中国民航大学法学院公共事业管理专业本科生。

DRF)等非政府组织在内的综合式航空救援模式。政府与通用航空组织或企业之间的合作,在经历了近七十年的实践后,已经被证实是一条可行的解决航空救援力量不足的道路。在美国,仅通航非营利组织CAP一家就承担了空军救援协调中心(Air Force Rescue Coordination Center,AFRCC)每年75%的应急救援搜寻任务。

自2008年汶川大地震以来,中国通用航空在参与应急救援行动、挽救生命财产方面取得了一定的成绩,积累了一线行动的经验。然而,由于受各种因素的限制,除个别专业救捞和森林消防队伍外,通用航空业未能从机制上真正成为国家应急救援体系中的一员。面对各类突发事件,非系统化的通用航空力量发挥的作用大打折扣,其快速响应的特点得不到充分的施展。2012年国务院颁布了《关于促进民航业发展的若干意见》,明确提出:"大力发展通用航空。巩固农、林航空等传统业务,积极发展应急救援、医疗救助、海洋维权、私人飞行、公务飞行等新兴通用航空服务,加快把通用航空培育成新的经济增长点。"这为通用航空在应急救援中发挥力量打下了坚实的基础。然而,在实际的运行中,通用航空力量在应急救援体系中的"接入"问题仍然存在很多需要克服的难题。根据中国日报网报道,雅安地震发生后,许多通用航空公司就做好了参与救援工作的准备,但是却始终得不到批准。其中,成都托福通航的副经理表示,"公司的两架直升机自从周六以来一直在距离地震灾区庐山县80公里的成都等待批准","我们在四川地震发生一小时内就准备好了,但是如果没有官方的批准,这个半小时的旅程是不可能完成的"①。

通用航空力量参与应急救援路径的缺失,很大程度上制约了通航力量及时参与救援。为使通用航空力量有效融入现有应急救援体系,对于通用航空参与应急救援体系的模式及路径的研究必不可少。在过往的案例中,美国、澳大利亚、德国等国家为解决此类问题,选择了在政府与通用航空之间搭建沟通的桥梁,构筑双方共同盈利的合作伙伴关系。中国的通用航空参与应急救援的路径与模式,同样可以考虑以公共部门与私人企业或组织之间的合作打开介入之门,即通过政府与社会资本合作(Public-Private Partnership,PPP)模式,构筑起政府与通航企业之间的合作关系。那么如何通过构筑合作伙伴关系解决模式及路径问题?构建怎样的合作关系?通过构筑伙伴关系达成怎样的模式、体系?这正是本文将要探究的问题。

---

① Wang wen Wang-Qian, General Aviation Firms Offer Quake Relief Help, 载 http://www.chinaaviationdaily.com/news/25/25618.html,最后访问日期:2022年4月1日。

二、研究综述

(一)通航应急救援的国内文献综述

相对于较为发达完善的民用航空领域,中国通用航空的发展起步晚,覆盖面积小,还不成体系。截至2020年年底,全国通用航空器在册总数为4165架(具),分布主要集中于东部沿海地区,每百万人拥有航空器1.62架左右;而同期的美国和俄罗斯每百万人拥有航空器的数量已经达到了40.1架和23.7架①。在通用航空器数量与通用航空业发展程度上,国内确实暂时落后于国外。针对此现实,国内许多学者对于发展通用航空、构建通用航空应急救援体系等问题,从不同角度上提出了许多观点:

1. 低空空域下的航空自由化

国内学者普遍认为,要发展通用航空应急救援产业,进而形成体系,就必须加快低空空域开放。低空空域管制政策始于特殊时期的国家安全发展需要,已经基本完成了其历史使命。中国通用航空发展研究课题组撰写的《中国通用航空发展研究》提出:"空域不开放一直是影响通用航空发展的瓶颈之一,其极大地影响了通用航空灵活、快速、高效的特点。"②文章提到,由于安全隐患问题,空域不开放,使得航空资源稀缺、飞行成本高,加之新设施设备建设成本高,进一步打击了通用航空发展,由此形成恶性循环。发达国家通用航空的发展,一般遵循限制最小化、使用最大化原则。发展通用航空应急救援体系,开放空域是其必要的前提之一。2010年11月,国务院中央军委发布了《关于深化中国低空空域管理改革的意见》,提出逐渐开放低空空域。越早开放低空空域,对通用航空应急体系的发展越有利。

2. 军民融合式综合响应模式

中国大部分空域管理权归属于空军。与此同时,以目前中国航空应急救援力量分布而言,军队救援力量,无论是在航空器的数量上,还是在救援队伍规模上都占有绝对的优势。在近期发生的一系列重大灾难救援中,军队空中救援力量作为主体承担了应急救援的主要责任。因此,要建设行之有效的通用航空应急救援体系,军民融合是必不可少的。在《构建军民航融合式救援体系的几点思考》一文中,陆军航空兵学院的马玉能提出了"合组织、人力、场站、装备资源,成立高度统一的

① 参见中国航空运输协会通用航空分会编:《2020-2021中国通用航空发展报告》,中国民航出版社2021年版,第3~55页。

② 中国通用航空发展研究课题组:《中国通用航空发展研究》,载《中国民航学院学报》2003年第2期。

领导机构、平战一体的应急机制，构建一体化救援机制”①的设想。在《加快建设中国通用航空的紧急救援体系》一文中，国家发展和改革委员会综合运输研究所的刘赋提出：“民结合的发展方向，在保障国家和人民生命财产安全的基础上开放空域，实现军民两用互为依托。”②军民结合式的通用航空应急救援体系，符合中国应急管理的发展方向。

3. 分级指挥体系下的集约化发展

通用航空应急救援体系要发挥作用，建立及时有效地沟通联动管理机制必不可少。民航局航空安全技术中心张兵在《通用航空应急救援规划思路》一文中指出：“在汶川地震救援行动的过程中，通用航空应急救援暴露出了管理体系与运作机制的问题，启动直升机应急救援错失最佳救援时机，部门之间的协作职能有所欠缺，应在基于不打破现有民航指挥体系的层次性的基础上建立统一指挥体系，建立以民航局为中心，各分局为点的指挥网络。”③刘大响认为，航空应急救援指挥体系决不能靠灾难时临时设立，需要从国家层面制定航空应急救援方案，设立“航空应急救援中心”，以形成统一指挥、分级负责、平灾结合、属地管理的应急管理机制，以功能齐全、先进可靠、反应灵敏、运转高效为目的。在非应急状态下，西安航空学院高启明在《中国通用航空产业发展特征、关键问题及模式选择》一文中提出：“在常态下对通用航空的建设，可以采取‘政府主导，市场运作，服务先行，制造跟随’的发展模式以达成良性循环，整合资源，促进常态下通用航空的发展。”④

4. 商业机制下的良性竞争

通用航空行业发展缓慢，与通用航空行业专业人员不足有密切的关系。中国民航管理干部学院董念清在《中国通用航空发展现状——困境及对策探析》一文中指出：“要加快专业人才培养，需要打破垄断，除定向捆绑培训之外，有必要引进市场化人才培养体制，减少政府干预，由市场自主决定。”⑤中国民用航空飞行学院的李翱在《中国通用航空产业发展研究》中指出：“通用航空市场细分众多，潜力巨大，人均 GDP 超过 4000 美元时飞行将进入普通人家庭，中国通用航空即将进入黄金时

① 马玉能、李祥君：《构建军民融合式应急救援体系的几点思考》，载《中国民用航空》2010 年第 10 期。

② 刘斌：《加快建设我国通用航空的紧急援助体系》，载《今日中国论坛》2008 年第 8 期。

③ 张兵：《通用航空应急救援规划思路》，载《中国民用航空》2008 年第 7 期。

④ 高启明、金乾生：《我国通用航空产业发展特征——关键问题及模式选择》，载《经济纵横》2013 年第 4 期。

⑤ 董念清：《中国通用航空发展现状——困境及对策探析》，载《北京理工大学学报（社会科学版）》2014 年第 1 期。

期。"北京航空航天大学刘大响、王湘穗在《安国利民的重大战略举措——大力发展我国航空应急救援能力的思考》一文中指出:"通用航空应急救援是新的经济增长点,在通用航空救援队伍的运作模式上,将商业化引入非紧急状态下运行模式中,以有偿商业飞行以及救助飞行,政府给予适当补贴维持正常运行,以需求拉动行业发展。"①张兵指出,通用航空应急救援必须具有一定的"造血"能力,仅靠政府财政负担过大,采用合理的合作经营模式是完善通用航空应急救援必不可少的基础。

(二)国外航空应急救援体系建设的文献综述

在国外,关于航空应急救援的研究多是以成体系的航空应急救援,或针对特定时期、目标的应急救援行动为研究对象,对影响航空救援效率的因素与提高运作效率的方法进行研究。

1. 有效航空应急救援响应的因素分析

马切迪列斯科维奇(Maciej Liskiewicz)对英国皇家空军在1980~1989年执行的1490次救援任务进行了分析,发现77.6%的事故发生在特殊地形地段,包括雪山、海岸悬崖、邻近水域的山脉、沙滩②。在进一步的研究中,他发现在此类地区发生的紧急情况,其受害者往往受到较为严重的地形或者气候特征导致的伤害,最好的办法是将患者运送到配备有相应医疗救援设备的转运直升机上,强调救援设备在航空应急救援中发挥的作用。而戈登·沃利(Gordon H. Worley)通过对1980~2013年美国航空应急救援的研究,发现航空应急救援事故的风险远远高于一般的通用航空。在对47起ASAR事故进行研究之后,发现其中涉及致命事故伤害的比例高达43%,而同期美国通用航空事故死亡率仅为19%③。通用航空在应急救援行动中所搭载的乘客很可能本来就是受到严重伤害的伤员,在事故中其行动能力受限很难被转移,且很容易受到二次伤害。戈登·沃利认为,提高航空安全报告系统(Aviation Safety Reporting System, ASRS)应该是关注的重点。

2. 有效航空应急救援的组织因素分析

随着航空应急救援行业的发展,如何使其组织结构更有效地适应应急救援行动,成为一项研究的重点。拉塞尔·达因(Russell R. Dynes)和夸兰泰利(E. L.

① 刘大响、王湘穗:《安国利民的重大战略举措——大力发展我国航空应急救援能力的思考》,载《中国工程科学》2009年第6期。

② See J Liskiewicz-W, An Evaluation of the Royal Air Force Helicopter Search and Rescue Services in Britain With Reference to Royal Air Force Valley 1980 - 1989, *Journal of the Royal Society of Medicine*, 1992, 85(12), p. 9 - 27.

③ See Worley Gordon-H., Civilian Helicopter Search and Rescue Accident in the Wilderness & amp, *Environmental Medicine*, 2015, 26(4), p. 544 - 548.

Quarantelli)提出,在灾难管理中,从社会角度对组织进行管理是有效的手段,包括对志愿者的组织,响应模式等要求。他认为,灾难是有时间范围的概念,并且在空间上,灾难的范围就像是一连串的同心圆。在灾难管理过程中,各行为主体的规范性制约着救援的效果。① 帕特森(Patterson)、奥利维亚(Olivia)、韦伊(Weil)、弗雷德里克帕特尔(FrederickPatel)以及卡瓦它(Kavita)等人研究了社区在应急救援行动中的作用②,发现以社区为基本单位的组织,在应急救援行动中发挥着包括政府下达的行政命令以及社区自治的自主决定双重的作用,其被认为是一种更加活跃的组织形式,但是相较于社会性质的应急救援组织社区仍然存在劣势。

本文研究着眼于通用航空力量,尤其是社会力量,参与应急救援的接口与模式。为实现通用航空与应急救援体系的融合,从航空应急救援的角度借鉴 PPP 模式,构筑政府与通用航空合作伙伴关系(Public-General Aviation Partnership, PGP)框架模式,以达到作为私营企业的通用航空力量与作为公共部门的应急救援管理部门的融合。在流程设置上,通过对目前中国航空应急救援体系与通用航空行业面临的困难的研究,探索介入的需求。通过对国内外通航参与应急救援案例的对比,提出通航应急救援的一般模式。

三、政府与通用航空力量合作伙伴关系的构建

(一)从 PPP 到 PGP

PGP 是以 PPP 与通用航空应急救援发展为基础,在政府与通用航空企业之间构建了一座桥梁。目的在于解决通用航空在应急救援行动中的接入问题,实现私人部门的通用航空力量在应急救援体系中的有效接入与融合。

PGP 共分为两个部分。一是确定的 PPP 模式,公私合作理论能够实现私人部门在公共服务领域的介入,解决通用航空与现有应急救援体系之间的隔阂。PPP 在 PGP 中的应用,主要着眼于实现地方政府与企业之间的联系,通过构建有效的沟通平台,以及预先安排好的行动流程与指挥体系,规定在灾难发生时的行动模式,以期达到全面协调、完全融入的目的。参照一般 PPP 流程,以商业合同的形式对具体的合作范围、事项进行规定,量化标准绩效考核,实现风险分摊。

二是以航空应急救援理论为手段,在 PPP 的基础上对通用航空与政府部门之

① See Russell R. Dynes, E. L. Quarantelli, Helping Behavior in Large Scale Disasters: A Social Organizational Approach, *Jossey-Bass*, 1980, 57(4), p. 1261 – 1278.

② See Patterson Olivia, Weil Frederick, Patel Kavita, The Role of Community in Disaster Response: Conceptual Models, *Population Research and Policy Review*, 2010, 29(2), p. 127 – 141.

间合作模式与流程进行重新思考。在中国通用航空企业处于起步阶段的现实的基础上,以满足应急救援需求为中心,重新规划 PPP 合作的内容与合作的方式,以达到通用航空力量与现有军方为主的航空救援力量协调的目的,使 PGP 能够真正适应中国应急救援与通用航空发展的需要。

(二)PGP 实现的条件

在 PGP 模式中,实现成功的公私合作的前提包括外部条件与内部条件。外部条件分为坚实的法律基础、政府支持、事前评估、成熟的市场竞争机制;内部条件包括新型的管理模式、合理的风险分配。①

必要的政策支持。由于通用航空相关空域政策的约束,通用航空企业在实际运行过程中难以做到及时行动。按照《通用航空飞行管理规定》规定,通航飞行器的飞行申请需要在飞行前一天 15 时前提出,飞行器管制部门应当在拟飞行前一天 21 时前作出批示。应急救援飞行可以临时提出飞行计划,并且需要在拟定飞行前一个小时提交,飞行器管制部门应当在拟飞行前 15 分钟前作出批示。及时的航空应急救援应该像救护车一般能够做到呼叫即出发,这样才能够在突发事件,如车祸、火灾等情况发生时及时行动,起到挽救生命、保护财产的作用。航空应急救援本身具有的快速高效的特点,也要求在航空器的运行上富有灵活性。这些条件只有获得政策的支持才能够真正实现。2017 年 12 月 7 日,民航局下发了《关于建立应急救援飞行计划申请绿色通道的通知》,对医疗航空服务等应急救援航空的飞行空域申报流程进行规定,取消了申报时间限制。这也为通用航空参与应急救援打下来了良好的政策基础。

内部条件指多部门合作式的管理模式的建立和优化。正如前文所言,通用航空应急救援行动涉及多个部门的协作与批准。一份 PGP 合同至少涉及三个部分——政府航空管制部门、通用航空企业、航空器租赁或者应急救援服务购买部门。

以消防火灾为例。在引入 PGP 模式之前,若消防局购买了通航企业消防直升机服务,如图 1 所示,当高层火灾事故发生,首先接到报警的是消防局。在查看火势情况之后确定需要出动消防直升机,此时消防局通知通用航空企业。通用航空企业一边准备消防直升机一边向空管部门申报空域,然后消防直升机启动。这还尚未考虑需要在起飞前一小时提前申报空域的情况。但如果通过 PGP 构建了多部

① 参见段亚丹:《民营资本参与应急产业发展的 PPP 合作模式研究》,西南交通大学 2017 年硕士学位论文,第 8 ~ 15 页。

门协作的沟通平台,消防局在火灾发生通知通用航空企业的同时就与空管部门沟通,那么通航企业在出动消防直升机的速度上将更加具有效率。这样一种多部门协作式的管理模式,不仅适用于消防航空,其他包括医疗航空、搜救航空等在内的多种应急救援通用航空亦能适用,而由于一般情况下不存在这样的多部门沟通平台,所以需要利用 PGP 来达成。这样的管理模式涉及了通用航空应急救援的全生命周期,从预防准备阶段到响应到恢复阶段的流畅运作都需要依靠这样的管理模式来实现。

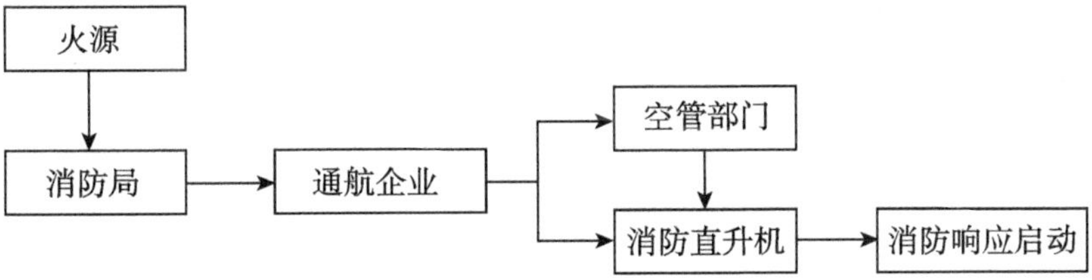

图 1　消防火灾一般通航响应流程

四、实现 PGP 的基本模式

通用航空参与应急救援模式的运行模式,作为一种世界各国广泛的航空应急救援模式,其应用范围可覆盖地震、火灾、医疗救援、勘察等众多项目。在构建 PGP 时,可根据对应灾难的类型与合作伙伴选择不同的合作模式。这里重点谈论服务合同、“建设—运营—移交” + “委托运营”两种模式下的 PGP。

(一)服务合同模式下的 PGP

PGP 服务合同模式,是指公共部门与私人企业或者非政府组织以签署合同的形式,委派社会力量完成特定任务。在此模式中,公共部门仍然是公共服务的主要提供者,且只是将部分业务环节“承包”给私人合作者。

就目前中国应急救援模式以及航空器分布数量而言,军队仍然是重大灾难中应急救援的主要力量,其掌握的资源与飞行器数量占有绝对优势。而目前已经投入实际运营的通用航空企业的航空器的数量较少,还无法成为重大灾难中航空应急救援的主体力量。作为对现有应急救援体系的一种补充,通用航空企业的作用体现在其专业性与适应性上。在与已经形成系统业务的通用航空企业进行合作时,可以考虑采用服务合同的模式。

在合作过程中,作为主导方与主体的公共部门需要对整个流程进行引导与控制。

公共部门需要首先对整个合作有一个大体的规划。一般宜采用委托PGP咨询机构的形式,由专业机构对PGP实施的方案以及签订合同全过程进行专业服务,这也符合PGP模式的必要条件。其目的在于明确合同服务的范围、经营形式、后期处理方式等。作为规则的制定者与监管者,公共部门对于通用航空企业需要制定标准与功能定位。同样,对于委托项目——应急救援,公共部门亦需要有明确的发展规划与全局布置,对任务的划分与通过项目达到的目标要有明确的认识。

在完成前期规划工作后,公共部门需要依法依规对通用航空企业进行甄选,确定合作对象。在项目通过政府的行政审批之后,可通过竞争性磋商或者招标的方式确定特定的单一或几个合作对象。传统的合同模式合作期限不长且范围较窄,所以竞争通常是有效的。而在通用航空企业的应急救援行动项目中,重大灾难应急救援不是常态化的过程,其发生有不可预测性与低频率的特点,而一旦灾难发生,瞬间就会对应急救援力量产生巨量的需要。备战应急救援是一个长期的过程。针对此特点,这里提出在服务合同的模式上做进一步的延伸——以独立主体的形式(如项目公司)与多家符合标准的通用航空企业达成协议,对其应急救援服务进行长期的购买,通过项目公司对其提供的服务进行集中、规范化的管理,以将其纳入应急救援总体体系。同时,以阶段性绩效考核的形式对报酬的支付与合同的续订进行考量。

在回报机制上,传统的服务合同模式倡导公共部门预先一次性或者按照单位成本形式向私营合作伙伴支付商定的服务费,其目的在于促使承包商提高效率,如果能在达到服务标准的同时降低运营成本,其利润将增加。而在本项目中,由于应急救援与准备不是一次性的活动,在参考国家发展和改革委员会发布PPP模式案例后,笔者提出综合性的投资回报方式具体如下:

1. 常态下应急准备的政府付费

公共部门按照合同对不同规模、承担不同任务的通用航空企业进行固定补助。在合作期限内,项目公司根据合同标准对通用航空企业因应急救援需要而产生的日常训练以及设施设备维护费用进行适当补助。目的在于促进通用航空企业的长期发展与服务水平的提高,项目公司可根据合同对通用航空企业的发展与业务水平提出要求。

2. 非常态下应急响应的特殊行动补贴

在大的应急行动中,政府公共部门根据通用航空企业所承担的任务与因应急救援产生的损失进行付费。应急救援行动具有范围广、持续时间长、消耗物资巨大的特点,并且应急救援行动伴随一定的危险,在过往的应急救援行动中也出现了一定数量的事故,通用航空企业作为一个独立民营企业独木难支。采用特殊行动补贴的形式购买通用航空企业的救援服务,一是支持通用航空企业在救援行动中的持续运作;二是避免因救援行动造成超过通用航空企业承受极限的损失而破产,这也是PGP模式风险分配的要求。可综合通用航空企业在应急救援响应中的效率、任务量以绩效考核的形式进行支付。

在这样的PGP合作模式中,重点在于信息的及时性与流通性。PGP合同的本质是公共部门与私人企业资源的协调与互补。公共部门作为规则的制定者,也是整个项目生命周期的监督者,其在参与的全过程中掌握有主动权,而公共部门的目的并不是对通用航空企业进行管控,而是使其发展以提高整体应急救援行动中的效率。那么,在常态下的准备阶段与非常态下的响应阶段,建立有效的沟通机制是重点。一个有效的沟通机制,既能使公共部门及时了解通用航空企业情况,以安排调整其在应急救援中的角色,又能让通用航空企业结合自身企业战略对于发展方向做出调整。项目公司作为连接政府与通用航空企业的桥梁,承担着连接、构造、保持沟通机制的责任。

在管理体系上,常态下由应急部门与通用航空企业共同商议标准体系,由通航企业制定出满足应急救援行动标准的考核标准,由项目公司与公共部门进行阶段性的考核。常态下由通用航空企业自主运营,但是项目公司应该与通用航空企业达成协议,规定其在非常态下履行应急救援协议时的流程。流程应该包括应急救援响应流程、行动集结地点、指挥体系、后勤保障等内容。

(二)“建设—运营—移交”+“委托运营”模式下的PGP

PGP“建设—运营—移交”+“委托运营”模式(BOT+MC),是指政府授权项目公司经营一定年限,范围涵盖项目全相关产业链,其特许经营期限到期后,项目公司将该项目全部设施无偿移交政府指定机构,政府保留公共资产所有权,同时授权项目公司继续经营,由公共部门支付相应管理费用。

由政府对区域内应急救援项目、范围等需求进行测算,对航空应急救援的发展进行规划。同样,政府需要委托PGP咨询机构对项目合同的制定、实施进行指导,以保证合同的有效、合理。

在完成咨询后,由地方政府与私人资本签署合同成立项目公司。项目公司主要职责在于执行合同范围内整个项目生命周期中所有子项目,政府承担监督与参与重大决策的制定工作。项目公司对项目进行融资、建设、运营。其大概模式如下:

在企业建立前,应就企业提供应急响应服务流程及相关细则达成协议。针对重大灾难特点整合指挥体系,以达到统一指挥提高效率的目的。

"BOT + MC"模式针对一定区域内航空应急救援发展,是具有长期航空应急救援需求的区域,根据自身需要发展航空应急救援的有效手段。在"BOT + MC"模式中,通用航空企业的主要目标是控制持续对当地造成人员伤亡和财产损失的某种特定灾难。以森林火灾为例,在森林火灾高发林区邻近城市发展以森林灭火、救援为主要业务,以医疗运输为辅助业务的通用航空企业。由于部分灾难高发地区地理位置偏远、远离区域贸易中心,其通航企业在形成自身盈利模式之前需要更多的扶持。

在"BOT + MC"模式的回报机制中,参考国家发展和改革委员会公布PPP模式案例之江西省赣州市章贡区社区(村)居家养老服务中心项目,可以考虑设置PGP模式的三种回报机制:

1. 使用者付费

在项目公司的管理下,通用航空企业在建设及运营过程中对社会提供商业救援服务,如医疗运输等,向使用者收取一定费用作为企业发展与运作的资金,引入市场机制促进项目发展。付费标准依据当地生活与市场发展水平而定。

2. 政府付费

同服务合同模式一样,通用航空企业在应急救援响应中的行动同样需要公共部门的支持。与服务合同模式不同,"BOT + MC"模式下的通用航空企业最终资产归属于政府,政府在支付基本费用以及保障后勤的基础上可以更加偏向于物资资源。

3. 可行性缺口补助

基于通用航空企业目前发展状况与运行成本,以及风险分配的思想,对项目公司的商业运营进行补贴,以弥补使用者付费之外的缺口。"BOT + MC"模式下的通用航空企业是基于政府部门航空应急救援的考量而设立的,其目的在于减轻建立并维护专业化应急救援队伍的财政负担与利用航空交通的快捷、便利提高应急救援的效率。与一般通用航空企业不同,其提供服务多是专职性的航空应急救援。公共部门作为应急救援公共产品的提供者,应保证航空应急救援服务在一定程度上的普适性。在"BOT + MC"模式下的通用航空企业的服务定价可能与市场上一般企业有所区别。为了维持企业的正常运作,有必要采用可行性缺口补助的方式。

与服务合同的模式不同,"BOT + MC"模式能够从无到有建立起符合地方特点的通用航空应急救援队伍。公共部门对这样一支通用航空应急救援队伍发展规划的掌控程度要高于服务合同模式。但是相较于服务合同模式而言,"BOT + MC"模式需要较长时间的发展,其时间成本高,一支专业化的应急救援队伍的成型与航空器、设施设备的熟练应用都需要经过长时间的训练。

五、PGP下“职能统合”型航空应急救援体系的构建

(一)纵向与横向并存的航空应急指挥体系

纵向的沟通平台,是指依附于中国现行应急管理体系的航空应急救援指挥体系。其中包括国家层次的PGP与省一级层次的PGP以及市一层次的PGP。对比研究发现,无论是美国还是澳大利亚,在对民间通航应急救援力量的整合上都采取了国家或州成立航空应急救援非营利组织的方法。近几十年的实践验证,这是一种有效的方法。中国在建立航空应急救援体系的过程中,不一定要参照美国与澳大利亚的模式进行,但可以借鉴其成功经验以提高机制运行效率。

现行应急救援体系是由国家到省,再到地方式的指挥体系,最高的应急救援责任机构是国务院,各级应急救援的责任主体是县级以上各级人民政府。在此基础上,应考虑跨区域的增援与协调以及部门内的PGP合作。

如图2所示,在此航空应急救援指挥体系中,以国家应急救援指挥中心为枢纽机构负责协调全局。不同部门的航空应急救援力量,在常态下的运作中服从本单位领导。若是需要增援,可通过单位内部系统完成调派。在重大灾难发生时,可通过国家应急救援指挥中心完成资源的整合与调动。

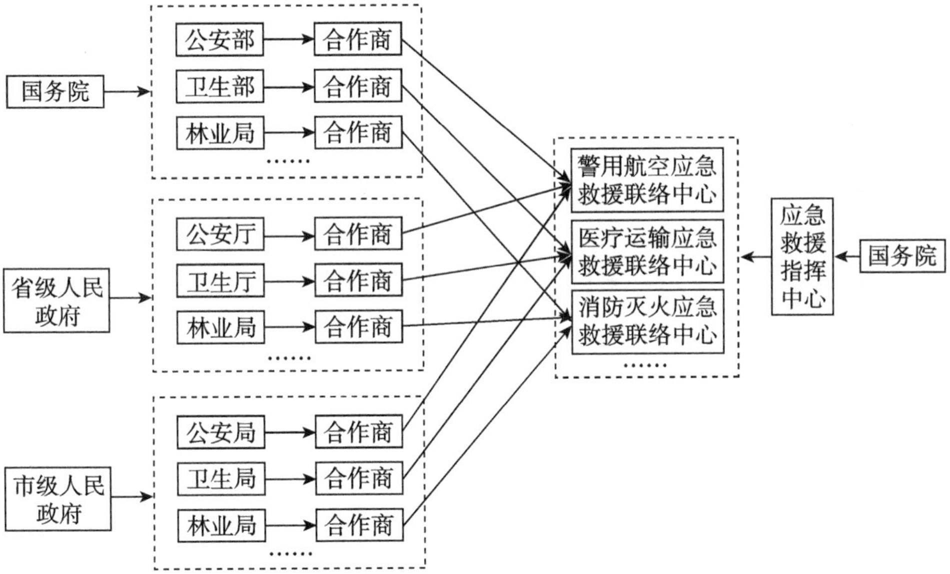

图2　纵向与横向并存的指挥沟通平台

(二)多枢纽的区域航空应急救援网络

中国地域辽阔,地形地貌特征差异较大,在此基础上,各地航空应急救援侧重点不一。靠近林区可能以森林灭火为主,沿海地区可能以海上救援为主。同时,又存在对特定项目航空应急救援的需求,如医疗航空应急救援。各种不同类型的航空应急救援对航空器的类型与应急救援设施设备、人员素质的要求有所区别。虽然不同航空器在执行某些跨领域任务时可以胜任,如受灾人员转运,但某些对设施设备有特殊需求的领域并不能随意进行航空器的调换,如航空消防灭火。为了实现在不同航空救援领域资源的快速调配与共享,也为了让对应领域的专业应急救援指挥人员充分发挥航空器作用,按照领域设置的总航空应急救援下属的多枢纽并行的指挥体系,是一个可行的方案。

如图3所示,这样的机构设置保证了在重大灾难面前能够整合各领域航空救援力量,又能在常态下的运作中满足各领域航空应急响应的需要,并且这样以职能设置的航空应急救援指挥体系有助于明确职责。常态下的通航企业,通过PGP与相应的应急救援负责部门达成协议,将相应的部门代表纳入指挥体系中避免机构重复设置的同时加强了沟通。对于一线的操作人员而言,其可以根据突发事件应急响应的实际操作经验制定PGP合作对象的标准,内行指导内行,避免事故的发生。

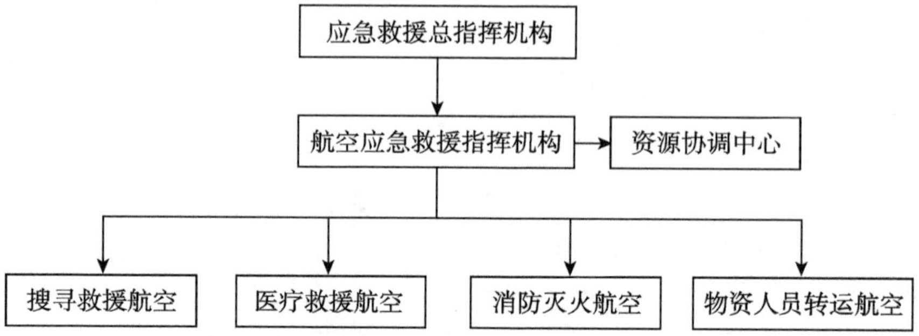

图3 以职能划分的航空救援指挥机构

只有在这样一个以职能设置为基础的航空应急救援网络,才能使资源协调中心真正发挥作用,同时有条件进一步建立以航空器种类、设备、操作人员素质等参数为标准的航空器应急储备"库",并由协调指挥中心进行统一管理。

碳中和背景下中国民航业节能减排面临的挑战与对策分析*

杨若愚** 王朝梁***

一、引言

伴随世界各国对于气候变暖的关注和对环境保护的重视，节能减排工作一直是国际社会比较关心的话题。中国作为一个负责任的大国，也非常注重节能减排地推进和绿色生态发展。党的十八大以来，党中央提出生态文明建设和能源事业"四个革命"的治国理念。党的十九届四中全会也明确提出坚持和完善我国生态文明制度体系，促进人与自然和谐共生。① "生态文明"和美丽中国建设被写进宪法，全面依法治国的基本格局已经形成。在能源立法推进上，2020 年 4 月，国家能源局印发《中华人民共和国能源法(征求意见稿)》。此举是我国能源立法史上的一件大事，为能源法的最终出台奠定了坚实的基础，说明我们节能减排政策法规体系得到了进一步完善。然而，相关规范

* 基金项目：中国民航大学航空法律与政策研究中心开放式基金项目(项目编号：HKFYZCYJZX202107)。

** 杨若愚(1993—)，河南周口人，管理学博士，中国民航大学讲师，研究方向为环境可持续发展与低碳经济。

*** 王朝梁(1970—)，法学博士，中国民航大学副教授，研究方向为航空碳排放与经济法。

① 参见周光迅、郑珺：《习近平绿色发展理念的重大时代价值》，载《自然辩证法研究》2020 年第 3 期。

的出台并不意味着,作为能源领域基本法和纲领性政策文件的完全成型和成熟。①2020 年 9 月 22 日,习近平总书记在第七十五届联合国大会一般性辩论上进一步提出:“中国将提高国家自主贡献力度,采取更加有力的政策和措施,二氧化碳排放力争于 2030 年前达到峰值,努力争取 2060 年前实现碳中和。”②在此背景下,中国的节能减排工作任重道远。

在交通运输领域,民用航空业(以下简称民航业)的节能减排工作也不容忽视。虽然航空碳排放的总量不多,但是增速非常快③。为了打赢蓝天保卫战,中国一直致力于民航业的节能减排。2020 年我国民航吨公里油耗为 0.316 公斤,较 2005 年(行业节能减排目标基年)下降 7.1%。全年共 28.97 万架次航班因使用临时航路节省燃油消耗 6.65 万吨,减少二氧化碳排放约 20.95 万吨。截至 2020 年,机场场内电动车辆设备约 6700 台,充电设施 3300 个,电动车辆占比约 16.3%。机场能源清洁化水平稳步提升,电力、天然气、外购热力占比达到 86.8%,太阳能、地热能等清洁能源占比约 1.0%。但是也应注意到,我国民航节能减排领域尚未形成系统性的政策和法律法规体系,并且多以政府为主导,其他主体处于被领导者的地位。我国民航业在未来实施节能减排相关政策的过程中,面临哪些挑战?应该如何应对?以往文献对此研究较少,仍然存在缺口和“黑箱”。在此背景下,就要对此进行综合性的梳理,构建出更加完善、系统的政策体系,提出有针对性的解决方案与对策建议。

二、民航业节能减排的相关法规和政策梳理

(一)国际气候合作中节能减排的相关规定以及民航业的特殊规定

1. 国际社会的节能减排合作内容和各国碳中和目标

在国际视域下,人类社会之所以能够意识到节能减排工作的重要性,缘起于全球气候变暖和环境恶化。大范围、长时间、有组织的国际合作就要从联合国的各种公约和历届环境会议说起。1992 年在纽约通过的《联合国气候变化框架公约》(United Nations Framework Convention on Climate Change, UNFCCC)和 1997 年在

① 参见杨春桃:《我国能源立法体系的不足与完善——以“结构—功能”分析方法为视角》,载《广西社会科学》2021 年第 4 期。

② 余碧莹等:《碳中和目标下中国碳排放路径研究》,载《北京理工大学学报(社会科学版)》2021 年第 2 期。

③ See Ia A, et al., Sustainable Aviation Fuels and Imminent Technologies —CO_2 Emissions Evolution Towards 2050, *Journal of Cleaner Production*, October 2021, p. 313.

日本京都签署的《京都议定书》(Kyoto Protocol),构成了全球气候变化国际协调机制的权威性国际公约。从1972年在斯德哥尔摩召开联合国人类环境会议开始,国际社会对于气候变化、环境保护和节能减排的关注有增无减,环境保护作为一种外部性极强的公共物品,不仅关系到一国自身的发展,还关系到人类命运共同体的构建、健康权和环境权的维护以及实现气候正义等多重目标。步入21世纪后,随着2005年《京都议定书》的生效和2008年第一减排承诺期的开始,气候变化的国际协调进入了实质性的阶段,各国面对日益严峻的生态恶化和履约义务,均积极采取措施在保障本国经济健康发展的前提下完成各自的节能减排目标。其中,起源最早、覆盖范围最广的节能减排任务就是减少碳排放的各项国际合作,为了降低碳排放,未来各国的一项重要工作内容就是实现“碳中和”。目前,虽然各国对于碳中和的认知具有差异性,但是国际社会各方都已认识到了节能减排的重要性,并开展了一系列合作,达成了一定的共识。具体来说,国际社会有关节能减排的公约和文件如表1所示。

表1　节能减排国际合作的主要文件内容

条约或会议	年份	与节能减排相关的内容
UNFCCC	1992	确定国际气候合作的原则,明确了发达国家在国际气候变化上的义务,明晰了各个缔约方在温室气体减排上的承诺,提出各国均要对全球的节能减排承担相应的责任
《京都议定书》	1997	建立气候专门委员会,确定四种减排方式(排放权交易、净排放量、集团排放、绿色开发机制),对碳排放的关键领域作出规定(航空、海事等),明确了减排目标,加强国际与政府间的减排合作,建立绿色技术共享机制等
《巴厘岛路线图》	2007	承诺2012年以后量化减排目标,强调国际合作或共同计划(《巴厘岛路线图》第1.1条),明确各缔约方可测量、可报告、可核实的温室气体减排责任,进一步厘定国际气候合作的重点问题(适应气候变化问题、技术开发和转让问题以及资金问题),建立国际气候谈判“双规机制”等
2010年坎昆会议	2010	《哥本哈根协议》的法律化,各国减排计划的确定,发达国家技术转让问题,再次强调气候变化的国家合作的重要性等
德班世界气候大会	2011	确定了不同减排活动的合作框架,建立新的国际市场机制,启动绿色气候基金等
《巴黎协定》	2016	确定国家自主(National Determined Contributions,NDC)机制,建立稳健的碳核算准则,避免碳核算的双重核算机制,建立国际碳排放的可持续发展机制,建立碳排放的分散管理方式等
第25届联合国气候变化大会	2019	就《巴黎协定》实施细则等议题展开进一步谈判

根据《全球变暖1.5》的定义,一个组织或者国家在一年内二氧化碳的排放实现平衡,即碳中和或者零碳排放。为了实现碳中和这一重大节能减排目标,各国都明确了自身的阶段性任务,具体路线图和支撑计划如表2所示。此外,各国还通过积极开展多边合作对关键领域或者产业进行绿色转型。例如,在欧洲联盟(European Union,欧盟)—南非的国际合作中,欧盟对于南非温室气体的减排提供一定的技术支持,并在一些重点领域形成良好的合作关系。尤其是在可再生能源转型、碳捕获和封存、电动汽车产业等关键领域,欧盟的绿色技术以及资金支持发挥着重要的作用。

表2　各国碳中和目标及其相关规定

国家	实现时间	具体阶段和路线图	法律或支持计划
中国	2060年	2030年实现碳达峰,2060年实现碳中和	2011年,中国开展碳排放交易的试点工作。2017年,要求建立全国统一的碳排放交易工作。2021年,全国碳排放权交易市场上线交易正式启动,建设全国碳市场是重要的政策工具
日本	2050年	2030年的温室气体排放量比2013年减少34%,2050年实现碳中和	2021年,日本正式通过修订后的《全球变暖对策推进法》。除此之外,日本政府制定了绿色增长战略,对14个重点领域进行绿色转型
韩国	2050年	韩国制定了三种实现碳中和的方案。目前,韩国尚没有作出最终的方案	《韩国2050年碳中和实施方案》制定了三种实现碳中和的路线图,重点领域是限制燃碳发电和液化天然气(Liquefied Natural Gas,LNG)的消费
法国	2050年	2030年化石燃料消费减少40%,2035年核电占比降至50%,2050年实现碳中和	2015年首次提出"国家低碳战略",通过了《绿色增长能源转型法》。还出台了一系列的能源转型计划,包括《多年能源规划》《法国国家空气污染物减排规划纲要》等
英国	2050年	2030年温室气体排放量与1990年相比,至少降低68%。2050年实现温室气体"净零排放",即碳中和	2019年修订后《气候变化法案》正式承诺2050年实现碳中和。除此之外,英国政府还制定了一系列绿色能源和温室气体减排计划,包括汽车行业、能源产业等
奥地利	2040年	2030年实现100%清洁电力。2040年实现碳中和	通过积极的能源改革方案,在2030年实现100%清洁电力。并通过制定具有约束性碳排放目标,来实现碳中和
加拿大	2050年	自2019年开始,承诺实现零净排放	制定了具有法律约束力的五年一期的节能减排预算

续表

国家	实现时间	具体阶段和路线图	法律或支持计划
南非	2050 年	2025 年减少碳排放、2030 年碳排放目标至少减少 32%。2050 年实现碳中和	不仅通过法律来制定实现碳中和的目标，还开展多样化的国际气候合作
欧盟	2050 年	2018 年，欧盟委员会(European Commission)制定碳中和战略愿景，在 2050 年实现气候中立	通过具体的战略方案来布局碳中和工作，并且运用具体的法律制度来保障转型争议以及实现社会公平

2. 国际社会关于民航业节能减排的重要政策文件

进入 21 世纪以后，在国际社会，有关民航业节能减排的政策文件和特殊规定多源自国际民用航空组织(International Civil Aviation Organization，ICAO)和欧盟。具体如表 3 所示。2001 年 9 月 25 日，ICAO 第 33 届大会如期举行。ICAO 就其关注的航空环境保护问题，第一次明确宣告了 ICAO 意识到了航空活动可能给环境带来的损害以及其责任，ICAO 将促使其成员方在最大限度内取得民用航空安全有序地发展与保护环境之间的和谐共处。2004 年，ICAO 第 35 届大会明确了三大环境目标，呼吁各成员方开展节能减排方面的合作。2006 年 12 月，欧盟委员会提议在原有行业的基础上，将航空业纳入欧盟碳排放权交易体系(European Union Emission Trading Scheme，EU ETS)中。2007 年，ICAO 在第 36 届大会上同意成立国际航空与气候变化小组(Group on International Aviation and Climate Change，GIACC)，专门负责起草和制定有关国际航空与气候变化行动计划，ICAO 各成员方可以在该行动计划指引下，通过国际航空碳排放交易体系有效实现各自的减排目标。2008 年，欧盟通过了 2008/101/EC 指令，并在 2009 年 8 月 22 日提出将全球 2000 多家航空公司纳入 EU ETS，33 家中国的航空公司在列，其中包括中国国际航空股份有限公司、中国东方航空股份有限公司、中国南方航空股份有限公司三大国有航空巨头，春秋航空股份有限公司、深圳航空有限责任公司，以及国泰航空有限公司等航空公司和多家货运航空公司，它们分属 10 个不同的欧盟成员方管理。该指令的通过，标志着从 2012 年 1 月 1 日起，全球所有航空公司的航班只要在欧盟范围内机场起飞或降落，均将受 EU ETS 的有效规制。但是，欧盟的这些规制政策由于与诸多国际法原则相悖，而遭到了全球多个国家的抗议和反对。2010 年，ICAO 第 37 届大会召开，为会员国提高燃油效率、减少航空排放对气候变化的影响制订了一份直至 2050 年的行动计划。2013 年的 ICAO 第 38 届大会确立了“2020 年后每年的国际民航碳排放量不再增长"的目标。2016年,ICAO提出了节能减排的"三步走"目标,包括试验期(2021~2023年)、第一阶段(2024~2026年)及第二阶段(2027~2035年)。2016年,《巴黎协定》正式生效,该协定为2020年后全球应对气候变化行动作出安排,并制定了长期温室气体减排目标,形成2020年后的全球气候治理格局。2019年,新一届ICAO大会再次重申了推行国际航空碳抵销和减排计划(Carbon Offsetting and Reduction Scheme for International Aviation,CORSIA)的重要性。ICAO力图建立全球首个行业性碳减排市场机制,其构建的CORSIA机制试验期从2021年开始,各国可自愿参加,发达国家应当率先参与。

表3　国际社会关于民航业节能减排的相关文件和主要内容

组织	年份	相关政策文件和主要行动	主要规定
ICAO	2001	《关于环境保护的持续政策和做法的联合声明》(A33－7决议)	承认1996年理事会关于航空排放收费的决议的持续有效性,探讨建立全球航空业统一的碳排放交易体系和制度,敦促理事会制定有利于形成全球航空统一的碳排放交易机制的优惠政策
ICAO	2004	《关于环境保护的持续政策和做法的综合声明》(A35－5决议)	确认了进一步为全球航空业发展制定开放性的碳排放交易制度,并且设计了两种可供ICAO成员国家选择的交易机制
ICAO	2007	成立GIACC	GIACC基于各成员国目前现有的航空减排条件,提出了供各成员国考量的"一揽子"措施
欧盟	2008	2008/101/EC指令	首次将国际民航减排纳入EU ETCS,同时该指令要求欧盟各成员国在2010年2月2日前将其转化为本国法律
ICAO	2010	《关于环境保护的持续政策和做法的综合声明——气候变化》(A37－19)	加快制订基于市场措施的全球民航排放问题解决方案,并再次重申和确认了ICAO在应对国际航空碳排放问题上的领导者地位和作用
ICAO	2013	ICAO第38届大会	燃料效率每年提升2%、从2020年起碳中性(碳排放数量通过植物吸收达到环境平衡)增长的中期理想目标,对探讨达成长期环境保护目标的进一步承诺

续表

组织	年份	相关政策文件和主要行动	主要规定
ICAO	2016	《关于环境保护的持续政策和做法的综合声明——气候变化》和《关于环境保护的持续政策和做法的综合声明——全球市场措施机制》	通过CORSIA,达成了减排目标和相关市场机制协议,形成了第一个全球性行业减排市场机制。大会通过的市场机制决议旨在通过碳抵消机制控制国际航空温室气体排放增长,将从2021~2035年分三阶段实施,并就该机制实施情况和影响每三年开展一次审评
ICAO	2019	ICAO第40届大会	呼吁建立远期航空排放目标,支持CORSIA,开展新的航空环保委超音速研究

(二)中国民航业节能减排的相关规划和政策文件梳理

在民航业,中国近年来也在不断推进绿色发展,坚定不移走节能减排之路。2017年,中国民用航空局(以下简称民航局)公布《民航节能减排"十三五"规划》,该规划依据《中国民用航空发展第十三个五年规划》、国务院《关于促进民航业发展的若干意见》以及《民航局关于加快推进行业节能减排工作的指导意见》等编制,主要阐明2016~2020年民航业绿色发展的指导思想、基本原则、目标要求和重要任务。[①] 规划提出总体目标为:到2020年,民航运输绿色化、低碳化水平显著提升,建成绿色民航标准体系,资源节约、环境保护和应对气候变化取得明显成效,行业单位运输周转量能耗与二氧化碳排放五年平均比"十二五"下降4%以上,行业运输机场单位旅客吞吐量能耗五年平均值较"十二五"末下降15%以上。新建机场垃圾无害化及污水处理率均达到90%以上。2016年以来,中国民航扎实落实《民航节能减排"十三五"规划》和《关于深入推进民航绿色发展的实施意见》,以打赢蓝天保卫战为重要抓手,节能减排工作力度持续加大,践行绿色发展理念的动力空前增强,燃效水平显著提升,民航绿色发展迈上了新的台阶。

进入"十四五"时期以后,随着"碳中和"目标的提出,我国民航绿色发展进入新阶段,节能减排的任务也越来越繁重。在此背景下,就需要对中国航空业的节能减排政策进行系统梳理和有效评估,进而构建出更加完善的政策体系,提出更有效的发展路径。以往的政策研究多基于国内外治理机制[②]、航空减排争议[③]、法律法规对

① 参见田利军、于剑:《我国绿色民航发展评价指标体系研究——基于PSR模型的分析》,载《价格理论与实践》2018年第10期。

② 参见史玉:《国际航空排放全球共同治理机制构建》,载《国际论坛》2012年第3期。

③ 参见兰花:《欧盟航空减排贸易指令的国际法分析——兼评中欧航空减排争议》,载《北京理工大学学报(社会科学版)》2012年第3期。

比分析[①]的视角,或者基于行业内部发展的视角进行民航业[②]、航空公司[③]的节能减排现状分析,并对其中的影响因素进行了探索性研究[④],研究比较宏观且忽略了国内国际的新形势、新变化。中国提出的“2030年前碳达峰、2060年前碳中和”战略目标和《民航节能减排“十三五”规划》实施等背景,赋予了相关政策研究鲜明的时代特色,民航局2021年印发的《关于“十四五”期间深化民航改革工作的意见》,明确了完善航空宏观调控体系、政策法规体系等十个方面的四十九项改革任务,也扩展了未来的研究维度,并使研究视角更加聚焦、多元。

三、民航业节能减排政策实施面临的挑战

(一)国际视域下民航业节能减排面临的法律制度挑战

民航业节能减排涵盖的范围很广,包括清洁技术的使用、碳排放的规制、绿色生产率的推崇等。在国际社会,民航业节能减排的重点关注对象是航空碳排放,这与国际气候治理的目标和任务相一致。早在2003年,欧盟就发布了2003/87/EC指令(建立整个欧盟范围内的碳排放交易系统),建立了EU ETS,成为全球第一个亦是最大的碳排放交易市场,并在2008年首次将国际民用航空减排纳入欧盟碳排放交易系统。从2012年1月1日起,全球所有航空公司的航班只要在欧盟范围内机场起飞或降落,均将受EU ETS的有效规制。欧盟的一系列制度设计遭到了很多国家的反对,ICAO 2013年在加拿大蒙特利尔举行的全体会议上通过决议,批准制定一项旨在减少全球航空业碳排放的市场机制,同时否决欧盟要求单方面征收航空碳税的提案。2016年10月,ICAO第39届全体大会确定了CORSIA的实施框架。这些国际性的制度设计都给中国民航业的节能减排带来了诸多压力。

2019年召开的ICAO第40届会议,确立了重要的民航环境保护成果,包括加强国际决心,推进落实CORSIA国际航班排放抵消解决办法和环保减排的“一揽子”措施。在此背景下,中国民航业的节能减排工作就面临来自国外和国内的多方面法律制度维度的挑战。目前,中国民航业节能减排存在立法“真空”,需要加强立法进行强制约束,明确各责任主体的权利义务,实施问责制。我国现有的关于节能

---

① 参见杨万柳:《国际航空排放全球治理的国际视域——以国际民航组织为中心》,载《北京理工大学学报(社会科学版)》2015年第4期。

② 参见李永波:《欧盟航空碳税对我国航空产业竞争力的影响研究》,载《价格理论与实践》2012年第4期。

③ 参见田利军、赵凤彩:《基于因子分析法的航空公司节能减排评价体系研究》,载《财会通讯》2015年第18期。

④ 参见田利军、于剑:《绿色民航发展影响因素研究》,载《价格理论与实践》2018年第6期。

减排的制度设计，如果映射到宏观规划的政策文件和法律、规章中，主要包括《中华人民共和国国民经济和社会发展第十四个五年规划和2035年远景目标纲要》、国务院和各地发布的《"十四五"控制温室气体排放工作方案》以及民航局发布的各种规划性文件和规章制度等。有关民航业节能减排的法律法规位阶都比较低，并且缺乏专业性、专门性的法律指引，与国际法的对接也存在各种各样的问题。行业标准、节能减排技术的国际性也需要专门的制度保障。

（二）民航业节能减排市场机制构建面临的困境

民航业的节能减排工作，不仅需要政府进行法律制度层面的顶层设计，还需要借助市场机制进行规制。目前，我国关于节能减排的市场化政策工具主要包括排污权交易制度、碳排放交易制度、环境税、排污费征收等。市场机制的构建和完善，不仅需要借助以上政策工具，还需要进行政策架构的设计，包括市场进入机制、市场交易机制、市场退出机制、监督机制等。在民航业，节能减排方面的市场机制还比较单一，尚处于起步阶段。在市场交易制度方面，航空碳排放存在市场调节的外部性和盲目性，面临一定程度的"市场失灵"现象。全国统一的碳排放交易市场刚刚开市，制度体系有待完善。需要建立并逐步完善激励约束航空运输碳排放管理机制，以进一步推动行业结构转型升级、客货运输信息资源的匹配，充分调动各方信息资源，优化机型运力投放，将市场失灵所引发的航空运输燃料消耗及排放概率减少至最低程度，减少民航运输对环境的负外部性。目前，一方面，已试点碳交易市场仍存在规则不统一、政府干预过多、无法形成市场机制、企业信息不透明、市场参与者单一等问题。另一方面，一些市场乱象抬头，投资机构参与碳市场的炒作，成为金融机构逐利的工具。

在实际运行过程中，我国航空业节能减排的市场机制与国际市场的对接存在一定的难度和挑战。尽管中国航空企业在节能减排和绿色发展领域做了很多努力，但若要参与CORSIA仍面临艰巨挑战，交易价格的形成机制缺失，各地设立的环境交易所处于分割和独立作战的状态。由于价格形成机制不健全，交易价格无法与国际市场接轨。考虑到未来国际交易价格的波动，参与该机制可能给航空企业的运行成本、金融管理乃至长期发展带来一定的风险和不确定性。航空企业需要尽快识别风险，熟悉市场机制规则。综合来看，我国民航业的相关技术和人才储备还比较薄弱，管理精细化水平也有待提升。航空业节能减排市场机制仍处于发展初期，市场交易活动比较少、参与主体比较单一；不少航空公司还处于观望的状态，金融化程度不高，在现行全国碳市场建设路径和工作机制下，航空业节能减排市场的价格机制有待完善，风险管理功能有待提升。

(三)民航业节能减排政策研究的滞后与局限性

近年来,我国民航业出台的关于节能减排的政策越来越多,涉及的主体和内容也更加广泛。但是,以往关于民航节能减排的政策研究,多停留在案例分析、文本分析①、国内外对比分析②等定性研究层面,定量的评估和测度还比较少见。在民航节能减排政策体系构建、政策效果评价、政策效果的影响机理研究等方面还存在缺口和"黑箱",政策研究与实践进展都存在一定的滞后性和局限性。

在今后的实践中,民航节能减排工作仍然是一项重要而长期的任务。在碳中和与绿色发展的背景下,需要对相关政策进行综合梳理与系统评估,并研究其中的关键影响因素,进而提升民航节能减排政策实施的效果,推动民航业的节能减排与绿色发展。在了解政策执行现状的基础上,对民航节能减排政策进行梳理和评估,并探究其中的原因机理,有利于对民航节能减排政策进行全面、系统地总结和把握,进而了解政策执行的困境,提出解决方案,完善民航节能减排政策体系。因此,在未来,需要从理论和实践两方面进行努力,多管齐下,推动政策研究和实践发展的全面进步。

四、中国民航业节能减排的未来发展路径

(一)加强顶层制度设计,完善法律布局与政策体系

民航业节能减排需要国家层面和民航局层面的高度重视和统一部署,在顶层设计方面,应该围绕"五位一体"的总体布局,突出民航业的绿色发展与生态效益。同时,结合"碳中和"与"碳达峰"的战略目标进行任务分解,制定出分阶段、分领域的具体方案。在法律布局方面,要着眼于国际气候治理的大视野,完善国内法律制度。在法律层面,对民航业节能减排的任务、目标、责任等进行明确界定,并以较高层级的立法来保证相关专项工作的权威性。另外,需要推动国内法与国际法的对接。积极开展法律制度方面的国际合作,促进各方政策沟通,提高国际认可度,积极参与并影响ICAO相关谈判进程,在各类国际公约和气候谈判多边会议中阐明中国立场,提升中国在国际社会的话语权。在政策体系方面,要扩大民航业节能减排政策的涵盖内容、设计主体和覆盖范围,从政策发布的连贯性、政策内容的可行性、政策主体的多元化、政策执行的成果化等多个维度进行设计与完善,并构建指标体系进行效果追踪和评价,对民航节能减排政策效果进行科学、系统地评估,从

---

① 参见刘满平:《我国应对欧洲航空碳税的对策思路》,载《宏观经济管理》2012年第3期。

② 参见杨绪彪、朱丽萍:《基于市场的解决全球航空碳减排的措施方案:困境与前景》,载《宏观经济研究》2015年第1期。

“政策设计—政策实施—政策评估—政策改进”等视角进行全方位的考量。

（二）构建和完善民航节能减排的市场机制

针对民航节能减排存在的市场失灵和主体单一现象，需要加强对相关市场的监管，规范交易行为，加强政策供给，引导航空企业主动践行绿色新发展理念，积极支持各类民航产业和市场主体通过多种形式加入节能减排的市场活动中。在加强制度监管的同时，注重公众参与和社会监督，及时发布各类市场交易信息，提高市场机制的透明性、规范性，鼓励独立的第三方核查机构参与市场活动，进行公开透明的竞争并及时纠正市场失灵现象。要支持国内行业、企业积极参与国际市场的节能减排交易活动，提高中国碳市场的国际认可度，为参与国际航空市场机制奠定基础。在具体的实践活动中，要积极落实国内相关行业政策与措施的配套机制，建立好企业航空碳排放的数据基础，推动国内航企做好充分的风险评估与技术准备工作。相关企业要尽早识别可能产生的风险，合理布局企业气候融资及相关减排项目的开发，加快进行技术转型，如寻求可替代性燃料、考虑飞机的燃油效率改进、优化航班运营路线等。在“宏观的市场机制—中观的行业发展—微观的企业布局”等方面进行多维度的规划设计。

（三）推动理论研究与实践发展的全面进步

目前关于民航业节能减排的理论研究还比较少，研究范式多属于定性研究和规范研究，这类研究比较宏观、零散，缺乏整体性、系统性的框架体系构建与量化研究，并且需要将理论研究与实践发展进一步融合。因此，将来需要推动民航业节能减排的相关实证研究的发展，促进理论研究与具体实践的契合。一方面，可以对民航节能减排政策进行整合性研究，在了解以往政策文本的发布、实施情况，在剖析现状的基础上，进行时空维度的对比分析，包括不同时期、不同地区发布的不同政策等。通过横向与纵向对比，整体性把握现行的民航节能减排政策。另一方面，需要从政策发布的实效性、政策内容的可行性、政策主体的多元化、投入与产出的定量化等多个维度构建指标体系，对民航节能减排政策效果进行科学、系统的评估。并进行区域、省份之间的效果比较分析，了解政策发展的均衡性与实效性，从经济因素、社会因素、政策因素、层级关系、制度环境等多个视角探究影响政策执行效果的关键因素，并找出其中的相关关系与因果关系，通过进行调研和实证分析，探究民航节能减排政策执行的内在机制。因此，要鼓励相关高校、科研机构和智库，对民航业节能减排进行专门性研究，并推动研究成果的转化和方案的落地，构建“理论体系—实证分析—对策建议—方案落地”全覆盖的研究模式，以实现理论研究与实践发展的全面进步。

无人机飞行监管制度构造：以监管资源整合利用为中心*

王锡柱**

无人机具有广泛的应用场景，蕴含巨大的社会价值与经济价值，在执行任务中具有诸多优势。在新冠肺炎疫情期间，无人机被用于执行雷神山工程建设工程监督、医疗救援用品运输、远程测量体温、交通巡逻、区域消毒作业等任务。但是，无人机在为人类提供便利的同时也存在诸多附加风险。无人机类型多样，其运行风险又融合了传统航空器运行风险与智能产品运行风险，借助传统监管理念和监管资源难以有效控制相互叠加的风险。为保障无人机的应用优势，同时控制其应用风险，有必要针对无人机的特点整合并选择适当的监管资源，实现监管资源与风险管控需求之间的匹配，在无人机应用效益与风险之间进行有效平衡。

一、无人机飞行监管中多元监管资源整合的需求分析

不同类别的无人机产品之间存在较大差异。无人机监管中，对多元监管资源的整合，既是由无人机的多样性决定的，也

---

* 基金项目：教育部青年项目“民用无人机空域准入法律问题研究”（项目编号：20YJC820046）；天津市普通高校人文社科重点研究基地中国民航大学航空法律与政策研究中心开放式基金项目（项目编号：HKFYZCYJZX202103）。

** 王锡柱，中国民航大学航空法律与政策研究中心研究人员，法学博士，博士后。

是无人机监管多元目标平衡的要求,两者共同决定了在无人机监管中需对多元监管资源进行充分整合与利用。

(一)差异化无人机类型寻求多元监管资源匹配

无人机属于航空器范畴,但其与传统航空器存在诸多差别,同时无人机产品内部也存在诸多差异。无人机产品本身的多样性和功能以及运行状态的多样性,都使其需要寻求多元监管资源,实现多元监管资源与产品监管需求的匹配。

无人机与传统航空器有别,要求在传统航空监管资源之外引入新的监管资源。其一,无人机驾驶员不处于机舱内,对远程驾驶员的生理和心理提出不同要求。[①]相较于机舱内的飞行员,远程驾驶员视野依然受到较大限制。[②] 其二,无人机体积较小,雷达不易侦测,飞行具有匿名性,其可用于窥探隐私或者收集情报。监管者很难借助传统监管资源对无人机实施监管。其三,无人机并不必然依赖专门的机场航空辅助设施和航空运行通道,运行的灵活性导致了其监管难题。其四,无人机系统分为天、地、通、载四大组成部分,系统涵盖了无人机、地面控制站、通讯链路、无人机荷载,其系统性要求多种监管资源共同参与。

无人机产品巨大的内部差异,要求引入多种监管资源与多样的无人机产品进行匹配。第一,在物理构造层面,无人机轻则百余克,形如昆虫,重则数吨,其差异化的物理构造决定了无法通过单一资源对差异巨大的各类型无人机进行监管。第二,无人机运行状态差异大,不同类型无人机飞行高度、速度差异大,造成飞行风险不同,风险监管需求强度不同,监管资源需求也不同。第三,无人机运行使用的空域范围存在差别,其既可能在低空空域与传统载人航空器隔离运行,也可能与传统公共运输航空器混合运行,无人机在不同空域运行的风险与监管重点存在差异,需借助差异化监管资源实施监管。第四,无人机用途各异,可能成为基本生产生活工具融入人类日常生活,但微型娱乐用途无人机与大型运输无人机需要予以不同程度的监管,不同用途的无人机需借助不同监管资源实施监管。

(二)多重监管目标平衡有待多元监管资源整合

无人机飞行监管至少包含三个目标:一是维护航空安全与秩序;二是保障飞行用户权利;三是保障无人机产业健康发展。多元监管目标之间可能存在张力,借助

---

① See Harrison G. Wolf, *Drones: Safety Risk Management for the Next Evolution of Flight*, Routledge, 2017, p. 47.

② See Brooks Lindsay, Drone Drain: How the FAA Can Avoid Draining (and Instead Spur) the American Drone Industry by Adding Nuance to Its Draft Small UAS Rules, *Washington Journal of Law, Technology & Arts*, 2015(4), p. 347.

多元监管资源对不同监管目标进行平衡,是完善监管制度的可能路径。

其一,航空安全与秩序是航空业发展的永恒主题,国际航空领域的宪章性文件《国际民用航空公约》和我国《民用航空法》都明确了航空安全是立法目标之一。① 保障飞行安全是无人机监管立法的首要目标,欧洲委员会要求欧洲航空安全局必须制定必要的安全要求以降低风险。② 其二,无人机飞行是用户以航空器所有权为基础,在具有公共性的空域资源中进行飞行,借以实现特定目的之行为。特定的无人机行为还涉及营业自由、表达自由、科学创作自由等权益,空域的公共属性更是为用户飞行权利提供了保障。其三,飞行监管法律制度需要促进无人机产业的健康发展。无人机目前正逐步融入人类生产生活之中,因此我们有必要从"专门设备"转换到"基础性劳动工具"来看待无人机监管。③ 无人机在民事领域的应用具有重大的经济价值和社会价值,在立法中规制无人机飞行方可使无人机产业在健康有序的状态下发展,提高无人机的社会接受程度。

无人机立法三重目标的平衡,需要整合不同主体与不同强度的监管措施。在立法中,过度强调航空安全可能损害用户飞行权利和产业发展,而过度放宽飞行条件可能导致航空安全事故频发,削弱其社会接受程度,使无人机产业发展受阻。若将产业发展作为目标,可能导致安全隐患加大。在追求三重目标平衡的过程中,需要在多元监管资源中选择适当的监管资源或者监管资源组合。

二、无人机飞行监管资源整合利用原则:灵活监管的启示

在无人机监管中,对多元资源的整合利用并非只是增加监管资源,而是借助一套理念对监管资源进行有效整合与利用。在多样的监管理念之中,灵活监管(smartregulation)④可为无人机监管资源的整合利用提供可借鉴的思路。灵活监管

---

① 《国际民用航空公约》序言将保障国际民用航空安全和秩序设立为公约缔结目标之一。

② See European Comm'n Press Release IP/14/, *The Comm'n*, *European Comm'n Calls for Tough Standards to Regulate Civil Drones* (Apr. 8,2014).

③ 参见李亚凝:《论军民融合发展战略下我国无人机安全监管法律制度的路径选择》,载杨惠、郝秀辉主编:《航空法评论》(第7辑),法律出版社2018年版,第198页。

④ 国内对"smartregulation"的翻译词汇包括:智慧监管(杨炳霖:《回应性监管理论述评:精髓与问题》,载《中国行政管理》2017年第4期)、精巧规制([英]罗伯特·鲍德温等:《牛津规制手册》,宋华琳等译,上海三联书店2017年版)、聪明监管(梅丽萍:《"聪明监管":基本医疗保险监管的模式和路径选择》,载《中国卫生经济》2016年第6期)、聪明规制([英]科林·斯科特:《规制、治理与法律:前沿问题研究》,安永康译,宋华琳校,清华大学出版社2018年版)。笔者结合"smartregulation"的内涵,认为"灵活监管"的译法更为恰当。

还不是一个连贯的理论,而是一个具有启发意义的框架。①

灵活监管是在现代社会发展的复杂背景下提出的监管理念,其承认政府干预将继续,但也承认市场在解决方案中的价值,在监管中将公共监管与私人监管结合。② 灵活监管的主导思想在于鼓励多元主体参与、合作,根据特定原则选择监管资源,对不同对象采取差异化的监管资源或者资源组合进行有针对性的监管。③

有学者将灵活监管中对多元监管资源的应用概括为五个方面:一是优质政策组合需要广泛的参与机构和监管工具;二是尽量减少成本较高的高强度的干预措施使用;三是构建由政府、第三方主体、被监管者组成的执法金字塔模型,优先选择低强度干预措施,并根据效果逐渐加强,直至达到预期效果;四是授权最适合主体作为代理监管者;五是增加合作共赢结果产生的机会。灵活监管倾向于对监管对象先采取低度干预措施,在监管不能达到理想目标时,逐步增加监管措施强度,直至达到目标,又将高风险和非持续性对象作为例外。④ 在无人机监管制度的设计中,可借鉴灵活监管理论,并适当转化,确立监管资源整合利用原则。

(一)原则一:为引入新型飞行监管资源保留法律空间

灵活监管是围绕扩展监管资源以及如何选择适当的监管资源展开的,在灵活监管转化适用中,首先要为新监管主体的参与和工具的应用保留法律空间。

灵活监管理念的提出者认为,大部分情形下,单一监管工具都会在显示出优势的同时暴露缺陷,更有效的监管方式在于通过其他监管工具补充单一监管工具的缺陷。⑤ 灵活监管要求以更加开阔的视野关注各主体和因素对于监管的影响。⑥ 灵活监管理论的提出者指出,使用"灵活监管"这个术语,不仅包括传统形式的直接(指挥和控制)管制,还包括更加灵活、富有想象力和创新形式的社会控制,这些形

---

① See Peter Van Gossum, Bas Arts, Kris Verheyen, "Smart Regulation": Can Policy Instrument Design Solve Forest Policyaims of Expansion and Sustainability in Flanders and the Netherlands? *Forest Policy and Economics*, 2012, p. 24.

② See Michael Howletta, Jeremy Raynerb, (Not so) "Smart Regulation"? Canadian Shellfish Aquaculture Policy and the Evolution of Instrument Choice for Industrial Development, *Marine Policy*, 2004(2), p. 173.

③ See Neil Gunningham, Peter Grabosky, Darren Sinclair, *Smart Regulation: Designning Environmental Policy*, Clarendon Press, 1998, p. 375 – 378.

④ See Neil Gunningham, Peter Grabosky, Darren Sinclair, *Smart Regulation: Designning Environmental Policy*, Clarendon Press, 1998, p. 404.

⑤ See Neil Gunningham, Peter Grabosky, Darren Sinclair, *Smart Regulation: Designning Environmental Policy*, Clarendon Press, 1998, p. 387 – 388.

⑥ See Robert Baldwin, Martin Cave, Martin Lodge, *The Oxford Handbook of Regulation*, Oxford University Press, 2010, p. 132.

式不仅旨在利用政府的监管,还力图将商业主体自身和第三方主体包含进来,既利用商业组织又利用非政府组织,寻找政府监管的代理人。①

灵活监管的落实需要采取不同强度的监管措施,多元主体参与监管的原因正在于不同主体掌握不同的监管资源。政府享有的资源包括法律权威、公共财富、信息节点和组织能力。同样在规制空间内,其他主体也在不同程度上占有某些资源,这就赋予其一定的权力。② 灵活监管是以监管对象特性为中心,根据相应原则对工具措施进行选择与组合。灵活监管对监管资源的整合程度超出了原有监管理念下的可利用资源,为依据特定监管对象选择监管资源提供了基础。

民用无人机监管涉及的主体众多,其不仅在政府部门层面上包含不同的主体,行业组织和第三方组织也具有广泛的参与空间。在无人机监管层面,中央民航主管部门领导曾提出与军方、地方政府、世界民航组织携手,共建无人机运行新秩序。③ 2017年,八部门共同制定了《无人驾驶航空器系统标准体系建设指南(2017—2018年版)》。国务院、中央军事委员会在无人机飞行监管中处于宏观指导地位,具有制定飞行规则的权力。此外,无人机飞行还涉及适航标准的制定,国家标准化管理委员会可对于无人机制定产品标准,工业和信息化部可确定无线电频率,农业农村部、国家体育总局可对于行业内应用的无人机制定特殊规则。除中央部门外,地方政府要积极作为,可结合本地情况划设禁飞区域,还可承担起无人机安全监管责任,专设空中交警队伍,开展常态化安全执法与检查。④

国家政府主体已不再垄断规制活动,而是存在大量的公共和私人规制体系。各类主体在公共规制体系中所承担的角色不同,它们共同形成公私混合规制,制定规则、提供反馈和执行规则的能力分散于各个主体之中。⑤ 其一,超政府国际组织和区域性组织应当在规则统一方面承担相应职责。其二,无人机协会可以制定相应的行业标准。其三,无人机监管者可以将飞行监管中的部分审批权限交由市场主体。例如,无人机云开发商可以作为备选审批主体之一,无人机云作为交通监管

① See Neil Gunningham, Darren Sinclair, *Designing Smart Regulation*, Organization for Economic Co-operation and Development, 1999.

② 参见[英]科林·斯科特:《规制、治理与法律:前沿问题研究》,安永康译,清华大学出版社2018年版,第36页。

③ 参见李健:《民航局将和军方共推空域资源的高效利用》,载http://news.carnoc.com/list/440/440445.html,最后访问日期:2021年1月28日。

④ 参见吴仁彪:《建议设空中交警对无人机常态化执法》,载http://www.sohu.com/a/224851427_204321,最后访问日期:2021年1月28日。

⑤ 参见[英]科林·斯科特:《规制、治理与法律:前沿问题研究》,安永康译,清华大学出版社2018年版,第14页。

与服务平台,促进飞行信息的共享,保障安全,提升飞行效率。

(二)原则二:区分航空器类别选择合比例的监管手段

灵活监管框架适用于特定领域时,应当识别特定监管议题与监管对象,然后从监管资源库中选择适当的监管主体和工具。灵活监管理念为在飞行监管中达成比例原则提供了丰富的素材,在平衡权利、风险、利益层面极具参考意义。

灵活监管理论的提出者始终强调,适当的监管工具需要依赖于待监管对象的具体情况,对于监管不同监管对象之间的差异,同一种监管工具不可能有效应对。① 在监管中,协调运用不同监管工具极为必要,同时需意识到,某类监管工具可以推进特定的监管目标,但是可能会忽略其他目标。② 灵活监管受益于回应型监管,在回应型监管应用中,监管者有两个工作要做,仔细甄别被监管者情况和选择恰当的策略。③ 现代社会问题复杂,灵活监管应用原则和工具组合都是在明确监管对象的特性的基础上进行后续工作。

无人机分类监管成为必然选择。在飞行监管中,传统飞行规则显然不适用于小型无人机。④ 适用于大型无人机的管理规则并不适用于微型无人机,反之亦然。⑤ 飞行高度较低的无人机,主要风险在于侵犯公民隐私;飞行高度较高的无人机进入国家公共运输所使用的空域中,可能与公共运输航空器相撞,严重威胁航空安全。相对于轻小型无人机,大型无人机在飞行中隐含更高的风险,在监管中应投入更多资源。在飞行监管中,借鉴灵活监管所提供的量体裁衣的思路,采取分类监管对不同风险无人机施加不同监管策略是一种可行的路径。

在无人机飞行的分类监管中,首先,应将无人驾驶航空器与传统的载人航空器进行区别对待,走出以传统的载人运输航空器监管规则为蓝本的误区。其次,根据无人机特点进行分类监管。不同类型无人机具有的风险不同,如果不加分析而采取一致的监管标准将导致监管过严或者监管缺位,监管效果难以落实。

(三)原则三:优先选择低强度干预措施保障飞行权利

无人机飞行监管规则的设定,受传统航空飞行规则影响深远。制度设计方面

---

① See Neil Gunningham, Peter Grabosky, Darren Sinclair, *Smart Regulation: Designning Environmental Policy*, Clarendon Press, 1998, p. 375 – 382.

② See Robert Baldwin, Martin Cave, Martin Lodge, *The Oxford Handbook of Regulation*, Oxford University Press, 2010, p. 275.

③ 参见杨炳霖:《回应性监管理论述评:精髓与问题》,载《中国行政管理》2017 年第 4 期。

④ See Henry H. Perritt Jr., Eliot O. Sprague, *Domesticating Drones: The Technology, Law, and Economics of Unmanned Aircraft*, Routledge, 2018, p. 31.

⑤ See Henry H. Perritt Jr., Eliot O. Sprague, *Domesticating Drones: The Technology, Law, and Economics of Unmanned Aircraft*, Routledge, 2018, p. 30.

的路径依赖逻辑意味着,最初应用的工具在后期难以改变。① 但是,向来太过狭隘的参照领域强烈地限制了视野。② 受制于传统的监管路径,无人机用户飞行权利的保障与产业发展受到阻碍。灵活监管则要求在对无人机进行监管时转换监管思路,优先适用低强度干预手段,为用户飞行权利的行使保留空间。

灵活监管理念强调,在选择监管手段时首先要选择低强度的监管措施。高强度干预手段通常需要大量的行政资源,如果缺乏有力行政资源的支持,强制性监管措施可能不会生效。高强度干预措施缺乏灵活性,可能导致不必要的资源浪费,且可能引起行政相对人的反感和抵制。相反,低干预措施可为被监管者提供更大的灵活性,赋予了监管政策更大的合法性,减少了监管政策推行的阻力。但是,在低强度干预措施无法达到监管目标时,需逐步提高监管强度,直到监管手段与监管目标相匹配。在灵活监管中,优先选择低强度干预手段只是原则,有两种特殊情形可作为这一原则的例外,一是在涉及不可逆损失或灾难性损害的严重风险的情况下,由于风险过高,极可能导致濒危物种灭绝,或者核电厂发生爆炸,此时优先采取监管措施是不适宜的。二是针对一次性行为,由于无法获得充分数据,如果直接采取低强度干预措施可能导致对风险的控制不足,致使风险急剧扩散。

在飞行监管中,微型和小型无人机几乎不会造成重大飞行事故,对于此类无人机的飞行监管可以采取不予干预的手段,将自由飞行作为原则,只有特殊情形下才予以限制。对于中度风险的无人机,可以首先采取低强度干预措施,在必要时才增加干预措施的强度,以保持风险均衡。对于与传统航空器风险类似的无人机,由于其风险极高,一旦造成航空事故,后果极为严重,因此应当将其作为低度干预手段优先适用原则的例外,以安全保障为中心,采取严格监管措施,按照传统航空器飞行监管规则进行监管。

(四)原则四:在主体协作中对飞行监管资源进行组合

灵活监管强调多主体参与,其将政府、企业和广泛的第三方参与者涵盖进来,针对不同事项,选择最佳监管主体。③ 但是,吸纳多元主体与监管工具并不直接转化为灵活监管的监管效果,只有有效整合监管资源,才能实现监管任务。

---

① See Peter VanGossum, BasArts, KrisVerheyen, "Smart Regulation" Can Policy Instrument Design Solve Forest Policyaims of Expansion and Sustainability in Flanders and the Netherlands? 2012, *Forest Policy and Economics*, 2012, p. 24.

② 参见[德]施密特·阿斯曼:《秩序理念下的行政法体系建构》,林明锵等译,北京大学出版社2012年版,第322页。

③ See Neil Gunningham, Peter Grabosky, Darren Sinclair, *Smart Regulation: Designning Environmental Policy*, Clarendon Press, 1998, p. 395 - 413.

灵活监管与其他监管方式最为明显的区别在于，灵活监管强调了不同主体之间应用多种监管工具对于单一监管策略存在的不足进行补充，以提升监管有效性。① 为说明监管资源之间的关系，灵活监管的提出者以森林管理委员会（Forest Stewardship Council，FSC）为例进行了说明，FSC是一个全球性的森林产品环境标准体系的制定者，这一机构通过强大的消费者群体和其他机制来保障绿色消费需求的制度化，FSC的产品标准和消费者的抵制可作为组合工具使用。FSC和消费者分别借助产品标准与抵制活动进行协作，推动监管效果的实现。另一个例子是政府要求企业在“有毒物质排放清单”中披露有关其排放量的各种信息，将其留给金融市场、保险公司（商业第三方）和环境团体（非商业第三方）使用该信息以各种方式向不达标的企业施加压力。② 在这个例子中，政府和保险公司、环境团体作为协作的不同主体，在协作中整合强制信息披露方式和经济手段这两种监管资源，保障监管效果的实现。

在对监管资源进行整合与利用时，监管者或者政策制定者应当以特定监管目标为中心，首先充分扩充可利用的监管资源。在引入多元主体与工具的基础上，实现多元主体之间的有效合作，并整合监管资源。在灵活监管中，资源的扩充是为了增加可利用的监管资源，整合则是为了提升监管效率，保障监管效果。在无人机飞行监管中，政府可要求无人机生产商公布产品事故率，民航主管部门进行飞行审批时，可以对于事故率较高的无人机提出更高的飞行准入条件。

三、监管资源整合视阈下的无人机飞行监管规则检讨

就灵活监管的视角而言，民用无人机监管制度还存在较大完善空间。一为无人机飞行监管中，对于低强度飞行监管措施利用不足。二为无人机监管制度中的新资源不足，监管资源存在盲区，监管资源的整合方法存在缺陷。

（一）不足之一：权利认知偏差导致低强度措施应用受阻

在无人机监管制度的建构过程中，立法者依旧将飞行认定为一种特权，而并未注重无人机飞行中所存在的权利面向，导致对无人机飞行监管的措施从严从重，未能充分贯彻灵活监管理念中低度干预手段优先适用的原则。

无人机飞行权利的认知偏差，导致监管者在对监管资源进行应用时并未脱离

---

① See Neil Gunningham, Peter Grabosky, Darren Sinclair, *Smart Regulation: Designning Environmental Policy*, Clarendon Press, 1998, p. 422.

② See Neil Gunningham, Peter Grabosky, Darren Sinclair, *Smart Regulation: Designning Environmental Policy*, Clarendon Press, 1998, p. 399 - 402.

对于传统监管路径的依赖。监管者在监管中根据无人机的飞行风险,在原有的监管内容基础上做减法。但就灵活监管理念的角度而言,应当以自由为原则,从低到高逐渐增加监管强度。两者看似都是针对特定对象的风险制定不同的飞行监管措施,但实际上两种理念导致了对监管资源的应用存在较大差别。

无人机飞行权利面向,在飞行立法中并未受到充分重视,现行监管规则的切入点往往是风险与利益的均衡,而未重视权利及其限制应遵循的比例原则。在放松监管的原因中,用户合法飞行权益的保障则几乎未提及。监管仅以风险与利益的均衡为参考,在这一对关联概念中,风险是基础,存在风险就进行监管。但是,在飞行权利及其限制中,权利是基础,只有当权利可能造成负的外部效应且应当予以监管时才设定监管规则。现行的飞行监管制度将关注点集中在飞行风险的控制上,风险与利益之间的关系是采取监管措施的决定性因素。与此相比,权利至多只是参考因素。在飞行监管中,一旦发现具有风险,必然启动监管措施,而不是考虑风险是否对权利形成限制。而且,飞行权利的认知偏差导致监管者优先选择高强度监管资源。在不存在相匹配的措施时,需要从高、低两种强度中选择一种,此时,监管者必然选择过高的监管措施。这是飞行权利认知的偏差必然导致的问题。

无论是在我国,还是在域外,无人机监管多以风险渐进原则为基础,注重风险防范,却极少关注飞行权利保障。在对靠近人群飞行的4kg以下的无人机进行监管时,欧洲航空安全局(European Vnion Aviation Safety Agency,EASA)提出的监管措施极为严格,运营者和航空器需要进行双重注册,电子身份和电子围栏需要同时具备。① 美国倾向于将飞行视为特权,低度监管手段几乎没有适用空间。权利认知偏差导致低强度监管资源受到限制,无人机的监管仍然以高强度监管资源为主导,限制了产业发展和用户权利。

(二)不足之二:监管资源的引入与工具的组合存在盲区

在无人机飞行监管中,已对不同类别与风险的无人机采取不同的监管策略,部分贯彻了灵活监管中优先选择低干预强度监管措施的原则。但现有无人机监管还存在盲区:一是飞行监管资源尚存在盲区;二是监管资源的组合存在盲区。

灵活监管重点突破了政府这一单一监管主体对监管的垄断,引入了诸多新监管主体与监管工具,还为监管主体和工具的组合提供了相应原则,飞行监管环节的

---

① See EASA,*Notice of Proposed Amendment* 2017 – 05 (*B*): *Introduction of a Regulatory Framework for the Operation of Drones Unmanned Aircraft System Operations in the Open and Specific Category*, Accessed November29,2020, https://www.easa.europa.eu/sites/default/files/dfu/NPA%202017 – 05%20%28B%29.pdf.

资源整合取得了较好成效。然而,在监管资源引入层面,仍集中关注政府主体的监管,而忽略了对更广泛资源的引入。灵活监管理论提出者在传统监管的基础上,将受监管对象自身与广泛的第三方整合到监管的进程中,不同环节的主体,如贸易伙伴和供应链也可对监管对象形成制约,在达成监管目标方面发挥相应的作用。[①] 有学者还提出,当传统工具失败时,可以制定或使用新的政策工具,其中包括基于产权以及市场和网络技术的新工具。此外,还可将激励性手段引入监管中,主张借助激励和信息工具进行监管,提高监管对象对监管政策的理解与支持。[②] 此外,监管资源的有效整合也是重要的内容,现在无人机监管措施多集中在某一种措施,远未达到灵活监管对监管资源吸纳与整合的要求。

现在的飞行监管是在政府引导的情况下,其他主体消极地参与到监管中。但是,更优的选择是提升其他主体主动性,促进多主体积极参与到监管中。例如,在行业协会、企业主体之外,无人机生产制造主体在飞行监管中的重大价值未被充分论述,这一主体可以借助技术手段保障飞行安全,主动减少飞行监管压力。空中交通服务主体如何分担飞行监管任务也鲜有提及。

除主体之外,监管工具革新也存在不足。除政府的强制性监管工具之外,激励工具,各种形式的行业自律,以及可以雇用商业和非商业第三方实现合规的政策,甚至是客户和越来越多的审计师的审计,都是有利于灵活监管的工具。[③] 对无人机产业而言,应充分利用技术手段进行监管。现已有诸多技术可对无人机飞行进行监管,如何将这些技术性监管资源整合到已有监管框架内值得探讨。在技术手段之外,如何将激励性工具或者措施引入飞行监管中也是应当探讨的问题,无人机作为基本工具融入人们的基本生活,有一些行业急需无人机发挥相应的作用,如何利用激励性资源引导此种领域内无人机的应用是一个重要议题。此外,还可以通过良性引导使飞行者在遵守基本规则的基础上追求更高的合规性。

灵活监管强调,有效的监管策略在于精心建构政策工具组合,以创造相互之间

---

① See Robert Baldwin, Martin Cave, Martin Lodge, *The Oxford Handbook of Regulation*, Oxford University Press,2010,p. 132.

② See Peter Van Gossum, Bas Arts and Kris Verheyen, "Smart Regulation": Can Policy Instrument Design Solve Forest Policy Aims of Expansion and Sustainability in Flanders and the Netherlands?, *Forest Policy and Economics*,2012(C),p. 24.

③ See Michael Howletta, Jeremy Raynerb, (Not so) "Smart Regulation"? Canadian Shellfish Aquaculture Policy and the Evolution of Instrument Choice for Industrial Development, *Marine Policy*,2004(2), p. 173.

的积极互动,不仅能达成监管目标,还能保障监管的效率性。[①] 在未来立法中,可合理分配各环节任务,使更多主体参与到飞行监管中,借助技术手段减少后续监管的压力,同时提升飞行服务水平,增强飞行服务能力和应急处置能力。

四、无人机飞行监管趋势:迈向更广范围的资源整合

无人机飞行监管需在对监管资源的整合与利用中达到监管效果,随着产业发展,迈向更广范围的监管资源整合是必然的趋势。在未来制度设计中,监管资源将进一步扩展,且无人机飞行监管资源将在更大的监管框架中得到完善。

(一)监管资源扩展:现有监管资源外的资源供给

现行无人机飞行监管制度中,传统的监管主体职能逐渐演变,新型主体与工具被大量引入,为监管注入了新的活力。但是,飞行监管只是无人机监管体系的一部分,在飞行监管环节之外,还存在其他监管环节,这些环节与飞行监管相互衔接,这些环节中的监管资源对飞行监管资源的利用具有一定影响。

在民用无人机法律体系中,飞行监管环节与其他环节相互衔接,飞行监管上游或者下游环节中可供选择与使用的监管资源可以影响飞行监管环节的监管任务的达成方式。在无人机飞行监管的前一环节,即产品设计、生产、制造环节,存在设计者、生产者与销售者三类主体,还可能包括无人驾驶技术的开发者等主体,这些主体可以分担监管的任务。与产品相关的主体基本上属于市场主体的范畴,一般只享有非强制性手段。这些手段主要包括技术性手段和经济性手段,还包括信息手段和教育手段。技术性手段主要是通过技术保障飞行安全或者是通过技术设置避免无人机用于不当目的,电子围栏技术的嵌入即是典型技术手段。经济手段主要是通过提升价格避免无人驾驶航空器的大量流通。信息和教育手段主要是在出厂时提供有关安全飞行的小册子供用户学习。在飞行后续环节,主要通过赋予执法主体不同强度的监管手段,对飞行中不遵守飞行规则或者造成飞行损害的无人机用户采取措施。同时,可由飞行服务主体分担部分监管任务。此外,还可采取鼓励性措施,发展风险防范技术,保障航空秩序与飞行安全。

飞行监管环节之外的主体与资源的供给,将影响飞行监管任务的实现路径。各种监管资源之间可以进行整合。例如,对开放类无人机而言,虽然其飞行几乎不受限制,但这并不意味着航空安全未受到保护,从灵活监管的角度看,飞行监管环

---

① See Michael Howletta, Jeremy Raynerb, (Not so) "Smart Regulation"? Canadian Shellfish Aquaculture Policy and the Evolution of Instrument Choice for Industrial Development, *Marine Policy*, 2004(2), p. 173.

节的前一环节,即产品设计与生产阶段的技术手段可保障航空安全。对无人机飞行监管而言,无人机技术的要求与驾驶员资质都是缓解飞行风险的重要路径,但在不同的环境下,两者重要性并不相同,在某些情况下可能对驾驶员要求较高,在其他情况下则可以通过技术补充驾驶员的能力,这都能够达成监管目的。

(二)产品主体分担飞行监管任务的可行性及资源

无人机风险集中在其飞行过程中,但是,在产品设计之初,应用风险已经隐含在产品构想之中。欧盟委员会(European Commission)已经要求制造商和运营商按照要求采取适当的安全技术和措施,这意味着飞行阶段的部分任务将由产品主体承担。① 随着无人机产业的发展,可完善产品主体分担飞行监管任务的制度。

除在运行环节进行飞行限制之外,缓解飞行风险的事前措施有两种:一是提升飞行用户能力;二是提升产品的技术稳定性,从技术角度减轻风险,甚至通过技术防范无人机用户进行不当行为。② 产品设计主体可在应用软件中设置模拟情形进行培训教学或者提供知识手册,提升飞行用户知识能力。对于技术稳定性而言,设计主体可以优化设计,产品制造主体可选择危害更低的材料。

由产品主体分担监管任务还具有诸多优势。其一,现代社会强调权利本位,对用户施加限制可能损害用户权利,而对产品主体施加义务并不构成对飞行权利地限制,可调和飞行权利与飞行限制之间的张力。其二,通过监管相对集中的生产者,而非控制分散的购买者,可节省监管成本,提高监管效率,保障监管效果。其三,无人机灵活性高,其匿名移动能力配合远程控制,极大加重了飞行阶段的监管任务。在产品层面进行监管,既能防止技术不稳定导致的飞行风险,又能够有效防止利用技术进行不当行为,可以有效减轻监管压力。

在无人机监管中,关键技术的发展将决定无人机的未来,无人机可以根据法律的规定进行设计和制造,减少具体监管的需求。③ 无人机的设计者、生产者与销售者以及原材料与技术的供应者皆属于市场主体,这几类主体可以通过技术性工具、经济性工具、信息和教育工具分担监管任务。

---

① See Sarah Jane Fox,The Rise of the Drones: Framework and Governance-Why Risk It, *Journal of Air Law and Commerce*,2017,V82(4),p.683 – 715.

② See EASA,*Notice of Proposed Amendment* 2017 – 05 (*B*): *Introduction of a Regulatory Framework for the Operation of Drones Unmanned Aircraft System Operations in the Open and Specific Category*,Accessed November29,2020, https://www.easa.europa.eu/sites/default/files/dfu/NPA%202017 – 05%20%28B%29.pdf.

③ See Henry H. Perritt, Jr, Eliot O. Sprague, *Domesticating Drones*: *The Technology*, *Law*, *and Economics of Unmanned Aircraft*, Routledge,2018,p.66.

在无人机设计中,设计者应当尽量减少技术设计中的缺陷,并且将保障安全的技术手段融入设计中。设计者需要充分利用信息工具,寻找最适宜的设计方式,对于无人机的抗干扰能力和恶劣条件下的飞行平衡能力进行充分考虑,在外观设计上考虑无人驾驶航空器在坠落时减少损害的方式,如尽量采用钝化设计,避免航空器锋利的锥化设计在坠落地面时击中地面人员头部而造成损害。

无人机制造商可以借助安全可靠的操作技术支持监管机构,无人机生产商极有兴趣向客户提供可用的硬件和软件促进飞行安全。已经存在许多此类解决方案,包括自动返航软件、地理围栏、反无人机干扰技术、蜂窝和卫星图像,以及限制无人机飞入限制空间的其他固件。① 生产者可安装价格并不昂贵的 ADS – B 接收机,提高飞行员和控制者的可视性和安全性。② 生产者还可通过设置紧急反馈系统,补充自主飞行或者飞行员远程操控的不足。③

无人机监管者还可借助经济手段或者信息与教育手段保障飞行安全。例如,销售者可对飞行性能存在瑕疵或者缺陷的无人机进行抵制,避免低劣产品进入市场,避免消费者因信息不对称选择劣质产品。

(三)航空飞行服务措施缓解飞行监管压力的路径

服务理念在保障无人机飞行安全,促进无人机产业发展层面具有众多优势。首先,在可达到的目标层面,监管更注重限制飞行,忽略了无人机发展需求。对于无人机限制过于严苛,阻碍了无人机市场发展。④ 飞行服务的关注点,不仅在于确保飞行安全,还关注无人机的飞行效率。其次,以服务为主导更能寻求被监管者合作,促进双赢局面形成。一个行政活动得以完成,同时也必须有相对人的参与和协作。⑤ 再次,在解决问题的效果方面,服务优于监管。无人机监管可理解为治水时的筑墙政策,只能治标;服务则可视为治水中的疏通河道策略,既解决了眼前的问题,也解决了未来发展中的问题。最后,服务更适合无人机产业发展趋势。随着无人驾驶技术的发展,如何协调空域资源,保障飞行安全,提升无人机飞行效率,优化飞行服务逐渐成为无人机产业发展中的主导问题。

---

① See Macpherson, Ewen, Is the World Ready for Drones?, *Air & Space Law*, 2018(2), p. 149 – 178.

② See Daniel Shoffet, Drone Integration: A Pilot's Solution to A Serious Entertainment Problem, The John Marshall Journal of Information, *Technology & Privacy Law*, Winter 2016, p. 18.

③ See Henry H. Perritt, Jr, Eliot O. Sprague, *Domesticating Drones: The Technology, Law, and Economics of Unmanned Aircraft*, Routledge, 2018, p. 176.

④ 参见陈学军:《民用无人机规范的基本原则和路径》,载杨惠、郝秀辉主编:《航空法评论》(第6辑),法律出版社2017年版,第100页。

⑤ 参见余凌云:《行政法讲义》(第2版),清华大学出版社2014年版,第91页。

首先,飞行服务在于完善飞行服务立法。立法者一方面可以确认无机用户的飞行权利,另一方面可以设定合理的运行规则,保障无人机的运行安全与运行效率。有论者从飞行安全的角度论证立法的重要性①,有论者从权利保障和飞行效率的角度论证立法必要性②。实际上,立法是服务的途径之一,立法是保障安全与促进效率的统一体,飞行规则既保障了安全,又促进了飞行效率。因此,无人机立法需要明确飞行服务的内容,对飞行服务进行谋篇布局。

其次,行政主体与市场主体都可以作为飞行服务的执行主体。无人机飞行服务重点在于,将空中管理法律体系向空中交通服务体系转变。德国、美国都已经将空中交通服务的权限在一定程度上让渡给市场主体,我国亦可学习相关经验。飞行服务提供者需提供相应的导航、航行情报服务,通过导航服务,用户能够选择更适宜飞行的路线。为了保障无人驾驶航空器的飞行安全,应分配稳定的无线电波段,保障通讯链路稳定,免受干扰,空中交通管理部门应提供紧急状况解决预案。

再次,服务提供者可以通过经济手段优化飞行监管。为了保障无人机安全融入空域,欧盟制定了 U-Space 服务蓝图,尽可能利用现有的航空服务和基础设施以及移动通信服务等其他部门的航空服务和基础设施。③ 在我国飞行服务基础设施建设中,政府和市场都可以提供相应资金支持,完善飞行信息服务系统的建设。

最后,作为一项新兴产业,无人机行业的发展需要技术和法律的双重护航。④政府可鼓励推进无人机使用。市场投资者加大对无人机投资力度,进一步开发新技术,推动安全保障技术的研发,实现技术的发展,而且政府也可以对于技术研发提供资金支持,推动无人机技术的发展。

(四)飞行执法队伍建设及无人机反制技术的引入

无人机一旦进入空域,可能被某些用户利用,从而危害国家安全或者侵犯公民权利。因此,建立飞行执法队伍进行事中、事后监管,并为其配备无人机反制技术工具是保障飞行安全、促进飞行监管目的实现的必要路径。

---

① See Orlando Aquino-Segarra, Drones: The Need for MoreRegulations, *Revista de Derecho Puertorriqueno*,2016(2),p. 335 – 354.

② See Kaitlin D Sheets,The Japanese Impact on Global Drone Policy and Law: Why a Laggard United States and Other Nations Should Look to Japan in the Context of Drone Usage, *Indiana Journal of Global Legal Studies*,2018(1),p. 513 – 537.

③ See SESAR,U-Space Blueprint,Publications Office of the European Union,2017.

④ 参见刘胜军:《综合提升无人机监管水平》,载《人民日报》2018 年 6 月 2 日,第 5 版。

培训专业人员处理无人驾驶航空器突发事件,被认为是保障安全的路径之一。[①] 我国军方、地方各部门对"低慢小"飞行器执法处置无力。从法律规定看,公安机关对"低慢小"飞行器没有明确的管理职能,在管理中存在多头管理,职责不清,专业性不强,与政府职能部门协调不力,信息资源分散,管控不到位等问题。[②] 为改善执法,应设立专门执法机构,赋予其相应权限。

在监管层面,有论者认为,国家空管部门应当从严查处违法违规飞行。[③] 这与美国对于航空的优先管辖权相类似。美国联邦航空局管理者保留"对危害国家空域系统安全的航空器运行人员采取执法行动"的权力。[④] 有论者指出,地方政府要承担起无人机安全监管的主体责任,加快技术监管手段和平台建设(如无人机云平台等),查处黑飞和违规飞行的无人机,专设空中交警队伍,开展常态化安全执法和检查。[⑤] 对于监管规则的落实而言,由地方政府作为执法主体进行监管更为适宜。无人机数量多,对其飞行区域限制还需要结合各地的实际情况划设。地方政府在执法中需要培训专门的执法队伍,推进有效监管。

无人机飞行监管规则之落实离不开监管队伍,同时亦需加强无人机反制技术。无人机反制技术,是指对于违规飞行的无人机采取技术性手段,迫使其降落或者将其击落。现阶段已具有多种无人驾驶航空器反制技术,主要包括信号干扰技术、雷达探测技术、激光炮击落技术、无人机捕捉技术,还有其他综合技术。在采取具体措施时,监管队伍可以借助无人机云平台,对违规飞行的无人机进行警告。若无人机用户并未采取相应措施,执法者可以采取驱赶措施,还可采取电波干扰,使无人机在安全区域降落。若上述方式难以实现,则可击落无人机。但是,在击落时要注意保障其他航空器及其用户以及地面人员财产的安全。

五、结语

无人机将开启民航新时代,并大有在通用航空、货运航空等诸多领域替代现有

① See Ridha Aditya Nugraha, Deepika Jeyakodi, Mahem Thitipon, Urgency for Legal Framework on Drones: Lessons for Indonesia, India, and Thailand, *Indonesia Law Review*, 2016(2), p. 148.

② 参见孔大为、马燕:《"低慢小"飞行器管理的痛点与要点:专访云南省公安厅警航总队负责人昝霖》,载《人民公安》2017年第17期。

③ 参见陈金良、郭方月:《基于当前环境的无人驾驶航空器飞行管理设想》,载《北京航空航天大学学报(社会科学版)》2017年第5期。

④ See Maxwell Mensinger, Remodeling Model Aircraft: Why Restrictive Language That Grounded the Unmanned Industry Should Cease to Govern It, *Minnesota Law Review*, 2015 (1), p. 405 – 440.

⑤ 参见吴仁彪:《建议设空中交警对无人机常态化执法》,载 http://www.sohu.com/a/224851427_204321,最后访问日期:2021年1月28日。

载人航空器的趋势,无人机普及的时代已经向我们走来。① 灵活监管理论以监管资源的整合与应用为重点,走出了监管工具选择非此即彼的误区。我国无人机飞行监管制度可转化适用灵活监管理论,引入新型监管资源,并在分类监管的框架中对各类监管资源进行整合。不同主体可利用多元监管措施相互配合,共同参与到监管中。无人机飞行监管只是科技监管的“冰山一角”,其对监管理念的革新诉求展现出的是新技术对于原有行政监管模式的挑战。当今世界已步入第四次工业革命,众多领域已经出现或者正在出现的惊人突破为这次革命提供了证明。② 适当的监管路径,对于保障新技术应用价值的发挥及其风险控制意义重大。在新技术监管中,可进一步探索灵活监管在科技监管中的应用,以特定目标为导向,在多元监管资源整合利用中寻找科技发展与风险控制的平衡点。

---

① 参见李健:《民航局将和军方共推空域资源的高效利用》,载 http://news.carnoc.com/list/440/440445.html,最后访问日期:2021 年 1 月 28 日。

② See Jake Okechukwu Effoduh, The Fourth Industrial Revolution, *Transnational Human Rights Review*, 2016(1), p.76.

[旅客信息保护与证件检查立法问题研究]

试析 GDPR 对航空公司数据处理的影响

朱子勤* 江缙宜**

一、航空数据保护的发展历程

关于数据保护的第一次正式讨论是在 1968 年联合国国际人权会议上。在此次会议后的二十五年时间里,数据保护及隐私问题引起了世界各国的广泛关注,甚至推动了许多国家开始制定个人数据保护法。[①] 特别是在欧洲,1970 年德国黑森州制定了世界上第一部个人数据保护法,将个人数据的处理行为纳入法律框架之下。随后,瑞典、法国、英国等国家也纷纷颁布个人数据保护法,构建起一套适用于公共和私人之间的数据保护规则。就航空业而言,收集乘客数据最早在《芝加哥公约》中被规定为航空承运人的一项法律义务。[②] 伴随信息技术的发展,航空运输中的数据处理、存储和传输活动变得更加容易,航空承运人进一步扩大了收集乘客数据的基本类别,超出了《芝加哥公约》最初设想的范围。[③] 在航空领域,

---

* 朱子勤,中国政法大学国际法学院教授。

** 江缙宜,中国政法大学国际法专业研究生。

① See Fred H. Cate, *The EU Data Protection Directive, Information Privacy, and the Public Interest*. Articles by Maurer Faculty, 1995, p. 431.

② See Article 29 of the Convention Establishes the Minimum Passenger Data to Becollected by Airlines.

③ See Gubitz A. S., The US Aviation and Transportation Security Act of 2001 in Conflict With the EU Data Protection Laws: How Much Access to Airline Passenger Data Does the United States Need to Combat Terrorism, *New England Law Review*, 2004(39), p. 468.

第一部涉及个人数据保护问题的法规是 1989 年《关于计算机预订系统(CRS)的行为准则》,其要求承运人必须对 CRS 中积累的乘客数据进行保护,以确保航空数据安全。

1995 年欧洲联盟(European Union,以下简称欧盟)《数据保护指令》的颁布和生效,标志着个人数据保护进入新的阶段。对于数据处理控制者不在欧盟境内设立,但为了个人数据处理之目的使用了位于成员国境内的自动化或者其他设备的,也会受到《数据保护指令》的约束。在航空领域,随着航空法律和安全技术的进步,以及打击恐怖主义和新型犯罪的需要,航空部门才开始广泛而自觉地接触到个人数据保护问题。① 2004 年,欧盟和美国签署了第一份以反恐为目的获取乘客姓名记录(Passenger Name Record,PNR)②的协议。欧盟委员会(European Commission)认为,此类 PNR 传输协议提供的保护级别满足《数据保护指令》提出的"充分性认定"标准,只要这些数据将被传输并仅用于其被传输的目的。③ 到目前为止,欧盟已经与美国、加拿大、澳大利亚等国家签署了此类协议。与此同时,欧盟在 2016 年通过了一项内部法律文书即欧洲 PNR 指令。该指令规范了各成员国使用 PNR 数据的方式,并规定了必要的数据保护措施。④ 因此,在欧盟和其他国家,处理 PNR 数据已成为广泛使用的基本执法工具,用以防止和打击恐怖主义及其他形式的严重犯罪。

2018 年 5 月 25 日,欧盟《通用数据保护条例》(General Data Protection Regulation,GDPR)正式生效,成为个人数据保护及监管领域最具前瞻性和内容最广泛的法律规定。GDPR 被称为史上最严格的数据保护法案,对所有在欧盟市场进行投资、销售和运营的企业将产生显著影响。从执法层面看,GDPR 规定的处罚十分严厉,对违法企业的罚金最高可达 2000 万欧元(约合 1.5 亿元人民币)或者其全球营业额的 4%,并以高者为准。在 GDPR 正式生效后,欧盟各国陆续开出巨额罚单,为航空公司的数据保护合规建设带来了更大压力。在 2019 年 7 月 8 日,英国数据保护监管机构——信息专员办公室宣称,他们已经向英国航空公司发出了处罚通知书,罚款总额为 183,390,000 英镑(约合 15.2 亿元人民币),处罚原因是英国航

---

① See Zadura D., Importance of Personal Data Protection Law for Commercial Air Transport, *Prace Instytutu Lotnictwa*, 2017(1), p. 38.

② PNR 反映了乘客航程、航班座位等相关信息。

③ See Agreement Between the European Community. and the U. S. on the Processing and Transfer of PNR Data by Air Carriers to the U. S. Dep't of Homeland Sec., *Bureau of Customs and Border Prot.*

④ See Thomas Wahl, *Commission: EU PNR Directive Delivered Tangible Results*, eucrim (Aug. 31, 2020), https://eucrim.eu/news/commission-eu-pnr-directive-delivered-tangible-results/.

空公司在2018年的数据安全事件中泄露约50万名乘客的私人信息。[①] 这一处罚决定打破了自GDPR生效以来的最高罚款纪录。因此,从表面上看,数据风险与谷歌(Google)、脸书(Facebook)这些科技巨头关系更大,但实际上,只要是持有用户数据的企业都处于GDPR的监管之下。

二、航空数据保护的特殊性

在航空运输过程中,个人数据因脱离原有的监管体系而不受控制,面临更多的风险。在现有的数据保护体系下,世界范围内数据泄露事件频发,数据安全引发广泛关注。除公共数据外,关键数据和机密信息也很容易暴露。保护数据的安全和自由是个人数据保护法的重要使命,构建数据保护框架也成为航空安全的关键要素。在航空领域,数据保护面临着更加复杂与严峻的挑战,这是由航空业特殊性质所决定的。

首先,航空公司所处理的数据具有高度的特殊性。GDPR涵盖了任何可以直接或间接识别某人的内容,它禁止处理特殊类别的数据,如种族或民族、政治观点、宗教或哲学信仰及工会成员的个人数据,以及对以唯一识别自然人为目的的基因数据、生物特征、自然人的健康、性生活或性取向数据。[②] 在我国,特殊类别的数据包含更广泛的内容,我国《个人信息保护法》明确规定,生物识别、宗教信仰、特定身份、医疗健康、金融账户、行踪轨迹等信息,以及不满14周岁未成年人的个人信息都应受到法律保护。因此,乘客在出行时所留下的姓名、身份证号码以及人脸图像等数据都应当受到保护,只有在具有特定目的和充分必要性并采取严格保护措施的情形下,航空公司才能够处理这类数据。同时,航空公司也存在收集特殊数据的情况。例如,乘客要求使用轮椅服务,此时对轮椅服务的要求可能反映个人的健康生理数据;乘客要求特殊餐食,此时特殊餐食可能反映乘客个人的宗教信仰(餐食属于宗教饮食的类别)或者健康生理数据(餐食属于避免过敏的类别)。[③] 可以合理地认为,航空公司所收集的数据,大部分都属于特殊类别的个人数据,这一特殊性也决定了航空业相较于一般领域,应满足更高的数据保护要求。

其次,航空公司需要承担更多的合规义务。众所周知,创建客户数据库是所有

---

① 参见《英国航空公司因数据泄露面临1.83亿英镑巨额罚款》,载央视网,http://news.cctv.com/2019/07/09/ARTIvpgQnzHj4LZRXmmr4v2V190709.shtml。

② See EU GDPR Article 9(1).

③ 参见李翰明:《〈个人信息保护法〉对航空公司业务数据处理的影响》,载环球旅讯网,https://m.traveldaily.cn/article/148803,最后访问日期:2021年11月2日。

服务提供商的普遍做法,其目的是维护和发展自身服务,航空公司也不例外。① 近年来,随着旅游业的发展,全球航空运输量总体呈现上升态势。国际航空运输协会发布的数据显示,2019 年全球航空运输业净利润达到 259 亿美元,客运量为 45.4 亿人次,货运量为 6120 万吨。② 由此产生的问题是,大量的乘客数据在民航系统网络中被传输和共享,增加了数据泄露的风险。世界各地航空公司的数据库中拥有数千万条服务记录,其中包含了乘客的个人数据,这些记录主要用于机票销售、网上订座以及向乘客提供个性化服务等。当航空服务由两个及两个以上航空公司联合提供时,乘客的个人数据便会被多家航空公司共同使用。与此同时,在政府机构、航空公司、第三方信息处理机构等主体之间的信息流动更加错综复杂。这就意味着,从航空运输服务的开始,便伴随多重主体对乘客数据的处理活动。航空公司为履行运输合同而处理乘客数据的简单事实,便可能在个人数据保护方面产生严重后果。航空业最近发生了一连串引人注目的信息泄露事件,暴露了大量的乘客数据,并引起了数据保护监管机构的重视。因此,航空公司所处的高度规范的环境及业务的国际性,为其数据合规增加了另一层复杂性。

最后,航空运输的国际性使个人数据跨境保护面临严峻的挑战。航空运输具有天然的国际性,乘客数据跨境传输在所难免。③ 从国际法的角度看,公法的适用和国家主权的行使紧密相连,因此各国的立法管辖权都应遵循属地原则,以免与其他国家在司法主权上产生冲突。但在跨国事务日渐增多的全球化时代,由管辖权引发的问题日益复杂与分散,以领土范围确定管辖权的方式开始受到质疑。④ 在存在跨境活动的情况下,具有域外效力的管辖要求是一种自然结果,甚至是一种必然。如果我们采用域外管辖的传统定义,即一国对其境外发生的活动行使管辖权,根本不可能在域外和领土之间划出明确的界限。⑤ 纵观近年来世界各国数据保护的立法文本,呈现立法规则域外适用扩张的共同趋势。虽然各国在立法上为个人数据权利的保障提供了法律依据,但在司法实践中因域外效力所产生的法律

① See Zadura D., Importance of Personal Data Protection Law for Commercial Air Transport, *Prace Instytutu Lotnictwa*, 2017(1), p. 37.

② 参见《国际航协:中国国内航空客运市场增速领跑全球》,载人民网,https://baijiahao.baidu.com/s?id=1652715715380072953&wfr=spider&for=pc,最后访问日期:2019 年 12 月 12 日。

③ 参见刘光才、靳璐:《民航旅客个人信息保护的法律规制研究》,载《北京航空航天大学学报(社会科学版)》2020 年第 1 期。

④ See Hannah L. Buxbaum, Territory, Territoriality, and the Resolution of Jurisdictional Conflict, *The American Journal of Comparative Law*, 2009(57), p. 632.

⑤ See Svantesson D J B, Extraterritoriality and Targeting in EU Data Privacy Law: The Weak Spot Undermining the Regulation, *International Data Privacy Law*, 2015(5), p. 227.

冲突问题并没得到有效解决。欧盟从人权保护的角度出发,将个人数据视为一项基本人权,建立了严格限制个人数据跨境流动的保护体系。美国则以经济发展为主导,基于对数据流动的依赖性,通过订立双边或多边协议的方式促进数据自由流动。[①] 各国数据保护水平的差异,不仅影响了数据保护法的实施效果,也阻碍了数据在世界范围内的自由流动。在航空跨境运输的过程中,各国之间的相互协调成为困扰航空业的重要问题。越来越多的利益相关者意识到数据安全的重要性,正在创建特定的部门和服务来应对未来的威胁。2019 年 4 月,国际航空运输协会(International Air Transport Association,IATA)在新加坡举办航空网络安全圆桌会议(ACSR),其目的是通过分享知识和经验,更好地了解和管理民用航空的网络安全风险。2019 年 10 月,国际民用航空组织(International Civil Aviation Organization,ICAO)通过了关于民用航空网络安全的大会 A40 - 10 号决议,并解释了采取更加协调、积极方法的必要性。这些会议旨在为管理航空网络安全风险提供更统一、更完整的方法。

三、GDPR 背景下航空公司的合规义务

数据安全对航空业是一个严峻的挑战。在乘客数据保护问题上,基于"人是航空安全系统中最薄弱的环节"这一理念,各国对乘客数据保护的监管力度迅速加大,安全文化也得到传播。[②] GDPR 规定了欧盟内外的企业如何处理欧盟公民的个人数据,对全球航空业产生了广泛的影响。航空公司必须遵守 GDPR 的规定,承担更多的合规义务。本文从数据保护原则、数据跨境传输以及数据安全与数据泄露通知义务三个角度分析航空公司应如何适应和遵守 GDPR 规则。

(一)数据保护原则

数据保护原则可以被定义为"数据隐私法适用于个人数据处理的基本原则"[③]。与一般法律原则类似,数据保护原则包含一般法律原则的本质和作用,并体现在法律文本之中。当这些原则应用于航空数据保护时,将用以确定出于航空安全目的而收集、记录、组织、建构、存储或任何其他类型的个人数据的处理,是否符合数据保护法的要求。GDPR 的数据保护原则源于美国的公平信息实践原则、早期的欧盟数据保护法以及经济合作与发展组织(Organization for Economic Co-operation and

① 参见许多奇:《个人数据跨境流动规制的国际格局及中国应对》,载《法学论坛》2018 年第 3 期。

② See Wiener, Earl L., David C. Nagel, *Human Factors in Aviation*, Gulf Professional Publishing, 1988, p. 559.

③ Bygrave, Data Privacy Law: An International Perspective, Oxford University Press, 2014, p. 145.

Development,OECD)的指导原则。[①] 正如 GDPR 所规定的,这些原则可以被概括为:目的限制、数据质量、完整性和机密性、问责制以及数据处理的合法性、公平性和透明性。因此,航空公司利用个人数据进行相关活动时,应当熟悉这些数据保护原则,并将其纳入日常的流程、产品和服务中。

1. 目的限制原则

目的限制原则规定,个人数据应当为特定的、明确的和合法的目的而收集,并且不得以不符合以上目的的方式予以进一步处理。在航空领域,以航空安全为目的而广泛收集数据的行为,显然违反了目的限制原则。虽然大部分航空安全措施能够符合"合法目的"的标准,但目的限制原则还包含了一些额外的限制要求。例如,不能出于其他目的对数据进行处理。如果出于其他目的,怎样安全地处理数据等问题。此外,除非得到数据主体的同意或法律授权,否则个人数据不应被披露、被提供或以其他方式用于指定目的之外的其他用途。因此,对于航空数据安全来说,明确目的有助于限制所需数据的类型、质量以及数据处理的类型等,更加有利于遵守隐私和数据保护规则。[②]

2. 数据质量原则

数据质量原则依赖于目的限制原则,包含准确性、数据最小化和储存限制。[③] 准确性要求数据准确,并保持必要的更新。数据最小化原则旨在最大限度地防止或减少对个人数据的处理。它要求处理个人数据的最低数量,并将该数量限制在为达到收集和处理目的绝对必要的范围内。从航空公司的角度来看,如果过度采取数据安全措施带来了不可接受的负担,并可能对业务造成实质性的侵犯,那么航空公司将无法接受这些措施。[④] 采取数据最小化原则,应在最短时间内保存最少数量的数据,从而减少数据被泄露、丢失或误用的可能性。储存限制是个人数据应以允许识别数据主体的形式保存,时间不超过处理个人数据的目的所需。一定程度上说,在时间限制上,储存限制是与数据最小化相对应的。

3. 完整性和机密性

完整性和机密性原则与数据安全密切相关,这一原则规定个人数据的处理方

---

① See W. Gregory Voss, Obstacles to Transatlantic Harmonization of Data Privacy Law in Context, *U. ILL. J. L. TECH. &POL'Y* ,2019,p.412.

② See Article 29 Data Protection Working Party (2014a).

③ See Voss W. G. , Airline Commercial Use of EU Personal Data in the Context of the GDPR, *British Airways and Schrems II. Colo. Tech. LJ*, 2021(19),p.392.

④ See Enerstvedt O. M. , *Aviation Security, Privacy, Data Protection and Other Human Rights: Technologies and Legal Principles*, Springer International Publishing,2017,p.119.

式应保障个人数据的适当安全,包括使用适当的技术或组织措施,防止未经授权或非法处理,以及防止意外损失、破坏或损害。完整性是确保个人数据是正确的并且不能被其他人操纵。机密性是为了确保只有有权访问个人数据的人才能处理这些数据。这一原则在GDPR第32~34条得到了更加详细的阐述。为了遵守这一义务,航空公司必须充分了解其应如何收集数据、数据存储在哪里、谁在操纵或处理数据以及数据最终如何被销毁。在GDPR制裁航空公司的案件中,完整性和保密性原则已被证明是非常重要的,需要航空公司关注数据安全,采取适当的技术措施,如加密、匿名化和假名化,并建立内部程序,使其在发生违规事件时能够遵守相关要求。

4.问责制

问责制是GDPR的一项关键原则,它要求航空公司不仅要遵守GDPR,而且要能够证明这种遵守行为。问责制中包含了特殊的合规机制,用以加强对企业的责任要求。例如,航空公司需要保留数据处理活动的记录,包括数据类型、数据相关主体以及数据保护的安全措施等操作细节。如果航空公司大规模处理特殊类别的个人数据、与刑事犯罪有关的数据或定期、系统地监测个人活动,则应当根据GDPR的要求任命一名数据保护官(Data Protection Officer,DPO)①。对于一些"高风险"的数据处理活动,航空公司应当在活动开始之前进行数据保护影响评估(data protection impact assessment,DPIA)②。例如,在登机过程中使用生物识别数据或处理新冠疫情相关数据可能会产生进行DPIA的需要。此外,GDPR还引入事先咨询和事先授权、设计和默认的隐私等机制,要求企业采取适当的技术和组织措施,并能够证明他们的所作所为及有效性。

5.数据处理的合法性、公平性和透明性

在GDPR的文本中,数据处理的合法性、公平性、透明性之间既密切联系,又各自提出了不同的要求。合法性原则要求数据处理必须符合法律规定,具体包括:数据主体的同意,处理是与数据主体签订合同所必需的,处理是控制者遵守强加给他的法律义务所必需的,处理是保护数据主体或其他个人的重要利益所必须的以及处理是为公共利益执行任务或行使控制者的官方权力所必需的,等等。③ 在公平性原则方面,航空公司可能会以对个人产生负面影响但符合公平性原则的方式处理

---

① 数据保护官,是公司中负责数据合规性标准的职位。数据保护官除了强制遵守GDPR之外,还可能承担其他责任。

② See EUGDPR Article 35.

③ See EUGDPR Article 6(1).

数据,这些行为虽然对个人有害,但仍有可能被 GDPR 认为是公平的。与此同时,数据处理的透明性也至关重要,如果个人数据是从第三方收集的,数据主体可能不知道航空公司拥有他们的个人数据,从而限制了他们正确行使数据主体权利的能力。

(二)数据跨境传输

航空业的国际性使数据跨境传输成为航空业务的重要组成部分。个人数据的跨境传输,是指向位于第三国的第三方发送、传输、共享或提供个人数据的行为。根据 GDPR 的规定,数据运营商将欧盟境内个人数据传输到欧盟以外的地方进行处理必须受到严格限制。如果第三方位于欧洲经济区内①,运营商和第三方之间签订包含 GDPR 强制性条款的数据处理协议就足矣。但若第三方位于欧洲经济区之外,运营商需要通过欧盟委员会是否有"充分性认定"的验证,即基于对第三国是否有与欧盟同等的数据保护水平的全面评估。只有在欧盟委员会为相关第三国发布了"充分性认定",承认该国家具有"充分数据保护水平"的条件下,数据运营商才可以进行数据转移。在没有"充分性认定"的情形下,数据运营商,无论是控制者还是处理者,都必须提供适当的保障措施。保障措施形式可以是公共机构之间的协议或行政安排、标准合同条款(Stardards Contractual Clauses,SCCs)、具有约束力的企业规则(Binding Corporate Rules,BCRs)、特别条款等。② 即使既没有"充分性认定",也未提供适当保障措施,数据转移仍可能在减损(如明确同意、合同必要性、公共利益、法律索赔)或特定豁免的基础上被合法化。

2020 年 7 月 16 日,在数据保护专员诉爱尔兰脸书和施雷姆斯案(Commissioner v. Facebook Ireland Limited, Maximillian Schrems,Schrems Ⅱ)中,欧盟法院(Court of the Justice European Union,CJEU)宣布欧盟与美国之间的隐私盾协议无效,使基于隐私盾协议进行的数据传输成为非法行为。主要理由是,美国的监控立法违反了《欧盟基本权利宪章》,其没有为欧盟个人提供有效的司法救济,也不能达到 GDPR 要求的充分保护水平等。③ 这一裁决体现了欧洲法院(European Court of Justice,

---

① 现欧洲经济区成员包括 3 个欧洲自由贸易联盟成员国:冰岛、列支敦士登和挪威,以及 27 个欧盟成员国。

② See EU GDPR Article 46.

③ 基本案情是:在 Schrems I 作出判决之后,脸书(Facebook)爱尔兰公司根据 SCCs 将大部分数据转移到美国公司。2015 年 12 月 1 日,Schrems 重新向爱尔兰数据保护局提出投诉,认为 SCCs 条款无法证明将个人数据转移到美国是合理的,因为美国的监控计划干扰了他的基本隐私权、数据保护权和司法保护权。爱尔兰数据保护局同意 Schrems 的担忧,并向爱尔兰高等法院提起诉讼,随后提交法庭审理。与此同时,隐私盾协议与本案有关,也促使欧洲法院对该协议的有效性进行裁决。

ECJ)近年来持续加强数据保护水平的立场,对包括美国在内的所有第三国的数据跨境传输活动都产生了广泛的影响。欧洲法院曾在2006年废除了与美国签订的PNR协议,在2015年的施雷姆斯诉爱尔兰数据保护局案(Schrems v. Data Protection Commissioner,Schrems Ⅰ)判决中宣布安全港协议无效,并在2017年发布的第1/15号意见中反对欧盟与加拿大的PNR协议生效。同时,法院对基于SCCs的个人数据转移也提出了更严格的要求,数据运营商需采取额外措施,以弥补第三国数据保护法律方面的不足。[①] 因此,从欧盟的角度来看,美国的数据保护水平不能被认为是充分的。在没有额外保障措施的情况下,将个人数据从欧盟转移到美国的行为将是非法的。

虽然欧洲法院以美国监控法过于宽松为由否决了隐私盾协议,但并没有关闭与美国进行数据传输的大门。对美国航空公司隐私政策的分析结果表明,大部分美国航空公司使用SCCs来进行跨境数据转移,如达美航空、美国航空和捷蓝航空。只有美国联合航空公司在隐私政策中提到了隐私盾协议,并将其与SCCs一起作为数据跨境传输的依据。[②] 从表面上看,隐私盾协议的失效并不会阻碍美国航空公司的数据跨境传输。但Schrems Ⅱ案判决中提出的基于《外国情报监视法》第702条和第12333号行政命令的监视措施,是否会影响美国的航空公司,使其在欧盟的子公司寻求向美国传输数据时无法根据SCCs合法接收这些数据。欧洲数据保护委员会(European Data Protection Board,EDPB)认为,《外国情报监视法》第702条和第12333号行政命令下的数据保护水平基本上达不到欧盟法律的要求,只有通过额外的补充技术措施对数据进一步加以保护,才可以将数据转移到美国。[③] 如果航空公司使用受《外国情报监视法》第702条监控的服务,并在云端储存这些数据,那么这些SCCs可能无法满足Schrems Ⅱ案所提出的要求。显然,Schrems Ⅱ案的判决对美国航空运营商产生了直接影响。虽然美国以外的其他国家没有从隐私盾协议中受益,但SCCs可能继续被用来将个人数据从欧盟转移到这些国家。因此,数据运营商在进行数据转移前,应当对目的国法律有深入的了解,并采取必要的保障措施,

① See *The CJEU Judgment in the Schrems II Case*, https://www.europarl.europa.eu/RegData/etudes/ATAG/2020/652073/EPRS_ATA(2020)652073_EN.pdf.

② See Voss W G, Airline Commercial Use of EU Personal Data in the Context of the GDPR, *British Airways and Schrems II. Colo. Tech. LJ*,2021(19),p.415-416.

③ See *Recommendations* 01/2020 *on Measures that Supplement Transfer Tools to Ensure Compliance with the EU Level of Protection of Personal Data*, *European Data Protection Bd.* (Nov. 10,2020), https://edpb.europa.eu/sites/edpb/files/consultation/edpb_recommendations_202001_supplementarymeasurestransferstools_en.pdf.

确保数据跨境传输的合法性与安全性。

（三）数据安全与数据泄露通知义务

航空公司主要依赖网络技术，用于提高航空运输的安全性和效率。然而，系统的互连性和对技术的依赖为新风险的出现创造了条件。航空业依赖于集成在多个系统中相当复杂的基础设施，这些系统不仅需要单独和整体保护，同时也需要对飞机和设备制造商、航空网络安全空中交通管制、机场、航空公司和作为信息系统的航空基础设施的所有其他要素进行全面的网络评估。① 航空公司可以访问特殊的信息并运营基础设施的关键组成部分，导致其成为网络犯罪分子的主要攻击目标。根据欧洲航空安全组织（Eurocontrol）收集的新数据，在 2020 年所有检测到的与航空相关的网络攻击中，有 61% 是针对航空公司的，这一数字几乎是下面两个航空部门总和的 2 倍（针对制造商的 16% 和机场的 15%）。② 在近期针对航空业的网络攻击中，香港国泰航空有限公司的系统因缺乏安全措施，导致全球约 940 万名客户个人信息泄露，泄露的个人信息包括姓名、护照资料、出生日期、电话号码、地址及旅行记录。2021 年 3 月 5 日，全球航空运输数据巨头 SITA 公司的服务器在一次网络攻击中被攻破，涉及存储在乘客处理系统中的乘客数据，影响全球各个航空公司。在 SITA 被黑客入侵两个月后，印度一家航空公司的乘客记录，包括敏感数据，如信用卡信息和约 450 万名客户的飞行数据被入侵。航空公司正是在这种不安全的网络环境中开展活动的，应当积极采取措施降低数据泄露风险、保护数据免受网络攻击。

数据安全是 GDPR 最基本的要求之一。航空公司需要采取适当技术与组织方式，以保证和风险相匹配的安全水平。这一要求既适用于计算机系统，也适用于人工记录，还包括与个人数据相关的任何流程。航空公司使用的信息系统数量众多，使用的数据点也十分广泛，因此，事件的响应能力对于企业快速响应和恢复与安全相关的事件至关重要。欧盟最早在 2009 年《电子隐私指令》第 4 条规定了数据泄露的通知义务，并要求公共电子通信服务的提供者必须告知用户网络安全遭到破坏的特定风险。同时，供应商也有义务将任何个人数据泄露事件通知国家主管部门。如果数据泄露可能对个人的数据或隐私产生不利影响，提供者也应毫不延迟地将泄露事件通知个人。③ GDPR 规定的数据泄露通知义务比《电子隐私指令》所

---

① See https://www.icao.int/cybersecurity/Pages/default.aspx.

② See Eurocontrol Eatm-Cert Services Think Paper #12 – 5 July 2021, https://www.eurocontrol.int/sites/default/files/2021 – 07/eurocontrol-think-paper-12-aviation-under-cyber-attack.pdf.

③ See EU E-Privacy RegulationArticle 4.

涵盖的情况更加广泛,对任何部门的数据控制者都具有法律约束力。控制者应毫不延迟地,且在可行的情况下,至少在获知之时起72小时以内,依据第55条通知监督机构,除非个人数据的泄露不会产生危及自然人权利和自由的风险。如果存在此类风险,超过72小时的延迟必须附有延迟原因。① 当个人数据泄露可能对自然人的权利和自由造成高风险时,数据控制者还必须毫不延迟地通知数据主体。② 如今,复杂的新兴技术正在不断涌入航空业,这不可避免地伴随与数据泄露有关的严重风险。对于航空公司而言,网络攻击可能导致财务损失和声誉损害,航空公司应确保有健全的程序来识别、评估、记录,并在适当时通知数据泄露事件,从而应对航空业日益复杂并日益增加的网络攻击。

四、我国航空个人数据保护的相关立法与司法实践

在大数据时代,信息技术不仅极大地增加了信息访问和交换,促进了数字交易和数据传输,同时也使个人数据的权利保护面临全新的挑战和威胁。GDPR的诞生给高科技企业带来了巨大的影响,其影响范围已超出欧盟,波及全球多个国家。我国航空公司拥有通往欧洲不同地区的运输权,持有并处理与欧洲有关的乘客数据,同样被纳入GDPR的规制范围。在GDPR正式生效的前一日,中国国际航空股份有限公司、中国东方航空集团有限公司等多家国内航空公司均对其APP和官方网站的隐私政策条款进行了调整,更加详细地规定了如何收集个人信息、收集哪些个人信息以及如何使用个人信息等方面的问题。面对GDPR的严厉处罚,航空公司必须作出明确选择,要么退出欧洲市场,要么努力合规,否则将面临巨额罚款的风险。

2021年我国正式迎来了个人信息领域的专门立法——《个人信息保护法》,这无疑是我国个人数据保护历史上的又一座里程碑,该法与《网络安全法》《数据安全法》共同构建了我国数据合规及隐私保护的基础法律框架。新法落地,对航空公司的数据合规义务也提出了新的要求,对于侵害个人信息权益的违法行为,《个人信息保护法》的罚款金额将高达5000万元或者上一年度营业额的5%,5%的额度甚至超过了在个人信息保护方面规定"最严"的欧盟。就我国当前的监管态势和行业趋势而言,落地精细化的个人信息保护工作势在必行。近年来,由于数据泄露导致乘客被诈骗的案件屡有发生,再度将乘客数据安全问题推到风口浪尖。不少乘客

---

① See EU GDPR Article 33.

② See EU GDPR Article 34.

将纠纷诉至法院，以寻求司法解决和救济。根据裁判文书网公布的数据，我们考察了航空乘客数据保护案件 17 起。具体如表 1 所示。

表 1 航空乘客个人数据泄露案件统计

序号	案例	主要判决理由
1	(2014)丽民初字第 1720 号郑某与天津航空有限责任公司、浙江淘宝网络有限公司合同纠纷	原告举证不力，在公安机关侦破以前，无法确认个人信息泄露的原因，不予支持
2	(2015)成民终字第 1634 号林某某与四川航空股份有限公司侵权责任纠纷	已能证明个人信息是通过航空公司的售票系统有关环节被泄露，航空公司应当承担侵权责任
3	(2015)盘法民初字第 936 号刘某某与昆明联诚航空运输服务有限公司、云南祥鹏航空有限责任公司、北京趣拿信息技术有限公司财产损害赔偿纠纷	原告举证不力，且未尽到注意义务，不予支持
4	(2015)萧民一初字第 03757 号萧县春秋旅行社有限责任公司与张某某追偿权纠纷	由旅行社赔偿损失
5	(2016)沪 01 民终 5263 号黄某某与中国东方航空股份有限公司航空旅客运输合同纠纷	原告举证不力，且未尽到注意义务，不予支持
6	(2016)苏 01 民终 3947 号马某某与中国南方航空股份有限公司网络侵权责任纠纷	原告举证不力，且未尽到注意义务，不予支持
7	(2016)粤 0305 民初 8160 号李某某与深圳市活力天汇科技有限公司、四川航空股份有限公司财产损害赔偿纠纷	原告举证不力，且未尽到注意义务，不予支持
8	(2016)粤 7102 民初 385 号万某某与中国南方航空股份有限公司航空旅客运输合同纠纷	原告举证不力，且未尽到注意义务，不予支持
9	(2017)冀 02 民终 761 号李某某与中国南方航空股份有限公司、北京趣拿信息技术有限公司服务合同纠纷	原告举证不力，且未尽到注意义务，不予支持
10	(2017)京 01 民终 509 号庞某某与北京趣拿信息技术有限公司、中国东方航空股份有限公司隐私权纠纷	航空公司、第三方平台存在泄露信息的高度可能，应承担赔偿责任

续表

序号	案例	主要判决理由
11	(2017)陕0112民初1252号朱某某与北京趣拿信息技术有限公司合同纠纷案	原告举证不力,且未尽到注意义务,不予支持
12	(2017)粤71民终11号赵某某与中国南方航空股份有限公司航空旅客运输合同纠纷	原告举证不力,且未尽到注意义务,不予支持
13	(2018)京0105民初36658号申某与支付宝(中国)网络技术有限公司、上海携程商务有限公司侵权责任纠纷	携程公司在信息安全管理的落实方面存在漏洞,具有过错,应承担侵权责任
14	(2018)京0491民初1905号付某某与北京三快信息科技有限公司等网络侵权责任纠纷	网络运营者未尽到保护义务,承担部分赔偿责任
15	(2018)粤0306民初23342号方某某与北京金色世纪商旅网络科技股份有限公司、中国东方航空集团有限公司合同纠纷	第三方平台存在泄露信息的高度可能,应承担赔偿责任
16	(2019)闽0102民初3696号毛某某与福州航空有限责任公司、浙江飞猪网络技术有限公司侵权责任纠纷	原告举证不力,且未尽到注意义务,不予支持
17	(2020)黔05民终3113号吴某某与北京三快科技有限公司隐私权纠纷	原告举证不力,且未尽到注意义务,不予支持

上述航空乘客信息泄露案件均是由诈骗犯罪行为引起,乘客在购买机票后,收到改签、退票的诈骗短信,对方对乘客的姓名、航班号等信息了如指掌。有些乘客轻信了短信内容,支付了改签费,同时银行卡中的钱财也被转走。在审理过程中,法院对于采取过错责任都没有异议,但在举证责任的分配上,司法实践却形成了两种截然不同的观点,导致类似案件产生不同的判决结果。在上述17份判决中,有12份判决认为,应当由受害人承担信息泄露的举证义务。法院将信息泄露的责任归结于不法分子的侵害行为和受害人的自身疏忽,故航空公司或第三方售票平台无须对此承担责任。而其余5份判决却持完全相反的观点,特别是庞某某与北京趣拿信息技术有限公司、中国东方航空股份有限公司隐私权纠纷案审理法院首次引入了“高度盖然性”的证明标准,认为航空公司和第三方售票平台存在泄露隐私信息的高度可能,并且存在过错,应当承担侵犯隐私权的侵权责任。这一判决被最

高人民法院列为涉互联网典型案例,为航空信息泄露案件提供了可借鉴的审判思路。

从乘客的角度来看,订购机票过程中产生的信息可以与信息主体进行匹配并识别,符合个人信息识别度的根本特征,应当受到《个人信息保护法》的保护。这些个人信息一旦被泄露扩散,任何人都将没有自己的私人空间,个人隐私将遭受巨大威胁。① 同时,乘客作为消费者合同中的弱势一方,根本不具备对航空公司、第三方售票平台内部数据信息管理是否存在漏洞等情况进行举证证明的能力。如果一味强调乘客加强自身注意义务,提高安全防范意识,而不要求航空公司及时维护和升级数据保护系统,有效防止数据泄露问题,那么乘客个人数据将继续处于风险之中,必然会再次引发数据泄露事件。因此,法律不能也不应当要求乘客证明必定是航空公司或第三方售票平台泄露了其隐私信息。转换到企业的视角,存在的问题是,现行的机票销售方式导致大量的乘客数据在民航系统的网络中被传输和共享,企业难以"自证清白"。航空公司等航旅企业因其经营性质掌握了大量的个人信息,被赋予了防止乘客个人信息免受泄露的社会责任和法律义务,但在整个乘客数据流转的链条中,航空公司只是其中一环,包括机票销售代理企业、航空运输保障企业、机场在内的很多企业都是数据的处理者,在大部分情况下,航空公司也难以证明客户信息到底是由谁及如何泄露出去的。因此,对于航空公司而言,"自证清白"的最好方式便是加强自身的数据安全管理水平,依法合规开展经营。作为数据拥有者,航空公司除了要让自己的运营符合个人信息保护的相关规定之外,还要督促相关的数据处理者也满足个人信息保护的要求。

个人信息保护领域野蛮发展的时代已经过去。个人信息已经从传统的隐私权客体演变为具有独立意义的个人信息权。鉴于乘客在交往中处于弱势地位及其对建立共同市场的重要作用,司法实践逐渐对乘客的利益保护加以倾斜,并加重了航空公司的举证责任与合规义务。关于个人信息保护和企业对个人信息利用之间的矛盾,相关立法应该既强化个人敏感信息的保护,又强化个人一般信息的利用,致力于实现个人利益、企业利益和国家利益的三方平衡。②《个人信息保护法》将散乱在众多规范中的个人信息保护方案进行体系化梳理,为个人信息权益保护、信息处理者的义务以及主管机关的职权范围提供了全面的、系统化的法律依据。《个人信

① 参见庞某某与北京趣拿信息技术有限公司等隐私权纠纷二审民事判决书,(2017)京 01 民终 509 号。

② 参见张新宝:《从隐私到个人信息:利益再衡量的理论与制度安排》,载《中国法学》2015 年第 3 期。

息保护法》在为个人数据提供充分保护的同时,也应避免过度增加合规成本而抑制了相关企业的发展。我国在个人信息保护立法方面,需要在数据保护和经济发展之间取得一定平衡,以期构建一个适当、协调、有效的个人数据保护体系。

五、结语

在大数据时代,数据安全至关重要。航空业开始挖掘宝贵的个人数据资源,将个人数据纳入行业分析中,以进一步提高航空的可持续性和安全性。个人对数据保护的合理期望,特别是在公共场所,正在逐步被打破。虽然收集和处理个人数据在国际背景下对提高航空安全显现出了巨大的好处,但从数据保护的角度来看,新的情况提出了前所未有的问题,并影响到个人基本权利的行使。GDPR是欧盟的一部重要法律,也已逐渐成为许多国家和地区制定个人数据保护法的立法参考。GDPR加强了数据保护的保障措施,为个人提供了更广泛、更实质性的权利,但也引发了私人与合法利用数据的企业之间的利益冲突。当GDPR适用于航空领域时,航空公司应充分了解GDPR的关键条款和基本的数据保护原则,建立更为严格的数据保护制度,在促进航空运输发展的同时确保乘客个人数据的安全。

航空旅客运输中基于旅行证件瑕疵拒载的责任问题

赵　进*

旅客乘坐民用航空器应该出示有效旅行证件。什么样的证件可以被认定为有效旅行证件？谁应该对旅行证件的有效性负责？以及因旅行证件存在瑕疵被航空承运人拒载或被目的地国家(地区)拒绝入境造成的损失承担问题在实践中常常引发争议。本文结合国际航空运输业务和在司法实务中遇到的具体情况，对上述问题作出梳理。

一、如何认定旅行证件的有效性

(一)有效证件的类型

证件的有效性涉及多项要素，如自然人的基本信息、发证机关、记载事项、有效时限、授予持证人的权利等，上述信息要素须协调一致，符合法律法规和约定的证明要求。判断证件有效性时，要将上述要素与证明目的、法律法规及具体约定结合，作出综合判断。《公共航空运输旅客服务管理规定》第 18 条规定："购票人应当向承运人或者其航空销售代理人提供国家规定的必要个人信息以及旅客真实有效的联系方式。"《东航国内旅客须知》明确，"中国旅客购票，须出示本人《居民身份证》或其他

---

* 赵进，法学硕士，高级经济师，中国东方航空集团有限公司法律合规部副总经理。

有效证件;外国旅客、华侨、港、澳、台湾旅客购票,须出示有效旅行证件及公安机关出具的其他有效身份证件;购买婴儿、儿童客票的旅客,应提供户口簿、出生证等有效证明。旅客在购票时须提供将在机场办理乘机手续时使用的有效旅行证件"①。《国际旅客须知》明确,"购买国际机票,须出示由政府主管部门规定的有效身份证件。如:有效(签证)护照、港澳地区居民和台湾同胞旅行证件、海员证等证件"②。《东航国际运输条件》第5.2.1条规定:"旅客应确保其向东航提供的个人资料的准确性,并承担由于其提供资料不准确所产生的一切后果。该个人资料旨在用于定座、购票及安排相关运输服务。"③按照上述部门规章和航空承运人运输条件,购票人负有提供必要的个人信息、有效购票证件的责任,并对信息的真实性负责。

《民用航空安全检查规则》第31条列举了有效乘机身份证件的种类,约22项,包括:中国大陆居民的居民身份证、临时居民身份证、护照、军官证、文职干部证、义务兵证、士官证、文职人员证、职工证、武警警官证、武警士兵证、海员证,香港特区、澳门特区居民的港澳居民来往内地通行证,台湾地区居民的台湾居民来往大陆通行证;外籍旅客的护照、外交部签发的驻华外交人员证、外国人永久居留证;民航局规定的其他有效乘机身份证件。16周岁以下的中国大陆居民的有效乘机身份证件,还包括出生医学证明、户口簿、学生证或户口所在地公安机关出具的身份证明。该规定列举了大部分旅行证件,但并未涵盖诸如驻外机构签发的中华人民共和国旅行证等所有旅行证件,不排除其他依法有效的证件的适用。旅客和提供服务的航空承运人、机场及出入境管理部门等验证单位,需要根据法律法规和出入境管理政策,针对具体情形就旅行证件的适用性作出判断。

上述证件本身有效只是构成有效旅行证件的必要条件,在特定情况下,上述证件须与其他证明文件组合使用才能构成完整齐备的旅行证件。旅客跨境旅行需要办理签证,需同时持有护照和与护照信息一致的旅行签证方能乘机。中国内地居民或中国港澳居民乘坐自港澳出发,经内地中转往返境外的航班,需同时持有护照、签证和港澳通行证方能办理乘机手续。根据《残疾人航空运输管理办法》规定,

---

① 详情请查阅中国东方航空公司网,http://www.ceair.com/guide2/cxzysx/lkxz/gnlkxz/,最后访问日期:2021年12月19日。

② 详情请查阅中国东方航空公司网,http://www.ceair.com/guide2/cxzysx/lkxz/gnlkxz/,最后访问日期:2021年12月19日。

③ 详情请查阅中国东方航空公司网,http://www.ceair.com/guide2/cxzysx/lkxz/gnlkxz/,最后访问日期:2021年12月19日。

在飞行中需要使用医用氧气,或承运人有合理理由认为在飞行过程中没有额外的医疗协助将无法安全地完成航空旅行的残疾人,在办理乘机手续时,除出示有效身份证件外,还需要同时提供具备乘机条件的医疗证明。中国东方航空集团有限公司(以下简称东航)公告的《患病旅客服务须知》明确,近期做过整容、整形或其他医疗美容手术的乘客,在办理值机手续时需出具由二级甲等以上医院、境外诊所医生等填写并加盖有公章的适宜乘机的医疗证明及证明手术日期的病历。①

(二)航空运输实践中因证件有效性认定引发的诉讼

在航空运输服务实践中,各国入境签证政策随时可能发生变化、乘机人的适航性评估缺少客观的现场判断标准等因素,使航空承运人查验核对旅客旅行证件及旅行证明文件的有效性和完整性的工作变得复杂,因证件是否齐备以及谁应该为证件的整体有效性负责等引发的诉讼较多。2021 年 4 月 16 日,在江苏省南京市鼓楼区人民法院审理的原告徐某与被告厦门航空有限公司航空旅客运输合同纠纷案中,原告于 2020 年 11 月 26 日订购被告运营的由南京飞往温哥华的四组机票,具体行程为 2021 年 1 月 10 日由南京禄口机场前往厦门高崎机场,1 月 11 日由厦门高崎机场飞往加拿大温哥华机场。原告持有 2020 年 4 月加拿大领事馆签发的移民签证。后加拿大政府官网发布“现阶段疫情期间的旅行限制,不允许 2020 年 3 月 18 日以后签发的移民签证入境”,原告 1 月 10 日抵达厦门后,因签证不符合入境条件,被告厦航公司不同意为原告办理乘机手续,拒绝旅客登机。原告主张其因未能飞往温哥华产生滞留厦门的住宿费、托运行李费、飞行里程兑换机票损失等应该由被告承担。② 在上海市浦东新区人民法院审理的原告梅某等 3 人与某航空公司航空旅客运输合同纠纷案中,梅某等 3 人购买了 2008 年 12 月自上海经香港至泰国的中转联程机票。梅某等在上海浦东国际机场办理登机时,被告某航空公司发现其护照有效期限不足 6 个月,告知其目的地泰国将拒绝梅某入境,并拒绝为梅某办理登机手续。后在 3 名原告的要求下,被告某航空公司同意将 3 名原告先行载至香港。梅某等按计划航班时间到达香港,在准备搭乘前往泰国航班时被拒绝登机,理由是泰国政府拒绝持有不足 6 个月有效期限护照的乘客入境。原告起诉被告某航空公司,要求赔偿机票款及滞留香港的住宿费等损失。③ 在昆明铁路运输法院审理的王某某与中国南方航空股份有限公司航空旅客运输合同纠纷案中,原告通过代

---

① 详情请查阅中国东方航空公司网,http://www.ceair.com/guide2/cxzysx/lkxz/gnlkxz/,最后访问日期:2021 年 12 月 19 日。

② 参见江苏省南京市鼓楼区人民法院民事判决书,(2021)苏 0106 民初 2511 号。

③ 参见上海市浦东新区人民法院民事判决书,(2009)浦民一(民)初字第 753 号。

理商网站用护照和签证购买了美国纽约—广州—成都—昆明—广州—美国纽约的联程机票。原告持购买该联程机票使用的护照和签证乘坐航班从美国纽约至广州、成都后,于2019年5月19日办理成都飞往昆明的登机手续时,因其在成都办理签证,护照被使领馆收取,换取机票被拒,原告提出使用身份证、往来港澳通行证和护照复印件换取机票同样被拒,致使其无法乘坐联程机票中成都飞往昆明的航班,不得已重新购买一张该航段同一航班机票前往。原告认为被告某航空公司拒绝运输的行为严重损害其合法权益,造成经济损失,故提起索赔诉讼。昆明铁路运输法院经过审理认为,航空公司发现原告证件不符合要求时拒绝为原告办理登机手续,并无不当,判决驳回了原告的诉讼请求。① 在上海市第一中级人民法院审理的李某某诉中国东方航空股份有限公司航空旅客运输合同纠纷一案(以下简称李某某诉东航案)中,原告李某某及其妻子两人均持有加拿大护照和以加拿大护照办理的外国人永久居留证。其两个孩子均持有加拿大护照、美国护照和以美国护照办理的外国人永久居留证。2016年12月,原告一家四人至温哥华度假,以加拿大护照从东方航空处购买了上海浦东—温哥华—上海浦东的往返机票。2017年1月1日,两个孩子持加拿大护照和以美国护照办理的外国人永久居留证准备返程登机时,被告以其未提供有效旅行证件为由,拒绝办理登机手续。后来其中一个孩子持美国护照和外国人永久居留证另行购买加拿大航空公司的机票从温哥华返回上海浦东,另一个孩子改签被告后续航班从温哥华返回上海浦东,以加拿大护照办理Q2口岸签证入境。原告起诉认为被告拒载的行为没有法律依据,要求被告赔偿其机票损失及地面交通费23,237元。法院审理认为,根据《外国人在中国永久居留审批管理办法》的相关规定:“获得在中国永久居留资格的外国人,凭有效护照和《外国人永久居留证》出入中国国境。”外国人进入中国境内时,应当提供并出示相匹配的有效证照。原告两个孩子使用加拿大护照购得东方航空的机票,其办理乘机手续时所持护照载明的加拿大国籍与出示的外国人永久居留证载明的美国国籍不匹配,且不能出示其他有效签证,可见其提供的入境证照整体有效性存在瑕疵。在未获有关部门确认该旅客入境证照整体虽不匹配但可推定有效的情况下,被告拒绝登机的行为并无不当,驳回原告的诉讼请求。②

(三)证件有效性判断方法

从航空运输实践及司法实务中对于旅行证件有效性争议的处理可以看出,对

① 参见昆明铁路运输法院民事判决书,(2019)云7101民初225号。

② 参见上海市第一中级人民法院二审民事判决书,(2018)沪01民终2926号。

旅行证件有效性的判断不能仅仅依据孤立的事实要素（如证件记载的签发机构、签发对象、签发时间、有效期等），往往要根据具体情况，综合证明目的、法规和合同要求等多个要素作出判断。正如李某某诉东航案，李某某被拒载的情形，其护照、外国人永久居留证和国际机票等每一项证照、乘机凭证作为独立的证明文件都是有效的，但组合在一起审查就出现了身份登记事项的冲突，不符合乘机证件"一致性"的要求。旅行证件不仅要证明旅客的自然人身份（如可用于生物学个体识别的相貌、年龄、性别等），还需证明乘机人具有特定的法定身份（如国籍、签证等），特定情况下，残疾人、患病或手术后旅客、孕妇等还需提供适宜乘机的医学证明。

二、因证件瑕疵被拒载的责任承担

（一）承运人核查旅行证件的法律依据

在李某某诉东航案中，因乘机人持有的护照和永久居留证上记载的国籍不一致，被认定为证件不符合要求遭拒载，一审法院支持了航空承运人的拒载行为。李某某在上诉中主张："东方航空系承运人，原审法院认定东方航空有旅客入境资格检查权，并能决定乘客是否可以出入境存在错误，该权利属于边检机关，东方航空拒载没有法律依据。"①李某某在此处混淆国家行政机关的出入境管理权和航空承运人的拒载权，试图通过说明航空承运人不享有审查旅客出入境资格的行政执法权，排除承运人审查国际旅客旅行证件有效性的权利，从而证明东航拒载行为不合法。显然，航空承运人以证件不符合要求拒载国际旅客与拒绝证件不符合要求的旅客入境是不同性质的法律行为，两者的行为主体、法律依据、发生场景和产生的法律后果均不相同。拒载权系民事权利，权利主体是航空承运人，该权利基于航空运输合同产生，属于私法调整的范围，承运人享有是否拒载的选择权；拒载将导致运输合同解除或变更，但并不必然发生旅客被拒绝入境的法律效果（在李某某诉东航案中，两名旅客被拒载后，其中一名持美国护照和外国人永久居留证另行购买加拿大航空公司的机票从温哥华返回上海浦东，另一名改签东方航空后续航班从温哥华返回上海浦东，以加拿大护照办理 Q2 口岸签证入境）。拒绝入境权属国家行政管理权，由出入境边防检查机关等国家行政机关行使，被拒绝入境的人员将被责令返回或被强制返回，等待返回期间不得离开限定的区域，承运该人员的航空承运人将被给予行政处罚。拒绝入境权的行使并不影响航空运输合同的履行以及合同各方当事人依据合同享有的权利和义务。

---

① 参见上海市第一中级人民法院二审民事判决书，(2018)沪 01 民终 2926 号。

承运人核查旅行证件的法律依据主要有三方面:一是法律法规的规定。《出境入境管理法》第52条规定:“交通运输工具负责人、交通运输工具出境入境业务代理单位应当配合出境入境边防检查,发现违反本法规定行为的,应当立即报告并协助调查处理。入境交通运输工具载运不准入境人员的,交通运输工具负责人应当负责载离。”第83条第2款第1句规定:“出境入境交通运输工具载运不准出境入境人员出境入境的,处每载运一人五千元以上一万元以下罚款。”该法虽然未规定航空承运人享有对是否准予旅客出入境的审核把关权,但却明确了载运不准入境人员的法律后果,即一旦旅客被入境边防检查部门拒绝入境,航空承运人要“负责载离”并被处以罚款。既然承运人要为承运不准入境人员的行为承担法律责任,则应该赋予承运人避免承担该等法律责任的救济手段,允许承运人通过查验证件的方式筛查出不符合入境要求的乘机人。因此,《出境入境管理法》的相关规定是承运人在办理乘机手续时查验旅客证件是否齐备,以及根据查验结果作出拒载决定的法律依据。二是部门规章的规定。交通运输部发布的《民用航空安全检查规则》第31条第1句规定:“乘坐国内航班的旅客应当出示有效乘机身份证件和有效乘机凭证。”《公共航空运输旅客服务管理规定》第29条规定:“旅客在承运人或者其地面服务代理人停止办理乘机登记手续前,凭与购票时一致的有效身份证件办理客票查验、托运行李、获取纸质或者电子登机凭证。”三是航空运输合同的约定。承运人运输总条件、承运人发布的旅客须知和航空客票记载的内容等构成航空运输合同。国内外各航空承运人制定的运输总条件均对旅客乘坐航班应该出示有效乘机证件作了明确规定。例如,德国汉莎航空公司2021年7月修订的《旅客和行李的一般承运条件》第7.1.7条将旅客“未能持有有效的旅行证件”作为拒绝运输的情形。[①] 美国达美航空公司2021年9月修订的《达美航空国际通用规则》第7条将“旅客拒绝按照要求出示身份证明”和“跨国旅行的旅客旅行证件不齐全”规定为拒绝运输的情形。[②] 阿联酋航空《乘客和行李承运条款》第7.1.12条将“我们自认为你的签证不符合要求,或者你的旅行证件无效”规定为有权拒绝运输的事件。[③] 中国东航《东航国际运输条件》第7.1.1条规定:“旅客应当在东航各机场规定的时限

① 具体信息请查阅汉莎航空网,https://www.lufthansa.com/cn/zh/business-terms-and-conditions-1#7,最后访问日期:2021年12月20日。

② 具体信息请查阅达美航空网,https://zh.delta.com/cn/zh/legal/contract-of-carriage-igr/#refusal),最后访问日期:2021年12月20日。

③ 具体信息请查阅阿联酋航空网,https://c.ekstatic.net/ecl/documents/conditions-of-carriage/CN/Chinese/conditions-of-carriage.pdf,最后访问日期:2021年12月20日。

内到达机场,凭与购票时一致的有效身份证件及客票办理客票查验、托运行李,获取纸质或电子登机凭证等乘机手续。”①

(二)拒载旅客的责任承担

1.关于责任承担的不同观点

航空承运人以旅行证件瑕疵拒载旅客引发的诉讼纠纷较多,当事人和法官对此类纠纷的观点差异较大,从诉讼主张的理由看主要有三种观点:一是航空承运人无权审核乘机人的签证,签证的审核权专属于国家边防检查部门,航空公司以签证不符合乘机要求拒载没有法律依据,应该承担违约或侵权责任(如本文前述李某某诉东航案中李某某的主张)。二是航空承运人出售机票时,应该审查购票人的护照和签证等乘机证件,不应该将机票出售给签证不符合要求的购票人。在陕西省西安市雁塔区人民法院审理的原告成某某与被告陕西丝路商旅股份有限公司、中国东方航空股份有限公司国际运输服务合同纠纷一案中,原告成某某通过被告丝路商旅股份有限公司购买了东航从西安至奥克兰的往返机票,出发时间为2013年2月5日,返程时间为2013年2月19日,价款10,979元。当原告于2013年2月5日办理登机手续时,东航工作人员告知原告签证已经过期无法出境,拒绝原告乘机。原告认为,被告作为专业公司,在其购买机票时,未能审查、提示原告签证的有效期,致使原告无法出国旅行,应承担相应的责任。被告表示,根据国家相关部门要求,被告只需审核旅客的身份信息和护照有效期,而签证由边防及出入境管理机关进行审核。双方协商无果,原告遂起诉要求退还机票款和税款。② 三是航空承运人负有审查、告知旅客保持护照、签证等旅行证件有效性的附随义务,在销售客票阶段应进行出境证件合规性审查。在上海市第一中级人民法院审理的皮雄某某与上海尚游国际旅行社有限公司、中国台湾复兴航空运输股份有限公司等旅游合同纠纷上诉案中,皮雄某某通过上海尚游国际旅行社有限公司(以下简称尚游旅行社)网页预定由中国台湾复兴航空运输股份有限公司(以下简称复兴航空公司)作为承运人,于2012年8月22日从上海虹桥机场飞往台湾松山机场的单程机票。在皮雄某某办理乘机手续时,复兴航空公司以其持有的证件有效期不足六个月无法进入台湾为由,拒绝皮雄某某登机。皮雄某某与复兴航空公司人员交涉未果,当天前往浦东机场,购买当日由浦东机场飞往台湾桃园机场的中国国际航空股份有限公司CA195航班机票。皮雄某某乘机到达台湾桃园机场后,被台湾相关部门滞留,无法

① 具体信息请查阅中国东方航空网,http://www.ceair.com/guide2/dhgjystj/index.html,最后访问日期:2021年12月20日。

② 参见陕西省西安市雁塔区人民法院民事判决书,(2013)雁民初字第04610号。

进入台湾。当晚,皮雄某某被遣送至澳门。2013年1月,皮雄某某向原审法院提起诉讼,认为尚游旅行社、复兴航空公司忽略了皮雄某某的证件有效期才导致其一系列的损失产生。作为协助尚游旅行社实际提供交通运输旅游服务的复兴航空公司,未尽诚实信用义务,存在明显的误导行为,以致皮雄某某再次被台湾拒绝入境而转运至第三地,对皮雄某某前往台湾旅游落空,并无端遭受周折负有不可推卸的责任,应当赔偿皮雄某某就此受到的损失。法院认为,在复兴航空公司已经提及证件有效期会影响入境台湾的情况下,上诉人皮雄某某仍未进一步审核其证件有效期与台湾地区的入境政策,而是另行购票前往台湾,故其损失的扩大应由上诉人自行承担;复兴航空公司出票时没有审查旅客证件的义务,但却仍因证件有效期问题拒绝上诉人登机确有不当。① 在上海市浦东新区人民法院审理的高某某诉中国东方航空股份有限公司国际旅客航空运输合同纠纷一案(以下简称高某某诉东航旅客运输纠纷)中,法院认为,原告作为旅客应准备好国际旅行所需的证件;航空公司比一般旅客更了解通航国的证件要求,在允许旅客登机前还有核实旅客证件并指出其不合格之处的工作程序,在保证旅客合法转机、入境问题上应谨慎注意,对旅客签证问题负有注意并告知的附随义务。如果航空公司运送了证件不合格的旅客进入某国国境,该国当局通常会对航空公司给予处罚,可见航空公司应当对其承运证件不合格的旅客承担责任。最终,法院判决航空承运人承担因证件瑕疵问题被拒绝入境给原告造成损失的主要责任。②

2. 旅行证件瑕疵对运输合同效力的影响

根据航空运输行业实际及国际惯例,除非执行政府或司法部门发布的指令,航空承运人销售客票时,不承担审查旅客出入境签证的义务,仅收集提供服务必需的乘机人的基本信息(如姓名、性别、身份证或护照号码、电话号码等用以进行个体识别和信息沟通的相关信息),确定乘机人或购票人具有缔结运输合同和乘机旅行的能力,而对其社会身份(如社会职务、国籍、持有何种旅行签证等)并不关注。在国际航空运输实践中,旅客在购票阶段往往尚未取得前往目的地国家或地区的入境签证,仅根据旅行计划预订机票,以确保获得旅行日的航班舱位和更为优惠的价格,因此,客观上无法提供签证信息。一般情况下,旅行签证不是预定或购买机票的必要证件,也不是承运人履行运输合同的必要条件,旅客选择在未取得签证的情况下预订机票,或在明知未取得目的地国家或地区的入境签证的条件下继续旅行,

---

① 参见上海市第一中级法院民事判决书,(2013)沪一中民一(民)终字第3247号。

② 参见最高人民法院:《最新消费者维权法律文件解读》,人民法院出版社2006年版,第114~122页。

必然要承担因不能取得签证导致不能按计划旅行的风险,以及继续旅行后被入境国遣返的风险。鉴于购票人按照承运人发布的产品公告和运输条件预定运输服务,并支付费用,航空承运人接受预定并出具机票,双方基于真实的意思表示订立运输合同,均清楚各自的权利义务和可能要承担的风险,不违反法律法规和社会公德,合同自然有效。

3. 拒载的效力

拒载系拒绝履行航空运输合同,属于债务不履行的违约行为,具有违法的性质,但是,在承运人依法或依照约定享有拒绝履行权的情况下则属于合法行为。拒绝履行与迟延履行、不能履行以及不完全履行均不相同,拒绝履行是在能够履行合同的情况下以明示或默示的方式表示不履行合同。当债务人享有同时履行抗辩权、先诉抗辩权、不安抗辩权、时效完成抗辩权、条件不成就、履行期限未至等拒绝履行权时,因其实施的拒绝履行行为具有正当性,不引起违约责任。① 根据我国《出境入境管理法》对航空承运人的监管要求,以及《民用航空安全检查规则》《公共航空运输旅客服务管理规定》和航空运输承运人运输总条件的约定,旅客在办理乘机手续前,凭与购票时一致的有效身份证件办理客票查验、托运行李、获取纸质或者电子登机凭证,拒绝按照要求出示身份证明或跨国旅行的旅客旅行证件不齐全的,将符合拒绝运输的条件,从而使拒载具有合法性,不引起违约责任。

4. 拒载的责任承担

承运人对相关国家入境签证政策信息的掌握具有时间差和局限性,对购票人旅行证件和证明材料的有效性和完整性的判断具有主观性,尤其是在法律规范可操作性差和需要对乘机人的适航性进行评估的情况下,承运人的承运或拒载行为面临很大的风险。在高某某诉东航旅客运输纠纷中,虽然东航对因美国签证政策的变化可能给高某某带来的旅行风险做了提示,并由高某某做出了书面免责承诺,但是法院认为,"航空公司对旅客签证问题应当负有注意并告知的附随义务,被告航空公司虽提醒原告回程可能不符合美国转机签证政策,但由于其未准确理解美国签证政策变化的内容,而未提醒原告入境时也可能不符相应规定,未履行其应尽的注意、告知义务,应承担主要责任,原告承担次要责任",最终判令东航承担违约责任。② 在济南高新技术产业开发区人民法院审理的邢某某、刘某等与中国东方航空股份有限公司航空旅客运输合同纠纷案中,邢某某、刘某夫妇购买了东航 2018

① 参见韩世远:《履行障碍法的体系》,法律出版社 2006 年版,第 103 页。

② 参见最高人民法院:《最新消费者维权法律文件解读》,人民法院出版社 2006 年版,第 114 ~ 122 页。

年6月18日自济南遥墙机场至上海浦东机场的机票,两人在登机过程中被东航拒绝登机,理由是刘某作为孕妇,身体出现明显不适,行走缓慢,且不能按照东航规定提供医院出具的《诊断证明书》,不适合乘机。法院审理查明,刘某怀孕5周,不属于东航规定的不适宜乘机的情况,且从现场视频看,其行走缓慢,但情绪稳定,行为正常,并未发现明显不适,认定东航拒载的行为属于违约行为。[①]

拒载责任的认定适用过错责任原则,由有过错的一方承担合同不能履行产生的不利后果。在证明责任的分配上适用"谁主张,谁举证"的举证责任原则。拒载的责任承担主要有以下几种情形:(1)在拒载被认定为违法的情况下,承运人要承担违约或侵权责任。承运人需要按照乘机人的选择,继续旅行运输合同,赔偿给乘机人造成的经济损失,或者按照乘机人的要求解除合同,退还票款并赔偿损失。在邢某某、刘某与中国东方航空股份有限公司航空旅客运输合同纠纷一案中,法院认定东航拒载的行为属于违约行为,判决东航承担违约责任,赔偿原告为前往巴厘岛旅游预先支付的费用6310元。(2)因乘机人证件瑕疵或不能提供符合要求的证明文件被拒载,责任由乘机人承担。承运人可以解除合同,并按照运输总条件等运输合同条款处理乘机人的退票请求。在原告成某某与被告陕西丝路商旅股份有限公司、中国东方航空股份有限公司国际运输服务合同纠纷一案中,法院审理认为,被告在订票过程中已明确告知原告所购机票为特价机票,不能退票和改签,并且电子客运行程单上也写明"请您再次核对相关信息,并确认旅行证件的适用性",被告已经在合理范围内尽到了告知义务。原告自行办理前往新西兰的旅行签证,自主安排行程,理应对签证的有效期限负注意义务,对自己的过错承担相应的责任。原告系自身原因导致无法登机,故其主张被告退还机票款无事实和法律依据,法院依法不予支持。[②] (3)国际旅客因证件不符合要求被拒绝入境,且被航班入境国要求遣返的,乘机人还应承担遣返的机票费用、滞留在外的其他费用以及给航空承运人带来的罚款损失。《达美航空运输规则》第16条规定,"对于承运商就取得必要证件或就遵守适用法律而向任何乘客提供的任何协助、指示或信息(无论是以口头、书面形式还是以其他形式提供),以及任何因乘客未能取得相关证件或遵守适用法律而造成的后果,承运商概不负责";"凡希望进行跨国际边界运输的乘客,都有责任取得必要的旅行证件,并遵守所有政府旅行要求。乘客必须出示适用法律要求的所有出境、入境和其他证件,且除非适用法律不允许,否则乘客应就其未能提供相

① 参见济南高新技术产业开发区人民法院民事判决书,(2019)鲁0191民初386号。

② 参见陕西省西安市雁塔区人民法院民事判决书,(2013)雁民初字第04610号。

关证件而令承运商蒙受或招致的任何损失、损害或开支对承运商作出补偿。对于乘客因未能遵守本规定而蒙受的损失或开支，承运商概不负责。承运商保留拒载任何未遵守适用法律、规例、命令、要求或规定或证件不齐之乘客的权利。对于承运商的任何代理或员工就取得相关证件或就遵守相关法律而向任何乘客提供的任何协助或信息（无论是以口头、书面形式还是以其他形式提供），承运商概不负责”。[①]《中国东方航空股份有限公司旅客、行李国际运输条件》第 16.2 条规定："旅客因未遵守有关国家法律、法规、命令或规定或因其证件不符合国家的规定而受到的任何损失应由该旅客本人承担。旅客应对东航为此承担而垫付的罚金或者发生的费用予以偿还。"第 16.3 条规定："因旅客被经停地或目的地国家（地区）政府拒绝过境或者入境，导致东航按该国（地区）政府的命令将旅客运回其出发地或者其他地点，旅客应当支付该旅程所适用的票价款，并承担因此而给东航造成的其他所有损失。"[②]其他航空承运人的运输总条件也有类似规定。（4）国际旅客因证件不符合要求被拒绝入境的任何损失应由该旅客本人承担，航空承运人有明显过错的，应承担相应的责任。此处的明显过错应以航空承运人负有法定义务而怠于履行，或明知可能发生损害后果而未尽到善意的提醒、注意为前提条件，不宜不加限制地做扩大解释、强人所难，或以双方能力的大小来分配责任。在前述高某某诉东航旅客运输合同纠纷案中，法院认定"原告作为旅客应准备好国际旅行所需的证件"，也即旅客负有确保旅行证件的齐备性的法定责任，但却以航空承运人"未准确理解美国签证政策变化的内容，而未提醒原告入境时也可能不符相应规定，未履行其应尽的注意、告知义务"为由，判决航空承运人承担因旅客证件瑕疵产生损失的主要责任，显然在逻辑上值得进一步推敲，也与双方运输合同的约定和航空运输业通行的规则相悖。另外，该案审理法院对《出境入境管理法》中关于承运人责任的理解也存在问题。《出境入境管理法》第 52 条和第 83 条第 2 款规定，交通运输工具负责人、交通运输工具出境入境业务代理单位应当配合出境入境边防检查，入境交通运输工具载运不准入境人员的，交通运输工具负责人应当负责载离；出境入境交通运输工具载运不准出境入境人员出境入境的，处每载运一人五千元以上一万元以下罚款。此处规定的是航空承运人配合出入境管理部门进行出境入境边防检查的行政义务，未尽协助检查义务的，要承担行政责任，调整的是行政机关和行政

① 详细信息请查阅达美航空网，https://zh.delta.com/cn/zh/legal/contract-of-carriage-igr/#refusal，最后访问日期：2021 年 12 月 21 日。

② 详细信息请查阅中国东方航空网，http://www.ceair.com/guide2/dhgjystj/index.html，最后访问日期：2021 年 12 月 21 日。

相对人之间的行政管理关系。法院以此为依据,推定航空承运人应该对旅客被采取行政强制措施的后果承担民事赔偿责任,显然混淆了不同性质的法律关系,属于参照适用法律错误。

三、结语

在航空运输中做好对乘机人旅行证件的验证把关工作,涉及国家主权和航空安全,宜通过立法和司法支持航空承运人严格依据法律和政策审查乘客旅行证件的有效性和完整性;同时,司法实践中应该强化乘机人确保旅行证件有效性和完整性的法定主体责任。从方便乘机人的角度,国家相关行政机关应该积极通过立法推动公民身份证件改革,压减有效身份证件和旅行证件的数量,利用电子信息技术实现身份证、护照和港澳通行证、往来台湾通行证等证件的融合,降低证件繁杂带来的管理成本,方便旅行者。航空承运人应基于诚实善意的服务理念做好延伸服务,在售票、办理乘机手续环节审慎地查验旅客的旅行证件、签证和必需的乘机证明文件等,做好提示和提醒,避免旅客承担因证件瑕疵被拒载、拒绝入境等产生的不利后果,同时避免给自身带来行政处罚等损失。

[航空立法与其他部门法衔接问题研究]

暴力危及飞行安全罪的教义学展开*

陈文涛**

航空安全,是一个特别牵动人心的话题。为了保障航空安全,不仅存在诸多国际公约[如《关于在航空器内犯罪和其他行为的公约》(以下简称《东京公约》)、《制止非法劫持航空器公约》(以下简称《海牙公约》)、《统一国际航空运输某些规则的公约》(以下简称《蒙特利尔公约》)、《蒙特利尔公约补充议定书》、《制止与国际民用航空有关的非法行为的公约》(以下简称(《北京公约》)],而且我国《刑法》也规定了相应的罪名对危及航空安全的行为加以威慑。将危及航空安全的行为规定为犯罪,一方面是在履行我国所缔结或参加的国际公约中的义务,另一方面也能够发挥刑法的一般预防机能,更好地保障航空安全。具体而言,我国《刑法》中直接涉及航空安全的罪名主要有劫持航空器罪(第 121 条)、暴力危及飞行安全罪(第 123 条)、重大飞行事故罪(第 131 条),其中关于暴力危及飞行安全罪的理论争鸣最为激烈,“几乎是该罪犯罪构成的每一个方面都有不同的

---

* 本文为教育部人文社会科学研究青年基金项目“犯罪认定中的法秩序统一性原理研究”(项目编号:21YJC820006)和中国民航大学科研启动基金项目“法秩序统一性视野下的暴力危及飞行安全罪研究”(项目编号:2020KYQD121)的阶段性研究成果。

** 陈文涛,中国民航大学法学院讲师,法学博士,研究方向为刑法学。

见解和观点"[①]。不过吊诡的是,虽然在飞行中的航空器上实施暴力的行为多有发生,但在实践中却几无暴力危及飞行安全罪的适例,本罪俨然成为"睡美人条款"或"稻草人条款"。[②]

诚然,罪名的"沉睡"有多方面的原因,但构成要件的不明确始终是重要因素。而基于刑法条文将具体犯罪的构成要件明确化,就需要运用刑法教义学的智识资源,因为"对现有法律规范进行系统化理解、阐明以及分析的工作,即法教义学的核心"[③]。所以,本文将从我国《刑法》第123条的文义出发,针对适用中的争议点,以刑法教义学的视角将暴力危及飞行安全罪的构成要件予以明确。

一、法秩序统一性考量下的"飞行中的航空器"

我国《刑法》第123条规定:"对飞行中的航空器上的人员使用暴力,危及飞行安全,尚未造成严重后果,处五年以下有期徒刑或者拘役;造成严重后果的,处五年以上有期徒刑。"根据该条文的表述,本罪的暴力行为必须发生在"飞行中的航空器"上,但理论上无论是对"飞行中"还是对"航空器"的理解均存在不同观点,且分歧背后涉及的是对法秩序统一性原理的不同理解。故下文从法秩序统一性原理出发,对"飞行中"和"航空器"的含义展开分析。

(一)应根据保护法益对"飞行中"进行实质解释

对于"飞行中"的理解,有观点认为,其是指航空器从起飞离开支撑地到降落到支撑地之间的运动状态,或从航空器开始在跑道上滑行起飞到航空器降落在跑道上滑行停止这段时间;有观点则认为,根据《海牙公约》和《蒙特利尔公约》规定,"飞行中"是指航空器从装载完毕、机舱外部各门窗均已关闭时起,到打开任何一扇机舱门以卸载时为止(若航空器被迫降落时,在主管当局接管该航空器及机上人员与财产责任以前,均被视为"在飞行中")。[④] 上述观点分歧的核心问题在于,作为暴力危及飞行安全罪构成要件要素的"飞行中",是否要与我国参加的国际公约的

---

① 张昭辉:《两岸关于航空犯罪构成的异同及打击犯罪初探》。转引自邓君韬:《历史进程中的暴力危及飞行安全罪》,载《北京航空航天大学学报(社会科学版)》,http://doi.org/10.13766/j.bhsk.1008-2204.2020.0486。

② 刘耀彬:《暴力危及飞行安全罪探析》,载《南京航空航天大学学报(社会科学版)》2015年第4期。

③ [德]埃里克·希尔根多夫:《德国刑法学:从传统到现代》,江溯、黄笑岩等译,北京大学出版社2015年版,第3页。

④ 参见周铭川、黄丽勤:《暴力危及飞行安全罪》,载《河南公安高等专科学校学报》2006年第1期;张小虎:《暴力危及飞行安全罪之理论剖析》,载《犯罪研究》2002年第4期。

定义保持一致？而对这一问题的回答，涉及对法秩序统一性原理的理解。

刑法理论一致认可，"法秩序统一性是刑法解释的当然前提"[①]。也就是说，对具体犯罪的构成要件要素的解释，不得与其他法域的规范相矛盾。我国参加的国际公约也属于我国的法律渊源，而且《刑法》设立的暴力危及飞行安全罪，实际上也是为了更好地与我国所参加的国际公约相适应。[②] 因此，若要强调法秩序统一性，对"飞行中"的解释，似乎必须考虑《海牙公约》和《蒙特利尔公约》中的相关定义。[③] 但笔者认为，对暴力危及飞行安全罪中的"飞行中"的解释，未必要与相关国际公约保持一致，且这一解释路径并不违反法秩序统一性原理，具体理由如下：

1. 就规定犯罪与刑罚的法律而言，公约必须经国内立法的转化才能实际生效。我国《刑法》第 9 条规定，对于我国缔结或参加的国际公约所规定的罪行，我国在所承担条约义务的范围内行使刑事管辖权的，适用本法（我国《刑法》）。这意味着定罪处罚的依据只能是我国《刑法》，国际公约并非定罪处罚的直接法源。申言之，公约对我国刑法并不具有效力的优先性，所以对刑法规定的构成要件的解释，并非必须与公约保持一致。

2. 刑法规定的构成要件要素，在文义上有多种解释的可能性。在公约对相关术语有明确定义的情况下，是否必须采纳公约对有关术语的定义，这是需要进一步回答的问题。国际公约虽然并非直接法源，但仍为我国法律体系的一部分，因此在解释上也要考虑国内法与国际公约的协调。法秩序统一性原理，也当然要求"将法律呈现为一种内部融贯的概念、规则和原则的集合"[④]。但是，需要注意的是，法秩序统一性原理，并非意味着对不同法域中的概念只能作同一的理解。[⑤] 因为各个法域的规范有其固有的目的，对特定法域中的各个概念的解释，必须按照特定法域的规范目的作目的论的思考，"由于关键在于法学的目的性语义，所以同一用语在几

---

① 于改之：《法域冲突的排除：立场、规则与适用》，载《中国法学》2018 年第 4 期。

② 参见王爱立主编：《中华人民共和国刑法：条文说明、立法理由及相关规定》，北京大学出版社 2021 年版，第 363 ~ 364 页。

③ 有观点认为，根据《蒙特利尔公约》规定，危害航空器飞行安全罪不仅适用于"飞行中的航空器"，还适用于"正在使用中的航空器"，故从履行公约义务的角度，有必要在立法上将暴力危及飞行安全罪所适用的时空范围由"飞行中"扩展至"使用中"。参见王剑波：《惩治危害国际航空安全犯罪问题研究》，载《河南师范大学学报（哲学社会科学版）》2008 年第 1 期；付强：《论危害国际航空安全犯罪》，载《华东政法大学学报》2011 年第 3 期。

④ ［荷］扬·斯密茨：《法学的观念与方法》，魏磊杰、吴雅婷译，法律出版社 2017 年版，第 17 页。

⑤ 参见陈文涛：《犯罪认定中的法秩序统一性原理：内涵澄清与规则构建》，载《华东政法大学学报》2022 年第 2 期。

部法律中可能具有不同的含义”①。因此,即便对某一构成要件要素根据其文义可以作多种解释,也应当根据该条文的规范目的进行目的性解释,而非直接采纳公约中的相关定义,对“飞行中”的理解也是如此。

3. 关于“飞行中”的定义,诸公约本身就存在龃龉。根据《东京公约》规定,“飞行中”是指从航空器起飞而启动时起到着陆滑跑完毕时止;但根据《海牙公约》规定,“飞行中”则是指从航空器装载完毕、机舱外部各门均已关闭时起到打开任何一扇机舱门以卸载时止;航空器被迫降落时,在主管当局接管该航空器及机上人员与财产的责任以前,均被视为仍在飞行中。可见,《海牙公约》对“飞行中”的界定与《东京公约》的界定并不相同。② 所以,即便是要采纳公约对“飞行中”的定义,解释者也需要在不同公约之间作出选择,而选择的基准只能是该条文的规范目的。

所以,对“飞行中”应根据刑法的目的(所要保护的法益)进行实质解释。因为构成要件是违法(不法)的类型,而不法的本质是法益侵害性,所以“法益具有作为犯罪构成要件解释目标的机能,即对犯罪构成要件的解释结论,必须使符合这种犯罪构成要件的行为确实侵害了刑法规定该犯罪所要保护的法益”③。关于暴力危及飞行安全罪的保护法益,存在一定争议④,但一般认为本罪保护的是飞行安全⑤,故应以对飞行安全的危险性来解释“飞行中”这一要素。

基于上述实质解释的进路,有观点认为,应当将“飞行中”界定为航空器在离地面一定高度的空中飞行期间。⑥ 但笔者认为,尽管并非属于上述观点所称的“离地面一定高度”的航空器起飞以及降落的过程,仍可能属于飞行安全有可能受到具体危险的时空场合(在民航业中甚至将起飞3分钟和着陆8分钟合称为“危险11分钟”)⑦,故不应将本罪中的“飞行中”限制为离地面一定高度的空中飞行期间,而需要根据飞行安全可能受到具体危险的标准来确定。从这一标准出发,笔者认为,应当将“飞行中”界定为从航空器开始在跑道上滑行起飞到航空器降落在跑道上滑行

---

① [德]罗尔夫·旺克:《法律解释》,蒋毅、季红明译,北京大学出版社2020年版,第93页。

② 参见孙运梁:《危害航空安全犯罪的惩治及其立法完善》,载《北京航空航天大学学报(社会科学版)》2010年第1期。

③ 张明楷:《法益初论》(增订本),商务印书馆2021年版,第262页。

④ 参见王作富主编:《刑法分则实务研究》(第2版·上),中国方正出版社2003年版,第130页。

⑤ 参见高铭暄、马克昌主编:《刑法学》(第10版),北京大学出版社、高等教育出版社2022年版,第349页。

⑥ 参见周铭川、黄丽勤:《暴力危及飞行安全罪》,载《河南公安高等专科学校学报》2006年第1期。

⑦ 有观点指出,飞机在起飞、降落以及经过大气对流层时对自身的平衡要求较高,飞机飞行过程中大量旅客的移动会直接影响飞机的平衡,危及飞行安全。参见辛祖国:《“空中斗殴”的追责与处罚》,载《北京日报》2012年9月19日,第18版。

停止这段时间。之所以不采纳《海牙公约》和《蒙特利尔公约》对于“飞行中”的定义,是因为以机舱门的开合(或主管当局的接管)未必能与飞行安全这一法益产生联动,从而偏离了暴力危及飞行安全罪的规范目的。

综上,笔者认为,对“飞行中”的解释,要根据暴力危及飞行安全罪的保护法益展开实质解释,而未必要与相关国际公约保持一致。这一解释路径完全符合法秩序统一性原理,因为在确保各法域的行为指引一致的前提下,法秩序统一性原理允许不同法域根据自己的目的进行相对判断(当然包括概念的相对判断)。[①]

(二)本罪中的“航空器”不限于民用航空器

与对“飞行中”的解释一样,对本罪中的“航空器”的解释也存在如何理解法秩序统一性的问题。由于《海牙公约》和《蒙特利尔公约》规定其对军事、海关或警用航空器并不适用,故有观点认为,暴力危及飞行安全罪中的“航空器”特指民用航空器,而不包括国家航空器和军事航空器。[②] 但这一观点对法秩序统一性的理解过于机械,并不妥当。如前所述,根据规范目的对不同法域的规范展开相对判断,是法秩序统一性原理的固有内涵,因此对暴力危及飞行安全罪中的“航空器”的解释当然也未必要与国际公约保持一致。事实上,将“航空器”限制为民用航空器会产生一系列问题,具体论证如下:

1. 从法益侵害性的角度出发,不应将本罪的“航空器”限制为民用航空器。对国家航空器、军事航空器(包括部分可以搭载人员的通用航空器及载人航天飞船)上的人员使用暴力,也可能危及航空安全,这与在民用航空器上使用暴力没有实质区别。由于存在相同或相似的法益侵害性,那么刑法就不能选择性地只禁止在民用航空器上的暴力行为。[③] 如果认为暴力危及飞行安全罪中的“航空器”只能是民用航空器,那么当行为人误以为自己在国家航空器上(但实际上是民用航空器)使用暴力的场合,就只能宣告无罪,这显然不合理。所以,刑法条文在文义上并没有将航空器限制为民用航空器,不能人为地作出这种不合理的限制。刑法出于保护法益的需要,完全可以作出不同于国际公约的规定,如前所述,这种做法并不违反

---

① 参见陈文涛:《犯罪认定中的法秩序统一性原理:内涵澄清与规则构建》,载《华东政法大学学报》2022 年第 2 期。

② 参见杨志宇:《我国现行危害航空安全刑事制度研究》,载《中国民航报》2008 年 12 月 2 日,第 7 版;刘耀彬:《暴力危及飞行安全罪探析》,载《南京航空航天大学学报(社会科学版)》2015 年第 4 期。

③ 与劫持航空器罪一样,暴力危及飞行安全罪也不应将国家航空器排除在外,因为“虽然国家航空器上有时人员很少,但劫持国家航空器(或对航空器上的人员使用暴力)不仅可能导致航空器的毁坏,还可能导致地面上不特定或者多数人的伤亡”。参见张明楷:《刑法学》(第 6 版),法律出版社 2021 年版,第 909 页。

法秩序统一性原理。

2. 从立法沿革上看,立法者显然并没有将本罪的“航空器”限制为民用航空器。《刑法》第123条系以1995年《民用航空法》第192条的规定为基础修订而来的,为了保护飞行安全及履行公约义务,1995年通过的《民用航空法》第192条规定:“对飞行中的民用航空器上的人员使用暴力,危及飞行安全,尚未造成严重后果的,依照刑法第一百零五条的规定追究刑事责任……”1997年修订《刑法》时,立法者将上述规定纳入刑法,只是删除了《民用航空法》规定中的“航空器”的“民用”二字。[①]由此可见,立法者在设计暴力危及安全罪的构成要件时,认为应当将民用航空器之外的航空器纳入本罪规制范围。

3. 之所以有观点将本罪中的航空器限制为民用航空器,可能是混淆了本罪的构成要件与普遍管辖权的关系。[②] 我国参加了《海牙公约》《蒙特利尔公约》等国际公约,根据我国《刑法》第9条规定,对上述条约规定的在民用航空器上实施的罪行,可以行使普遍管辖权,而对于在外国的国家航空器或军事航空器上实施的罪行,却不能行使普遍管辖权(只能视情况适用其他管辖原则)。但是,是否具有管辖权与具体犯罪构成要件的解释并非同一问题,前者是程序性问题,后者是实体问题,不可混淆。

综上,笔者认为,在解释暴力危及飞行安全罪的构成要件时,不能将本罪规定的“航空器”作与国际公约相同的理解,而应将其理解为包括民用航空器、国家航空器、军事航空器、部分通用航空器及载人航天飞船在内的所有航空器,与对“飞行中”的解释一样,如此的解释路径并不违反法秩序统一性原理,且具有实质的合理性。

二、竞合论视角下的“暴力”

暴力危及飞行安全罪要求行为人对飞行中的航空器上的人员使用暴力,可见,暴力手段的使用(不法对人行使有形力)是本罪的实行行为。对于本罪中“暴力”的界定,有观点认为:“其程度只能是轻伤,而不包括致人重伤和死亡,因为从法定刑来看,故意伤害致人重伤、死亡或者故意杀人罪的法定最高刑重于暴力危及飞行安全罪,对在飞行中的航空器上的人员使用暴力,致人重伤或死亡,以及故意杀人的,

---

① 参见高铭暄:《中华人民共和国刑法的孕育诞生和发展完善》,北京大学出版社2012年版,第319页。

② 参见张明楷:《刑法学》(第6版),法律出版社2021年版,第908~909页。

如果一律认定为暴力危及飞行安全罪,就可能使罪刑失衡。"①但相反观点认为,本罪的"暴力"包括杀害暴力和重伤害暴力,因为法律并未对这里的暴力作出特别的限定②;或认为,"因为该罪构成要件的核心要素在于暴力行为是否危及飞行安全,凡是能危及航空器飞行安全的暴力,无论其方式、程度、结果如何,都不影响本罪的认定"③。从结论上来说,笔者认同上述第二种观点,具体理由如下。

(一)文义及法益层面的论证

暴力危及飞行安全罪的保护法益是飞行安全,故只要可能危及飞行安全,"对暴力的形式、种类、程度等因素不应做出过于苛刻的限制,更不能在法律无特殊规定的情形下做出缩小解释"④。从逻辑上说,既然认为致人轻伤以下的暴力可能危及飞行安全,那么致人重伤、死亡的暴力当然更可能危及飞行安全。如果将致人重伤、死亡的暴力排除在本罪实行行为之外,就会得出暴力程度越高,就越不可能成立本罪的结论,这显然不合理。此外,在不能证明行为人的暴力程度的场合(也就是该暴力是否存在致人重伤、死亡的危险,在证据认定上存在疑问;但对于行使了暴力这一点,有充分的证据),若认为本罪的实行行为只能是致人轻伤以下的暴力,根据存疑时有利于被告的原则,则不能认定行为人构成本罪(同时也不可能成立故意伤害罪或故意杀人罪),会形成处罚漏洞。所以,无论是从法条文义还是从保护法益层面,将本罪的暴力限制为致人轻伤以下的程度的观点不存在根据。

(二)竞合论层面的检讨

1.想象竞合的明示机能

"刑法所规定的犯罪之间不可能都具有绝对明确的界限。大部分犯罪之间并不是非此即彼的关系,一个案件事实完全可能亦此亦彼。……一个案件事实符合多个构成要件的现象极为普遍。"⑤一个案件事实(一个行为)符合多个构成要件就可能成立数个犯罪,而"对于已经成立之数个具体犯罪之关系,如何予以处理……

---

① 周光权:《刑法各论》(第4版),中国人民大学出版社2021年版,第204页;相似观点的介绍,参见邓君韬:《历史进程中的暴力危及飞行安全罪》,载《北京航空航天大学学报(社会科学版)》,http://doi.org/10.13766/j.bhsk.1008-2204.2020.0486。

② 参见张小虎:《暴力危及飞行安全罪之理论剖析》,载《犯罪研究》2002年第4期。

③ 刘晓山、江小根、夏娜:《危及飞行安全犯罪之新解读》,载《江苏警官学院学报》2018年第1期。

④ 刘耀彬:《暴力危及飞行安全罪探析》,载《南京航空航天大学学报(社会科学版)》2015年第4期。但该作者认为,"只要是以强暴的力量实施的强制行为都应视为使用暴力,而强暴的力量包括对人体实施侵害性的行为和以强暴力量相威胁"则忽视了暴力与胁迫的区分,存在违反罪刑法定原则的嫌疑,笔者并不认同。

⑤ 张明楷:《犯罪之间的界限与竞合》,载《中国法学》2008年第4期。

系犯罪竞合论之问题"①。刑法理论对于犯罪竞合关系的处理,存在较大争议,但普遍认为,竞合论的目的,是对"行为人的所有犯行,作出充分而不过度、不重复的评价"②。从"充分且不重复"评价这一竞合论的要求出发,上述第一种观点的缺陷就显而易见。具体而言,暴力危及飞行安全罪的保护法益是飞行安全,而故意伤害罪、故意杀人罪的保护法益是自然人的人身权利,两者的法益不存在交叉,故在行为人只有一行为(行为单数)的场合,按竞合理论,只可能成立两罪的想象竞合。

在想象竞合犯的处理中,从竞合论的要求出发,明示机能特别重要。关于想象竞合的明示机能(也称为"厘清功能""澄清功能""解释功能"),罗克辛的解释是:"人们在这里谈的是想象竞合的'澄清功能'。在同种想象竞合中,提到损害法律的数目。在不同种想象竞合中,得到满足的不同构成要件是具体提到的。"③也就是说,在想象竞合犯的判决中,必须实现对犯罪事实的全面评价,"使得在判词中对行为人侵害法益的行为进行全面的概括成为可能"④。与法条竞合不同,想象竞合具有明示机能。在法条竞合的场合,只适用特别法条即可,对于没有适用的犯罪,可以不予理会;但对于想象竞合,行为人的行为究竟符合哪些犯罪的构成要件,需要在判决书中明确地列举出来,这是因为想象竞合存在两个以上的违法事实与责任,在宣告时必须将这些事实逐一清晰地列举出来,以实现刑法的充分评价。⑤ 申言之,对于想象竞合犯,虽然最终是以重罪处罚,但在(不同种罪的竞合)罪名宣告上,必须同时宣布行为人构成的数种犯罪,以实现对不法事实的充分评价。在法条竞合的处理中,只适用特别法条即可实现对法益侵害的充分评价。例如,保险诈骗罪和诈骗罪是法条竞合关系,当一个行为被评价为保险诈骗罪时,不需要再(多余地)将其评价为诈骗罪,因为保险诈骗罪的保护法益是被害人的财产权及金融保险秩序,诈骗罪的保护法益是被害人的财产权,当将行为评价为保险诈骗罪时,对财产权的侵害以及对金融秩序的破坏都得以被评价,并没有遗漏对任何法益侵害的评价。但想象竞合犯则不同,行为所触犯的数个构成要件没有保护法益或要素的重合,仅仅宣告一罪会遗漏对法益侵害的评价。例如,A 明知 B 在中午时刻需要服用特制的药丸续命,A 在 B 即将服药的时刻将 B 的药丸偷走,导致 B 死亡,由于故意

---

① 甘添贵:《罪数理论之研究》,中国人民大学出版社 2008 年版,第 2 ~ 3 页。

② 林钰雄:《新刑法总则》(第 6 版),台北,元照出版有限公司 2018 年版,第 572 页。

③ [德]克劳斯·罗克辛:《德国刑法学总论(第 2 卷)——犯罪行为的特别表现形式》,王世洲等译,法律出版社 2013 年版,第 626 页。

④ [德]汉斯·耶赛克、托马斯·魏根特:《德国刑法教科书》(下),徐久生译,中国法制出版社 2017 年版,第 979 页。

⑤ 参见周光权:《刑法总论》(第 4 版),中国人民大学出版社 2021 年版,第 404 页。

杀人罪和盗窃罪并不存在要素的重合，前者保护的是生命法益，后者保护的是财产法益，如果只将该行为认定为故意杀人罪，就仅仅评价了其侵害生命法益的事实，而遗漏了侵害财产法益事实的评价；同样，只认定为盗窃罪，会遗漏侵害生命法益事实的评价，故必须同时宣告行为人成立盗窃罪和故意杀人罪，才能实现对犯罪事实的充分评价。

2. 限制暴力范围未能满足竞合论的要求

具体到暴力危及飞行安全罪中“暴力”的范围，若认为其不包括致人重伤以上的暴力，则在该暴力行为既危及了飞行安全又造成了重伤结果的场合，只能将该行为认定为故意伤害罪，如此则遗漏了对该行为危及飞行安全这一法益侵害的评价。对此，有观点正确地指出：“就对行为的全面评价来说，将暴力致人重伤、死亡且危及飞行安全的行为仅评价为与飞行安全无关的故意伤害、故意杀人罪，事实上仅评价了暴力行为的直接结果，而未评价暴力危及飞行安全这一构成要件结果，也未评价暴力行为发生于飞行中的航空器内这一特定时间、地点要素，故这种评价不全面。”①事实上，若行为人对飞行中的航空器上的人员故意实施了足以致人重伤、死亡的暴力，只要危及了飞行安全，就应宣告该行为同时成立故意伤害罪（故意杀人罪）和暴力危及飞行安全罪，两罪属于想象竞合，择一重罪处罚②，如此才能实现想象竞合的明示机能，满足充分评价的要求。在行为成立其他犯罪的场合，也可以作相同的处理。例如，行为人在飞行中的航空器上使用暴力对乘客进行抢劫，危及飞行安全，构成暴力危及飞行安全罪和抢劫罪的想象竞合，择一重罪处罚。③

综上，笔者认为，对暴力危及飞行安全罪中的“暴力”，只需按通常的理解将其界定为“对人不法行使有形力”即可，而无须对其加以任何限制。将暴力限制为轻伤以下程度的观点，人为设定了犯罪之间的界限，不当缩小了暴力危及飞行安全罪的成立范围，造成了未能实现对不法事实充分评价的问题，也忽略了从竞合论的视角解决问题的可能性。

三、作为具体危险的“危及飞行安全”与危险现实化的“严重后果”

根据《刑法》第123条规定，行为人仅仅对飞行中的航空器上的人员使用暴力，

---

① 周铭川、黄丽勤：《暴力危及飞行安全罪》，载《河南公安高等专科学校学报》2006年第1期。

② 不过，若该暴力不具有危及飞行安全的具体危险，则不成立暴力危及飞行安全罪，则对其只应按故意伤害罪或故意杀人罪论处。

③ 有观点认为，此时构成抢劫罪和暴力危及飞行安全罪的牵连犯。参见张小虎：《暴力危及飞行安全罪之理论剖析》，载《犯罪研究》2002年第4期。但是，牵连犯是以行为人实施了多行为（行为复数）为前提的，在这种场合，行为人只实施了一个自然意义上的暴力行为，故应认定其成立两罪的想象竞合。

还不足以成立暴力危及飞行安全罪。要成立本罪,还必须同时"危及飞行安全";此外,若该暴力行为"造成严重后果",则适用加重法定刑。目前,理论上对于上述二要素的理解,存在较大争议。下文中笔者将利用现有刑法教义学知识资源,对"危及飞行安全"和"严重后果"展开解释。

(一)"危及飞行安全"是本罪的具体危险结果

1. 本罪是具体危险犯

关于暴力危及飞行安全罪的性质,多数观点认为其为具体危险犯,少数观点将其视为抽象危险犯,还有观点认为其属于"准抽象危险犯"。[①] 笔者认为,从法条表述和教义学一般理论观之,本罪属于具体危险犯,故应将"危及飞行安全"作为本罪的具体危险结果。理由在于,成立暴力危及飞行安全罪不以发生现实侵害结果为前提,故本罪不可能是实害犯(侵害犯),而只能是危险犯。对于危险犯,理论上还可以进一步划分为具体危险犯和抽象危险犯。一般认为,具体条文中存在"足以发生……危险""危害公共安全""危及……安全"等表述的,该条文规定的是具体危险犯。[②] 而对于抽象危险犯,一般只需要对实行行为作出规定,而不存在上述表述。换言之,在具体危险犯的场合,法律明文要求"危险"的发生,是否发生了危险被独立地作为判断的对象;但在抽象危险犯的场合,法律只要求实行一般的、抽象的危险行为,且该行为一旦实施通常就能肯定危险的发生,而不需要再去判断危险是否现实存在。[③] 具体而言,关于具体危险犯中的危险,刑法理论一般认为,这是一种需要在司法上独立加以认定的危险;而抽象危险犯中的危险,则属于立法推定的危险,只需行为人实施了构成要件行为,即可推定该危险的存在。[④]

我国《刑法》第123条独立地将"危及飞行安全"规定为构成要件要素,就意味着必须出现对飞行安全的"具体危险"才能充足本罪的构成要件。[⑤] 这一点与抽象危险犯的认定存在区别,"在抽象的危险性犯罪(抽象危险犯)中,一个行为具有典型的危险性是对这个行为进行惩罚的原因,在具体案件中的刑事可罚性并不取决

① 参见邓君韬:《历史进程中的暴力危及飞行安全罪》,载《北京航空航天大学学报(社会科学版)》,http://doi.org/10.13766/j.bhsk.1008-2204.2020.0486。

② 参见张明楷:《刑法学》(第6版),法律出版社2021年版,第215页。

③ 参见[日]山口厚:《刑法总论》(第3版),付立庆译,中国人民大学出版社2018年版,第46页。

④ 参见张明楷:《刑法学》(第6版),法律出版社2021年版,第214页。

⑤ 我国台湾地区"刑法"第185条之二规定了危害飞航安全罪,其构成要件为"以强暴、胁迫或其他方法危害飞航安全或其设施",该罪是抽象危险犯,故"不必就个案判断有无飞航安全的具体危险,只要有以强暴、胁迫或其他非法方法危害飞航安全或其设施的行为就足以成立本罪"。参见康均心、赵波:《海峡两岸交通犯罪比较研究》,载《昆明理工大学学报(社会科学版)》2011年第3期。

于一个危险的真正出现"[①]。很显然,是否要处罚在飞行中的航空器上实施的暴力行为,取决于"针对飞行安全的真正危险",所以本罪显然不是抽象危险犯,而是具体危险犯。

有观点认为,危及飞行安全这一具体危险,在现实中往往很难真正达到,且其判断标准也模糊不清,这部分导致《刑法》第123条成为"稻草人条款",如有论者指出:"在飞行中的航空器中发生的暴力事件层出不穷,如此严重危及公众生命财产安全的行为却很少进入刑事司法程序,受到刑事责任的追究。这与理论界普遍将该罪定位为具体危险犯是分不开的,因为在具体个案中判断暴力行为使航空器发生倾覆的现实紧迫危险通常会过于迟缓,以至于放纵了大量犯罪。"[②]有基于此,有论者指出,暴力危及飞行安全罪是抽象危险犯,只要实施了暴力行为,就视为危及了飞行安全,而不需要具体判断暴力行为是否危及了飞行安全。[③] 但是,该观点实际上是省略了对"危及飞行安全"这一要素的判断,明显与立法表述相抵触,也违反刑法教义学关于危险犯分类的基本共识,有违反罪刑法定原则的嫌疑,至少在立法进行修正(删去"危及飞行安全"这一要素)之前是不可取的。

2. 本罪无须定位为"准抽象危险犯"

针对具体危险犯认定中存在的上述问题,还有论者提出暴力危及飞行安全罪属于"准抽象危险犯"。[④] 持该观点的论者认为,该罪基本犯的最高法定刑仅为5年有期徒刑,如果将其认定为具体危险犯,则成立该罪必须具有使航空器发生倾覆的现实危险,不仅会不当缩小该罪的处罚范围,还难以实现罪刑相当;因此,在理论上引入"准抽象危险犯"这一介于具体危险犯和抽象危险犯的概念,认为构成暴力危及飞行安全罪,只要求暴力行为达到危及飞行安全的程度(这需要在个案中结合对象性质、行为属性进行一定程度的具体判断),但又不要求这一危险必须紧迫、现实化。[⑤]

但该观点也存在问题,在具体危险犯的危险判断中,不同犯罪中危险的紧迫程度本来就存在差异[⑥],未必就要采取统一的标准来认定具体危险犯中的危险。因此

---

① [德]克劳斯·罗克辛:《德国刑法学总论(第1卷)——犯罪原理的基础构造》,王世洲译,法律出版社2005年版,第222页。

② 刘晓山、江小根、夏娜:《危及飞行安全犯罪之新解读》,载《江苏警官学院学报》2018年第1期。

③ 参见夏勇、魏煜鑫:《民航扰乱行为的刑事责任》,载《人民检察》2017年第3期。

④ 参见陈洪兵:《准抽象危险犯概念之提倡》,载《法学研究》2015年第5期;刘晓山、江小根、夏娜:《危及飞行安全犯罪之新解读》,载《江苏警官学院学报》2018年第1期。

⑤ 参见陈洪兵:《准抽象危险犯概念之提倡》,载《法学研究》2015年第5期。

⑥ 参见张明楷:《刑法学》(第6版),法律出版社2021年版,第215页。

“不要求这一危险必须紧迫、现实化”与“只要求相对缓和的紧迫、现实的危险”这两者之间原本也不存在差异。如此一来,所谓“准抽象危险犯”,实际上与具体危险犯没有差别(均要求司法机关在个案中认定存在一定程度的危险),因此这一概念实际上并无特别提倡的必要,而只需在具体危险犯的内部对其旨趣加以消解即可,也就是要求在个案中认定存在独立于行为的现实的危险,又根据具体犯罪的特性对该危险进行不同程度的缓和。而且,“准抽象危险犯”本身的判断逻辑也难以自洽,就暴力危及飞行安全罪而言,“如何在个案中证成暴力行为既非紧迫、又非现实,却又具体且实质地危及飞行安全,有关论者语焉不详”①。基于上述理由,本文不采纳本罪属于“准抽象危险犯”观点。

3.“危及飞行安全”的判断标准

通过前述论证,笔者认为暴力危及飞行安全罪是具体危险犯,“危及飞行安全”是其具体的危险结果。而且,由于本罪基本犯的最高法定刑是5年有期徒刑(最低法定刑为6个月有期徒刑),而同为具体危险犯的破坏交通工具罪(第116条)、破坏交通设施罪(第117条)的最高法定刑为10年有期徒刑(最低法定刑为3年有期徒刑),本罪的法定刑明显低于后两种犯罪,因此对作为本罪具体危险的“危及飞行安全”,不能作完全等同于后两种犯罪具体危险(足以使航空器发生倾覆、毁坏的危险)的理解。② 具体而言,对于“危及飞行安全”的判断,一方面要考虑其作为具体危险的特性,另一方面也要考虑飞行安全本身的特点。

关于具体危险的判断,存在“优势可能性说”“接近性说”“偶然性标准说”等观点。其中,“偶然性标准说”(德国通说)认为,具体危险是行为导致的一种危急状态,这种危急状态“如此强烈地损害了一个确定个人的安全,以至于这种法益是否受到损害或者是否没有受到损害都还只能取决于偶然事件”③。根据该标准,若实害结果没有发生只是基于偶然的原因,则该危险就是具体危险。对此,我国台湾学者黄荣坚进一步予以阐明:“以人们对于排除危害是否尚有足资信赖的方法作为界定事情发展是否属于具体危险的标准……相对地,如果危险仍在一般防卫措施可

① 邓君韬:《历史进程中的暴力危及飞行安全罪》,载《北京航空航天大学学报(社会科学版)》,http://doi.org/10.13766/j.bhsk.1008-2204.2020.0486。

② 有观点认为,“危及飞行安全”是指有使航空器坠毁、倾覆的现实危险性。参见刘耀彬:《暴力危及飞行安全罪探析》,载《南京航空航天大学学报(社会科学版)》2015年第4期。这种观点直接将破坏交通工具(设施)罪的具体危险作为暴力危及飞行安全罪的具体危险,而并未考虑两者法定刑的差异,并不妥当。

③ 欧阳本祺:《论刑法上的具体危险的判断》,载《环球法律评论》2012年第6期。

以可靠地控制的范围内,即非具体危险。"[①]具体就"危及飞行安全"而言,若暴力较为轻微,可被一般的航空安保措施可靠地控制,则此时不存在"危及飞行安全"这一具体危险;但若暴力程度较高,其不被阻止地向前发展有可能影响航空器的正常飞行,且一般的航空安保措施已经不足以将其制止,则应认为此时存在"危及飞行安全"这一具体危险。

此外,还要考虑飞行安全本身的特性。有观点指出:"在我国执法和司法实践中,很大程度上忽略了机场和航空器本身所具有的较重情节的意义。"[②]笔者认同该说法,航空器是一个狭小的封闭空间,对航空器载重平衡、适航条件有特殊的要求,因此飞行安全具有相较于一般公共安全更高的风险控制要求。根据国际民用航空组织(International Civil Aviation Organization,ICAO)对安全的界定,安全是一种状态,即通过持续的危险识别和风险管理的过程,将人员伤害或财产损失的风险降至并保持在可接受的水平或以下。[③] 按照这样的界定,所谓"危及飞行安全"是一种动态观念,与风险识别和风险管理密不可分,需要结合民航领域的专业知识进行判断。所以,笔者赞同通过构建"科学的、系统的安全评价体系",利用航空器飞行数据、行为人及航空器上的人员的行为及影响等信息,对具体的行为做出评估,尤其重视该航空器机长对危险状态的判断,并将此评估结果作为判断是否"危及飞行安全"的关键依据。[④] 但也需要注意,不能将民航事故或民航事故征候认定中的结论直接作为暴力危及飞行安全罪的根据,因为"对构成要件的解释仍要以刑法固有的目的为指导,使构成要件所推定的刑事不法具有值得科处刑罚处罚的质与量"[⑤]。也就是说,最终还是要在司法上认定是否存在针对"飞行安全"的具体危险,而不能把所有违反民航管理规定的暴力行为作为犯罪处理。

综上,笔者认为,对飞行中的航空器的适航条件造成一定干扰,影响航空器正常飞行(包括线路、速度),需要机组人员采取特别安保措施的场合,应当被认为"危及飞行安全"。具体而言,在飞行中的航空器上殴打其他乘客,引起机舱内的持久

---

① 黄荣坚:《基础刑法学》(第4版·下),台北,元照出版有限公司2012年版,第584页。

② 夏勇、魏煜鑫:《民航扰乱行为的刑事责任》,载《人民检察》2017年第3期。

③ 参见邓君韬:《历史进程中的暴力危及飞行安全罪》,载《北京航空航天大学学报(社会科学版)》,http://doi.org/10.13766/j.bhsk.1008-2204.2020.0486。

④ 参见刘耀彬:《暴力危及飞行安全罪探析》,载《南京航空航天大学学报(社会科学版)》2015年第4期;刘晓山、江小根、夏娜:《危及飞行安全犯罪之新解读》,载《江苏警官学院学报》2018年第1期。

⑤ 陈文涛:《犯罪认定中的法秩序统一性原理:内涵澄清与规则构建》,载《华东政法大学学报》2022年第2期。

混乱,或使机组人员准备迫降或改变航道的,即可认定为“危及飞行安全”;[①]此外,暴力行为伴随的物理移动,可能影响飞机载重平衡的,或殴打机组人员(包括机组人员互殴),妨害机组人员履行岗位职责或使机组人员失去工作能力的,一般也可以认定为“危及飞行安全”。[②]

(二)“严重后果”是具体危险的现实化

根据我国《刑法》第123条规定,对飞行中的航空器上的人员使用暴力,造成了严重后果的,要适用5年以上有期徒刑这一升格法定刑,这实际上是对于本罪结果加重犯的规定。关于本罪中的“严重后果”,主要存在三种观点:第一种观点认为,“严重后果”包括暴力直接或间接致人重伤、死亡或使公私财物遭受重大损失等情况;第二种观点认为,“严重后果”仅指航空器坠毁、人员重大伤亡等情况,而不包括暴力所直接产生伤亡结果;第三种观点则认为,“严重后果”包括暴力致人重伤(不含以特别残忍的手段致人重伤造成残疾),造成航空器严重毁损、坠落或者使公私财产遭受重大损失,造成其他特别严重后果,如航空器紧急迫降或被迫改变降落地点、延长出发、降落时间、返回机场重新起飞等。[③] 上述观点争议的焦点在于,“严重后果”是否包括直接暴力对象(被施暴者)的伤亡结果。下文笔者将主要围绕该问题展开论述,从而将“严重后果”这一要素予以明确化。

目前,理论上的多数观点认为,暴力危及飞行安全罪中的“严重后果”,不应包括直接暴力对象的死伤。[④] 上述观点的核心理由在于,暴力危及飞行安全属于危害公共安全的犯罪,其保护法益是公共安全,其对象只能是不特定或多数人,而直接暴力对象是特定的人,因此其死伤结果不能作为本罪的加重结果。[⑤] 笔者赞同上述观点,但并不认同其理由。笔者认为,之所以要一般性地否定直接暴力对象的死伤属于本罪的加重结果,其原因主要在于结果加重犯认定的教义学要求。

结果加重犯,是指法律规定的一个犯罪行为(基本犯),由于发生了严重结果而

---

① 参见周光权:《刑法各论》(第4版),中国人民大学出版社2021年版,第204页。

② 参见邓君韬:《历史进程中的暴力危及飞行安全罪》,载《北京航空航天大学学报(社会科学版)》,http://doi.org/10.13766/j.bhsk.1008-2204.2020.0486。

③ 参见周铭川、黄丽勤:《暴力危及飞行安全罪》,载《河南公安高等专科学校学报》2006年第1期。

④ 参见周铭川、黄丽勤:《暴力危及飞行安全罪》,载《河南公安高等专科学校学报》2006年第1期;张小虎:《暴力危及飞行安全罪之理论剖析》,载《犯罪研究》2002年第4期;刘耀彬:《暴力危及飞行安全罪探析》,载《南京航空航天大学学报(社会科学版)》2015年第4期;刘晓山、江小根、夏娜:《危及飞行安全犯罪之新解读》,载《江苏警官学院学报》2018年第1期;孙运梁:《危害航空安全犯罪的惩治及其立法完善》,载《北京航空航天大学学报(社会科学版)》2010年第1期。

⑤ 参见刘耀彬:《暴力危及飞行安全罪探析》,载《南京航空航天大学学报(社会科学版)》2015年第4期。

加重其法定刑的犯罪类型。如前所述,暴力危及飞行安全,若造成“严重后果”,则属于加重犯。由于结果加重犯存在违反责任主义(结果责任的残余)和平等原则的嫌疑,理论上一般要严格限制结果加重犯的成立。① 其中,特别重要的是对基本犯罪行为与法定加重结果的关系的限定。关于这种限定,德国刑法理论上的有力观点是,只有基本犯罪行为的典型风险导致了加重结果,才能成立结果加重犯。② 按照该观点,只有加重结果属于基本犯罪行为的(典型)危险现实化的场合,才能实现结果归责,成立结果加重犯。以我国《刑法》第117条和第119条为例,有论者指出:“如果破坏交通设施的行为虽然产生了使交通工具发生倾覆、毁坏的危险,但这种危险并没有现实化,或者现实所发生的实害并不是因交通工具发生倾覆、毁坏危险所致,则不成立破坏交通设施罪的结果加重犯。例如,甲在使用铁锤毁坏铁轨时,导致螺丝钉砸中行人乙的头部,造成乙的死亡结果。可以肯定的是,甲破坏交通设施的行为造成了乙死亡的加重结果。但是,该结果并不是由于交通工具倾覆、毁坏所致,因此,对甲不能适用《刑法》第119条,而只能认定为破坏交通设施罪的基本犯与过失致人死亡罪的想象竞合。”③具体到暴力危及飞行安全罪,其基本犯是具体危险犯,所要禁止的典型风险是针对飞行安全的危险,因此只有该特定风险现实化为“严重后果”时,才属于结果加重犯中的加重结果。而暴力行为直接导致暴力对象的伤亡,一般的暴力行为就可以导致这种结果,并非“对飞行安全的危险”的直接现实化,故不应将其认定为本罪的“严重后果”。④

所以,作为本罪加重结果的“严重后果”应当理解为,对飞行中的航空器上的人员实施暴力,导致了对飞行安全的具体危险(如前所述,也就是对飞行中的航空器的适航条件造成一定干扰,影响航空器正常飞行),该具体危险继续向前发展,导致了航空器损毁、坠落从而导致人员伤亡(包括航空器上的人员和地面人员),或者由于采取迫降、返航、延迟起飞等措施给航空公司或机场带来的财产损失。

四、体系解释下的罪过形态

关于暴力危及飞行安全罪的认定,最后需要澄清的问题是本罪的罪过形态。

---

① 参见张明楷:《严格限制结果加重犯的范围与刑罚》,载《法学研究》2005年第1期。

② 参见[德]克劳斯·罗克辛:《德国刑法学总论(第1卷)——犯罪原理的基础构造》,王世洲译,法律出版社2005年版,第219页。

③ 张明楷:《刑法学》(第6版),法律出版社2021年版,第218页。

④ 若暴力行为造成死伤结果,若同时成立本罪,则构成本罪(基本犯)与故意伤害(杀人)罪、过失致人重伤(死亡)罪的想象竞合,择一重罪处罚。

部分论者认为,暴力危及飞行安全罪既可能是故意犯,也可能是过失犯①;或认为本罪罪过形态包括间接故意和过失②;抑或认为本罪的罪过形态属于故意和过失的结合,即行为人对自己实施暴力是故意的,但对危及飞行安全则是过失的③。总之,上述观点认为本罪有可能属于过失犯罪。笔者不赞同该些观点,认为从体系解释的角度观之,本罪只可能是故意犯罪。下文笔者将在论证本罪属于故意犯罪的基础上,对本罪的故意予以明确。

(一)本罪属于故意犯罪

笔者认为,将暴力危及飞行安全罪解释为过失犯的观点,一方面在现行立法体系下并没有存在空间,另一方面也可能会导致处罚的漏洞,具体理由如下:

1. 我国《刑法》第15条第2款规定:"过失犯罪,法律有规定的才负刑事责任。"按该规定,只有当法律规定了某一犯罪可以由过失犯构成,该犯罪才可能是过失犯罪。就《刑法》第123条规定的暴力危及飞行安全罪而言,法律既没有明示该罪是过失犯罪(明文规定说),也并不能通过该条文表述及其他相关条文将该罪解释为过失犯罪(文理规定说),因此认为本罪可以基于过失的罪过形态构成的观点"没有重视刑法第15条第2款的规定,没有分析'法律有规定'的含义,也没有讨论确定罪过形式的标准与方法"④。

2. 我国《刑法》第15条第1款规定:"应当预见自己的行为可能发生危害社会的结果,因为疏忽大意没有预见,或者已经预见而轻信能够避免,以至于发生这种结果的,是过失犯罪。"按该规定,过失犯只有在"以至于发生这种结果"时才成立,如果没有这种"结果"的发生,则不成立过失犯。一般认为,这里的"结果"是指实害结果而非危险结果,也正是基于这种认识,我国刑法理论一般都否定过失危险犯的存在,即认为过失犯只能是结果犯,而不可能是危险犯(正因如此,预备犯、未遂犯、中止犯也只可能存在于行为人是故意的场合)。⑤ 所以,没有发生实害结果的,受我国《刑法》第15条第2款的体系性制约,暴力危及飞行安全罪不可能被解释为过失犯罪,因为该罪是危险犯,不以发生实害结果为构罪条件。

3. 将暴力危及飞行安全罪解释为过失犯罪的论者,其主要目的在于扩大本罪

---

① 参见周铭川、黄丽勤:《暴力危及飞行安全罪》,载《河南公安高等专科学校学报》2006年第1期。

② 参见张小虎:《暴力危及飞行安全罪之理论剖析》,载《犯罪研究》2002年第4期。

③ 参见刘耀彬:《暴力危及飞行安全罪探析》,载《南京航空航天大学学报(社会科学版)》2015年第4期。

④ 张明楷:《危险驾驶罪的基本问题———与冯军教授商榷》,载《政法论坛》2012年第6期。

⑤ 参见陈兴良:《过失犯的危险犯:以中德立法比较为视角》,载《政治与法律》2014年第5期。

的成立范围，以更好地保障飞行安全。但是根据我国《刑法》关于共同犯罪的规定及共犯的一般教义，只有故意犯罪才能成立共同犯罪，过失犯罪不存在相应的教唆犯和帮助犯。因此，按照该观点，教唆或帮助他人对飞行中的航空器上的人员使用暴力，就不能成立暴力危及飞行安全罪的共同犯罪，从而不可罚，这反而导致了处罚的漏洞。

综上，在我国现行立法体系之下，难以将暴力危及飞行安全罪解释为过失犯罪。刑法总则对刑法分则的解释具有指导意义，这一点在对暴力危及飞行安全罪进行定位的过程中不应被忽视。所以，从体系性的角度出发，应当将本罪定位为故意犯罪。

（二）本罪故意的内容

将本罪定位为故意犯罪，意味着只有在明知自己的暴力行为会发生危及飞行安全的结果，并且希望或放任该结果发生的场合，行为人才可能构成犯罪。对此，反对意见认为，从事实上看，对飞行中的航空器上的人员使用暴力的行为人，通常不具有危及飞行安全的目的[①]；或认为行为人对自己实施暴力是故意的，但对于危及飞行安全是过失的，故将其认定为故意犯有违人之常情和生活经验[②]。但笔者认为，上述批判意见要么将犯罪目的与犯罪故意混淆，要么没有准确理解犯罪故意的内涵，难言妥当。

1. 故意是对客观构成要件的认识与容忍（希望或放任），在暴力危及飞行安全的场合，若行为人对暴力行为的危险性有所认识，并容忍该危险结果的发生，就具有故意。但行为人或是为了发泄愤怒、表达不满，或是为了报复他人，该些主观目的与本罪故意是不同的要素，而且由于本罪并非目的犯，该些目的也并非是刑法关注的事实。申言之，行为人是否具有危及飞行安全的目的，根本不影响故意的认定，也不影响暴力危及飞行安全罪的认定。

2. 理论上也承认“未必的故意”也是故意的类型。所谓“未必的故意”，是指对犯罪事实虽没有确定的认识、预见，但却认识、预见了发生犯罪事实的盖然性的主观心理。[③] 在暴力危及飞行安全的场合，只要行为人认识到自己的暴力行为可能会对飞行安全造成一定的威胁，并容忍其发生，就可以认定存在“未必的故意”，进而肯定其犯罪故意。需要注意的是，“未必的故意”中“明知危害结果可能会发生”与

① 参见张小虎：《暴力危及飞行安全罪之理论剖析》，载《犯罪研究》2002 年第 4 期。

② 参见刘耀彬：《暴力危及飞行安全罪探析》，载《南京航空航天大学学报（社会科学版）》2015 年第 4 期。

③ 参见［日］山口厚：《刑法总论》（第 3 版），付立庆译，中国人民大学出版社 2018 年版，第 212 页。

过失犯中的“应当明知危害结果会发生”是不同的概念,前者意味着行为人对危险存在一定程度的“知道”,而后者则只是“应当知道”而实际上要求其“知道”。

3.在认定暴力危及飞行安全罪的故意时,需要考虑暴力发生的场合的特殊性。如前所述,航空器是一个狭小的封闭空间,对航空器载重平衡、适航条件有特殊的要求,因此在飞行中的航空器上使用暴力,存在威胁飞行安全的高度危险。对于这种高度危险,一般人均有所认识,故在证据认定上,即便行为人申辩其并不希望实害结果的发生(直接故意),也应当认为其放任(或容忍)该结果的发生,因此可以肯定其(间接)故意。[1] 所以,在一般的场合,若能够认定行为人存在间接故意,就能够认定本罪的成立。不过,在间接故意可以构成本罪的场合,更为恶劣的直接故意也当然可以构成本罪,在理论上也并没有将直接故意排除在本罪罪过形式之外的必要。

综上,笔者认为,暴力危及安全罪的故意内容是,行为人对自己的暴力行为可能会危及飞行安全有所认识,并希望或放任该结果的发生。一般而言,在行为人对飞行中的航空器上的人员使用暴力的场合,考虑到飞行中的航空器这一特殊的时空场合,一般至少能够肯定行为人的间接故意。

五、结语

明确暴力危及飞行安全罪的构成要件,是“激活”该条文的规范前提,而现有刑法教义学资源足以完成这一任务。而且笔者认为,对于暴力危及飞行安全罪等航空犯罪的研究,必须充分运用现有刑法教义学资源,否则就有可能使航空犯罪的研究停留在低水平的层次。当然,航空犯罪也有其领域特殊性,需要运用该领域的专业知识(关于“危及飞行安全”的判断就是适例),因此刑法教义学也难以单独应对。不过,刑法教义学体系本就是开放性的,特殊领域的专业知识完全可以置于教义学体系的框架之中,对相关问题进行体系性解决。基于上述认识,本文主要是做了将刑法教义学运用于航空犯罪适用的尝试,旨在于指出航空刑法研究的基本方向,但具体结论未必正确,有待方家指正。

---

① 这就好比在故意杀人罪的认定中,在行为人朝着被害人的要害部位反复击打的场合,即使行为人申辩自己只有伤害故意,在实践中一般也不会被采纳。

散播虚假信息类非法干扰行为的犯罪学分析

林　泉*　李凌霄**

一、引言

安全是民航业的生命线，这是民航业的共识。民航业稳健发展的前提是民航安全的有效保障，所谓“正本清源”，提升民航安全保障水平，还需从危害民航安全的来源着手。而危害民航安全的来源比较复杂，包括人为因素，如机组等相关工作人员、乘客或其他人员的故意抑或无意的行为，也包括天气、机械故障等非人为因素。由于非人为因素不可控，是以聚焦于可控的人为因素。关于这类“诸如危害民用航空安全的行为或未遂行为”，《国际民用航空公约》（以下简称《芝加哥公约》）附件17将其定义为“非法干扰行为”，包括但不限于以下行为：非法劫持航空器；毁坏使用中的航空器；在航空器上或机场扣留人质；强行闯入航空器、机场或航空设施场所；为犯罪目的而将武器或危险装置或材料带入航空器或机场；利用使用中的航空器造成死亡、严重人身伤害，或对财产或环境的严重破坏；散播诸如危害飞行中或地面上的航空器、机场或民航设施场所内的旅客、机组、地面人员或大众安全的虚假信息。

* 林泉，中国民航大学法学院副教授，主要研究方向为航空刑法、航空法、民航反恐。

** 李凌霄，中国民航大学法学院硕士研究生，研究方向为航空刑法。

其中,散播虚假信息的行为同样会对民航安全形成一定的冲击,且相比较其他行为而言,实施该类行为较为简易。通过收集相关资料,可以一瞥我国针对散播虚假信息类非法干扰行为治理对策的细微变化——“由宽入严”:从一开始学界主张对实害犯的处罚,到出现风险刑法理论下法益保护前置化的思考①;司法实践中,2013年开始对其施以严厉打击的原则后,犯罪率明显下降。然而,仍存在一些散播虚假信息类的非法干扰行为,为继续提升民航安全保障水平,可对其开展进一步的研究。为便于研究分析,在北大法宝、中国裁判文书网等案例检索网站收集了近五年(2016~2020年)散播虚假信息类非法干扰行为的案例。由于资料有限,无法穷尽,最终搜集到案例共计18个,以这18个案例为研究材料,展开散播虚假信息类非法干扰行为的犯罪学分析(见表1)。

表1 2016~2020年散播虚假信息类非法干扰行为案例统计

案号	犯罪原因	犯罪手段	犯罪后果	刑罚适用
(2016)粤0111刑初2819号	私人纠纷	致电机场公安局,编造航班炸弹信息	航班无法正常起飞	有期徒刑六个月
(2016)粤5202刑初380号	不明	多次大喊“我要炸飞机”	航班延误,经济损失	有期徒刑一年,缓刑一年
(2016)苏0104刑初1024号	感情纠纷,发泄情绪	致电航空公司客服,谎称航班炸弹信息	延误起飞	有期徒刑二年
(2017)云0111刑初1450号	未登上飞机	拨打机场公安电话,提及机上有炸弹	航班返航,经济损失	有期徒刑一年,缓刑二年
(2017)浙0802刑初490号	边缘智力	通过微博向公安局发送炸弹信息	紧急疏散,启动应急处置预案	有期徒刑一年
(2017)鄂0583刑初248号	报复公安机关及社会,轻度精神发育迟滞	致电公安局,称将于机场实施爆炸	严重扰乱社会秩序	有期徒刑一年三个月
(2018)沪02刑终295号	泄私愤	致电110,谎称机场内有炸弹,并扬言砸银行	启动紧急预案	有期徒刑八个月
(2018)鲁1502刑初96号	私人纠纷	致电110,谎称机上乘客携带爆炸物品	航班延误起飞	有期徒刑八个月

① 参见林泉:《航空犯罪防控》,中国民航出版社2016年版,第46页。

续表

案号	犯罪原因	犯罪手段	犯罪后果	刑罚适用
(2018)粤0306刑初3344号	与机场工作人员发生争执,为泄愤	致电110,称航班上有炸弹	紧急备降,经济损失	有期徒刑一年两个月
(2018)粤04刑终371号	私人纠纷	致电110,谎称航班上有人携带炸弹	启动非法干扰处置预案	有期徒刑九个月
(2019)浙0802刑初189号	人格障碍	向公安局发送报警短信称机场有炸弹	严重扰乱社会秩序	有期徒刑一年八个月
(2019)粤0306刑初2135号	分裂型障碍	致电110,谎称机场炸弹信息	启动相关预案开展处置工作	有期徒刑一年
(2019)粤0111刑初3506号	为无偿退票,无偿改签	致电110和机场,编造机上炸弹信息	航班延误	有期徒刑八个月
(2019)川0116刑初1130号	航班延误而心生不满	使用微博编造爆炸威胁信息	影响民航客机正常运行	拘役四个月,缓刑五个月
(2019)津0116刑初20724号	强迫症,发泄情绪	在机场官网留言编造炸机场信息	启动应急预案	有期徒刑六个月
(2020)粤01刑终97号	私人纠纷	随机选择航空公司发送恐怖内容邮件	启动应急处置措施	有期徒刑一年六个月
(2020)内0702刑初70号	解决女儿分配工作问题	编造虚假爆炸信件并邮寄至机场等单位	严重扰乱社会秩序	判处有期徒刑九个月
(2020)粤0105刑初345号	私人纠纷	致电机场称登机旅客中有确诊新冠肺炎者	启动应急处置,采取隔离措施	有期徒刑七个月

二、近年来散播虚假信息类非法干扰行为的演化趋势

(一)行为方式多样,实施成本低

散播虚假信息类非法干扰行为中,犯罪人散播的行为方式各式各样,如直接拨打“110”报警电话,致电机场客服、航空公司客服,邮寄信件,在互联网平台发布信

息等。此外,随着社会现状的变化,行为方式也会有所更新,在新冠肺炎疫情肆虐的今天,不乏与疫情相关的民航虚假信息,如谎称登机乘客中有确诊病例等。这些行为方式的共同特点在于,它们都与人们的日常生活息息相关,这就导致犯罪人实施犯罪行为的过程简短、场所隐蔽,难度低、成本低。一般来说,犯罪人有实施散播行为的意思后,有条件立即着手实施相关的行为。尽管从案例材料来看,犯罪人个人本位观念重,任性而为,犯罪动机大多都无意于危害民航安全、扰乱民航秩序,但因为虚假信息传播后一系列连锁反应引发的后果并不受犯罪人所控,从民航安全整体出发也要否认其动机正确性。①

(二)危害公共秩序,造成经济损失

由于虚假信息的传播连锁着机场等相关方面的应急措施,犯罪人实施散播行为后,向公安、机场、航空公司等方面传达了炸弹等虚假信息,不可避免地会造成严重的后果。这里的严重后果不单指民航安全的危害,更多的是公共秩序的严重扰乱与经济方面的严重损害。一是导致公共场所秩序混乱。一旦遭遇“航空炸弹”等虚假信息,航空公司、机场、公安等习惯性按“无当有”的处理方式,将会导致航班延误等后果。此外,鉴于航空安全问题涉及保密措施,非常情形发生时,如果机组人员不能完整清晰地向旅客解释原因,可能会引发旅客激动乃至恐慌的情绪。② 机场作为人流量巨大的公共场所,秩序的维护是重中之重,非常情形会使秩序面临不可预知的挑战。二是将产生巨大的经济亏损。一旦遭遇“航空炸弹”等虚假信息,航空公司和机场一般都会采取应急处置措施以应对不时之需,具体包括人力、物力的调度和安排等,可能产生一定的成本消耗,以及航班延误、备降、返航等措施也将在所难免地造成涵括旅客赔偿、燃油费等在内的经济损失。随着新冠肺炎疫情的出现,散播疫情相关虚假信息也同样会营造恐慌气氛、影响公众情绪,引起疫情防控措施背后无法估计的经济损失。

(三)处罚趋于严厉,有模式化之嫌

2013年5月27日,最高人民检察院公布了第三批指导性案例,其中有两例为与民航相关的编造、故意传播虚假恐怖信息案。2013年5月31日,最高人民检察院发布的《关于依法严厉打击编造、故意传播虚假恐怖信息威胁民航飞行安全犯罪活动的通知》要求,坚决严厉打击、从重打击编造、故意传播虚假恐怖信息威胁民航飞行安全犯罪。2013年9月16日,最高人民法院发布的《关于审理编造、故意传播

---

① 参见苗永恒、林泉:《擅开飞机应急舱门事件的犯罪学分析》,载《民航管理》2019年第7期。

② 参见李暄:《杜绝“炸弹”从强化意识开始》,载《中国民航报》2013年7月3日。

虚假恐怖信息刑事案件适用法律若干问题的解释》确定了“严重扰乱社会秩序”的认定标准。在这之后,散播虚假信息类非法干扰行为的发生频次明显降低,可见预防犯罪效果显著,不过仍存在一部分散播行为,可以考虑如何进一步遏制其发生。就已收集的案例材料而言,在从严打击的刑事政策指导下,现有治理措施趋于严格、严厉,且多围绕人身自由进行,一般会处以一年左右的有期徒刑,处罚方式趋于统一,或有模式化之嫌。因此,为了进一步提升治理效果,可以妥善变换司法处罚思路,有针对性地处罚相关散播犯罪行为。

三、散播虚假信息类非法干扰行为犯罪原因探析

就散播虚假信息类非法干扰行为所作的犯罪原因分析,是以已收集的案例为研究材料、以案例的主要犯罪原因为分类标准,进一步归纳总结而来的,主要有以下三类。

(一)私人纠纷是犯罪行为发生的主要因素

在18个案例中,有9起案件是因犯罪人的私人纠纷而起。这里的私人纠纷主要指与机场、航空公司等主体无关的民间矛盾,包括感情纠纷、社会矛盾等。例如,在(2020)内0702刑初70号刑事判决书中,宋某为引起相关部门重视、解决其女儿分配工作问题,编造虚假的爆炸袭击恐怖信件,并邮寄至机场、火车站、党政机关等单位。再如(2020)粤0105刑初345号刑事判决书中,刘某明因私人情感纠纷,拨打机场客服热线电话,谎称李某梅被确诊患有新冠肺炎疫情并私自逃离广州。在散播虚假信息类非法干扰行为的案件中,私人纠纷类案件占据较大比重。

(二)精神障碍因素可促成犯罪行为的实施

在18个案例中,有5起案件的犯罪人具有一定的精神疾病。克莱克利认为,精神病态者的行为缺乏目的性,目标更模糊,难以理解。[①] 精神疾病患者犯罪原因复杂,虽不能对“案件的发生根源于精神疾病”之说妄下定论,但可明晰的是,案件的发生与精神疾病因素存在一定关联。例如,在(2019)粤0306刑初2135号刑事判决书中,张某东患有分裂型障碍,且在实施散播行为之前,张某东曾400次拨打交警及公安报警电话。另有犯罪人多次实施散播虚假信息的非法干扰行为,如(2017)浙0802刑初490号刑事判决书与(2019)浙0802刑初189号刑事判决书中的巫某峰,先后被确诊为边缘智力以及人格障碍等。精神障碍类也是散播虚假信

---

① 参见吴宗宪:《西方犯罪学史》(第2版·第3卷),中国人民公安大学出版社2010年版,第880页。

息类非法干扰案件的一大类别。需注意的是,犯罪人虽有精神障碍,但几乎都被鉴定为完全刑事责任能力者,同样需处以刑罚。

(三)乘机纠纷亦成为犯罪行为的导火索

在18个案例中,有4起案件中的犯罪人乘机时发生了纠纷。乘机纠纷主要指犯罪人与机场、航空公司等方面因乘坐飞机事务出现的纠纷等。比如(2017)云0111刑初1450号刑事判决书中,胥某因自己未登上飞机,遂拨打民用机场公安电话,提及飞机上有炸弹。再如,(2019)川0116刑初1130号刑事判决书中,彭某娜因要搭乘的航班延误,心生不满,遂使用其新浪微博账户,在新浪微博平台上编造、发布内容为“好的我可能准备携带炸药登机了”的爆炸威胁信息,并附其搭乘航班信息及登机口照片。此外,还有为达到无偿改签目的、与机场工作人员发生争执等原因。在乘机纠纷类案件中,由于事件导火索一般出现在机场范围内,是否有必要连锁启动应急处置机制,致使航班延误、备降、返航,形成经济损失等不良后果,值得进一步衡量。

四、运用一般紧张理论阐释原因联动行为背后的犯罪学原理

紧张理论认为,犯罪和少年犯罪是人们在不能获得合法的社会和经济成功时体验到的挫折和愤怒(紧张)的产物。[①] 默顿的失范理论是最具有代表性的紧张理论,其理论虽然由迪尔凯姆的失范观点发展而来,但两者所认为的“失范”具有差别。迪尔凯姆认为的“失范”存在于病态社会中,指社会结构本身社会规范的缺乏从而造成的无规则的混乱状态。而默顿认为,“失范”长久地存在于社会中,特别是在下层阶级社会中。根据默顿的观点,任何社会的文化都确立一些它认为值得追求的目标,也都以规范、制度等形式规定了达到目标的手段,当个人无法利用制度性手段达到目标时,就会在传统目标与制度性手段之间产生失调现象或不平衡状态,这被默顿称为“失范”。在这种状态下,个人会感到一定的心理压力或者失范性紧张,人们可能会采取越轨行为,即可能会发生犯罪行为。[②] 默顿的失范理论主要聚焦在社会中的下层阶级,并以财富等物质上的成功为社会文化目标进行讨论。针对上述局限,卡伦在《对犯罪和越轨理论的重新思考》一书中重述了紧张理论:“紧张”有两种完全不同的意义,一为社会的特征,即社会结构不能提供合法手段来

---

① 参见吴宗宪:《西方犯罪学史》(第2版·第3卷),中国人民公安大学出版社2010年版,第1034页。

② 参见吴宗宪:《西方犯罪学史》(第2版·第3卷),中国人民公安大学出版社2010年版,第1036~1039页。

实现社会文化推崇的社会目标的一种处境；二为人的感情和情绪，如紧张感、挫折感、焦虑感、抑郁感和愤怒等。

阿格纽的一般紧张理论就是在此基础上发展而来的。阿格纽认为，犯罪可以是消极感情状态的结果，是由多种紧张造成的，主要包括以下来源：无法实现积极而有价值的目标（这与默顿失范理论中的内涵相一致）、期望和成就之间的分离（来自一种不平等感受）、失去个人所看重的刺激物（失去爱情、朋友等）、遇到消极刺激物（家庭冲突、朋友不和等）。这些紧张来源之间相互独立，但又重叠发挥作用，而人们在面对紧张时采取的不同反应（包括认知反应和行为反应等），则影响了其会否成为犯罪人。①

与迪尔凯姆的失范观点、默顿的失范理论不同，将"紧张"做扩大解释的一般紧张理论可以解释社会中大多数的犯罪行为。在散播虚假信息类非法干扰行为案件中，无论是私人纠纷、精神障碍还是乘机纠纷引发的散播虚假信息犯罪行为，都能适用一般紧张理论进行说明。在私人纠纷类案件中，犯罪人因紧张来源产生了消极感情状态，如"情感消逝""债务追讨不成"等事务可被视为"失去个人所看重的刺激物""遇到消极刺激物"等紧张来源，从而产生心理压力与失衡感，于是犯罪人作出了负面的行为反应，采取散播虚假信息的行为试图达成个人目的，恢复情绪平衡。在精神障碍类案件中，犯罪人可能是由于自身生理疾病因素施加了负面情绪影响，附加其他因素，从而产生消极感情状态，作出负面行为反应尝试恢复情绪稳定。乘机纠纷类案件同理，犯罪人或因航班不准时或因出现争执等消极刺激物的出现，触发了一系列失序心理，遂采取相关负面行为意图达到内心平衡。

随着犯罪学理论的发展，犯罪原因论也从单一因素性逐步转向综合多因素性。如康树华教授所说："犯罪原因是一个多质多层次的、综合的、变化的、彼此互为作用的相关系统，它包含有社会因素、心理因素、生理因素、自然环境因素以及文化等多种因素。"②一般紧张理论侧重心理因素、社会因素、文化因素等角度，以此来解释成因。例如，从生理因素、成长环境因素出发，可适用艾森克的自主神经系统—条件反射理论，该理论将犯罪行为、俄国生理学家巴甫洛夫条件反射原理以及瑞士精神病学家荣格内外倾概念结合起来，认为良心是一种条件反射，受家庭成长教育影响，个人在行为前预期的惩罚以及预期所导致的焦虑反应是制约个人行为的重要

① 参见吴宗宪：《西方犯罪学史》（第2版·第3卷），中国人民公安大学出版社2010年版，第1060～1062页。

② 参见康树华：《论中国犯罪学研究现状》，载《法学论坛》1997年第3期。

因素。[①] 这意味着散播虚假信息行为产生的焦虑越少,就越容易实施该犯罪,更具针对性地解释了精神障碍因素引发行为的犯罪学原理。

五、修正散播虚假信息类非法干扰行为的治理策略

(一)在宽严相济刑事政策的指导下处罚犯罪行为

自2013年以来,考虑到此类行为犯罪成本低,造成的危害后果却极其严重,且极容易被效仿,司法实践中一贯坚持严厉打击的原则,也确实收到了明显的预防成效。从已收集到的案例来看,严厉打击固然可行,但目前是否存在过于严厉打击的情况?例如,在(2019)川0116刑初1130号的刑事判决中,彭某娜因航班延误心生不满,使用新浪微博账户,在新浪微博平台上编造、发布内容为"好的我可能准备携带炸药登机了"的爆炸威胁信息,并附其搭乘航班信息及登机口照片。随后,该航班被迫停飞接受检查,公安机关民警在飞机座舱内挡获彭某娜。彭某娜编造、故意传播的虚假恐怖信息内容阅读量仅123次,最终被判处有期徒刑,同时适用缓刑。虽然适用了缓刑,但此类"虚假信息"是否足够明显"虚假",是否仅在行政法范畴处理便已足够,值得深思。

1."宽"于认定虚假信息

根据《刑法》第291条之一的规定,编造、故意传播虚假恐怖信息罪应为结果犯,在"严重扰乱社会秩序"的结果发生时,方能以该罪论处。前述提及,2013年最高人民法院发布的《关于审理编造、故意传播虚假恐怖信息刑事案件适用法律若干问题的解释》指出,致使机场秩序混乱或采取紧急疏散措施、影响航空器正常运行、致使公安等职能部门采取紧急应对措施等情形应当认定为"严重扰乱社会秩序"。在这之后的司法实践中,一旦犯罪人实施了散播行为,往往会造成相应后果,从而被认定为"严重扰乱社会秩序",引发法条的适用。因此,在处置民航领域虚假信息时,形式上编造、故意传播虚假恐怖信息罪为结果犯,实质上司法中甚至出现了将其视为行为犯的倾向。此外,在严厉打击趋势下,法官在审理类似案件时可能会形成模式化的审理思维,一味地采取严厉处罚,也并不符合现阶段广泛适用于司法中的宽严相济刑事政策。

在治理散播虚假信息类非法干扰行为时,也应逐步向"宽严相济"靠拢。所谓"宽"是宽在虚假信息的认定方面,将明显不易被传播、明显不会误导大众的虚假信息剔除出刑事处罚的行列;但鉴于民航安全不可儿戏,对此类虚假信息的散播依旧

---

① 参见吴宗宪:《西方犯罪学史》(第2版·第2卷),中国人民公安大学出版社2010年版,第754~759页。

要施以行政法范畴的处罚。所谓“严”，一是严在处罚的必定性；二是严在处罚种类及程度的确定，寻求更为有效的处罚措施。

2.“严”于确定具体处罚

严厉打击的原则保持了刑罚的必定性，于犯罪预防而言必然能够发挥良好的作用，但若严厉打击原则无法与有效的刑罚相配合，可能也将成为空中楼阁。所谓“刑罚要有效”，是指针对散播虚假信息类非法干扰行为，司法实践中有期徒刑的象征性适用以及缓刑的广泛适用，在某种程度上使刑罚效果成为空谈，造成形式上严厉打击但事实上惩戒力度低从而预防效果不佳的现状。为了解决这个难题，不妨将象征性的有期徒刑转化为高额罚金刑。同理，在行政法范畴内也要加大罚款力度，在一定程度上减轻政府成本的同时，也会增加犯罪人的犯罪成本，起到更加有效的震慑效果。

（二）民航相关单位需要进一步完善信息研判制度，承担经济损失责任

前述多次提及的虚假信息传播后的连锁反应，主要包括如航班延误、重新安检等应急处置措施，一般为机场、航空公司等方面所控。那么，在散播虚假信息类非法干扰行为案件中，这类主体是否可能需要承担起相应的责任？答案是肯定的。目前散播虚假信息行为的规制趋向“有必罚”的状态，与机场、航空公司等主体中在工作中存在懈怠现象有一定关联。“严重扰乱社会秩序”的认定标准是否达成，实质上也受机场等方面影响，在犯罪人实施散播行为后，机场等方面可能会怠于判断信息真伪，当即决定应急处置措施。例如，在有多次报假警前科的精神障碍患者散播虚假信息、犯罪人实施散播行为后被询问时予以否认等类似情形下，是否应当慎重采取应急措施，以免浪费人力物力，引发严重的经济损失。在已收集到的案例中，有犯罪人在被询问时多次否认信息的真实性，而机场、航空公司等方面依旧采取了应急措施，促使航班延误、备降、返航。因而，为达成前述宽严相济刑事政策中虚假信息的“宽”认定，需要对机场等主体作出以下要求：

1. 完善信息研判制度

航空器本身具有天然弱点，只要遇到不适航条件就会立即选择停飞、迫降或者改变航线。[①] 恐怖等有害信息对民航安全而言是致命的威胁，比如恐怖性爆炸信息：一旦发生爆炸，由于目标的随机性和爆炸的突发性，会造成巨大破坏，并产生恶劣社会影响。[②] 因此，在摒弃上帝视角的同时，可以理解机场、航空公司等方面出于保障安全角度的谨慎应对。但为更经济效率地进行民航营运，机场、航空公司等与

---

① 参见李文军：《虚假信息威胁民航安全行为的刑法规制——以 1971 年〈蒙特利尔公约〉为视角》，载《北京交通大学学报（社会科学版）》2015 年第 3 期。

② 参见林泉：《航空恐怖主义犯罪的防范与控制》，法律出版社 2015 年版，第 254 页。

民航安全息息相关的主体,还是要尽快建立并完善信息研判制度,向预防为主的事前管理转变①,加强对信息研判方法和机制的研究,做到在接收消息的第一步就能判断真伪,尽量减少损失②。此外,与宽严相济刑事政策的"宽"也可达成相互配合,信息研判制度可以甄别明显不易被传播、明显不会误导大众的虚假信息,一般存在于精神障碍类、乘机纠纷类案件中,要避免达成"严重扰乱社会秩序"的后果,从而将其剔除出刑法范畴,在行政法范畴内处置即可。

2. 承担可归因于机场等主体的经济损失

在完善信息研判制度后,明显因犯罪人以外的原因造成的经济损失,应当斟酌由机场或航空公司等主体来承担是否更为合理。一方面,可以杜绝机场、航空公司等方面在应对散播虚假信息类突发事件时存有的"一刀切"侥幸心理;另一方面,也能侧面推动机场、航空公司等内部工作机制体系的进一步完善。

六、结语

现阶段,秉承严厉打击原则来治理散播虚假信息类非法干扰行为,虽然有明显的预防犯罪效果,但长此以往可能会造成处罚统一化、模板化。因此,寻求宽严相济刑事政策的适用来进一步改良治理策略,将会给相关犯罪行为的预防处置带来新的祈望。在探求宽严相济刑事政策的适用进路中,一方面,需要机场等犯罪人以外的主体承担有关责任,配合信息研判制度的完善工作与可归因于机场等主体的经济损失承担机制,可达成宽严相济中"宽"的目的与效果;另一方面,为了进一步增加实施相关行为的犯罪成本,同时也为了改善处罚效果,可考虑应用在行政法范畴内加大罚款力度、在刑法范畴内引入高额罚金刑的处罚对策,以形成宽严相济中"严"的目的与效果。此外,舆论层面要继续进行散播虚假信息类非法干扰行为的危害性宣传工作,加大相关新闻报道力度,使犯罪人产生危机意识,力求在根本上避免该类犯罪行为的发生。

散播虚假信息类非法干扰行为的治理,离不开对现阶段行为趋势特点的分析以及犯罪原因的剖析,离不开公安、机场、航空公司等任何相关方的努力。笔者采用案例分析来研究散播虚假信息类非法干扰行为的演化趋势、犯罪成因,意图提出几点治理对策,以期进一步遏制散播虚假信息犯罪行为,但由于资料有限,数据不够详尽,还待更为周密的研究。

---

① 参见林泉、刘先沐:《擅闯机场控制区行为的成因与对策分析》,载《民航管理》2021年第5期。

② 参见卢锐、林泉:《虚假恐怖信息类非法干扰事件分析》,载《民航管理》2019年第8期。

载客类经营性通用航空飞行事故刑事责任探究*

肖长睿**

通用航空,是指使用民用航空器(不包括系留气球、风筝、无人火箭和无人自由气球)从事公共航空运输以外的民用航空活动,包括从事工、农、林、渔和建筑业的作业飞行以及抢险救灾、教育训练、文化体育等方面的飞行活动。截至 2021 年 9 月底,中国传统通用航空企业达到 577 家,无人机经营性企业 12,109 家,全国可兼顾通用航空服务的运输机场 247 座,通用机场 351 座。可以说,中国通用航空"十四五"开局喜人。① 但也应该看到欣欣向荣的局面下潜藏的危机:光是在 2012 ~ 2017 年 5 年的时间里通用航空领域发生的飞行事故就造成了上亿元的经济损失。经统计,2010 ~ 2017 年通用航空领域发生的事故总数是 2000 ~ 2009 年的 2 倍多。② 民航局事故调查中心通过对近 20 年发生的所有通用航空事故进行分析,发现其中 73% 的事故是人为因素引起的,而通用航空飞行员的因素占到事故总

---

* 基金项目:2021 年中国民航大学研究生科研创新项目"论重大飞行事故的判断标准"(项目编号:2021 YJS029)。

** 肖长睿,中国民航大学法学院硕士研究生,研究方向为刑法学、航空法学。

① 参见刘韶滨、郭子超:《2021 共融共享 开创"十四五"通用航空发展新局面——第三届民航通航发展大会观点聚焦》,载《中国民航报》2021 年 10 月 22 日,第 2 版。

② 参见杨其昌、仇争平编著:《通用航空事故调查方法与技术》,西南交通大学出版社 2020 年版,前言第 1 ~ 2 页。

起因的61%。可以看出,无论是从事故总数还是从业人员发生事故率来看,通用航空都存在着较大的事故风险,亟须在全面依法治国的当下通过法律手段加以规制。中国民用航空局(以下简称民航局)《关于通用航空分类管理的指导意见》指出,要对经营性与自用性通用航空、载客类和非载客类飞行活动实施分类管理。因此,本文拟仅聚焦于载客类经营性通用航空,以我国《刑法》中专门规制航空人员的罪刑规范——重大飞行事故罪为透视点,辨明此罪与彼罪,为完善符合通用航空特点和规律的刑法制裁体系做出贡献。

一、重大飞行事故罪是载客类经营性通用航空的基础法条

基础法条,是指保护法益比较清楚、构成要件比较清晰、法定刑比较合理的成熟法条。在考虑此罪与彼罪的关系时,必须以基础法条为基准,让其他相关法条与基础法条相协调。①

(一)"致使发生重大飞行事故"的法条定位

我国《刑法》第131条规定了重大飞行事故罪。② 若想对该罪予以适当解释,就有必要厘清"致使发生重大飞行事故"是该罪所有构成类型的共有要素还是仅为犯罪一般构成的特有要素。对于本罪的一般构成和加重构成而言,其结果要素究竟是"重大飞行事故,严重后果""重大飞行事故,航空器坠毁或人员死亡"(以下简称共有要素说),还是"重大飞行事故,严重后果""航空器坠毁或人员死亡"(以下简称特有要素说)。

支持特有要素说的学者,通常援用中国于1994年7月1日实施的《民用航空器飞行事故等级》(GB 14648-93)这一国家标准③来解释重大飞行事故,对于第131条前款与后款之间的关系则语焉不详。即使是考虑二者之间协调关系的支持者也仅认为:"造成死亡人数40人以上,适用第131条后款的量刑幅度。"④支持共有要素说的学者则以《刑法》第131条、第132条和第133条应做体系性考虑因而具有

---

① 参见张明楷:《刑法学》(第6版·下),法律出版社2021年版,第852页。

② 《刑法》第131条规定:"航空人员违反规章制度,致使发生重大飞行事故,造成严重后果的,处三年以下有期徒刑或者拘役;造成飞机坠毁或人员死亡的,处三年以上七年以下有期徒刑。"

③ 我国于1994年7月1日实施的《民用航空器飞行事故等级》国家标准,将飞行事故划分为一般飞行事故、重大飞行事故和特别重大飞行事故,其第3.2.2条明确规定,重大飞行事故是指"a.人员死亡,死亡人数在39人及其以下者;b.航空器严重损坏或迫降在无法运出的地方(最大起飞重量5.7t及其以下的航空器除外);c.航空器失踪,机上人员在39人及其以下者。"但该标准已于2017年失效。参见《关于废止〈微波和超短波通信设备辐射安全要求〉等396项强制性国家标准的公告》,中华人民共和国国家标准公告2017年第6号,2017年3月23日发布。

④ 曲伶俐:《重大飞行事故罪几个问题质疑》,载《政法论丛》1999年第6期。

表述上的一致性为由,将第131条基本犯理解为发生重大飞行事故,致使航空器破损、人员重伤或者承运货物损坏等情形。将本条结果加重犯理解为发生重大飞行事故,致使航空器坠毁、人员死亡一人或多人的情形。[①]

张明楷教授认为:"面对这样的问题,解释者应当考虑诸多因素:例如,根据犯罪的本质特征,不具备该要素的行为是否具有应受刑罚处罚的法益侵害性?再如,具备与不具备相比在危害程度上是否存在明显差异?还有,所得出的解释结论与相关法条相协调?"[②]首先,共有要素说可以对严重后果、人员死亡产生限定作用,即人员死亡数量必须至少达到重大飞行事故的认定标准,即10人以上(包括10人)。特有要素说则模糊了《刑法》第131条基本犯与结果加重犯之间的区别。其次,特有要素说认为,造成50人以上重伤应处3年以下有期徒刑或者拘役,而造成1人以上死亡的就可科处3年以上7年以下有期徒刑。该观点不符合罪刑责相适应原则。最后,共有要素说所得出的结论与相关法条相协调。例如,有学者认为,军人违反军用航空器操作规程方面的规章制度,因而发生重大飞行事故的,应以《刑法》第436条武器装备肇事罪论处。[③] 问题在于,《刑法》第436条规定,"致人重伤、死亡或者造成其他严重后果的,处三年以下有期徒刑或者拘役"。这表明,军人违规操纵军用航空器致人死亡的仅处3年以下有期徒刑,而航空人员违反规章制度致人死亡的则应适用第131条处3年以上7年以下有期徒刑。面对相同的结果,仅因主体不同而在刑罚上产生了重大差异,只能是因为不同主体对法益的侵犯有轻重之别。中国刑法通说认为,武器装备肇事罪的客体是"部队武器装备的管理和使用制度"[④],而重大飞行事故罪的客体是航空运输安全,显然二者并无可比性。因此"死亡"不能在第436条和第131条中做同等理解,必须用"重大飞行事故"加以限缩。

共有要素说可能遭受的批评是,将"死亡"限缩解释为10人以上死亡是否过于严苛。当分则条文在两个要素之间使用"或者"一词时,它所表明的是一种选择关系。对选择性要素还要实质考察其对法益的侵害性是否达到了值得科处刑罚的程度。[⑤] 第131条将航空器坠毁和人员死亡用或然关系连接,意在表明二者需具备相同的法益侵害程度才值得科处刑罚。试问,仅造成1人死亡的结果能够和航空器

---

① 参见王作富主编:《刑法分则实务研究》(第5版·上),中国方正出版社2013年版,第174页。

② 张明楷:《刑法分则的解释原理》,中国人民大学出版社2004年版,第310页。

③ 参见龚孟强、万克夫:《透析重大飞行事故罪的构成特征》,载《湖南公安高等专科学校学报》2009年第3期。

④ 高铭暄、马克昌主编:《刑法学》(第9版),北京大学出版社2019年版,第673页。

⑤ 参见张明楷:《刑法分则的解释原理》,中国人民大学出版社2004年版,第304页。

坠毁一样对航空安全法益产生相同的侵害程度吗?显然不能。因此,将"致使发生重大飞行事故"作为该罪所有构成类型的共有要素理解是合理的。进一步的疑问是,民用航空人员违反规章制度造成1人以上10人以下(不包括本数)死亡后果的应如何处理?如下所述,笔者认为应区分不同情况,以第133条交通肇事罪和第134条重大责任事故罪追究其刑事责任。

总而言之,重大飞行事故罪应当表现为三种行为类型:第一,航空人员违反规章制度,致使发生重大飞行事故,造成严重后果;第二,航空人员违反规章制度,致使发生重大飞行事故,造成航空器坠毁;第三,航空人员违反规章制度,致使发生重大飞行事故,造成人员死亡。

(二)"重大飞行事故"应当包含载客类经营性通用航空运输事故

2020年施行的《民用航空器事件调查规定》(以下简称《事件调查规定》)第3条规定,民用航空器飞行事故,是指在民用航空器运行阶段①发生的与航空器有关的人员死亡或重伤②、航空器严重损坏③、失踪或处于无法接近的地方的事件。《事件调查规定》认为,公共运输航空器与通用运输航空器均有可能发生飞行事故,故在定义民用航空器飞行事故时并未对适用范围加以限定。与之不同的是,2006年施行的《民用航空器飞行事故应急反应和家属援助规定》将民用航空器飞行事故限定在公共航空运输领域。④ 可以看出,二者就民用航空器飞行事故是否应包含通用航空运输事故产生分歧。反对意见认为,公共航空运输所使用的大型航空器具有设备昂贵、乘员众多的特点,一旦失事后果极其严重,往往是社会公众无法接受的事实,飞行安全也因此成为航空界最为关注的问题。⑤《民用航空器飞行事故应急反应和家属援助规定》制定说明中同样认为:"尽管从理论上说,不论事故的规模多

---

① 航空器运行阶段是指从任何人登上航空器准备飞行起至飞行结束这类人员离开航空器止的过程。

② 人员死亡或者重伤,是指因事件导致在下列情形中发生的人员死亡或者重伤,但是由于自然原因、自身或者他人原因造成的人员伤害,以及藏匿于供旅客和机组使用区域外的偷乘航空器者所受的人员伤害等情况除外:(1)在航空器内;(2)与航空器的任何部分包括已脱离航空器的部分直接接触;(3)直接暴露于发动机喷流。在事故发生之日起30日内经抢救无效死亡的,视为事故导致的人员死亡。

③ 航空器严重损坏,是指对航空器的结构强度、性能或者飞行特性有不利影响,并通常需要修理或者更换有关部件。

④ 《民用航空器飞行事故应急反应和家属援助规定》规定:"民用航空器飞行事故,是指在公共航空运输过程中,任何人自登上航空器准备飞行起直至到达目的地点离开航空器为止的期间内发生的与该航空器运行有关并导致人员受伤或死亡的事故。"

⑤ 参见中国民用航空总局航空安全办公室、中国民航学院民航安全科学研究所:《民用航空安全教育培训教材(二)》,第106页。

大,罹难者及其家属均应该得到适当的援助,但由于航空器事故的大小和情况不同,提供家属援助所需资源的多少相差很大。考虑到我国公共航空运输的载客量特点,规定将适用范围限定在重大及其以上的民用航空器飞行事故。"反观通用航空"三小"(小机型、小航线、小航程)的特点,不足以达到与公共航空运输同等的社会危害性。

重大飞行事故罪的保护法益是航空安全,是具有公共安全属性的集体法益。[①]就民航行业安全的角度而言,航空安全是使个人或航空器及其财产免遭不可接受风险的伤害或破坏的一种状态[②],航空安全并不区分公共航空运输与通用航空运输。而且,通用航空飞行由于飞行高度低、飞行速度慢、飞机可靠性水平低、地形复杂、依赖目视飞行等特点导致作业人员在作业过程中所面临的各类风险较多。通用航空领域在2012~2016年发生飞行事故90起,造成至少59人死亡,事故率远高于运输航空。通用航空事故(含直升机事故)万时率高于运输航空万时率几个数量级。[③]

《通用航空经营许可管理规定》规定,经营性通用航空活动分为载客类、载人类和其他类共三类经营活动。载客类经营活动主要包括通用航空短途运输飞行[④]和通用航空包机飞行[⑤]。从风险发生可能性、风险损害程度来看,经营性载客类通用航空飞行活动都具有损害不特定的地面、机上人员的生命、身体以及重大财产安全的危险。因此,无论保护的是航空安全法益还是其背后的公共安全法益,通用航空运输事故均应当纳入刑法的规制范围。

二、重大飞行事故罪是交通肇事罪的特别法条

(一)交通运输应当包含铁路、民用航空运输

交通肇事罪中的"交通运输"是否包括铁路、民用航空运输,有肯定和否定两种观点。否定的观点认为:"交通肇事罪发生的范围主要是指发生在陆路和水路交通

① 参见张莉琼:《侵害航空安全的危险判断研究》,载《河北法学》2020年第12期。

② See International Civil Aviation Organization Working Paper, *Determination of a Definition of Aviation Safety*, AN-WP/7699 11, adopted 11 December 2001, para. 2.2.

③ 参见王华伟等编著:《通用航空安全工程》,北京航空航天大学出版社2020年版,第123页。

④ 通用航空短途运输,是指通用航空企业使用30座(含机组)以下,符合民航局适航管理规定且具有标准适航证的民用航空器,提供的短距离定期载客运输飞行服务活动。航线距离原则上不超过500公里。

⑤ 通用航空包机飞行,是指航空企业使用30座(含机组)以下,符合民航局适航管理规定且具有标准适航证的民用航空器,按照与用户所签订的合法的文本合同中确定的时间、始发地和目的地,为其提供的不定期载客及货邮运输服务。

运输中的重大交通事故。”①其一,立法者在1997年修订《刑法》时秉持使分则条款具体化的思想,力图强化可操作性,因此将铁路、民用航空运输从原来的交通肇事罪中分离出来,用3个条文分别加以规定。② 其二,从我国《刑法》第133条“逃逸致人死亡的,处七年以上有期徒刑”的规定来看,立法者并未将非航空人员与非铁路职工考虑在内,因为根据第131条、第132条的规定,航空人员、铁路职工违反规章制度造成重大飞行事故或铁路运营安全事故的,最高法定刑只有7年,而若非航空人员、非铁路职工造成同样事故适用第133条的话,最高刑就变成了15年,明显有违刑法的公正原则。因此,非航空人员、非铁路职工造成同样事故的,应当适用第115条“过失以危险方法危害公共安全罪”,也不会出现法律漏洞。③

肯定的观点认为,既然第133条没有限定交通运输的范围,就不应当作上述狭义解释。检察长张军认为:“交通肇事罪侵犯的客体,是交通运输的安全。交通运输,是指与一定的交通工具与交通设备相联系的铁路、公路、水上及空中交通运输。所谓交通运输管理法规,是指保证交通运输正常运行和交通运输安全的规章制度,包括水上、海上、空中、公路、铁路等各个交通运输系统的安全规则、章程以及从事交通运输工作必须遵守的纪律、制度等。”④首先,交通运输是指利用交通工具并借助一定交通设施将人或物从一地运载运往另一地的整个活动过程。⑤ 因此交通运输应当包括铁路、民用航空运输。而且,交通运输部同样认为,综合交通法规体系应当包括铁路、公路、水路、民航、邮政等领域“龙头法”。⑥ 其次,2008年国务院第6次机构改革使民航局成为交通运输部下的部管国家局。最后,根据特别法优先于一般法的适用规则,“某个可罚行为的不法内容能够由一个法条予以充分评价时,就适用该法条而排除其他法条的适用”⑦。航空人员、铁路职工违反规章制度致使发生重大飞行事故、铁路运营安全事故,逃逸致人死亡的,重大飞行事故罪与铁路运营安全事故罪已不能充分评价该可罚行为的不法内容,此时只有交通肇事罪才

---

① 高铭暄、马克昌主编:《刑法学》(第9版),北京大学出版社2019年版,第353页。

② 参见向本阳:《交通肇事罪基本犯若干问题检讨》,载《福建政法管理干部学院学报》2006年第1期。

③ 参见高铭暄主编:《刑法专论》(第2版),高等教育出版社2006年版,第618页。

④ 张军主编:《刑法(分则)及配套规定新释新解》(第9版),人民法院出版社2016年版,第223~224页。

⑤ 参见黄明儒、蒋小燕:《浅析交通肇事罪的范围——从交通肇事罪的客体着手》,载《国家检察官学院学报》2000年第4期。

⑥ 参见《交通运输部关于推进交通运输治理体系和治理能力现代化若干问题的意见》,(交政研发〔2020〕96号),2020年10月17日发布。

⑦ 张明楷:《法条竞合与想象竞合的区分》,载《法学研究》2016年第1期。

能对“发生交通事故＋逃逸”予以充分评价，故应当排除第131条和第132条的适用，仅适用第133条。此时也不会存在罪刑不相适应的情况。

（二）通用航空器驾驶员有可能成立交通肇事罪

与其重视和增加犯罪之间的对立，不如注重犯罪之间的竞合。只要行为所侵害的法益处于刑法条文的保护范围内，只要行为、结果等事实处于刑法条文的用语可能具有的含义范围内，就应当将该行为解释为符合构成要件的行为。[①] 交通运输管理法规，是指与保障交通运输的正常运行和安全有直接关系的安全规则、操作规程、职责要求等。[②] 各国飞行规则及各型号航空器驾驶手册等都是与保障空中航行安全[③]有直接关系的操作规程。重大飞行事故罪和交通肇事罪被我国学者归入“违反安全管理规定危害公共安全的犯罪”中或“责任事故型犯罪”中[④]，交通肇事罪的规范保护目的与重大飞行事故罪的规范保护目的一致，均是保障交通参与者的生命、身体安全。如被定性为重大飞行事故，则因特别法优先于一般法而应适用第131条；若不构成重大飞行事故，仅因造成直接经济损失在100万元以上且负事故主要责任的，亦可适用第133条对该行为予以充分评价，即“当适用特别法条不公平的时候，则适用想象竞合的处断规则”[⑤]。

因此，从事经营性载客类通用航空飞行活动的企业或个人违反《一般运行和飞行规则》《民用航空空中交通管理规则》等与保障空中航行安全有直接关系的操作规程中有关保护公民参与交通行为时人身安全的规定，造成严重后果的，在分清事故责任的基础上，对于构成犯罪的成立交通肇事罪。需要注意的是，虽然最高人民法院《关于审理交通肇事刑事案件具体应用法律若干问题的解释》第2条第2款明确规定为“驾驶机动车辆”，但《一般运行和飞行规则》第91.111条明确规定血液中酒精含量达到或超过0.04%，或使用影响人体官能的药品可能对安全产生危害的，不得担任或试图担任民用航空器的机组成员，且民用航空器明显比机动车辆驾驶难度更大、要求更高，故按照（入罪）举轻以明重的解释规则，此处应至少将范围扩大至“驾驶民用航空器”。正如张明楷教授所言：“解释者在解释侵犯相同法益的犯罪的构成要件时，应注意将轻罪行归入轻罪的构成要件，将重罪行归入重罪的构成

---

① 参见张明楷：《刑法学》（第6版·下），法律出版社2021年版，第849～852页。

② 参见李朝晖：《论交通肇事罪的实行行为》，载《法学》2014年第3期。

③ 空中航行安全，是指航空器在没有风险的环境中安全飞行，没有倾覆或坠毁的危险。参见张莉琼：《侵害航空安全的危险判断研究》，载《河北法学》2020年第12期。

④ 参见周光权：《刑法各论》（第4版），中国人民大学出版社2021年版，第217页。

⑤ 梁根林主编：《当代刑法思潮论坛（第3卷）：刑事政策与刑法变迁》，北京大学出版社2016年版，第77页。

要件。否则,便会造成不公平现象,有损刑法的正义。”①

三、重大飞行事故罪是重大责任事故罪的特别法条

(一)防止和减少民用航空器飞行事故已被纳入安全生产领域

国际民用航空组织(International Civil Aviation Organization,ICAO)将航空安全定义为:“将与航空器运行相关或直接支持航空器运行的航空活动的相关安全风险减少并控制在可接受水平的状态。”②可见,航空安全的研究对象为与航空器运行相关的活动,研究内容为通过可持续的危险源辨识和风险管理将安全风险控制在可接受的范围内。根据原国家安全生产监督管理总局《生产安全事故统计报表制度》的规定,道路交通、铁路交通、民航飞行等十类事故是安全生产涉及的领域。安全生产是使社会生产活动中危及劳动者生命和健康的各种事故风险和伤害因素始终处于有效控制的水平。因此,航空安全属于安全生产领域的一个分支。③

在中国,将航空安全纳入生产安全领域有充足的法律依据。2016年民航局发布的《民用航空法》(修订征求意见稿)第3条之一即规定:“从事民用航空活动的单位应当建立健全安全生产管理制度,落实安全生产主体责任,防止和减少民用航空安全事故的发生。”虽然该意见未被2021年颁布的《民用航空法》采纳,但笔者认为其已被具体落实在各现行有效的涉及民航管理的规章中。首先,《民用航空安全管理规定》(CCAR-398)第1条即明确将《安全生产法》作为上位法,规定:“……依据《中华人民共和国民用航空法》《中华人民共和国安全生产法》等国家有关法律、行政法规,制定本规定。”其次,《安全生产法》第10条也已被体现在众多现行有效的涉及民航管理的规章中。最后,经营性通用航空活动亦应遵守《安全生产法》的有关规定,如《通用航空经营许可管理规定》(CCAR-290-R3)第46条规定:“通用航空企业违反《中华人民共和国安全生产法》规定,不再具备安全生产条件的,民航地区管理局应当依法撤销其经营许可证。”

(二)载客类经营性通用航空“黑飞”可能成立重大责任事故罪

据统计,2006年内地的私人飞机总数还不到100架,其中公务机仅有十余架,

---

① 张明楷:《刑法分则的解释原理》,中国人民大学出版社2004年版,第118页。

② ICAO *International Standards and Recommended Practices*, *Annex* 19 – *Safety Management*, second edition, adopted July 2016, p. 1 – 2.

③ 参见马骏等:《民航安全管理效能基础术语概念辨析》,载《民航管理》2021年第9期。

而内地能买得起私人飞机的超过万人。[①] 2012 年《中国民航局适航审定部门年度报告》统计称，目前中国私人飞机约有 1500 架，但只有 6 架登记在册。可以预见到，随着我国低空空域管理改革的深化，在逐步开放低空空域的未来，必将会有一大批供私人从事营运活动的通用航空器驰骋于祖国的蓝天。然而，目前我国《通用航空飞行管制条例》对低空空域内通用航空的飞行规定了繁杂的条件和手续。成为一名合格的私人直升机驾驶员成本约 10 万元，但根据《通用航空飞行管制条例》的规定，未经批准飞行且情节严重的才处以 2 万元以上 10 万元以下罚款。因此，从事营运活动的通用航空企业和个人大多选择“黑飞”以使收益最大化。在前置法近乎失效的当下，作为“保障法”的刑法应当站出来成为社会治理的最后手段。

有学者认为：“航空人员（如地勤人员）违章作业导致重大飞行事故的，不可否认同时符合重大飞行事故罪与重大责任事故罪的构成要件。重大责任事故罪构成要件中的‘在生产、作业中违反有关安全管理的规定，因而发生重大伤亡事故或者造成其他严重后果’具有极大的包摄性，使得符合其他责任事故犯罪构成要件的行为，基本都符合重大责任事故罪的构成要件，因而重大责任事故罪可谓一种兜底性的责任事故犯罪。企图划清重大责任事故罪与其他责任事故犯罪的界限，注定是徒劳的，还不如坦率承认重大责任事故罪与其他责任事故犯罪之间存在竞合关系（无须深究到底属于法条竞合，还是想象竞合），从一重罪处罚即可。”[②]最高人民检察院指导案例第 97 号夏某某等人重大责任事故案指导意义中指出：“具有营运性质的交通运输活动中，行为人既违反交通运输法规，也违反其他安全管理的规定（如未取得安全许可证、经营资质、不配备安全设施等），发生重大事故的，由于该类运输活动主要是一种生产经营活动，为全面准确评价行为人的行为，一般可按照重大责任事故罪认定。交通运输活动的负责人、投资人等负有安全监管职责的人员违反有关安全管理规定，造成重大事故发生，应认定为重大责任事故罪。”

违反有关安全管理的规定，既包括违反国家发布的各有关安全生产的法规，也包括企业、事业单位及相关管理机关制定的涉及安全生产的法律文件。对于从事交通运输营运活动的企事业单位及个人来说，交通运输法规同时亦属交通运输组织的“安全管理的规定”。因此，未经批准擅自飞行实际上是未取得安全生产许可、飞行计划未经批准或不提交飞行计划的飞行，其实质是不提供安全生产条件。更

---

① 参见陈节：《39 家民企预订直升机，温州兴起购私人飞机热》，载《中国改革报》2006 年 5 月 9 日，第 2 版。

② 陈洪兵：《公共危险犯解释论与判例研究》，中国政法大学出版社 2011 年版，第 216、218 页。

有甚者,在未取得民航局核发的适航许可证时即驾驶私人直升机从事营运活动,此可谓根本未取得经营资质。①

根据我国《通用航空飞行管制条例》第41条规定,从事通用航空飞行活动的单位、个人未经批准擅自飞行,未按批准的飞行计划飞行,不及时报告或者漏报飞行动态,未经批准飞入空中限制区、空中危险区,造成重大事故或者严重后果的,依照《刑法》关于重大飞行事故罪或者其他罪的规定,依法追究刑事责任。因此,对于上述行为人、投资人或实际控制人不履行安全监管职责的行为,在此情况下从事营运活动(进行生产、作业),导致发生严重后果②的,成立重大责任事故罪。事故的发生是否介入了第三人违规行为或者其他因素,均不影响对其刑事责任的追究。

需要注意的是,上述违反民用航空领域规章制度的行为,有可能既违反交通运输法规又违反安全生产管理的规定,在未发生重大飞行事故但已造成1人以上死亡、3人以上重伤或直接经济损失100万元以上的前提下,因为既符合交通肇事罪的犯罪构成,也符合重大责任事故罪的犯罪构成,应当明确导致事故发生的危害行为与危害结果因果关系,找出事故发生的主要原因和次要原因,根据主要原因查明行为人违反的相关法律规范,据此确定罪名。③ 例如,若主要原因是通用航空器驾驶员酒驾、毒驾、无证驾驶等违反交通运输中有关保护公民人身安全的操作规程之规定的,应认定为交通肇事罪。若主要原因是未申请飞行计划、未提前划设飞行空域等不履行安全监管职责的行为,应倾向于重大责任事故罪。

---

① 参见杨江:《中国私人飞机“高级黑”:低空不开放,只能黑飞》,载搜狐网,http://news.sohu.com/20130606/n378193300.shtml,最后访问日期:2022年1月15日。

② 此处的“严重后果”是指,最高人民法院、最高人民检察院《关于办理危害生产安全刑事案件适用法律若干问题的解释》第6条所规定的造成死亡一人以上或者重伤三人以上的;造成直接经济损失一百万元以上的;其他造成严重后果或重大安全事故的情形。

③ 参见刘彦修:《公共交通领域安全责任事故的刑法治理》,载《中国检察官》2021年第13期。

航空保险合同保险利益原则解释与适用

刘胜军[*]　刘华静[**]

一、引言

航空运输活动纷繁复杂，分工细、成本高、风险大，飞行过程中发生碰撞、坠毁等事故，大概率会导致人员伤亡和财产损失。因此，飞机保险自20世纪初产生于英国、美国后，得到迅速发展。我国的飞机保险业务开办于1974年，最初限于承保国际航线的班机和包机，后承保范围扩大到国内航线的飞机。根据《通用航空经营许可管理规定》①的要求，我国航空企业有义务投保机身险和责任险。

航空企业稳定、安全、健康发展是企业的核心宗旨，航空风险的转移和分散依赖航空保险。为此，需明确航空保险的相关主体，当前普遍存在的现象是航空器的所有权人和使用人相分离，航空器的投保人和被保险人多元化，当飞机发生毁损时，保险金的给付问题成为航空保险合同各方当事人关注的焦点，保险人是否需要给付保险补偿金？给付多少？谁有权向保险人主张给付？给付的请求权基础何在？根据我国保险法的立法目的，保险金是为了弥补实际受到损失的人，没有损害谈不上理赔，保险法禁止不当得利。对上述一系列问题的回答，直指保险

* 刘胜军，中国民航大学法学院副教授，法学博士。

** 刘华静，中国民航大学法学院2019级民商法学硕士研究生。

① 《通用航空经营许可管理规定》第8条。

法的重要制度——保险利益。保险利益是规制保险合法、合理运行的基础机制,保险利益决定保险合同的成立、生效、履行和实现,保险利益的大小决定保险补偿金额的多少。[①] 2017年浙江省高级人民法院再审审理的中国人民财产股份有限公司与上海赛龙通用航空有限公司财产保险合同纠纷[②]即为著例,该案对于保险利益的法律理解与适用甚有价值,故借以运用以求研究说明相关问题。

二、上海赛龙通航公司诉中国人民财产保险公司案基本内容

(一)基本案情

原告上海赛龙通用航空有限公司(以下简称赛龙公司)主张,涉案飞机所有人为上海豪海通用航空有限公司(以下简称豪海公司),原告作为此架飞机的合作运营方向被告投保,被保险人为原告、豪海公司。后涉案飞机在执行任务时由于操作失误发生毁坏,因而请求被告赔偿原告飞机维修损失费和零件置换费之判决。

被告安吉支财产保险公司(以下简称财保安吉支公司)则以涉案飞机的所有权人为豪海公司,赛龙公司作为被保险人,就涉案飞机的保险利益不同于豪海公司作为所有人的保险利益,赛龙公司就涉案飞机向豪海公司的赔偿责任尚未确定,只有当赔偿责任发生时,才可以向保险人转嫁,提出赔偿请求。基于赛龙公司与豪海公司的合同性质和关系,主张赔偿的权利人应为涉案飞机的所有权人即豪海公司,故赛龙公司向被告请求赔偿保险金属于主体不适格,被告依约无须承担保险责任。

(二)判决理由

案涉事故造成的损害是否属于保险人承保范围,财保安吉支公司是否应承担赔偿责任,关键在于认定赛龙公司是否具有保险利益。二审法院认为,根据财保安吉支公司提交的《通用航空机身一切险及责任险条款》可知,机身一切险属于责任险和损失险竞合的险种。赛龙公司基于与豪海公司签订的通用航空合作运营协议成为案涉飞机经营管理人,负责飞机安全运行及各类维修事项,对案涉飞机具有合法的直接利益关系,其投保机身一切险并作为被保险人,具有责任保险利益。通常而言,当责任险与损失险竞合时,责任险的保险人最终承担责任。

另外,鉴于机身一切险系责任险与损失险竞合的险种,保险人均为财保安吉支公司,在豪海公司对案涉事故发生无过错的情况下,赛龙公司直接诉请理赔,符合其作为被保险人的利益,亦可减少理赔环节,并且豪海公司也出具了保险权益转让

---

① 参见孙积禄:《保险利益原则及其应用》,载《法律科学(西北政法学院学报)》2005年第1期。

② 参见浙江省安吉县人民法院民事判决书,(2016)浙0523民初3049号;浙江省湖州市中级人民法院民事判决书,(2017)浙05民终248号;浙江省高级人民法院民事裁定书,(2017)浙民申3073号。

情况说明,将享有的保险利益全部转让给赛龙公司。因此,赛龙公司无论是因对案涉飞机具有责任保险利益还是因受让豪海公司保险权益而向财保安吉支公司请求赔偿保险金,虽请求权基础不同,但赛龙公司未就此获得额外利益,财保安吉支公司均须承担保险责任。

(三)基本见解与不足

在本案中,原告作为飞机的合作运营方向被告投保,被保险人为原告、豪海公司。后涉案飞机发生毁坏,赛龙公司是否属于本案适格被告,即对飞机损失是否具有保险利益,系本案争议之所在。

1. 关于此点,法院采取下列四项见解

(1)赛龙公司具有财产责任险的保险利益。

(2)豪海公司具有财产损失险的保险利益。

(3)机身一切险是损失险与责任险的竞合,财保安吉支公司承担最后责任。

(4)豪海公司将保险权益转让给赛龙公司,系其对自己权利的自由处分。

2. 判决理由的不足

围绕上述案例,保险利益尚有商榷余地,航空保险合同的保险利益有无的判断、具体享有何种保险利益、不同保险利益的表现形式、保险合同当事人的权利义务关系以及航空保险合同发生保险代位权的切断的情形,需要亟待明确,此亦为本文研究之重点。

三、航空保险合同无效抗辩依据之保险利益

飞机保险合同又称"航空保险合同",属交通运输工具保险。飞机是航空保险合同的标的物,飞机在保险期限内因保险事故遭受损失以及因此产生被保险人对第三者或旅客承担赔偿责任时,保险人予以赔偿。①

我国《民法典》第604条规定,标的物发生毁损、灭失的风险采"交付主义"规则,非"所有权发生变动"规则。在航空保险关系中,投保人投保的实际上是对航空器的风险,保险保障的是该航空器所可能遭受的风险,而并非构成航空器的一零一件。航空保险合同承保的风险是保险利益,航空保险利益是否存在关系到航空保险合同的效力的有无以及航空保险合同的履行,因而,准确认定保险利益,对于明确航空保险合同的效力、确定双方当事人的权利义务具有重要意义。

---

① 参见李新记:《我国航空保险法律问题研究》,载《南京航空航天大学学报》2008年第5期。

(一)航空保险合同保险利益的法理基础

保险利益源于英国,出于海商法学家。[①] 我国学者称其为“保险利益”。它经历了不同学说的发展,对本案中航空保险合同保险利益的有无,笔者将分述如下:

依据一般性保险利益学说,保险利益是否存在决定保险补偿金的有无,谁是保险标的物的所有权人谁就拥有保险利益,有权请求保险人补偿保险事故造成的损失。[②] 后德国学者贝内克(Benecke)认为,仅仅认可物的所有权人对物之损害有保险利益与现实情况不符,物具有使用价值和流转价值,用益物权人和担保物权人对物之损害亦具有法律上的利益,应同时肯定用益物权人和担保物权人对物同样具有保险利益,兼顾法律体系的连贯性和法律目的的可实现性。[③] 在航空保险中,保险标的不是航空器本身,而是投保人对该航空器存在的利益。[④] 在实践中,航空公司多采用融资租赁经营模式,一架飞机成本高昂,出租人通常要求承租人对飞机投保,航空保险合同中,飞机是保险利益的载体,保险利益因飞机而产生,如无飞机,便无航空保险利益。在理论上,一个保险利益成立一个保险合同,一架飞机存在数个保险利益,因此飞机的相关利益主体可分别订立不同的保险合同,以维护自己的利益。

本案投保人是飞机运营管理人豪海公司,被保险人是飞机所有人豪海公司和管理人赛龙公司,航空保险合同当事人实际上是将原本应该分别签订的两份航空保险合同简化为一份,从而造成了财产保险理赔纠纷。赛龙公司和豪海公司对于同一航空器具有不同保险利益项,飞机发生保险事故后,两家公司可否都向财保安吉支公司主张理赔呢?笔者认为,如果因为航空器所有人的责任导致航空器损坏,因航空器使用人不承担此一风险的不利后果,其当然不能享有补偿请求权。本案航空器是在飞行期间遭受损失,过错在于航空器使用人,故赛龙公司因管理不善应当承担赔偿责任。特殊之处是,赛龙公司有权向保险公司请求补偿,因为赛龙公司投保的险种是财产责任险,享有责任险的保险利益,是责任险的投保人和被保险人。

---

① 参见江朝国:《保险法基础理论》,中国政法大学出版社2002年版,第124页。

② See John Birds, *Modern Insurance Law*, Ninth edition, Sweet & Maxwell, 2013, p. 41.

③ 参见温世扬:《给付性保险中保险利益的制度构造——基于比较法的视角》,载《中国法学》2010年第2期。

④ 参见李新记、张鸣胜、吴伟:《论航空保险中的可保险利益原则》,载《中国民航飞行学院学报》2006年第2期。

(二)保险利益对保险合同的效力认定

保险利益关涉社会公德和公共利益,禁止他人利用保险进行赌博活动。[①] 保险利益是基于民商法基本原则的要求,对当事人之间私法关系的介入。在理论上,这种介入可通过将保险利益作为保险合同成立的生效要件或者保险金给付请求权的构成要件等方式来实现。[②] 基于保险利益的不同定位,保险利益对私法关系的介入程度并不完全一致。

从比较法上看,在英国,投保人在人寿保险合同中无保险利益的,该人寿保险合同绝对无效。《1775 年英国海商法》规定,没有可保利益的海上保险合同无效。基于公共政策的考虑,法院有主动审查的义务,法院审理案件时必须审查是否存在保险利益。[③] 形成对比的是,美国法院认为违反保险利益原则会造成保险合同不能强制执行,但保险人常常以此来拒绝赔偿且受禁反言和弃权原则的规制。[④] 可见,美国法院对保险合同的介入程度要宽松一些。大陆法系一般也将保险利益作为保险合同的生效条件,如意大利和俄罗斯。[⑤]

现在,这种绝对无效的立法模式已经逐渐缓和。英国保险法理论有将保险利益分为法定保险利益和约定保险利益的观点,依此观点,若没有法定保险利益,则保险合同绝对无效;若没有约定保险利益,只有保险人主张不存在保险利益时,保险人才无须承担给付保险金的义务。在实践中,为保护被保险人的利益,保险合同的无效会受到一定的约束。例如,投保人已全额交付保险费,保险人又主张保险合同不存在保险利益[⑥],则违背了诚实信用原则;再如,保险人已签发保单,再主张不存在保险利益保险合同无效,法院通常认为投保人基于代理法律行为或信托关系,有权主张保险金。

---

① 参见[美]小罗伯特 · H. 杰瑞、道格拉斯 · R. 里士满:《美国保险法精解》,李之彦译,北京大学出版社 2009 年版,第 102 页。

② 参见吕岩、朱铭来:《论保险利益原则在我国保险立法中的修订与完善》,载《保险研究》2009 年第 3 期。

③ 参见牛元:《英国保险保证新立法及对中国海上保险保证制度完善建议》,载《中国海商法研究》2017 年第 4 期。

④ 参见[美]小罗伯特 · H. 杰瑞、道格拉斯 · R. 里士满:《美国保险法精解》,李之彦译,北京大学出版社 2009 年版,第 125 页。

⑤ 《意大利民法典》第 1904 条规定:"在保险应当开始时,如果被保险人对损害赔偿不存在保险利益,则该损害保险契约无效。"《俄罗斯联邦民法典》第 928 条规定:"(1)违法利益不得保险;(2)参与赌博、抽彩和打赌的损失不得保险;(3)为释放人质而可能被迫支出的费用不得保险;(4)与本条 1 ~ 3 款相抵触的保险合同条款,自始无效。"

⑥ 参见汤俊湘:《保险学》,台北,三民书局 1984 年版,第 65 页。

我国立法关于保险利益对保险合同的效力认定经历了一个转变过程。根据1995年《保险法》第11条第2款的规定,投保人对保险标的无保险利益的,保险合同当然无效。投保人的保险利益是保险合同的生效前提。之后2009年修改的《保险法》将1995年《保险法》第11条删除,分别对人身保险和财产保险中投保人的保险利益问题进行了不同规定。《保险法》第31条第3款明确订立人身保险合同的,投保人对被保险人必须具有保险利益,否则合同无效。概言之,人身保险中保险利益对保险合同的效力沿袭了原来的规定。[①] 但在财产保险中,保险利益的有无对保险合同的效力的影响就大大不同,《保险法》第48条这样规定:“保险事故发生时,被保险人对保险标的不具有保险利益的,不得向保险人请求赔偿保险金。”仔细分析,财产保险中对保险利益的时间要求、主体要求都不同以往,人身保险的保险利益对保险合同效力的认定从投保一开始,在投保人环节就锁死,立法态度极其严格;财产保险的保险利益对保险合同的效力影响减弱,主体仅限被保险人,时间延至保险事故发生时,法效果上也没有采用保险合同无效的措辞,仅仅是被保险人不得向保险人主张保险赔偿金。[②] 据此,航空保险属于财产保险,那么无论赛龙公司是否享有保险利益,航空保险合同效力均不受影响,财保安吉支公司无权以航空保险合同无效为由拒绝给付保险金。

四、航空保险合同中不同保险利益的竞合

航空活动具有复杂性需要多方协作,故参与航空活动的主体具有多元化的特点。一架航空器上承载着不同主体的经济利益,如航空器所有权人、航空器运营管理人、航空器承租人、航空器使用人等,在经济利益的驱动下,各方主体都对航空器享有保险利益,可以分别向保险人投保,以减少损失、转移风险,实现营利最大化。航空保险合同中不同保险利益竞合的情况实属自然,因此有讨论之必要。

(一)航空保险利益的积极权利行使

航空活动的安全性和营利性是航空相关企业关注的重点,航空保险包含飞机制造、飞机买卖、租赁、运营管理、维修维护、基础设施保障等相关活动风险。[③] 航空保险利益的积极权利行使,通常是被保险人对于飞机所享有的现实利益,飞机的所

---

① 参见韩长印:《大陆与台湾保险合同法比较与评析——以大陆〈保险法〉2009年修订为重点》,载《保险研究》2009年第7期。

② 参见李新天:《论保险标的与保险利益——从物之保险到保险利益之保险》,载《法商研究》2005年第3期。

③ 参见侯艳:《论航空保险合同中损害补偿原则》,载《市场周刊(理论研究)》2007年第7期。

有人、保管人、占有人、股东、合同当事人等都享有相应的保险利益。

对本案中保险利益的权利行使，可以采取双重标准，具体来说，从赛龙公司和豪海公司所享有的权利进行判断。一方面，被保险人必须要对保险标的享有合法的权利，赛龙公司对飞机行使用益物权，占有和使用飞机；豪海公司对飞机享有所有权，两者保险利益的权利归属分别是所有权和用益物权。在航空保险中，保险的功能在于填补损失，如果在保险事故发生时，被保险人对保险标的不享有所有权或其他权利，那么保险事故就不会对其造成损失，因而，他也不应当获得保险赔付。[①]另一方面，根据保险利益的不同，可以确定被保险人投保的具体险种。豪海公司享有对飞机的所有权，投保的是机身损失险；运营管理人赛龙公司直接占有该飞机，可能因使用过程中造成他人损害而承担侵权责任，故其投保的是责任险。

具体而言，财保安吉支公司的理赔金额如何确定？赛龙公司投保了机身险，我国机身险采定值保险方式，区分全损和部分损失，机身险的保险赔付因保险标的的全损和部分损失而有差别。飞机全损的，保险人按保险金额赔偿；飞机部分损失的，保险人按实际的维修费减去免赔额予以赔付。此外，保险人还要负责赔偿施救费用、救助费用、运输费用、检验费用等。[②] 因此，财保安吉支公司要按实际的飞机修理费用扣除免赔额后予以赔付，赛龙公司也有权向财保安吉支公司请求给付上述一系列必要费用。

（二）航空保险利益的消极经济形式

“消极保险利益”的说法，是法学家在学术上对保险利益的再分类。目前消极经济形式包括债务不履行与侵权两种。李玉泉教授认为，消极财产保险利益包括法定责任、合同责任、必要费用以及消极损失。概言之，消极利益是产生某种法律上的负担，为了免除或减轻投保人或被保险人承受该种法律负担，可以将该负担作为保险标的，将风险转嫁给保险公司，以维持其财产的圆满性。我国现行法上找不到“消极的保险利益”的明确含义，但根据消极利益的本质，《保险法》第 65 条其实是作出了相关规定的，被保险人可以就对第三者依法承担的赔偿责任进行投保。笔者总结认为责任是消极的，责任保险对应的保险利益主要是消极的保险利益。[③]

在本案中，赛龙公司与豪海公司签订合作运营协议，双方之间达成合同，赛龙公司基于有效合同享有飞机的使用权，现飞机发生毁损，赛龙公司违反了妥善保管

---

① 参见范健、王建文、张莉莉：《保险法》，法律出版社 2017 年版，第 77 页。

② 参见何佩、栗牧怀、谢孜楠：《国内航空运输飞行事故经济损失计算方法——直接经济损失篇》，载《中国民用航空》2006 年第 2 期。

③ 参见李玉泉主编：《保险法学——理论与实务》（第 2 版），高等教育出版社 2010 年版，第 74 页。

航空器的义务构成违约;同时航空器发生毁损,赛龙公司客观上实施了侵害豪海公司所有权的行为,主观上对飞机损毁存在过失,飞机毁损与赛龙公司的行为之间存在因果关系,赛龙公司构成侵权。赛龙公司基于侵权产生的损害赔偿责任由财保安吉支公司承保,财保安吉支公司应该予以赔偿。

最后,关于停飞造成的运营损失是否属于消极的保险利益补偿范围。笔者认为,投保人或被保险人对其飞机飞行可获得巨大的利润,若允许将飞机正常飞行所能赚取的利润转嫁给保险公司,保险公司会亏损惨重,不符合公平原则,不利于社会保险事业的发展。机身保险的除外责任一般包括停航、停运的间接损失。

五、航空保险合同保险利益的转让

保险利益转让专门指投保人或被保险人与保险合同之外的第三人签订合同,转让保险利益的情形。[①]《保险法》仅规定了保险标的转让,保险标的转让的受让人承继被保险人的权利和义务,被保险人或者受让人应当及时通知保险人。这里的问题是保险标的转让与保险利益转让有什么区别和联系?航空保险利益转让时未通知保险人是否影响航空保险合同的效力?

(一)厘清保险权益与保险利益

保险标的是特定的财产和利益,保险标的是保险合同的客体,本身是一种抽象的存在。保险标的物是保险标的的外在表现形式,是具体的存在。保险利益是可保利益,是法律评价的结果,是投保人或被保险人对保险标的具有的法律上承认的利益,是一种可能遭受损失或失去的利益。

保险合同生效后,保险利益方可转移。保险事故发生前,保险标的移转则保险利益随之转移,保险利益由受让人继受。换句话说,保险利益不能单独转让,保险利益是伴随着保险标的物的转让而转让的,保险利益与保险标的物不能分离。[②] 在本案中,明确的是"保险权益转让"非"保险利益转让"。"保险权益转让"和"保险利益转让"性质完全不同,上述已论及保险利益不能单独转让,此处不作赘述。"保险权益转让"是基于保险合同所能享受的权利和利益,是权利人将自己的财产性权益(债权)转让给第三人,不包括债务。[③] 保险权益是在保险事故发生之后产生的,不同于保险利益作为保险合同效力的构成要件。保险事故发生之后,财产保险的

---

① 参见梁宇贤:《保险法新论》(修订新版),中国人民大学出版社2004年版,第80页。

② 参见汪涛:《对保险标的转让立法之检讨》,载《特区经济》2007年第8期。

③ 参见周玉华:《〈民法典〉实施背景下〈保险法〉修订的若干疑难问题研究》,载《法学评论》2021年第6期。

被保险人享有保险金给付请求权,该权利是债权。因此,“保险权益转让”实际上就是“债权转让”,需按照《民法典》有关债权转让的规则进行处理,债权让与人仅需将债权让与的事实通知债务人即可,无须得到债务人的同意。那么,本案豪海公司转移保险权益于赛龙公司,仅需通知财保安吉支公司,保险权益转让就有效。

(二)保险利益转让时未通知保险人不影响合同效力

《保险法》第 49 条规定保险标的转让的,受让人承继被保险人的权利和义务。且被保险人或者受让人应当及时通知保险人。一个完整的法律规范,应当包括假定条件、行为模式和法律后果三个要素。① 然该条规定仅包括了假定条件与行为模式,未规定投保人或被保险人未通知保险人的法律后果。这一立法技术上的缺陷成为引发保险合同效力争议的根源。

从法的效力上看,《保险法》第 49 条不是效力性规范,不会导致合同无效。《民法典》第 153 条规定,违反法律、行政法规的强制性规定的民事法律行为无效,在但书中又明确除外规定。立法采区分效力性规范和管理性规范的态度。衡量效力性和管理性的重要标准是,行为是否损害国家利益和社会公共利益。保险标的转让未通知保险人,显然不会上升到损害国家利益和社会公共利益的高度。保险法要求投保人或被保险人转让保险标的后通知保险人,是为了维护保险人的知情权,避免保险事故发生后理赔主体不明以及让保险人判断保险标的转让后所承保的风险是否显著提高,并非直接否定保险合同的效力。因此,《保险法》第 49 条属于管理性强制性规范,未通知保险人不会导致保险合同无效。

从法的体系性出发,保险法是商法下的单行法,商法具有国际性,我国保险法应与国际同步,增进我国保险事业的国际化。国际上普遍认可的保险标的转让实质上就是债权让与行为,因此,保险标的的受让人承继保险合同的权利义务,保险合同效力不受影响。②

从法经济学上看,保险标的转让后,如果保险合同无效,保险标的的受让人需要同保险人重新缔结保险合同,双方重新缔结合同所需的时间成本和人力成本对保险合同双方而言都是不划算的。任何一个企业都将效益放在首位,如果法律规定保险标的转让后,保险合同无效,受让人不能享受保险合同的权利,那么就会大大抑制保险标的的转让,不利于物尽其用和资源合理配置,对市场经济的高速发展会造成难以弥补的损害。保险标的的转让人、受让人、保险人之间不是零和博弈的

---

① 参见赵亚军、白恒晶:《财产保险中保险利益的移转与保险合同的效力》,载《法学杂志》2006 年第 1 期。

② 参见叶林、郭丹:《保险本质和功能的法学分析》,载《法学杂志》2012 年第 8 期。

关系,他们是利益共同体。[①] 只要转让人转让保险标的后,保险人的承保风险没有显著增加,保险合同的效力就不因保险标的转让行为受影响。[②] 唯有如此,我国保险事业才能健康稳定发展,实现企业之间的共赢。

综上,本案中赛龙公司与豪海公司之间的保险权益转让,即使当时没有通知保险人财保安吉支公司,保险人也不能以此认定航空保险合同无效而拒绝理赔。

六、保险权益转让与保险代位求偿权切断

保险代位求偿权是民法与商法制度结合的产物,民法不允许不当得利,坚守公平原则。保险法作为鼓励商事主体积极从事营利活动的坚强后盾,分担企业风险和责任,以填平为原则。保险代位求偿权正是基于上述法理,给予保险人利益平衡,保险人虽然承担支付保险金的义务,但保险人也不是倒霉蛋,白白为他人的不法行为承担责任。当被保险人因第三者造成的保险事故遭受财产损失时,被保险人有权向保险人或第三者主张赔偿,第三者承担最终责任。若被保险人先向保险人主张赔付,保险人应依照保险合同的约定给付保险金,给付后,保险人拥有被保险人对第三者的赔偿请求权,即保险代位求偿权。[③] 保险代位求偿权的实质是债权转让,被保险人在获得保险理赔后,将其对第三者享有的债权转让给保险人。问题是航空财产保险中,存在多个被保险人且多个被保险人往往投保于同一家保险公司,可能会发生保险代位求偿权的切断,下面笔者将逐一进行讨论分析。

(一)投保人与被保险人竞合与分离之保险代位求偿权

普通的民商事合同当事人是双方主体,保险合同则不同,保险合同有三方主体——投保人[④]、保险人、被保险人,三方都是保险合同的当事人。[⑤] 投保人和被保险人为同一人时,保险合同同普通合同一样,仅双方当事人进行磋商并订立合同,保险人对投保人无代位求偿权问题。但当投保人与被保险人不是同一人时,保险合同存在三方当事人,此时如果因投保人的故意或过失造成保险事故,保险人可否向投保人行使保险代位权?

《保险法》第60条的文义解释似乎要求保险标的的损失是由第三者造成的,

---

① 参见岑敏华、张伟罗、向明:《保险标的转让效力与立法约束研究——兼论〈保险法〉第49条之立法缺陷》,载《保险研究》2012年第10期。

② 参见高宇:《保险合同权利结构与保险利益归附之主体——评〈中华人民共和国保险法(修改草案送审稿)〉第12条、33条、53条之规定》,载《当代法学》2006年第4期。

③ 参见李虎广:《保险代位求偿权法律适用问题研究》,华东政法大学2013年硕士学位论文。

④ 《保险法》第60条规定:"因第三者对保险标的的损害而造成保险事故的……"

⑤ 参见李玉泉主编:《保险法学——理论与实务》(第2版),高等教育出版社2010年版,第99页。

"第三者"是什么意思？投保人是保险合同的当事人，这里的第三者指的是保险合同当事人以外的第三人吗？有人认为，投保人主要的义务是支付保险金，享有保险合同的权利，不是保险代位求偿权下的第三人。① 有人认为，投保人属于"第三者"的范畴，保险人可以向投保人行使保险代位权，仅仅不能对实际受到损害的被保险人行使保险代位权，因为保险代位制度的立法目的旨在防止被保险人通过订立保险合同获得超出实际损失之外的不当得利。所以关于第三人的界定，应该认为是基于投保的险种享有保险金给付请求权外的任何人。②

在本案中，航空保险合同当事人实际上是将原本应该分别签订的两份航空保险合同简化为一份，在发生飞机毁损的保险事故后，不能单一地认定责任，应该分别判断两个被保险人投保的险种以及享有的相应权利，理清双方当事人之间的权利义务关系，切忌"一刀切"。赛龙公司管理不当造成飞机毁损，赛龙公司对飞机所有人构成侵权，在豪海公司投保的财产损失险下，投保人赛龙公司不应受航空保险合同保障，应作为可追偿的第三者，最终承担保险责任，财保安吉支公司享有追偿权。从表面上看，浙江省高级人民法院肯定保险人可以向被保险人主张代位求偿权，实际上浙江省高级人民法院的态度未可知，原因在于本案极其特殊，当事人将原本应该签订的两份保险合同混为一份，浙江省高级人民法院审理案件时，采取了分别主义，实质上审理了两份保险合同。概言之，在一般保险合同中，当投保人与被保险人非为同一人时，因投保人过失造成保险事故致被保险人遭受财产损失，保险人向被保险人理赔之后，保险人是否有权向投保人行使代位求偿权，仍需司法实践来回答。

在我国司法实践中，对于上述问题，各地裁判者虽然使用"追偿权""保险代位求偿权"等不同用语，本质上仍是肯定保险人对投保人享有代位求偿权。在典型案例如中华联合财产保险股份有限公司宁波分公司与李某某保证保险合同纠纷案③中，法院认为保证保险合同成立，投保人不是保险合同获得赔偿的主体，故投保人是保险代位求偿中的"第三者"，保证保险合同的保险人在保险事故发生后向被保险人赔付了保险金，获得了被保险人保险权益追偿权的让渡，有权行使请求投保人赔偿的权利。同时，上海市高级人民法院《关于审理保险代位求偿权纠纷案件若干问题的解答（一）》第10条指出，投保人和被保险人为同一人的，保险人不得对该投保人行使保

① 参见郭建标：《保险代位求偿权若干法律争议问题之探讨》，载《法律适用》2011年第5期。

② 参见马宁：《论保险人代位求偿权与被保险人损害赔偿请求权的冲突》，载《法学家》2013年第2期。

③ 参见浙江省宁海县人民法院民事判决书，(2008)宁民二初字第750号。

险代位求偿权。投保人和被保险人不是同一人的,因财产保险的保障对象是被保险人,投保人不在保险保障的范围内,保险人对投保人行使保险代位求偿权。

对此,笔者认为,保险人代位求偿权的立法目的在于平衡第三人的损害赔偿责任和保险人的保险补偿责任,在保证保险项下,借款人为投保人,贷款人为被保险人。如借款人不按期还款,保险人赔付后又不能向投保人追偿,实际上等于免除了借款人的还款义务,会助长投保人不履行借款合同的风气。投保人可以通过交较低的保费获取不需要偿付借款的较大利益,保证保险的制度目的将不复存在,被保险人也因双重受偿而获得"不当得利",因此,应肯定保险人对投保人享有保险代位求偿权。

(二)投保人转让保险权益于被保险人时保险代位求偿权被切断

鉴于本案被保险人是赛龙公司和豪海公司,需要分开讨论各自享有的保险利益。在赛龙公司和财保安吉支公司之间,根据赛龙公司所投保的保险类型,赛龙公司享有责任险的保险利益,赛龙公司将本该自己承担的损害赔偿责任转嫁给财保安吉支公司。在飞机运营中,由于赛龙公司管理不当发生安全事故,赛龙公司需要对飞机所有人豪海公司承担赔偿责任,该部分责任属于财保安吉支公司承保的范围,损害赔偿责任是债权,债权是请求权,需要债权人(豪海公司)向赛龙公司主张,保险公司才有义务去积极配合进行理赔;当豪海公司并未向赛龙公司主张任何民事赔偿责任时,保险公司对该部分没有主动给付保险金的义务。

不同的是,豪海公司将保险权益转让给了赛龙公司,因此没有向赛龙公司主张债权,从而导致了保险公司保险代位权的切断。具体分析如下:关于被保险人豪海公司与财保安吉支公司之间的保险利益类型,豪海公司是飞机的所有权人,投保机身险,在飞机受损时,享有基于所有权而生的保险利益,可以主张保险金赔偿请求权。同时,被保险人豪海公司和财保安吉支公司是保险合同中的保险人和被保险人,飞机安全事故是由于双方之外的第三人赛龙公司造成的,在保险公司赔付了豪海公司保险金之后,可以基于豪海公司对赛龙公司享有的违约责任或侵权责任进行代位追偿。巧合的是,豪海公司与财保安吉支公司之间的第三人是赛龙公司,赛龙公司向财保安吉支投保的责任险成功地将该代位求偿权切断。因此,财保安吉支公司向豪海公司支付完基于所有权而生的保险利益损害赔偿金后不能再向赛龙公司进行追偿。

案件遗漏之处在于,没有强调保险代位求偿权行使需要被保险人履行协助义务。笔者试图补充一下,被保险人是飞机事故的实际财产损失人,对飞机事故的发生原因、时间、损失程度最为了解,故被保险人有义务积极协助保险人进行理赔调查。[①] 根

① 参见潘红艳:《被保险人法律地位研究》,载《当代法学》2011年第1期。

据《保险法》第63条[1]规定，豪海公司的协助义务主要包括：一是及时向赛龙公司请求赔偿或主动提起诉讼，防止超过诉讼时效[2]；二是尽可能向财保安吉支公司提供所有与飞机损毁有关的文件和证明材料，如事故调查报告、出险证明书及飞机损失鉴定报告等材料，飞机损坏的具体零件清单和飞机施救费用单证以及相关权益转让书等；三是如实向财保安吉支公司提供与飞行事故责任相关联的一切情况，不隐瞒、不伪造。[3] 如果豪海公司没有履行法律规定的协助义务，根据《保险法》第61条第3款规定，财保安吉支公司可以扣减或者要求返还相应的保险金。[4]

七、结语

伴随着中国低空领域开放的信息，通用航空业将在中国迎来历史上第一个飞速发展的契机。与低空领域改革相关的一系列配套法律、法规规范性文件、各项制度都在积极筹建之中，而化解分散风险的保险行业也将跟随市场的需要推出恰当的产品。在实践中，航空保险的纠纷也会不断涌现，司法裁判也会为立法提供很好的指引。

保险利益关系到航空保险合同的成立、生效与履行。航空保险中明确保险利益原则有三重意义：一是防止假借航空保险的名义进行赌博活动；二是防范发生道德风险；三是限制航空保险的赔偿限额，兼顾保险人和被保险人的双重利益。航空领域自身的独特性和主体的复杂性，决定了航空保险类型的多样性。不同类型的航空保险合同，具有不同的航空保险利益。例如，在航空机身保险中，航空器的所有人、出租人基于所有权对机身有保险利益；航空器的承租人、使用人基于对航空器具有运营权和保管义务，对机身有保险利益；航空器的质押权人由于占有航空器，对机身在其债权的范围内有保险利益。在责任保险中，航空公司对旅客、机组人员、货物、行李和第三者的损害责任有保险利益等。

航空运输活动是多方民事主体合作的模式，这决定了航空保险合同的投保人和被保险人可能不一致，而且还存在被保险人是多人的情形，在被保险人是多人时，投保责任险后容易出现保险代位求偿权被切断的问题。在司法实务中应关切当事人之间的利益，贯彻保险法律制度的立法目的，促进商事活动的开展，服务社会经济运行。

---

① 《保险法》第63条规定："保险人向第三者行使代位请求赔偿的权利时，被保险人应当向保险人提供必要的文件和所知道的有关情况。"得到先行补偿的被保险人，把向第三人追偿的权利转移到保险人后，并不是其不再履行任何义务，而是应当认真履行因得到保险人先行赔偿而产生的协助保险人向第三人追偿的义务。

② 参见王林清、杨心忠：《保险代位求偿权行使限制理论问题研究》，载《法律适用》2011年第5期。

③ 参见温世扬：《保险人订约说明义务之我见》，载《法学杂志》2001年第2期。

④ 参见刘竹梅、林海权：《保险合同纠纷审判实务疑难问题探讨》，载《法律适用》2013年第2期。

论航空器侵权抗辩事由

王晓蕾*

一、引言

《民法典》在侵权责任编第八章规定了高度危险责任，第1236条沿用《侵权责任法》(已失效)第69条，对该种危险归责原则的选择仍然是毋庸置疑的无过错责任，第1238条也同样未改变《侵权责任法》第71条的规定，“受害人故意”对于航空器经营者而言仍然是唯一被规定的免责事由。我国侵权法对于免责事由的立法模式是“一般+特别”的模式，这不仅体现在同一法律中，即一般规定和特别规定的结合；也体现在不同法律之间，即一般法和特别法的结合。在航空器侵权领域，《民法典》第1238条和《民用航空法》的相关规定便可以看作一般法和特别法的结合。出于两者规定的不重合性，《民法典》的唯一事由与《民用航空法》区分受害客体的多个事由形成了明显的区别，如何适用出现了分歧。本文通过案例引入话题，将对《民法典》和《民用航空法》不同规定进行比较讨论后阐述自己的论点。

二、案例引入①：航空器侵权抗辩事由的适用比较

2013年，某飞行学院学员唐某轩与何某斌驾驶飞机计划执

---

* 王晓蕾，中国民航大学法学院硕士研究生，研究方向为民商法。

① 参见何思仁、符连与中国民用航空飞行学院民用航空器损害责任纠纷案，四川省南充市中级人民法院民事判决书，(2016)川13民终530号。

行学生机长转场训练，飞机在南充机场正常落地，唐某轩按照管制指挥将飞机滑行至规定停机位，机头向西停放，设置停留刹车，并将发动机设置到慢车功率，何某斌下机后与飞机螺旋桨相撞导致当场死亡。同月，原告（系死者父母）与飞行学院达成《精神安抚金等相关事宜的协议书》，协议签订后，飞行学院即按约履行了协议。次月，民航西南地区管理局相关事故调查组作出《事件调查报告》，结论是：这是一起通航训练中飞行学员在地面被螺旋桨桨叶击中死亡的通用航空一般飞行事故，导致事故发生的最大可能是该飞行学员下机后未按安全路线绕行飞机。原告对该报告不服，认为其采取的原因用语“最大可能”使结论不具有唯一性和排他性，遂向法院提出诉讼请求。本案的困惑在于，一审法院和二审法院在适用法律上的差异：一审法院认为，在没有监视设备的情况下尽可能地还原案件过程，该报告的用语符合客观事实和行业规范；飞机适航且无飞行隐患，飞行学院的日常教学规范，对何某斌也有相关的安全飞行教育和培训，并且何某斌已经取得私用驾驶员执照，更清楚相应的操作流程，但由于其并未按照安全的路线绕行造成悲剧的发生，根据《民用航空法》第 161 条①的规定，依据“受害人过错”这一抗辩事由判定，对何某斌的死亡飞行学院不承担责任。二审法院认为，该报告应予采信，但对于飞行学院是否存在过错以及是否应当因此承担责任应依据《侵权责任法》②的规定进行裁判，航空作业作为高度危险作业，应当按照《侵权责任法》第 69 条、第 71 条的规定③进行责任认定，在排除何某斌因本身故意的情况后，不能免除飞行学院的赔偿责任，只是考虑到何某斌的“故意为之”这一抗辩事由可以相应减轻其责任。

首先，无论是之前的《侵权责任法》还是现在的《民法典》，对于航空侵权责任及其抗辩事由的规定没有发生改变，所以完全可以以本案为依据提出相应问题。纵使本案一审法院在适用《民用航空法》第 161 条规定时存在瑕疵，如二审法院所言，认定飞行学院的责任以及责令其承担相应的责任要以《侵权责任法》的规定进行评

① 《民用航空法》第 161 条第 1 款规定：“依照本章规定应当承担责任的人证明损害是完全由于受害人或者其受雇人、代理人的过错造成的，免除其赔偿责任；应当承担责任的人证明损害是部分由于受害人或者其受雇人、代理人的过错造成的，相应减轻其赔偿责任。但是，损害是由于受害人的受雇人、代理人的过错造成时，受害人证明其受雇人、代理人的行为超出其所授权的范围的，不免除或者不减轻应当承担责任的人的赔偿责任。”

② 现《民法典》之侵权责任编。

③ 现《民法典》之侵权责任编第 1236 条、第 1238 条。第 1236 条规定：“从事高度危险作业造成他人损害的，应当承担侵权责任。”第 1238 条规定：“民用航空器造成他人损害的，民用航空器的经营者应当承担侵权责任；但是，能够证明损害是因受害人故意造成的，不承担责任。”

判,但是,仍不能完全否定《民用航空法》的适用价值;况且本案如事故认定报告而言是发生于地面,《民用航空法》对该部分内容有特殊规定,即使不能忽略《侵权责任法》作为一般法的指导作用,也要注意到两部法律对适用范围的规定,两者对于航空侵权抗辩事由的规定是存在适用界限的,在有些情况下如本案的情形便不能排除《民用航空法》的适用。所以二审法院在裁判之时未适用《民用航空法》使裁判结果说服力下降。

其次,借本案可以引发航空侵权抗辩事由的相应思考,观察《民法典》第1238条的规定与《民用航空法》的多项规定,不难发现,在航空侵权抗辩事由的规定上,《民法典》抗辩事由略显单薄,不如《民用航空法》丰富,这直接导致在适用上,《民法典》的灵活性远不如《民用航空法》。以上例为证,当航空器侵权发生在地面之时,《民用航空法》更能提供可以直接适用的条文,而不像《民法典》单一地概括所有的情况,适用之时裁判说理说服力有限。

三、《民法典》与《民用航空法》航空器侵权抗辩事由比较分析

(一)基于受害客体分类差异的分析

1.《民法典》单一的抗辩事由

在《民法典》中,不存在受害客体分类规定的情形,单一地规定"受害人故意"作为航空器经营者的免责事由。法律承担着规制的重担,简短明了是其应有之义,但是为了更好地了解背后的含义,解释的价值便凸显出来了。为什么将"受害人故意"这一条件单列?何以使其有独立的地位?这些其实都是在无过错责任以及风险控制者自担风险①的前提下作出的选择。

(1)将民用航空器经营者的责任规定在高度危险作业项下,适用无过错责任。对于无过错责任的归责原则而言,限缩抗辩事由是其应有之义;而对于航空器侵权而言,适用无过错责任也是有必要的。第一,受害人避免损害存在被动性。该观点见之于工人工伤赔偿领域,工人从事高危职业,遭遇工伤几乎不可避免,从情感与道德的层面而言,航空侵权的受害人较高危工作工人更能引发社会公众的同情。因为在航空侵权领域,受害人避无可避,机舱内的受害人无法采取行动或者躲避措施来避免自身及财产受有损害,地(水)面上第三人更是无法预防与避免突如其来的航空器及其上物体的坠落,也没有必要投入这一项特殊的保险来预防自己的损

① 参见黄立嵘:《论美国侵权法"行为人自担风险"规则——兼论我国侵权责任原则的完善》,载《中国社会科学院研究生院学报》2014年第6期。

失。无论是作为航空运输合同的消费者,还是与航空行动无关的地(水)面第三人,他们都无法操纵航空器的飞行。换言之,飞行员作为整个航空器的控制者,当然也控制着整个航空器的风险,飞行员在工作时间和工作地点执行工作任务,造成的后果皆由航空器经营者承担。如果没有受害人故意的介入,其他任何造成受害人受有损失的行为都归结于航空器经营者。从这个角度来看,受害人面对着无法避免的高度危险损害,赋予侵权人以无过错责任才能达到平衡。第二,受害人证明航空事故原因的艰难性。在航空器以及航空工业发展的时代,我们无法反驳航空事故原因的多发性及复杂性,拥有专业知识的工程师尚无法分辨造成航空事故的原因,更遑论我们普通消费者。从单纯讨论法学的角度,以刑法为例,判断犯罪嫌疑人在主观上是出于故意还是过失,是直接故意还是间接故意,是疏忽大意的过失还是过于自信的过失,主要依靠其客观外在表现来断定,而这往往会存在失误之处。同理,在航空侵权领域,判断侵权人是故意还是过失、有无过错都是十分艰难的:首先,当航空器从万米高空坠落之时,解体是其必然结果,其上飞行员和机上其他人员无一幸免,失事原因难以查询,具体发生经过原告也很难得知。其次,有人认为我们可以援用机动车交通事故中将事故认定书作为分配责任的依据这一惯常做法,先不论这一做法的非法性,即使政府事故调查机构如国家交通安全局费尽千难万险做出了调查报告,但这种报告可能只强调特定的原因而不包含责任追究的关键原因,更何况这种报告不是为了在法庭上追究涉案方责任而起草的,在法庭中的适用是受到限制的。加之事故报告可能需要数年方可完成,将其看作重要依据将有碍权利的实现。第三,经营者承担责任存在成本有利性。① 赋予民用航空器经营者以无过错责任,是风险与收益进行衡量之后的结果。正如前文所述,一方面,飞机是当前最安全、便捷的出行方式之一,但是这不能说明我们当前的主题,不能仅从空难出现概率的方面来论述,还要考虑后果这一因素,空难一旦发生,无论是对机上人员还是对机外地(水)面的物和第三人而言,损失后果巨大,这样看来,飞行出行也是高危出行方式。即使是航空器侵权作为常见的纠纷事由,也不能否认航空器作业的高度危险成分。另一方面,风险之所以发生,是因为在追求利润的过程中,潜在的风险和巨大的收益同时存在,那享有利益的航空器经营者自然应该为潜在的风险承担责任,而不仅仅为自己的过错承担责任。换一种角度就不难理解了。试想,假设我们采用的是过错责任,航空器经营者仅仅在有过错的时候才承担相应的责任,若其没有过错,风险一旦发生,实则大部分转移到无辜的受害人身上了,这

① 参见郝秀辉:《航空器致第三人损害的侵权责任研究》,吉林大学2009年博士学位论文,第40页。

样航空器经营者可以仅享受航空器带来的巨大收益,而不用承担风险后果,显然是不合理的。风险和收益相对而生,航空器经营者就是航空器侵权责任承担的适当主体。

(2)"受害人故意"作为航空器经营者的单一的抗辩事由,也是对风险控制者自担风险理论的考量。侵权法适用的过程,实际上是风险分担的过程,严格责任是在综合预防能力与事后成本之后作出的选择,将风险分担给航空器经营者承担。而且在司法实践中,不难发现在侵权责任的认定中存在这一现象,即只要有侵权,则必有赔偿或者补偿。不可否认,侵权责任法承担着均衡风险的重任,在航空侵权中,财力雄厚的航空器经营者与孤身弱小的受害者的实力悬殊,航空器经营者的赔偿或补偿行为有其不可或缺的社会价值。受害人故意这一免责事由的出现,使航空器侵权人在严格责任的重担下有了稍作喘息的机会,在论述前文严格责任的选择上受害人故意这一要件的重要性可以窥见一斑。行为人自担风险在《民法典》中已被确定下来,这一精神同样可以应用于航空器侵权领域,行为人理应自行承担因其行为引发的自然风险和责任事故,使无过错的行为人不必为此原因分担损失。这也是对侵权责任法矫正正义更深层次的维护。在航空器飞行过程中,包括飞行前,旅客作为消极参与者,是无法直接操作航空器的,此时航行的风险控制者是飞行员以及其背后的航空公司。当行为人有了故意的破坏行为以至于受到损害成为受害人之际,风险的接力棒发生了转移,此时,行为人实际控制了风险,其同时拥有了选择实施行为以造成风险以及不实施行为以求得安全的权利。与前文论述严格责任的选择原因中无法确定责任实体不同,风险实际承担的实体足够具象,风险的承担也就自然而然地发生了转移,受害人因其自身行为导致的损失自然应由其自己承担。

"受害人故意"的存在合理性一如上文所述,虽然不能否认其存在价值,但是其单一性使得司法适用灵活度不明显,适用范围过于狭窄。相反,《民用航空法》的相关规定在这一方面能够满足不同的情形,对比之下,除"受害人故意"这一抗辩事由之外的其他情形理应被考虑。在对后文《民用航空法》的抗辩事由进行论述后,笔者将在本文第三部分提出自己的见解。

2.《民用航空法》丰富的抗辩事由

如表1所示①,《民用航空法》的规定与"受害人故意"并非完全重合,实现了适用灵活度的提高以及适用范围的拓宽。

---

① 参见周星宇:《论民用航空器侵权——以〈侵权责任法〉第71条为视角》,吉林大学2017年硕士学位论文,第31页。

表1　民用航空法相关规定

名称	内容
《民用航空法》	1. 旅客：完全由于自身身体健康状况 2. 携带物品或托运行李：完全由于行李本身自然属性、质量、缺陷 3. 货物：①货物本身的自然属性、质量、缺陷；②承运人或其受聘人、代理人以外的人包装货物的，货物包装不良；③战争、武装冲突；④政府有关部门实施的与货物入境、出境、过境有关的行为 4. 对地（水）面第三人：武装冲突或骚乱，受害人或其受聘人、代理人完全过错，航空器依照国家有关空中规则行驶

显而易见，《民用航空法》针对不同的受害客体，对抗辩事由进行了分类适用，而这些抗辩事由，与"受害人故意"并非同一概念。从旅客角度来看，自身身体健康状况而导致的损害并非全部出于受害人故意，一是二者存在主观与客观的差异；二是鲜有人故意使自己的身体出状况，这在本文后面部分会结合案例详细展开，此处不作详细介绍。从携带物品或托运行李角度，一是可以与旅客角度作同样理解；二是当在登机前已经办理托运手续，受害旅客实际上便不能接触到行李，便不存在受害人故意破坏行为。从货物角度来看，很明显第二、三、四项无从与"受害人故意"衔接，实际上将"不可抗力""意外事件"等要素包含在内。对地（水）面第三人而言，除"受害人或其受聘人、代理人完全过错"之外，其他两个抗辩实际上都是超出受害人故意这一要素之外的事由。

从以上论述来看，《民用航空法》对受害客体进行了较为丰富的分类，与《民法典》单一的抗辩事由规定在一定程度上交叉但又有独特的外延，看似不同却难以割舍，这些主观和客观出于受害人自身的事由似乎可以看作具有同等的说服力来进行抗辩；而且司法实务中在适用法律时，如果选择适用《民用航空法》会有清晰的指引和客体依据。这足以说明《民用航空法》的灵活度远高于《民法典》单一的规定，对抗辩事由适用的不同情形进行区分，可以看作《民用航空法》作为特别法对一般法的细致化规定。

（二）基于抗辩事由适用范围存在界限的分析

一如上文的表1，不考虑受害客体的分类，仅从抗辩事由适用范围的角度来看，《民法典》的适用范围并不明晰；而《民用航空法》的适用范围明确，对于旅客、携带物品或托运行李、货物、地（水）面第三人所应适用抗辩事由的不同情形进行了明确的区分。

1.《民法典》普遍的适用范围

《民法典》第1238条作为一般性条款，对于所有航空器侵权造成的损害都可以适用,"受害人故意"这一抗辩事由也是可以应用于任何情形的航空器侵权案件。以本文何某斌案为例,二审法院之所以适用当时的《侵权责任法》作出规定,也大概是考虑到一般法的普适地位,可以将《民用航空法》的相关情形予以包含和概括。但是,如果所有航空侵权案件都如何某斌案一般处理,置特别法《民用航空法》的航空侵权抗辩事由于不顾,那《民用航空法》的相关事由将形同虚设。司法实践承担着指导后续司法案件的任务,在航空侵权领域对特别条款弃之不用,那将有整部《民用航空法》形同虚设乃至所有特别法束之高阁之倾向。试想,在司法实务中,法官在适用航空侵权抗辩事由的规定抑或是其他特别条文的规定时,因怕适用失误避特别条款不用而选择失误率低的普适条款,对于这一件案件而言可能没有错误,但是这对于我国司法实践乃至法治事业都是极为不利的。

2.《民用航空法》特定的适用范围

将《民法典》与《民用航空法》对比来看,虽然《民用航空法》看似规定了更多的抗辩事由适用情形和更灵活的条款,但恰恰是这些规定将《民用航空法》的抗辩事由适用范围进行了特定化设置,和《民法典》相比,反而有些许狭窄。在旅客受有损害的情形下,当且仅当旅客完全由于自身身体健康状况的事由,航空器经营者可以不承担责任;在携带物品或托运行李受有损害的情形中,完全由于行李本身自然属性、质量、缺陷的原因造成的损害,可以成为航空器经营者的侵权抗辩事由。在货物受有损害的情形下:(1)货物本身的自然属性、质量、缺陷;(2)承运人或其受聘人、代理人以外的人包装货物的,货物包装不良;(3)战争、武装冲突;(4)政府有关部门实施的与货物入境、出境、过境有关的行为都是航空器经营者不承担责任的事由。在对地(水)面第三人造成损害的情形中:(1)武装冲突或骚乱;(2)受害人或其受聘人、代理人完全过错;(3)航空器依照国家有关空中规则行驶作为航空侵权的抗辩事由进行呈现。与上文"受害人故意"这一单一事由相比,《民用航空法》对航空侵权的抗辩事由进行了特定的适用范围规定。

航空侵权抗辩事由的适用范围特定,适用指向相较《民法典》也会更加明确。在明确的适用指引下,不仅司法机关裁判案件时可以有的放矢,有针对性地采用抗辩事由进行裁判;航空器经营者也可以根据自己所处的境地针对受害人提出的请求进行抗辩,以期以合法而合理的方式维护本该属于自己的权利,对本该承担的义务积极承担,以免出现航空器经营者推诿最终导致执行不能的情况;受害人也可以根据自己所受的损害以及明确需要应对的抗辩事由丰富自己的证据,尽快达到诉讼的目的使其受损的权益获得救济。航空器侵权案件发生之际,无论是对于弱小的受害者还是资金力量雄厚的航空器经营者而言,都是紧张而惊险的,在灵活的规定下尽快解决纠纷,能起到安定民心的作用,这本就是法律存在的意义之一。

(三)基于某些不可抗力因素存在的分析

与《民法典》的“受害人故意”事由相比,《民用航空法》的某些规定存有“不可抗力”的因素,如货物受损的“政府行为”事由、对地(水)面第三人受有损害的“武装冲突或骚乱”事由,这与作为《民法典》中普适条款的无过错责任的归责原则存在冲突,如果说货物作为财产受损时考虑到不是人身受有损害,该事由尚有适用余地,那对于地(水)面第三人受有损害而言,应当区分地(水)面第三人的人身受损和财产受损的情形,考虑到高空坠落、空难等情形下对地(水)面第三人的人身损害程度之大,因此,在地(水)面第三人人身受有损害的情形下,不可抗力因素的存在是不甚合理的。

首先,航空损害风险欠缺互惠性。[①] “互惠”更多见于国际法,但日常中也并非不可适用,我们可以将其理解为给予对方一定程度的容忍。如果风险是互惠的,那么过失责任则可以调节致害方与受害方之间的利益关系,但在航空器对地(水)面第三人侵权领域,双方之间的风险不是互惠的,面对不可抗力,风险的施加也不是互惠的,因为双方的预测能力和技术本就不在同一层面,避免能力也是不对等的。作为掌握航空技术与财力雄厚的一方,一方面,航空器经营者存在着单方施加风险的行为的事实;另一方面,即使对有些情况无法预见,但相比普通的旅客而言,航空器经营者或操作者是处于风险最前列、最有能力预见损害结果,同时也是最有能力承担损害结果的一方。如果要求双方共同承担因不可抗力造成的风险,对地(水)面受害者是很不利的。

其次,所有的制度设计都应考虑成本与收益[②]的均衡。判断社会主体因其社会活动应当承担何种责任以及责任多少,应当考虑其预防与控制风险的成本。航空公司作为高收益方,其本身就应承担更高的社会责任,即高风险与高收益要实现平衡,赋予其因不可抗力而免责的事由,航空器经营者与地(水)面受害人同时面临不可抗力的发生,但不利后果却由受害人独自承担,实则减轻了航空器经营者的风险,这就出现了失衡,即收益未发生改变但承担的责任降低,这显然是不合理的。

四、《民法典》之航空器侵权抗辩事由完善

(一)《民法典》采用《民用航空法》之抗辩事由的理论支撑

由于《民法典》和《民用航空法》规定的不重合性,如何适用出现了分歧,有学者

① 参见郝秀辉:《航空器致第三人损害的侵权责任研究》,吉林大学2009年博士学位论文,第72页。

② 相关原理参见[美]斯蒂文·沙维尔:《法律经济分析的基础理论》,赵海怡等译,中国人民大学出版社2013年版。

认为,特别法优于一般法,《民用航空法》应当优先适用。[①] 也有学者持相反意见:一是侵权责任编的规定之变化是立法者有意为之,在无过错责任下,免责事由越少越可以体现责任的严格性,对侵权者有更高的督促力和威慑力;二是侵权责任编可以更好地维护被侵权人的利益,为航空侵权纠纷提供更为便捷的维权手段;三是与《民用航空法》详细地将对他人的损害区分为旅客、行李、货物、地(水)面第三人相比,侵权责任编第1238条的规定略显单薄,一旦排他适用《民用航空法》的规定,第1238条便会被束之高阁,无人问津,这显然是与立法者的本意相悖的。以上文论述来看,虽然《民用航空法》存在不合理之处,但不能否定其积极作用,也并非全部皆糟粕,一旦割裂《民法典》与《民用航空法》二者、转为"一刀切"的方式来适用《民法典》的要件,反而会影响司法实践,也不利于维护当事人双方的权益,且不论《民用航空法》中存在的排他适用条款,自《民用航空法》颁布以来,历时已久,2010年方有原《侵权责任法》进行调整,在这十几年间,《民用航空法》的适用地位可见一斑,因此,要慎重对待其规定的处理。相反,《民法典》的规定单薄,与《民用航空法》的规定难以很好地衔接。王利明教授提出了折中的理论[②],特别法优于一般法的规则,前提是《民法典》侵权责任编没有改变《民用航空法》之处,仍然适用特别法《民法典》侵权责任编,一旦发生改变,就应该遵循新法优于旧法的规则从而适用《民法典》侵权责任编。综合来看,侵权责任编并未发生改变,所以二者处于并存的地位。

(二)《民法典》抗辩事由完善之具体路径

在讨论上文《民法典》对《民用航空法》抗辩事由的可采用性之后,发现两部法律完全可以并存适用,《民法典》的事由完善路径也逐渐清晰,具体有如下两种路径可以选择:

1. 在《民法典》中指引适用《民用航空法》的规定。首先,《民法典》第1238条作为一般法的规定,适用于所有类型的民用航空器侵权案件,"受害人故意"作为一般性条款的抗辩事由,其未区分受害客体的单薄性瑕疵可以在其后指引适用《民用航空法》的规定。其次,如前文所述,"受害人故意"对于地(水)面第三人而言,免责事由发生了改变,当地(水)面第三人人身受有损害时应当排除类似不可抗力的事由,对于地(水)面第三人的人身受有损害的情形应当适用《民法典》。因此,在这一路径下,《民法典》或其司法解释可以作以下类似规定:民用航空器造成他人损害

① 参见于丹:《民用航空器致害高度危险责任条款的适用探讨》,载《北京航空航天大学学报(社会科学版)》2019年第4期。

② 参见周星宇:《论民用航空器侵权——以〈侵权责任法〉第71条为视角》,吉林大学2017年硕士学位论文,第32页。

的,民用航空器的经营者应当承担侵权责任;但是,能够证明损害是因受害人故意或《民用航空法》规定的其他事由造成的,不承担责任。当然,此时《民用航空法》规定的其他事由中便不再包含地(水)面第三人的人身受有损害的情形,这一情形已被《民法典》所包含,这一规定已经涵盖以上论述的所有情形。

2. 在《民法典》中细化适用《民用航空法》的规定。《民法典》之"受害人故意"的事由略显单薄,但若将《民用航空法》中丰富的情形细化于《民法典》之中,不失为另一解决路径。具体可参照《民用航空法》的规定,对受害客体进行区分,《民用航空法》中的受害客体分类应当在《民法典》的规定中予以体现,以细化适用《民用航空法》的抗辩事由规则。因此,在这一路径下,《民法典》或其司法解释可以作以下类似规定:

第一,民用航空器造成他人人身损害的,民用航空器的经营者应当承担侵权责任;但是,能够证明损害是因受害人故意造成的,不承担责任。

第二,民用航空器造成旅客随身携带物品或托运行李毁灭、遗失或者损坏的,承运人应当承担责任;但是能够证明损害完全是由于行李本身的自然属性、质量或者缺陷造成的,承运人不承担责任。

第三,因发生在航空运输期间的事件,造成货物毁灭、遗失或者损坏的,承运人应当承担责任;但是,能够证明货物的毁灭、遗失或者损坏完全是由于下列原因之一造成的,不承担责任:一是货物本身的自然属性、质量或者缺陷;二是承运人或者其受雇人、代理人以外的人包装货物的,货物包装不良;三是战争或者武装冲突;四是政府有关部门实施的与货物入境、出境或者过境有关的行为。

第四,民用航空器造成地(水)面第三人财产损害的,民用航空器的经营人应当承担侵权责任;但是,能够证明损害是因武装冲突或骚乱,受害人或其受聘人、代理人完全过错造成的,以及民用航空器依照国家有关空中规则行驶时造成的损害,不承担责任。

但是不可否认,这样的细化难免使作为特别法的《民用航空法》的相关规定被《民法典》取代,容易落入《民用航空法》完整性缺失、《民法典》作为一般法与特殊法重复的田地,虽然这样细化能解当前适用之急,但相较之下,还是第一种路径更为合理。

五、结语

《民法典》颁布以来,第 1238 条的规定和《民用航空法》的不同规定使各种理论像雨后春笋一样竞相绽放,通过行文的论述,我们不难看出两部法律既有其规定的合理性,相关要件也有不合理性,在排除不合理因素的前提下实现两部法律的综合适用方能弥补各自的不足,过于激进的择一做法都会造成另一部法律中某个条文陷入被架空的境地,所以不适合采取全有或全无的解读,一般法解读为一般性规则,特殊受害客体指向适用特别法,实现二者的并存适用。

机场混合所有制改革研究：以金股制度的引入为中心

周芝妤[*]

一、引言

机场作为自然垄断产业，长期以来受到政府严格管制。然而，随着我国深化改革以及航空运输服务需求的快速增长，机场由提供公共航空运输服务的基础设施逐渐演变为具有营利性质、带有商业化属性的经济实体。因此，机场的混合所有制改革具有重要意义。首先，通过引入社会资本提升机场的运行效率，完善机场的治理机制。其次，机场实行混合所有制改革也是机场建设融资的重要手段，通过多元化的融资方式吸引社会资本参与机场建设，不仅能够为中央及地方政府节省开支，还有利于实现国家资源的优化配置。在我国机场混合所有制改革持续推进的同时，还应当注意到机场的改革具有特殊性，机场还负担着航空安全保护、公共运输服务、场内公共安全等复杂的社会责任。因此，在大规模引入社会资本的情形下，当国有股逐渐退出，不再控股机场时，确保机场仍然能够依照既定的政策目标运营与发展，保障机场公共职能的有序运转，对我国机场混合所有制改革的路径选择具有显著的现实意义。

金股制度（Golden Share）主要应用于国有企业民营化实

* 周芝妤，天津臻赢律师事务所律师，中南财经政法大学法学学士、经济学学士，中国民航大学法律硕士。

践,是政府在国有企业民营化过程中保留控制权的一种特殊股权设计,在欧洲国家的民营化过程中得到广泛应用。金股制度在推进民营化改革的同时,能够理顺政府与企业之间的关系,实现国有股权逐渐退出,并确保政府对企业仍有控制力。[①]金股的主要功能在于:其一,保证金股东对公司某些重大事项的控制,防止恶意收购和接管;其二,保证具有公共性质的行业的服务质量和公共利益;其三,实现产权多元化,有助于完善企业股权结构。[②] 因此,在机场的混合所有制改革中引入金股制度,一方面可以增加投资者的信心,消除其政策顾虑,同时提高机场的经营和运作效率;另一方面也有利于政府从繁重的行政事务中摆脱出来,通过金股权利对机场进行政策引导,控制机场经营发展的大方向,拥有一些重大事项的特殊否决权,保障机场在市场化经营过程中仍严格遵守金股章程承诺的公共服务质量。因此,作为"稳定调节器"的金股制度,能够开创我国机场行业混合所有制改革的新模式。本文尝试从公司治理结构视角分析机场引入金股制度在提升机场运行效率、完善机场治理机制方面的优势,并对可能出现的问题提供法律规制方法,为机场混合所有制改革引入金股制度提供具体的法律规制建议。

二、治理结构视角下现有机场混合所有制改革模式的局限性

现代公司治理结构是基于"委托—代理"理论产生的,公司治理的核心就是合理分配委托人与受托人、代理人之间的权力,降低委托人的代理成本。具体到机场的治理结构,首先要明确我国机场的管理体系。[③] 我国机场的运营和管理,除中国民航西藏自治区管理局所属机场3个,以及由航空公司管理的机场14个,其他机场皆是由省级机场集团或地方政府管理,共计135个,占全国机场总数88.8%。其中,省级机场集团公司通过全资、控股或参股的方式对所属机场进行管理,地方政府管理的机场大部分由地方国资委管理,也有的是民航局或交通局管理。[④] 由此可见,我国机场的运营与管理仍以政府为主导,属于典型的国有企业管理范畴。因此,机场的治理同样需要解决国有企业治理存在的内部人控制、国有股权层层代理等问题。此外,机场的治理还有其特殊性,机场作为提供公共服务产品的城市基础

① 参见岳宇君、胡汉辉:《电信业改革中黄金股制度的探索——国际经验与中国选择》,载《北京邮电大学学报(社会科学版)》2017年第1期。

② 参见张立省:《欧洲黄金股研究及对我国的启示》,载《管理现代化》2012年第1期。

③ 参见施天涛:《公司法论》,法律出版社2018年版,第300页。

④ 参见刘得一、张兆宁、杨新渥编著:《民航概论》(第3版),中国民航出版社2011年版,第202~203页。

设施,在涉及公共利益的事项上需要政府具有控制力,以确保公共利益不受损害。我国机场混合所有制改革模式主要包括上市融资模式、引入战略投资者模式、特许经营模式、BOT(Build Operation Transfer)模式以及政府与社会资本合作(Public-Private Partnership,PPP)模式等。这几种模式虽然对我国民用航空机场拓宽融资渠道、引进社会资本起到一定作用,但仍不能满足我国民用航空机场融资与发展的需要,不能很好地解决机场特有的治理问题。

(一)上市融资模式的局限

效益较好的机场通过股份制改造实现上市,进入资本市场,可以通过资本市场进行融资获得发展。① 目前,国内共有5家上市机场,其中厦门机场、上海机场、深圳机场、广州机场在A股上市,北京首都机场在香港联合交易所上市。② 上市融资能够利用市场的力量,促使经理层考虑股东的利益,为股东利益最大化努力,而不是追求个人利益,从而限制管理者违背信义义务,侵害投资者利益的行为。

上市融资方式能为机场筹集大量资金,弥补机场的资金需求缺口,同时机场能够利用资本市场的力量实现外部治理的完善。但上市融资也有局限性,首先,目前我国上市的机场不多,往往只有效益好、规模大的枢纽型机场有机会实现上市融资,因此上市融资方式不具有普遍性和可复制性;其次,市场力量有其自身的局限性,资本市场的外部治理作用是有限的,对于违背信义义务、谋取私利的管理层驱逐效果不明显,即使发挥作用,先受到惩罚的也是企业,不能直接对管理者施以惩罚;最后,即使是上市后,机场的国有股东持股比例依然很高,如厦门机场国有股东持股比例高达75%,国有股东"一股独大"的局面没有改变,内部约束机制匮乏。

(二)引入战略投资者模式的局限

引入战略投资者模式是中小型机场解决自身负债率问题的重要手段。随着我国航空运输需求的增长,部分中小机场负债率问题得到一定程度的缓解。但是,从整体上来说,由于中小机场运输量有限,财务费用较高,难以达到大型机场的盈利水平,资产负债率依旧是中小机场需要解决的重要问题。因此,部分中小机场通过引入战略投资者的方式,获得相应的资本投入,以达到降低资产负债比例的目的。例如,西安咸阳国际机场在股份制改造过程中,通过引入德国法兰克福机场集团与中国航空集团有限公司作为战略投资者,解决了融资难题,大大降低了负债比例。③

① 参见熊洪亮:《我国机场建设的融资方式》,载《中国民用航空》2008年第1期。

② 参见徐刚:《机场推进混合所有制改革相关政策、实践与思考》,载《江苏航空》2018年第2期。

③ 参见熊洪亮:《我国机场建设的融资方式》,载《中国民用航空》2008年第1期。

引入战略投资者模式能够为中小机场解决负债率问题,但其适用范围有限,大型机场仅依靠引入战略投资者难以满足其资金需求,引入一到两个战略投资者远未达到机场多元化融资的要求,不利于社会资本的充分参与。同时,政府在机场中仍占有很大的主导权,对机场完善自身治理机制帮助有限。

(三)特许经营模式的局限

机场的特许经营模式,即机场将非航行业务授权给专业公司。具体而言,把机场相关资源的使用权以公开招标等方式交由专业公司经营管理,机场从中获取一定收益。根据《民用机场管理条例》的规定,机场内的经营性业务可以采用特许经营模式,将经营权有偿转让给相应的专业公司,机场管理机构应当与受转让的企业签订特许经营协议,在协议条款中对服务标准、安全规范等涉及机场公共服务功能质量的内容进行规范。① 对于已授权出去的特许经营业务,机场管理机构不得干涉或参与其经营。采用特许经营方式,可以有效增加机场的非航收入,提升机场的收益率。厦门机场从1998年开始,成立专业公司在地勤服务、机场商业场所、机场物流管理及机场信息服务等方面实施特许经营。香港国际机场通过特许经营的方式将机场酒店、机场商业化零售、机场免税店及广告等业务转让给专业公司,2013年香港国际机场特许经营的收入占当年机场总收入的比例已达到38%。②

特许经营模式允许机场将某些非航业务交由专业公司进行经营管理,有利于机场增收和一定程度的市场化经营。但我国特许经营模式存在单一化问题,业务模式尚不丰富,仅在酒店、餐饮及广告等有限领域开展。③ 此外,我国的机场专业公司大多由机场成立、参股并直接管控,没有形成专业公司的竞争性市场,市场化程度较低。因此,特许经营模式下机场的经营依然没有脱离政府的主导与管控,不利于机场确立其市场主体地位,且特许经营模式未能触及机场企业治理层面,不能从本质上解决机场面临的治理结构问题。

(四)BOT模式的局限

BOT模式的具体运作方式如下:(1)民营企业建立项目公司,政府与项目公司签订特许协议;(2)在协议中明确项目公司可以投资、建设和运营特定项目,并且项目公司可以通过运营该特定项目获得投资回报;(3)在特许协议规定的期限届满

---

① 参见《民用机场管理条例》第38条。

② 参见陈力畅、崔怿:《关于我国大中型机场特许经营模式选择探讨》,载《空运商务》2014年第9期。

③ 参见陈力畅、崔怿:《关于我国大中型机场特许经营模式选择探讨》,载《空运商务》2014年第9期。

时,项目公司要将该项目及其附属设施移交给政府。因此,BOT 模式也被称为“暂时私有化”过程。河北邯郸机场扩建项目就运用了 BOT 模式。该项目的非民航专业工程通过公开招标方式,确定由中铁十八局集团和盈创投资管理有限公司组成的联合体中标,并作为社会资本方与政府指定的项目出资方代表共同组建项目公司,该项目公司股权比例为社会资本方占股 66%,其余股权为政府方代表持有。①

BOT 模式主要适用于机场建设融资,目的是为机场建设解决资金问题。但 BOT 模式的局限性在于存在融资困难问题,项目公司的融资方式一般来说主要为贷款、发行债券和上市融资这几种,然而由于机场建设项目需要的资金体量巨大,以上这几种方式仍不能满足机场建设的融资需求,因此项目公司的负债比例通常比较高。此外,根据《民法典》第 683 条的规定,在项目公司向银行提出贷款时,不允许政府出面担保或者作出相关的保证。② 故而项目公司向银行申请贷款时,往往难以找到合适的担保人,导致项目公司贷款融资困难。上述问题也导致了 BOT 模式下机场建设项目融资难问题。③ 此外,该模式下对于 BOT 项目在经营期限内的所有权是属于项目公司还是属于政府的认识存在分歧,本质上不能解决机场所有权与经营权划分模糊的问题。

(五)PPP 模式的局限

PPP 模式从公共事业的需求出发,利用民营资源的产业化优势,通过政府与民营企业之间搭建合作桥梁,对某项公共事业共同开发、共同投资建设、共同维护运营。PPP 模式下政府方与民营企业方共同签订协议,目的有两个:一是明确政府方和民营企业方各自承担的责任和风险;二是充分发挥政府和民营企业各自的优势,明确各方在项目各个流程及领域的权利和义务,取长补短,达到更有利的结果。2019 年,中建八局联合体中标乌鲁木齐国际机场北区改扩建工程,项目总合作期限 28 年,其中 A 标段总投资高达 200.95 亿元,是我国目前最大规模的机场 PPP 项目,也是中国首个枢纽机场 PPP 项目。④

PPP 模式旨在通过公私合营将项目的不同风险在公私部门之间进行有效分配,降低项目整体风险,提高效益。但 PPP 模式同样有其局限性:首先,机场项目资

① 参见张彩云:《民间资本参与机场项目建设的模式探究》,载《广西质量监督导报》2019 年第 10 期。

② 参见《民法典》第 683 条。

③ 参见王明佳:《我国机场 BOT 融资的法律问题研究》,北京化工大学 2010 年硕士学位论文。

④ 参见《中建八局联合体中标国内最大规模的机场 PPP 项目——乌鲁木齐国际机场北区改扩建工程 PPP 项目 A 标段》,载中国建筑第八工程局有限公司,http://8bur.cscec.com/xwzx18/gskx18/201909/2967133.html。

金需求巨大,投标成本高,对较小的私营机构形成天然的准入门槛,减少了社会资本的参与空间,不利于良性竞争;其次,PPP项目参与主体众多,交易结构复杂,可能导致交易成本和沟通成本的上升,从而降低效率;最后,PPP模式下项目风险在政府和私营部门之间分配,政府仅对自己的部分负责,对PPP项目缺乏整体上的把控,这种情况下机场公共职能的有序运转将难以得到有效保障。

综上所述,现有的机场混合所有制改革模式有其各自的局限性,现有模式下,我国机场混合所有制改革仍有问题未得到有效解决。其一,社会资本参与不足。我国机场的投资主体主要还是国家和地方政府,现有模式不能满足机场多元化融资需求,机场股权结构中国家所占股份依然很高,投资主体单一。即使是管理制度比较完善的深圳、白云、上海、厦门四家机场的国有股份比例也分别达到了63%、60%、61%和75%。国有股份的控股地位导致非国有资本话语权的缺失,从而进一步降低了非国有资本参股的意愿。其二,股权结构不合理,缺乏有效约束机制。我国机场业产权主体多元化进展缓慢①,大部分机场集团都是国有控股,极易形成国有股东"内部控制人"现象;非国有股东难以充分参与公司的管理,大股东利益侵占问题缺乏有效的内部约束;由于股权高度集中于国有控股股东,导致股东会表决流于形式,董事会也被国有股东或实际控制人所控制。在这种情况下,由董事会选聘的经理人同样无法脱离国有股东的控制,实际上由政府主管部门委派。因此,公司管理层的任命未能脱离行政主导,公司的董事、监事、高级管理人员缺乏履行其忠实义务和勤勉义务的动力,极易产生违背公司管理者信义义务的行为。同时,由于国有股的股东权利由国家通过层层委托各政府部门代理行使,与非国有企业两权分离下的委托代理结构相比,混合所有制企业中涉及国有股权的代理和非国有股权的代理,其代理成本更为高昂。② 其三,国资与民资混合下的治理结构更为复杂,非国有资本参与经营受国有资产监督管理机制的约束,对于涉及国有资产出资人权益的重大事项,需要得到国有资产监督管理部门的批准。因此,企业两权分离不足,监管机制复杂,行政干预力量强势,必然导致企业自身的自治能力不足,社会资本参与治理的效用大打折扣。③ 其四,机场的公共特性要求机场的治理要在公共利益与机场的企业利益之间进行平衡,在确保机场公共职能有序运转的同时,最大程度地发挥非国有资本力量,完善机场内部治理,确立机场的市场主体地位,盘活机场作为经济实体的规模效应、聚集效应。

---

① 参见朱荣生:《我国机场投融资现状分析及对策建议》,载《空运商务》2016年第6期。

② 参见施天涛:《公司法论》(第4版),法律出版社2018年版,第326~327页。

③ 参见付雅稚:《天津国企混改后的公司治理法律问题研究》,天津大学2018年硕士学位论文。

三、我国机场混合所有制改革的新模式:金股制度

通过对我国现行的机场混合所有制改革模式进行比较分析,可知我国目前的机场混合所有制改革模式还未逃脱出政府主导的范围,存在社会资本参与不足、治理结构不完善等问题。鉴于民用机场的公共企业性质,本文参考金股制度在欧洲公共企业融资与治理中的应用经验,尝试进一步论证引入金股制度开创机场混合所有制改革的新模式。

(一)机场的性质是公共企业

2015 年发布的中共中央、国务院《关于深化国有企业改革的指导意见》以及 2015 年由国有资产管理委员会等印发的《关于国有企业功能界定与分类的指导意见》,以主营业务和核心业务范围为标准,将我国国有企业划分为商业类国有企业和公益类国有企业。商业类国有企业以增强国有经济活力、放大国有资本功能、实现国有资产保值增值为主要目标,公益类国有企业以保障民生、服务社会、提供公共产品和服务为主要目标。然而,鉴于机场的特殊性,两者均不能很好地涵盖机场这一具有商业化属性,同时肩负公共航空运输服务的经济实体。因此,有必要引入"公共企业"这一概念,以便更好地界定机场作为国有企业的企业性质。

"公共企业"与"公用企业""自然垄断企业""公营企业"等属于同一概念范畴。这一概念始于发达国家①,《欧洲联盟运行条约》将公共企业定义为经营目标和方式可能受到国家直接或间接干预的企业。② 我国学界对公共企业的定义存在争议。有学者认为,企业只要体现公共性,如运用公共资金或提供公共服务,即可认定为公共企业。③ 有学者认为,公共企业既可能是国有企业也可能是非国有企业,只要该企业以向社会提供具有公共性质的产品和服务为主营业务即可,且该企业在追求利润的同时,基于其公共性应受到政府的管控。④ 笔者认为,公共企业是具有公共性的企业,所谓公共性是基于企业的对外作用而言的,即企业在整个国民经济中的定位和功能是提供公共服务与产品,反映企业的社会价值。公共企业的外部公

---

① 参见陈柯晔:《国有公共企业治理中的公共利益保护制度研究》,华东政法大学 2017 年硕士学位论文。

② 参见《欧洲联盟运行条约》第 106 条。

③ 参见蒋大兴:《国企为何需要行政化的治理——一种被忽略的效率性解释》,载《现代法学》2014 年第 5 期。

④ 参见叶常林:《公共企业:涵义、特征和功能》,载《中国行政管理》2005 年第 10 期。

共性与其内部是否盈利不具有必然关系①,公共企业的公共性与营利性可以共存,但在追求利润的同时由于其公共性不可完全脱离政府的监督。因此,机场作为提供民航运输服务的城市基础交通设施,应然属于上述提供公共服务的公共企业范畴,机场的性质是公共企业。机场进行混合所有制改革的目的是通过多元化融资,完善现代企业治理结构,达到运营效率、盈利能力的提升,同时需要在机场的公共性与企业性之间进行平衡,在保障机场有序提供公共服务的前提下实现上述功能。

(二)金股制度在欧洲公共企业融资与治理中的应用

金股本质上是一种股权创新,通过赋予国家或政府的一种特殊管理股,使附着在该特殊管理股上的股东权利超越一股一权的限制,以实现国家或政府特定的管理目的,如在国有企业民营化改革过程中用以保留政府对于企业的控制权。金股制度率先被英国应用于电信业的民营化改革中,1984 年英国通过修改电信法的方式,在英国电信公司中确立了金股制度,赋予政府在公司可能损害公共利益时废除董事会相关决定的权利。② 在民营化浪潮的推动下,欧洲国家在国有企业改革中纷纷采用了金股制度。本文选取了四个具有代表性的企业进行研究,分析金股制度在欧洲公共企业融资与治理中的应用情况,为引入金股制度进行我国机场的混合所有制改革提供借鉴。

1. 英国机场管理局(British Airport Authority,BAA)

英国自20 世纪70 年代末开始了第一阶段民营化浪潮,从出售英国石油公司股份开始扩展到出租房屋的控制。1984 ~ 1987 年是第二阶段,出售英国电讯公司和天然气公司标志着政府民营化第一次触及自然垄断企业。1987 ~ 1990 年是第三阶段,这一阶段民营化扩展到亏损较为严重的国有企业,并大规模进入公用事业和自然垄断行业。BAA 成立于 1986 年,是政府的一个部门,拥有 7 家英国机场以机场周边铁路和房地产业务。BAA 于 1987 年开始民营化,通过 1986 年的《航空法案》和公司章程中的相关规定,政府在 BAA 中保留一股,该一股的权利内容如下:第一,任何单个股东拥有的股份不能超过 15%;第二,重要的管理决定需经过政府批准。并且设置金股存续期限,按照该期限设置,英国政府的金股于 2003 年被公司赎回。英国政府认为 BAA 在未来运营中需保护国家的利益,因此需要在 BAA 民营化过程中实施金股制度。③

① 参见张俊:《国家企业权力规制论》,华东政法大学 2016 年博士学位论文。

② 参见何奎:《"黄金股"历史溯源及其对出版传媒业的启示》,载《中国出版传媒商报》2014 年第 7 期。

③ 参见张立省:《欧洲国有控股公司黄金股制度研究——兼论对中国的启示》,首都经济贸易大学 2012 年博士学位论文。

2. 法国埃尔夫阿奎坦国家石油公司(ELF Aquitaine)

法国于1986年开始通过颁布一系列法令引入金股制度,其中规定了金股的行权主体为经济部长。权利内容为:任何个体或联合体获得的股份或投票权占总股份数超过法律限制的比例,或境外资本预收购属于国家重要领域的核心业务,且超过该目标企业5%以上股份的,须事前经得经济部长的同意;公司处置其战略资产须经过经济部长的批准,否则其处置资产的行为将被认定为无效;政府有权在公司内任命1~2名政府代表进入公司的董事会或监事会等管理层,该代表无投票权,仅负责观察公司的决策和管理。同时,法令对金股的退出时间作出了规定:除涉及国家安全与公共利益时需要以法令形式取消金股,其他情况下金股将一律在实施5年后转换为普通股,不再具有金股特权,与普通股享有同等权利。① 法国许多国有企业在20世纪80年代的民营化进程中引入了金股制度,其中包括法国埃尔夫阿奎坦国家石油公司。该公司成立于1976年,成立之初政府持有60%以上的股份。该公司于1986年开始民营化进程,法国政府开始减持股份,由67%减少至56%,1992年法国政府再次减持股份至50.8%。至2004年,法国政府仅保留0.75%的股份。法国政府在石油行业引入金股制度,其目的是在危机时保证石油产品的供应。②

3. 比利时天然气公司(Distrigas)

比利时的民营化开始于1994年颁布的比利时皇家法令。比利时天然气公司于1996年开始这一进程,目前已彻底完成民营化,政府不再持有任何股份。但在其民营化过程中,政府采用金股制度,象征性持有1股,并作出限制性规定:在公司转让、出售或者使用公司战略资产作担保时应当通知政府;政府有权任命2名董事会代表;如代表董事认为公司决议损害了国家能源利益,可以建议财政部部长否决该董事会决议。③ 比利时政府为保证发生严重危机时燃气的供应,设立金股制度。

4. 意大利国家电力公司(ENEL S. p. A.)

1962年,意大利政府对全国电力公司实施国有化,组建了意大利国家电力公司。1993年,意大利出台私有化主体法,实行金股制度。④ 1999年ENEL开始民营化进程,首次公开发行股票,发行数量占国有股权的34%以上。意大利政府在此后几年

---

① 参见王欣辉:《金股制度研究》,湖南大学2010年硕士学位论文,第10页。

② 参见张立省:《欧洲国有控股公司黄金股制度研究——兼论对中国的启示》,首都经济贸易大学2012年博士学位论文,第51~52页。

③ 参见张立省:《欧洲国有控股公司黄金股制度研究——兼论对中国的启示》,首都经济贸易大学2012年博士学位论文,第56~57页。

④ 参见岳宇君、胡汉辉:《电信业改革中黄金股制度的探索——国际经验与中国选择》,载《北京邮电大学学报(社会科学版)》2017年第1期。

内陆续出售ENEL股权。截至2004年,政府仍直接持有ENEL 50.63%的股权。意大利政府在国有企业民营化过程中,通过主体立法配合以法令的形式,作出特殊限制性规定:政府有权反对超过5%的收购,政府有权阻止某些管理决策;在意大利能源行业上市公司里拥有高于2%投票权的持有者,政府有权暂停其投票。意大利政府认为,这种限制性规定是国家政策需要,并承诺建立起完全竞争的电力和燃气市场后将取消该特权。①

金股制度在欧洲公共企业的应用有着不可替代的效果,它一方面使欧洲公共企业实现了国有资本的有序退出,建立了清晰明确的产权制度,构建了科学的法人治理结构;另一方面保留了政府对重要行业或领域中重大事项的控制权,能够较好地平衡政府控制权与激发企业活力之间的关系。② 由此,欧洲国家在国有企业改革浪潮中,运用金股制度实现了对处于国家重要领域企业发展方向的把控,金股制度发展为国有企业改革中维护国家利益、公共利益的重要制度工具(见表1)。

表1　欧洲代表性公共企业应用金股情况[1]

代表企业/行业	政府持股	设立方式	主要内容	设立目的	欧洲法院判决
英国机场管理局(BAA)/机场	1股	主体立法	1.单个股东拥有的股份不能超过15%;2.重要的管理决定需经过政府批准	BAA在未来运营中需保护国家的利益	违反欧盟关于资本自由流通规定
法国埃尔夫阿奎坦国家石油公司(ELF Aquitaine)/能源	0.75%	特别法令	1.收购公司股份超过10%、20%、30%,或收购关键领域企业5%以上股权,需要经政府审批;2.政府有权否决对公司重大资产的处理决定;3.有权在公司董事会或监事会任命1~2名政府代表	在危机时保证石油产品的供应	违反欧盟关于资本自由流通规定

① 参见张立省:《欧洲国有控股公司黄金股制度研究——兼论对中国的启示》,首都经济贸易大学2012年博士学位论文。

② 参见王乐锦、苏琪琪、綦好东:《我国国家特殊管理股制度构建:基于国外经验借鉴的研究》,载《经济学动态》2018年第9期。

续表

代表企业/行业	政府持股	设立方式	主要内容	设立目的	欧洲法院判决
比利时天然气公司(Distrigas)/能源	1股	特别法令	1.在公司转让、出售或使用公司战略资产作担保时应当通知政府;2.政府有权任命董事会2名代表;3.政府有权否决可能危害国家能源利益的决议	发生严重危机时保证燃气的供应	不违反欧盟关于资本自由流通规定
意大利国家电力公司(ENEL)/电力	50.63%	主体立法	1.政府有权反对超过5%的收购;2.政府有权阻止某些管理决策	国家政策需要	违反欧盟关于资本自由流通规定

〔1〕资料来源:赵鑫臻:《欧洲"黄金股"制度评析与启示》,载《科技与法律》2016年第1期;王欣辉:《金股制度研究》,湖南大学2010年硕士学位论文;张立省:《欧洲国有控股公司黄金股制度研究——兼论对中国的启示》,首都经济贸易大学2012年博士学位论文。

(三)欧洲公共企业应用金股制度之评析

观察上述欧洲国家对于金股制度的应用,从目的上看,各国政府引入金股制度大都旨在维护某种国家利益或公共利益,如在危机时保证能源的供应、在机场运营中维护国家利益等。从金股的特殊权利内容上看,各国大都在以下三项权利内容中有选择的适用:(1)对收购公司股权或股东持股比例进行限制;(2)某些重大决策需要政府事前批准,或政府拥有否决权;(3)政府有权任命一定数量的董事会或监事会代表。除此之外,由于各国民营化进程不一致,对民营化的要求和期望不一样,故对金股的应用具有灵活性。各国采用不同的方式在国有企业中引入金股制度:一种方式是主体立法或主体立法配合政府法令,通过法律规定某些行业在民营化过程中采用金股制度,赋予政府金股特别权利,如英国1986年的《航空法案》实现了机场民营化;一种方式是通过颁布特别法令的形式在某些指定企业中引入金股制度,如法国通过颁布一系列特别法令在21家国有企业民营化过程中引入金股制度。此外,还有一种方式是国有企业在引入外部战略投资者时通过协议作出限制性规定,这是中欧和东欧国家在国有企业改革过程中引入金股制度的主要方式。① 具体到目标公司层面,则需要在公司章程中作出相应规定,以配合国家法律

① 参见张立省:《欧洲国有控股公司黄金股制度研究——兼论对中国的启示》,首都经济贸易大学2012年博士学位论文。

或法令在民营化过程中实施金股制度。对于政府持股比例,有的国家持1股,有的国家持少量股份,有的国家没有明确限定持股数量,如意大利政府对ENEL持股仍达50%以上。因此,各国对于金股制度的应用多样化,通常根据目标企业具体情况以及本国国情灵活适用。

关于欧洲法院(Court of Justice)判决。欧洲联盟(European Union,以下简称欧盟)的目标之一是构建统一的内部市场,因此势必要扫清欧盟成员国间货物、人员、服务与资本流通的障碍。[①] 1992年签署生效的《欧洲联盟条约》明确规定禁止限制成员国之间及成员国与非欧盟国家之间的一切资本自由流通。[②] 因此,资本自由流通原则是欧盟内部市场普遍遵循的重要原则。欧盟成立后,为了贯彻资本自由流通原则以构建欧盟内部市场,欧盟理事会(Council of the European Union)开始关注欧洲各国在国有企业改革中广泛使用的金股制度,欧盟理事会认为金股可能对投资者和欧盟内部市场的资本活跃产生负面影响。自1998年欧盟理事会以违反资本自由流通为由向欧洲法院起诉葡萄牙的金股制度,迄今为止欧洲法院已审理多起有关金股制度的案件。对于金股上的特殊权利,欧洲法院态度如下:首先,对于限制股东持股比例的条款,欧洲法院持反对态度,原因在于欧洲法院认为这会降低投资者的投资意愿,不利于企业的市场化运作,违反了欧盟内部的资本自由流通。其次,对于某些重大决策需要政府预先批准的条款,欧盟法院予以批判,认为这种预先许可权增加了投资者的投资风险,影响企业自主经营权,有损于非国有股东参与企业日常经营的权利,同样对投资者的投资意愿产生负面影响。[③] 但欧洲法院并未对这一条采取全然否定的态度,而是认为可以采取更为折中的办法,即要求欧盟成员国用预先申报制度替代预先许可制度。最后,关于政府有权向董事会、监事会委派代表的条款,欧洲法院以违反资本自由流通为由否决,认为政府向企业的核心机构委派代表并非基于其相应的股东地位,这变相损害了其他股东的正当权益,降低投资者的投资热情。[④] 概言之,欧洲法院对限制持股比例的条款和政府向企业委派代表持否定态度,认为这种特殊限制违反了资本自由流通原则且应当严格禁止。而对于政府对企业重大决策的预先审批权,欧洲法院认为虽然违反了资本自由流

---

① 参见《欧洲联盟运行条约》第3(3)条。

② 参见《欧洲联盟条约》第63(1)条。

③ Case C – 98/01, Commission v. U. K., 2003 E. C. R. I – 04641, para. 41; Case C – 367/98, Commission v. Portugal, 2002 E. C. R. I – 04731, para. 23; Case C – 483/99, Commission v. France, 2000 E. C. R. I – 04781, para. 35; Case C – 503/99, Commission v. Belgium, 2002 E. C. R. I – 04809, para. 28.

④ 参见赵鑫臻:《欧洲"黄金股"制度评析与启示》,载《科技与法律》2016年第1期。

通,但有进一步改进的空间,应当采用预先申报制度,这样对资本自由流通的负面影响较小,且同时满足了成员国的监管需要。

除比利时外,其他成员国的金股制度在欧洲法院的审查下都因违反资本自由流通而被要求整改。比利时得以免于"制裁"的关键在于:首先,政府拥有的是事后否决权,而非事前批准权,并且该项权利仅在国家能源政策可能因决议受危害时才可行使;其次,权利行使范围较小,政府只能对涉及特定资产的决议进行审查;最后,比利时政府建立了司法审查机制。① 综上所述,欧洲法院对金股制度的判决,更多旨在消除金股制度对资本自由流通规定的负面影响,迫使成员国改革金股制度以更适应欧洲建立一体化市场的目标,而非彻底禁止金股制度。因此,如何实现金股制度的功能与资本自由流通之间的平衡,是各国引入金股制度时应当考虑的重中之重。

四、引入金股制度开创机场混合所有制改革新模式

我国现有的机场混合所有制改革模式,存在社会资本参与不足、股权结构不合理、企业法人治理结构不完善等问题。面对机场改革平衡公共利益与企业利益的需求,也缺乏相应的制度路径。而金股制度作为欧洲公共企业民营化过程中的重要工具,在实现企业股权结构优化、完善法人治理结构的过程中,同时保证了政府对于重要行业重大决策的把控,确保了公共利益不受侵害。因此,金股制度在欧洲公共企业中的应用经验,可以为作为公共企业的机场的混合所有制改革提供借鉴。总而言之,金股制度的引入能够突破目前机场混合所有制改革模式的局限,实现机场公共职能与企业商业利益的衡平,开创我国机场混合所有制改革的新模式。

(一)金股制度与我国机场混合所有制改革的内在契合性

金股制度作为一种公共企业改革的制度工具,能够开创我国机场混合所有制改革的新模式。下文将从金股制度在我国机场改革中的可行性及适应性两方面,具体论述金股制度与我国机场混合所有制改革具有内在契合性。

1. 金股制度在我国机场混合所有制改革中具有可行性

(1)关于中央的政策性文件

2013 年中共中央《关于全面深化改革若干重大问题的决定》提出"特殊管理股制度"这一创新概念,应用领域首先定位在传媒行业。2015 年中共中央、国务院《关于深化国有企业改革的指导意见》(中发〔2015〕22 号)又提出,在少数特定领域探

---

① 参见李世艳:《公用事业民营化过程中的黄金股制度研究》,西南政法大学 2007 年硕士学位论文。

索建立国家特殊管理股制度。2015年出台的国务院《关于国有企业发展混合所有制经济的意见》(国发〔2015〕54号)进一步提出,要探索并完善优先股和国家特殊管理股制度。建立国家特殊管理股制度,要求依照相关法律法规和公司章程规定进行,政府通过行使特殊管理股中对特定事项的否决权,保证国有资本在某一特定领域的控制力。这里的特殊管理股制度指的是,通过与普通一股一权制度不同的股权设计,使原始股东能够有效防止恶意收购,并保有最大决策权,方式是将公司股权分为两类,二者可以拥有同等的经营收益权,其中一类股遵循一股一权,另一类股则具有特别投票权,可以不遵循一股一权制度。① 特殊管理股是我国针对国有企业提出的一种新概念,其在内容上涵盖了金股制度。② 因此,通过适当法律安排在我国国有企业的混合所有制改革中引入金股制度具有可行性。

(2)关于机场层面的政策性文件

2016年中国民用航空局(以下简称民航局)出台《关于鼓励社会资本投资建设运营民用机场的意见》(民航发〔2016〕117号),提出为进一步激发市场活力,积极吸引社会资本参与民用机场建设和运营,符合规定的运输机场项目,可以开放给社会资本进行投资经营。同时,该文件还强调要减少国有控股的机场数量,除枢纽机场和具有战略意义的机场保持国有或国有控股外,其他机场对国有股比例不作限制。由此可见,我国鼓励在机场的建设和运营过程中积极引入社会资本,除少数具有重要意义的机场,对大多数机场将不限制社会资本的持股比例,因此,在机场混合所有制改革中引入金股制度不存在政策方面的障碍。

以上文件内容为我国机场混合所有制改革中引入金股制度提供了政策基础,扫清了政策障碍。而对于引入金股制度具体的法律和交易安排,可以参考我国传媒领域引入特别管理股的过程。

根据2013年中共中央《关于全面深化改革若干重大问题的决定》,我国传统国有传媒企业开始了在企业中引入特殊管理股制度的探索进程。2017年国家互联网信息办公室发布了《互联网新闻信息服务管理规定》,明确提出对符合条件的互联网新闻信息服务提供者实行特殊管理股制度③,该规定为互联网传媒领域实施特殊管理股制度提供了法律基础。2013年,北京铁血科技股份公司(以下简称铁血科

① 参见《〈中共中央关于全面深化改革若干重大问题的决定〉辅导读本》,人民出版社2013年版,第39页。

② 参见张曼:《论我国特殊特殊管理股制度——以我国国企改革为视角》,江西财经大学2019年硕士学位论文。

③ 参见《互联网新闻信息服务管理规定》第6条。

技)与人民网股份有限公司等通过签署《战略框架协议》的方式,将特殊管理股制度引入铁血科技。协议约定,首先,铁血科技向人民网发行占发行后股本1.5%的非限售流通股,并在发行完成后,由人民网推荐1名董事经铁血科技股东大会选举进入铁血科技的董事会,从而改变公司治理结构;其次,铁血科技将与人民网签署内容审核服务合同,由人民网负责铁血科技的内容审核工作,从而在事前把控铁血科技的信息质量和内容。① 因此,在机场混合所有制改革中引入金股制度,可以参考传媒领域引入特殊管理股的过程,采用立法与协议相结合的方式,先在立法层面赋予金股制度以法律依据,然后由机场管理公司与政府通过协议的方式约定金股制度及具体内容,并在公司章程中体现。

2. 金股制度与我国机场混合所有制改革目标相适应

在民航机场领域进行混合所有制改革,其目的在于,一方面鼓励社会资本参与机场建设,拓宽融资渠道,同时进一步激发市场活力,健全机场企业法人治理结构,完善机场法人的现代企业制度,提高机场的运行效率和收益水平。另一方面,由于机场的公共企业性质,政府需要对机场在航空安全、服务质量及价格水平等涉及国家利益、公共利益的方面具有控制力。金股制度能够很好地平衡机场的市场化、商业化需求与政府的监管要求,与机场混合所有制改革整体目标相适应。

金股制度为机场建设提供有效的融资手段。机场属于重资产行业,其融资规模大、回收周期长以及正外部经济特性,决定了民用机场应该致力于提升自身的融资能力。② 过去我国机场建设主要是以政府财政投资为主导,其形式包括国债基金、民航建设基金、机场建设费和地方政府投资等。③ 但随着我国民航业的发展,机场建设需求不断增加,单纯依靠政府财政支持的机场建设模式已不可持续,金股制度的引入无疑可以为机场建设引入民间资本参与大开方便之门。一方面,金股制度下政府持有的股份往往只有形式上的1股,这事实上给予了民间资本极大的股权参与空间;另一方面,政府不参与具体经营决策,仅在限定的情况下拥有对重大事项的否决权,这将进一步消除民间资本投资机场的顾虑,提高民间资本参与机场建设运营的积极性,给予了社会资本足够的管理自由和盈利空间。因此,金股制度对社会资本具有较强的吸引力,可为机场建设提供有效的融资手段。

金股制度能够推动机场建立现代化治理结构,提高企业治理水平。金股制度通过吸引多方社会资本参与融资,实现股权多元化,有利于克服国有企业"内部人

---

① 参见刘颂杰、饶歌:《传媒机构特殊管理股制度实践的转向分析》,载《青年记者》2019年第10期。

② 参见齐竟凯:《D机场建设项目融资模式研究》,大连海事大学2019年硕士学位论文。

③ 参见李红宝:《民用机场建设融资模式研究》,载《科技经济市场》2017年第4期。

控制”和“预算软约束”[①],从而推动公共企业建立现代化治理结构,提高企业治理水平。混合所有制作为一种产权制度,通过减少政府对国有企业股权的集中持有,吸引非国有资本入股,目的是发挥不同产权的优势,取长补短,激发经济活力。但基于国有资产安全保护的需要,我国实施混合所有制改革往往难以突破国有资本控股带来的问题。从这个角度来说,金股的制度设计能够通过稀释国有股比例的方式改变企业国有股权控股的地位,从而达到发展多元化股权结构、建立现代公司治理结构的目的。对于机场而言,通过实施金股,可以从以下三方面实现企业治理结构的完善:一是优化股权结构。通过大量引入外部非国有资本,可以让民营股东充分参与到机场的公司治理中,最大限度发挥民营股东优势,促进机场商业化经营,提升机场经营效率和盈利水平。二是为员工持股激励提供便利。通过改革原来的员工行政级别人事管理体系,员工和管理层皆按市场化方式选聘,形成市场化用人、薪酬与考核体系,不受机场国有股东单位工资总额限制,建立员工与企业利益共享、风险共担的员工激励体系,激发企业动能。[②] 三是减轻国有资产监督管理体制的约束。随着金股制度施行,政府逐渐减持股份直至仅持象征性的一股,国有资本有序退出,从而减轻国有资产监督管理体制对企业日常经营、决策的影响,保障企业的自主经营权和市场主体地位。此外,一旦发生战略资源或重大资产出售,政府通过行使金股制度赋予的否决权,可以阻止资源或资产的出售,防止国有资产流失。

金股制度有助于机场实现公共利益与企业利益的平衡。公共企业进行混合所有制改革后,为了追求经济利益最大化,企业可能忽视了公用事业的普遍服务,肆意提高产品或服务价格,损害公共利益。这时,需要有一种制度能让政府在危险发生时给予救济,维护公共利益,促使企业履行社会责任。金股制度从其作用和设置来看,可以起到一定事前威慑、事后救济的功能。当公共企业进行混合所有制改革,国有股逐渐退出不能达到控股条件时,在金股制度下,政府既没有经常性干预企业的经营管理,又能实行其特殊否决权,帮助企业实现国家利益与企业利益的平衡。[③] 具体到机场,机场在市场化经营的同时,还负担着航空安全保护、场内公共安全维护等涉及公共利益的功能。如果完全由民营资本决定全部事务,则有可能陷入逐利目的而削弱其提供公共服务的质量,损害公众利益。因此,需要通过金股制

① 参见何奎:《“黄金股”历史溯源及其对出版传媒业的启示》,载《中国出版传媒商报》2014年第7期。

② 参见陈和:《国企混改赋予机场非航业务发展新动能》,载《综合运输》2018年第3期。

③ 参见李世艳:《公用事业民营化过程中的黄金股制度研究》,西南政法大学2007年硕士学位论文。

度进行一定程度的制约,保证国家任务的顺利推进和公共利益不受侵害。金股可以给予政府不同程度的监管权,而在普通情况下,企业又可以根据经济利益的考量来进行一般事项的决策,政府不会进行干预。① 具体方式为,基于政府与机场公司的事前合同约定或者机场公司章程的规定,机场公司所作出的决议内容中有违背其公共功能实现的,政府可以行使事后的否决权,阻碍不利于公共利益的决议生效,或使该决议无效,从而确保机场企业在运营中对公共利益、国家利益的承担,实现其公共功能。

(二)机场混合所有制改革引入金股新模式的制度风险与法律规制

市场经济是法治经济,市场经济下各市场主体之间的关系离不开法律的调节。我国在机场混合所有制改革中引入金股制度,实现国家利益与企业利益的平衡,同样离不开法律制度上的安排和法律法规的监管保障,将金股制度纳入法治化轨道。引入金股制度能够解决目前机场混合所有制改革模式所面临的问题,但由于模式创新及经验缺乏,应当注意到引入金股新模式可能出现的制度风险,并着力从法律规制层面进行相应防范。

1. 金股可能导致政府权力与公司自治权失衡的风险

从欧洲法院对欧盟各成员国在国有企业民营化进程中引入金股制度的态度可知,欧洲法院认为金股制度中的限制性规定有碍于欧盟内部的资本自由流通,不利于欧盟构建内部市场。不同于欧盟对市场一体化的追求,我国对金股制度的引入和审查,应当根据我国的实际情况进行调整。但我国机场混合所有制改革引入金股制度,同样需要考虑金股制度对资本自由流通以及机场公司自治权的负面影响,尤其要注重确保机场的公司自治权。首先,金股制度允许公司对股东持股比例进行限制,这可能降低投资者的投资意愿,因为对于投资者来说,只有持有相当比例的股权才能对公司决策产生影响,达到其战略目的,其持有的股权数量只有达到一定规模才能产生控制权溢价。因此,限制持股比例会阻碍部分投资者投资目的的实现,导致投资吸引力下降,不利于机场吸引社会资本参与建设经营,拓宽融资渠道。其次,政府有权干预公司的某些重大决策。诚然,对于机场这种具有公共性质的国有企业,为保证其无损于国家利益、公共利益,政府应当对其保留一定的监管权力,然而这种监管的界限一旦模糊不清或超越必要限度,则很可能损害企业的自治权,不利于社会资本发挥治理作用,与机场混合所有制改革初衷相悖。因此,引

① 参见李菁:《国有企业改革中对黄金股形式的合理选择——中欧比较研究》,南京大学2019年硕士学位论文。

入金股制度应当考虑好政府权力与资本流通和企业自主经营权之间的平衡,应将政府的权力控制在一个必要的限度内,使资本流通不受阻碍,强化机场融资能力,确保企业的自治权。

2. 引入金股制度的法律规制重点:行权主体、行权方式与权利范围

机场混合所有制改革引入金股制度,应当在赋予政府特殊权利的同时,确保企业自治权不受侵害。因此,需要对政府权力加以限定,确保政府权力能够及时实现其功能,同时将对企业自治权的负面影响降到最低。对此,笔者从金股制度的行权主体、行权方式与权利范围三方面着重进行法律规制分析。

(1)行权主体

金股的行权主体应当是政府,而政府有不同的层级和管理部门。国有企业的资产监管一般由国有资产管理委员会(以下简称国资委)代表政府行使相关权利,但国资委不适合作为金股的行权主体,一方面是因为国资委作为政府部门,同时又是企业的出资者,易给人政企不分的印象,不利于企业的市场主体地位;另一方面国资委工作人员主要是行政工作者,不具备相关领域的专业知识,由其行使金股权利可能反而阻碍企业的健康发展。对此,可以借鉴境外经验,由相关领域管理部门行使权利,或者由政府成立独立的专业机构代表行使特殊权利,这样可以避免因情况不明作出错误决策,也可以节省行政成本。①

(2)行权方式

从行权方式来看,股东权利的权利内容包括知情权、表决权和收益权。金股属于类别股范畴,其权利内容具有特殊性,不注重股东权利中的收益权,侧重于股东知情权和表决权的行使。金股股东与所有其他股东一样享有同等的知情权,但在表决权方面不相同,如果金股股东与普通股东享有同等的表决权,则客观上会增加政府干预企业日常经营的风险。因此,为最大限度减少政府干预可能性,金股的表决权在行权方式上与普通的表决权应当有所区别:普通表决权包括提名、提议以及对决议事项进行表决的权利,属于事前表决权,金股股东的表决权则应属于事后表决权,具体来说,是事后对于提名人选或提议事项的否决权。② 这就决定了政府将在企业作出决策后才对决策进行审查,从而减少政府对企业日常经营的干预。具体到机场混合所有制改革中金股行权方式的设计,在知情权方面,可以由政府委派

① 参见张曼:《论我国特殊管理股制度——以我国国企改革为视角》,江西财经大学2019年硕士学位论文。

② 参见郭武平:《"金股":国有银行吸引战略投资者的有效途径——兼论国有银行股权设计》,载《金融研究》2004年第8期。

1～2名董事或监事进入企业的董事会或监事会，负责掌握企业的经营情况和决策动向，如果企业作出可能有损国家利益、公共利益的决议，该人员可以第一时间向政府汇报，由政府决定是否行使其金股权利。至于政府的表决权，根据前文所述，应当与普通股的一股一权进行区分，限定为特殊情况下的事后表决权。只有将政府的特殊权利限定为事后否决权，才能最大限度保证企业自主经营不受干涉，同时还能够实现政府的监管职能，确保金股制度的功能得以较好实现。

（3）权利范围

从权利范围来看，金股股东的权利主要包括限定股东持股比例、任命董事和监事、对重大事项的否决权以及公司战略资产的处置等方面的内容。制度上对于金股权利范围的设计，一方面要根据机场行业具体经营情况进行选择，并且限制在必要范围内；另一方面还要遵循一定的原则，避免影响机场的商业化、市场化经营，损害其独立地位。具体而言，一是必要性原则，即只有采取此种措施才能达到政府的管控目的，除此之外没有其他损害更小的方式以实现目的；二是确定性原则，要求金股制度的内容和范围都应当由法律及公司章程作出规定，规定必须明确具体，避免模糊和概括的表述，使金股权利处于确定状态，市场主体可清晰预见其行为结果，从而防止金股制度被滥用以致阻碍正常商业行为。① 因此，金股制度的权利范围的界定，应当以必要性和确定性为原则，并根据行业特点、企业状况决定具体的权利范围。在机场混合所有制改革中引入金股制度，也应当在必要性和确定性的原则下，根据机场行业的情况有选择地适用。

笔者认为可以考虑以下几种情况：首先，对公司战略资产处置的否决权。机场作为交通运输的基础设施，与航空业务相关的建筑设施、地面使用都应当视为战略资产，对其进行处置应当由政府把控。其次，董事会或监事会的任命权。这涉及政府知情权的行使。政府有权派遣1～2名董事或监事了解机场运营情况，以便政府在机场实施重要决策时第一时间知晓。再次，对机场公司合并、解散及清算的限制权。机场作为公共交通设施，负担着维护公共交通稳定运行的责任，涉及民众出行、货物流转等重大公共利益，因此需要政府对于机场的解散、清算有限制权，确保公共交通稳定运行。最后，政府对于涉及重大国家利益、公共利益决策的否决权。这是一项兜底条款，需要政府在坚持必要性、确定性原则的前提下，对于有损国家利益、公共利益的决策及时行使否决权。②

---

① 参见李綦：《对国家特殊管理股法律规制的思考》，载《企业管理》2018年第6期。

② 参见王欣辉：《金股制度研究》，湖南大学2010年硕士学位论文。

综上所述,在机场混合所有制改革中引入金股制度,将不可避免地带来政府权力与企业自治权失衡的风险,政府权力的不适当施展可能导致资本流通受阻,不利于社会资本参与机场建设经营,甚至有损于机场的市场主体地位。因此,引入金股制度应当以金股的行权主体、行权方式与权利范围为法律规制重点,坚持必要性、确定性原则,实现政府权力与企业自治权之间的平衡。

五、结语

机场既是公共企业也是国有企业,属地化改革后机场以企业的形态运营,但却具有提供公共服务产品的经济实体之实质。以此为出发点分析发现,机场的混合所有制改革有其特殊性,一方面是机场吸引社会资本参与,完善公司治理结构,提升运营效率的需要;另一方面是基于机场的公共性质,政府对于机场涉及国家利益、公共利益事项的把控的需要。而现有的混合所有制改革模式存在一定的局限,无法较好地满足机场的改革需求。金股制度作为公用事业民营化的工具,可以在企业最大限度实现民营化的同时确保政府对重大事项的把控,很好地实现上述国家利益、公共利益与企业利益的平衡。首先,金股制度为机场建设提供有效的融资手段。机场重资产特性决定了机场应提升自身的融资能力,而金股制度可以为机场建设引入民间资本大开方便之门。其次,金股制度能够推动机场建立现代化治理结构,提高企业治理水平。金股的股权设计使政府持股比例被稀释,改变了国有股权控股地位,优化了股权结构,从而完善了现代企业治理结构。最后,金股制度有助于机场实现公共利益与企业利益的平衡。基于机场公共企业性质,在追求市场化经营的同时还需兼顾公共利益。在金股制度下,政府通过行使金股权利,在必要时干预企业决策,确保机场在市场化运营的同时还能够较好地履行其公共职能。

由于我国相关法律制度安排尚不完善,在企业中引入金股制度存在一定的制度风险,可能导致政府特殊权力与企业自治权失衡,应当重点对政府权力的行使尺度进行把握。据此,应以必要性、确定性为原则,对金股的行权主体、行权方式与权利范围进行法律规制。希望通过对在机场混合所有制改革中引入金股制度的必要性、可行性以及可能的风险和法律规制等方面的研究探讨,为机场混合所有制改革提供新的可能。

美国1938年《民用航空法》到1958年《联邦航空法》的立法演进及对我国立法的启示

郝秀辉* 李艳茹**

一、引言

20世纪20年代至50年代末，美国航空立法发展经历了重大变化，从最初颁布单行法规，到1938年制定世界上第一部航空领域的综合性法律——《民用航空法》(Civil Aeronautical Act of 1938)，再到1958年颁布《联邦航空法》(Federal Aviation Act)，对美国航空业的发展发挥了重要保障作用，也展现了美国政府对航空业发展的管制变化历程，尤其体现出对航空经济领域和航空安全领域的政府管制日益严格的监管制度变化。目前，我国《民用航空法》的修改和"航空法"的立法研究正在"双轨"推进，如何处理两法的关系以及各自的内容，是值得深入研究和思考的重要课题。本文主要介绍美国1938年《民用航空法》到1958年《联邦航空法》的立法演进的背景、立法框架、航空安全与航空经济监管、空域管理以及航空运输业与航空制造业融合制度，期望对我国航空立法提供有益借鉴。

---

* 郝秀辉，中国民航大学法学院教授，硕士生导师。

** 李艳茹，中国民航大学法学院民商法硕士研究生。

二、美国航空立法背景的演进与启示

(一)1938年《民用航空法》立法背景

1. 航空业内部存在过度的市场竞争

20世纪30年代,美国国内的传统运输方式铁路运输遭遇公路、水路等多方压力,航空业处于萌芽的起步发展阶段,竞争成为这一时期航空运输领域发展的主要方式。[①] 当时的航空公司为抢占市场份额扩大规模,往往采取降低价格的竞争方式。这种过度市场竞争增加了航空公司自身经营风险,也不利于航空业这一新兴领域的持续性发展,甚至危及航空安全。[②] 美国在1931年后发生多起空难事件,圣母大学足球队的教练和新墨西哥州议员因此丧生,社会公众高度关注航空业发展的政府监管问题。美国需要综合性航空立法来规制这种过度的市场竞争,维持市场秩序,促进航空业健康发展。

2. 美国早期对航空业的政府管制比较分散、不完整[③]

1926年联邦政府颁布《航空商务法》,要求商务部部长监管航空商务,发布和执行空中交通规则、颁发飞行员执照、审定飞机、建立航线,以及运营和维护空中导航辅助设施。商务部下新成立的航空司(Aeronautics Branch)主要承担航空监管职责。商务部履行民航职责初期,主要集中在对航空安全、飞行员和飞机认证等监管职能上,对航空的经济管制在很大程度上是缺失的。

3. 邮政部门和州际商业委员会对监管航空业的权力争夺越来越激烈[④]

美国政府最早对航空业管制是从邮件运输开始的,1925年美国国会制定《航空邮件法》(Air Mail Act),授权邮政部门对航空邮件运输进行管理。美国先后于1930年制定《麦克纳利—沃特斯法》、1934年制定《航空邮件法》,以适应航空邮件运输发展出现的新情况。邮政部门认为,其最先开始对航空商业进行管制并且逐步发展,理应继续拥有航空运输业的管辖权。州际商业委员会是1887年根据《州际商业法》设立的联邦行政机构,其职能是管理州际商业交易、陆路或水路运输,包括火车、卡车、公共汽车、水上客货轮等运输。[⑤] 因此,有人认为应修改《州际商业

---

① See Mcdonald M., Changed Forever: The Transition From Total Government Control of the Airline Industry to Open Competition, *Atw Air Transport World*, 2004, p. 36.

② 参见彭金芝:《美国航空自由化进程思考》,载《人民论坛》2015年第35期。

③ See Clinton M. Hester, The Civil Aeronautics Act of 1938, *Journal of Air Law*, 1938, p. 453.

④ See Charles S. Rhyne, Civil Aeronautics Act Annotated: With the Congressional History Which Produced It, *and the Precedents upon Which It is Based* (1939), p. 49.

⑤ 参见薛波主编:《元照英美法词典》(缩印版),北京大学出版社2013年版,第723页。

法》,将州际商业委员会对运输业的监管权力扩大至航空运输,在范围上类似于其现在拥有的对于铁路运输的监管。① 联邦航空委员会指出,任何现有的政府机构对航空业的管辖都没有完全包含航空业发展中应该受监管的范围,应该有一个单独的、完全的政府机构对这一领域进行管理。②

美国政府于1938年颁布《民用航空法》,以此来规制航空业的行为,发展航空经济,加强航空安全。该法对"民用航路"(Civil Airway)进行定义,即由监管机构行政长官指定或批准的适用于州际、海外或国外航空商务的美国可航行空域的区域。从该定义可以看出,《民用航空法》规制的主要是航空商务行为。

1938年《民用航空法》结束了美国在航空领域过度竞争的"自由市场"③,构建了政府对航空业管制的基本框架,使航空业有了稳定发展的市场环境。

(二)1958年《联邦航空法》立法背景

1. 空域使用和空中安全问题频发

第二次世界大战结束后,美国航空业快速发展,空运已成为一种普遍交通运输方式,对空域的使用"人满为患",但美国空中交通管制系统的开发滞后于喷气飞机的快速发展。④ 当时美国空域对军用航空和民用航空的管理由不同部门负责,1956~1958年,因军民航协调问题接连发生数次军用飞机与民用飞机相撞的航空事故,空难发生的另一原因是美国民用飞机和军用飞机适用不同飞行规则,在各自飞行完全符合规定的情况下发生碰撞。⑤ 1958年6月13日,美国总统向国会提交报告提道:"最近发生的飞机空中碰撞事故造成惨重的人员伤亡,这突出了对一套空中交通管制系统的需要……建立一个机构集中所有必要的管理职能以满足民用和军用航空的共同需求。"⑥因此,美国对《民用航空法》的修改须协调军民航关系,将军用航空活动纳入监管机构的管制范围。

2. 在立法技术上,制定新法具有可行性

虽然可以通过修改现行《民用航空法》方式来解决航空业发展出现的新情况和

---

① See Alan P. Dobson, The Passage of the 1938 Civil Aeronautics Act, *Palgrave Macmillan US*, 2011, p. 56.

② See Doc. No. 15, 74th Cong., 1st *Session* (Jan. 30, 1935), p. 53.

③ 参见莫辉辉、王姣娥:《美国民航政策变迁的历史探析》,载王德荣主编:《中国交通运输中长期发展战略》,中国计划出版社2015年,第214页。

④ See Edwin D. Ferretti, Aviation Accident Investigations Under the Federal Aviation Act of 1958, *JAG Journal*, 1959, p. 13.

⑤ See Washington, U. S. Government Printing Office: Legislative History of the Federal Aviation Act of 1958, 1960, p. 2.

⑥ See H. Doc. 406, 85th Cong., 2d.

新问题,但具体实施起来既不方便又难以操作。《民用航空法》自1938年颁布生效已约20年,许多规定已经过时,总统已经重新划分监管机构及其职责,废除了航空安全委员会,实际上对该法的某些规定已经进行了重大修改,并改变了监管机构的名称。综合这些原因,重新制定法律而不是大刀阔斧地修改《民用航空法》,更有效率且可取。但新法并非摒弃现有法律的所有规定,本质上是对1938年《民用航空法》的修改和增加,二者在内容上具有连续性。[①]

1958年8月23日,美国政府颁布《联邦航空法》,取代1938年《民用航空法》,在名称上删除"民用"二字,将"民用航路"的定义修改为"联邦航路"(Federal airway),即指监管机构行政长官指定的美国可航行空域的区域。与1938年的"民用航路"相比,《联邦航空法》的规制范围扩大,不仅限于航空商务领域,吸取因空域管理不统一造成的军用飞机与民用飞机空中相撞事件的经验教训,将军用航空活动纳入管制范围,加强对军用航空、民用航空协调使用空域的管理。1958年《联邦航空法》并非另起炉灶,而且将《民用航空法》的部分条款继承下来,并增加适应航空发展的条款。《联邦航空法》是美国在航空立法领域的基础性法律,是现今美国航空法律体系的核心。

(三)对我国航空立法发展的启示

航空法律体系要与航空发展相适应,法律虽有不可避免的滞后性,但应尽力缩小与社会发展之间的差距,努力适应社会发展出现的新情况和新问题。美国从《民用航空法》到《联邦航空法》的演进,就是为解决其航空业发展过程中遇到的新挑战。我国《民用航空法》从1995年颁布至今已有20多年,奠定了我国航空法律体系的基础,为我国民航业发展提供了法律依据。虽然我国《民用航空法》经历几次修订,但针对如今航空飞行不断大众化和国际化的趋势,其内容仍有所欠缺。[②] 因此,为早日实现我国民航强国的目标,我国的航空法律体系应更加适应民航的发展趋势。

三、立法框架的演进和启示

(一)立法目的的演进

1. 1938年《民用航空法》的立法目的

根据《民用航空法》在"政策声明"(declaration of policy)中的规定[③],美国政府

---

① See Washington, U. S. Government Printing Office :Legislative History of the Federal Aviation Act of 1958,1960,p. 11.

② 参见郭俊秀、陈诗麒:《〈民航法〉对我国民航运输发展意义以及完善建议》,载《民航管理》2021年第3期。

③ See Civil Aeronautical Act of 1938,c. 601, §2,52 Stat. 980.

通过设立一个新的独立航空监管机构并赋予其相应监管职责以达到以下立法目的：

(1)鼓励和发展航空运输系统，以适应美国目前和未来国内航空商业、航空邮件运输服务和国防的需要；

(2)管制航空运输，以最大限度地确保航空运输的安全，培育航空运输良好的经济条件并协调航空公司之间的关系；

(3)禁止航空公司之间进行不公平或破坏性的过度竞争，确保航空公司向消费者合理收费，提供充分、经济、有效的服务；

(4)管理航空公司之间必要程度的竞争，以适应美国航空运输系统的健全发展；

(5)以最有利于促进航空商业发展和安全的方式管制航空商业；

(6)鼓励和发展民用航空。

从上述可以看出，美国政府这一阶段的主要任务是发展民用航空经济，规制航空公司之间不公平以及过度的市场竞争行为，为航空业发展创造良好的市场环境。虽然该法以规制民用航空为主，但仍兼顾了国防利益，要求监管机构在行使监管职责时考虑国防需要。

2. 1958年《联邦航空法》的立法目的

《联邦航空法》建立了一个新的联邦机构，在"政策声明"中要求监管机构在行使职责时达到以下立法目的：①

(1)以最有利于促进航空商业的发展和安全并满足国防要求的方式管理航空商业；

(2)促进、鼓励和发展民用航空；

(3)管制民用航空和军用航空对美国可航行空域安全有效的使用；

(4)加强对空中导航设施的研究和开发；

(5)为军用和民用飞机开发和运行共同的空中交通管制和导航系统。

从上述内容可以看出，《联邦航空法》主要是通过赋予足够的监管职责使其能够规制民用和军用飞机安全有效地利用可航行空域，改变联邦政府在美国航空领域权力分散的现状。② 比之《民用航空法》，其将规制军用航空活动也纳入其立法目的，以期协调军用航空和民用航空的统一，加强航空安全。虽然《联邦航空法》在名

---

① See Federal Aviation Act § 103,49 U.S.C.A.(1958).

② See Washington, U.S. Government Printing Office :Legislative History of the Federal Aviation Act of 1958,1960,p.1.

称上删除了"民用"二字,但立法目的亦有关于发展民用航空的内容,以最有利于民用航空发展和安全的方式管理和促进民用航空发展。

(二)篇章结构的演进

从1938年《民用航空法》与1958年《联邦航空法》立法颁布当时的篇章结构(不包括后续修正案修改和增加部分)看,二者的区别见表1。

表1 1938年《民用航空法》与1958年《联邦航空法》立法体例对照

章节	1938年《民用航空法》	1958年《联邦航空法》
	名称	名称
第一章	一般规定	一般规定
第二章	监管机构	民用航空委员会的权力和职责
第三章	监管机构的权力和职责	联邦航空管理机构的权力和职责
第四章	航空运输经济规则	航空运输经济规则
第五章	飞机的国籍和所有权	飞机的国籍和所有权
第六章	民用航空安全规则	民用航空安全规则
第七章	民航安全委员会	飞机事故调查
第八章	其他行政机构	其他行政机构
第九章	处罚	处罚
第十章	程序	程序
第十一章	其他	其他
第十二章		安全条款
第十三章		战争险保险
第十四章		废除和修订
第十五章		保留条款和生效日期

美国1938年《民用航空法》后又增加两个章节。1950年9月增加"第十二章——安全条款"[①],授权商务部和民用航空委员会按照总统的指示,制定和执行战时或国家安全受到威胁时的空中交通安全管制计划,要求监管机构在行使第六章的职责时,将国家安全因素和航空商业飞行安全因素都考虑在内。1951年6月增

① Act of Sept. 9,1950,64 Stat. 825.

加“第十三章——战争险保险”[①]，因普通航空保险单承保的通常是火灾、毁损或其他风险，并不承保某些特定战争险，但是过去的战争情况表明，国际运输条件的快速变化可能会使承运人遭受巨大危险，通常的保险市场不能承担航空运输所需的战争险保障，因此该章授予商务部部长提供足以满足美国航空商业需求的战争险。[②]

1958年《联邦航空法》的1978年修正案增加“第十六章——日落条款”[③]，该章规定撤销民用航空委员会并逐步对其权力和职责进行废除和移交。

从上述两部法律篇章体例结构的对比来看，《联邦航空法》仍然沿袭了《民用航空法》的篇章结构，并未作出较大改变，并且依然继续对民用航空的发展进行规制，并未因名称上删除了“民用”二字而发生变化。

（三）对我国航空立法的启示

我国“航空法”的制定已经提上立法议程，其内容与我国的《民用航空法》应如何衔接是一个被广泛关注的问题。考察美国《民用航空法》和《联邦航空法》的立法目的和篇章结构发现，美国《民用航空法》虽以规制民航活动为主，但其也要保障国防需要；《联邦航空法》虽去掉“民用”二字，但并未打破《民用航空法》的篇章结构，仍以规范民航活动为主，协调军民航的关系。[④] 我国“航空法”的制定可借鉴吸收美国《民用航空法》到《联邦航空法》的演进经验，不需放弃我国《民用航空法》现有的体系架构，亦可吸收现有法律规定的内容，使两部法律可以更好地衔接和适用。

四、航空市场经济监管和航空安全监管制度的演进和启示

（一）监管机构的演进

1. 1938年《民用航空法》的规定

1938年《民用航空法》规定，建立美国民用航空管理局（Civil Aeronautics Authority，CAA），作为政府授权的管理航空经济与航空安全的机构，代表政府行使对航空领域的规制权，该机构是在原航空商业局和航空邮政局的基础上组建成立的。[⑤] CAA将承担起美国民用航空发展责任，拥有对航空业进行经济监管的权力，

---

① Act of June 14，1951，65 Stat. 65.

② See John M. Lindsey，The Legislative Development of Civil Aviation 1938 – 1958，*Journal of Air Law & Commerce*，1961，p. 26.

③ Public Law 95 – 504，95 Congress. 92 Stat. 1705（1978）.

④ 参见郝秀辉：《〈民用航空法〉的修订应往何处去？》，载《中国民用航空法》2015年第1期。

⑤ 参见王献平、童新潮：《美国的航空法律体系》，载《民航经济与技术》1995年第9期。

同时取代商务部行使1926年《航空商务法》赋予商务部行使的航空监管职责,负责航空安全。①

该法将立法职能赋予一个由5名成员组成的CAA,并设立1名行政长官执行行政职能。② CAA独立执行立法职能,成员由总统根据参议院的建议任命,任期6年,总统只有在其成员玩忽职守或者渎职的情况下,才能将他们免职。CAA必须每年向国会报告工作并附带提交必要的立法建议。

CAA行政长官由总统根据参议院的建议任命,任期没有限制。行政长官行使的行政职能包括建造、运营和维护航线以及航线和机场周围灯光和其他信号、执行航空运输规则、促进航空贸易及类似活动。③ 同时,美国国会将机场调查的任务赋予行政长官,要求其在1939年2月1日前对现有的机场系统进行调查,并就联邦政府是否应该参与机场开发和运营及参与程度提出明确建议。④

1940年,美国总统将CAA一分为二,即民用航空局(Civil Aeronautics Administration,CAA)和民用航空委员会(Civil Aeronautics Board,CAB)。CAA成为商务部的一部分,CAB仍是一个独立的联邦机构。⑤ 1958年《联邦航空法》颁布前的美国航空业的监管机构及其职责变化见表2。

表2 美国航空业的监管机构及其职责的历史沿革

时间	监管机构	职责	隶属部门
1926年	航空司	发布和执行航空交通规则、颁发飞行员执照、认证飞机、建立航线、操作和维护空中导航辅助设备	商务部
1934年	航空商务局	鼓励一批航空公司在各航线设立空中交通管制中心	商务部
1936年	航空商务局	接手已建立的空中交通管制中心并扩展空中交通管制系统	商务部
1938年	CAA	管制航空经济与航空安全	独立

① See Georgec Neal, The Status of Non-Scheduled Operations under the Civil Aeronautics Act of 1938, *Law and Contemporary Problems*, 1946, p. 508.

② See Clinton M. Hester, Civil Aeronautics – The State and the Nation under the Civil Aeronautics Act of 1938, *Journal of Air Law*, 1938, p. 637.

③ See Edgar S. Gorrell, The Civil Aeronautics Act of 1938 and Democratic Government, *Journal of Air Law*, 1938, p. 704.

④ See Clinton M. Hester, Civil Aeronautics – The State and the Nation under the Civil Aeronautics Act of 1938, *Journal of Air Law*, 1938, p. 639.

⑤ See John M. Lindsey, The Legislative Development of Civil Aviation 1938 – 1958, *Journal of Air Law & Commerce*, 1961, p. 19.

续表

时间	监管机构	职责	隶属部门
1940年	CAA	空中交通管制、飞行员和飞机认证、安全执法和航路发展	商务部
	CAB	安全立法、事故调查、航空公司经济监管	独立
第二次世界大战前	CAA	扩大空中交通管制,将飞机起飞与降落纳入	商务部
	CAB	安全立法、事故调查、航空公司经济监管(同1940年CAB的职责)	独立
1946年	CAA	增加负责联邦援助机场项目,促进机场发展	商务部
	CAB	安全立法、事故调查、航空公司经济监管(同1940年CAB的职责)	独立

2. 1958年《联邦航空法》的规定

1958年《联邦航空法》是美国航空法律制度中最重要的法律之一,该法设立了联邦航空管理机构(Federal Aviation Agency,FAA),这是一个独立的政府机构,直接向美国总统负责。美国政府成立FAA的主要目的是加强和统一对国家领空的控制,保证民用和军用飞机安全有效地使用空域,开发和运行共同的空中交通管制和导航系统,规范和管理与飞行安全有关事项。①

FAA承接了CAB有关航空安全的职责,主要包括颁布、管理和实施飞机制造、运行和飞行的安全条例。CAB的职能仅限于对航空运输进行经济监管、签发便利和必要证明以及批准商用飞机运营许可证。② CAB仍拥有对航空事故调查的权力,但FAA也将参与此类调查。③ 为适应航空运输发展的需要,应对航空安全问题,1957年《航路现代化法》规定航路现代化委员会承担更新国家民航导航系统及空中交管设施的职能,FAA亦承接该项职能,负责建立、维护空中导航设施,并为这些设施的研究和开发提供支持,同时CAA的监管职能也转移到FAA。④

1967年,美国国会成立交通运输部,合并了联邦政府在空中和地面运输的主要职责;同年,联邦航空管理机构更名为联邦航空局(Federal Aviation Administration,

① 参见覃睿、史丽媛、王瑞、党亚茹:《国内外空域管理体制比较研究》,载《天津职业技术师范大学学报》2014年第3期。

② See Lance M. Harvey, Cleveland v. Piper Aircraft Corp., The Tenth Circuit Holds that the Federal Aviation Act of 1958 Does Not Preempt State Common Law Claims for Negligent Design, 46 *BAYLOR L. REV.* 485 (1994), p. 487.

③ See Sherman O. Morris, The Federal Aviation Act of 1958, Universityof Kansas City Law Review, 1959, p. 37.

④ See Robert B. Pirie, The Federal Aviation Act of 1958, *JAG Journal*, 1958, p. 3.

FAA),成为交通运输部的隶属机构,FAA不再直接向总统负责,而是向运输部长报告工作。1978年,为放松对航空公司的经济管制,正式撤销CAB,CAB部分职能移交交通运输部。1958年《联邦航空法》颁布前后,美国航空业的监管机构及其职责的变化见表3。

表3 1958年《联邦航空法》颁布前后美国航空业的监管机构及其职责变化情况

时间	监管机构	职责	隶属部门
1957年	CAA	空中交通管制、飞行员和飞机认证、安全执法和航路发展、促进机场发展	商务部
	CAB	安全立法、事故调查、航空经济监管	独立
	航路现代化委员会	更新国家民航导航系统及空中交管设施	独立
1958年	FAA	CAA+CAB(航空安全)+航路现代化委员会	独立
	CAB	航空经济监管、事故调查	独立
1967年	FAA	CAA+CAB(航空安全)+航路现代化委员会(同1958年FAA职责)	交通运输部
	CAB	管理商业航线和票价	交通运输部
	全国运输安全委员会	事故调查	独立

(二)航空市场经济监管制度的演进

美国1938年《民用航空法》对美国航空业的经济管制运用了多种手段,包含各个方面。这些规制保证了公众以合理价格获得适当的航空运输服务,同时保护航空公司可以持续运营,避免不必要的重复服务和不公平的商业竞争。① 1958年《联邦航空法》关于航空市场经济管制的规定,实际是对1938年《民用航空法》第四章内容的重述,并没有实质性变化,只删除了某些过时条款,并对监管机构名称做相应调整。② 主要包括以下几部分内容:

1.控制航空公司的市场准入

美国政府认为,国内航空运输业处于起步阶段,市场上并不需要太多航空企业,为防止企业间进行过度竞争而不利于航空发展,严格限制新航空企业的申请进

---

① 参见栾爽、李乾贵:《美国政府航空运输业法律规制的历史考察》,载《中国行政管理》2011年第10期。

② See John M. Lindsey, The Legislative Development of Civil Aviation 1938 - 1958, *Journal of Air Law & Commerce*, 1961, p. 33.

入,控制国内航空公司的数量。① 1938年《民用航空法》禁止航空公司的运营,除非航空承运人持有管理局颁发的便利和必要性证书,该证书授权航空公司在特定航线运营并限制其向消费者提供的服务种类。② 该法明确授权管理局对现有航空承运人继续运营的某些业务签发公共便利和必要性证明,即祖父证书。③ 到1958年《联邦航空法》删除了关于祖父证书的规定。④

1938年《民用航空法》将"航空承运人"明确界定为"直接或间接或通过租赁或其他途径从事航空运输的美国公民"⑤。1958年《联邦航空法》对这个界定未做任何修改。⑥

2. 控制航线

在航空领域,各航空企业的经营成本和经营风险很高,一些航空公司以不经济的低利率竞标手段获得航线,从而面临破产的危险。⑦ 因此,美国1938年《民用航空法》规定,航线的进入和退出必须得到管理局的批准,以保证航空业的健康稳定发展,避免各航空公司之间重复服务的浪费;⑧只有在公众需要提供新航线的服务时,管理局才为航空公司颁发证书,航空公司只有在拿到证书后才拥有经营新航线特定业务的权利。⑨ 1958年《联邦航空法》对此规定未做变更。⑩

3. 控制运价及收入

为减少航空企业的生产能力,防止各航空公司为增加客运量而擅自降价造成不正当竞争⑪,1938年《民用航空法》要求航空公司对乘客和财产的运输收取合理

---

① See Charles S. Rhyne, The Civil Aeronautics Act of 1938 and "Grandfather" Certificates, *Air Law Review*, 1941, p. 246.

② See Civil Aeronautical Act of 1938, c. 601, § 401, 52 Stat. 987.

③ See Gwj Lupton, New Route Certificates under the Civil Aeronautics Act of 1938, *Air Law Review*, 1941, p. 104.

④ See Federal Aviation Act § 401(a), 49 U. S. C. A. (1958).

⑤ See Civil Aeronautical Act of 1938, c. 601, § 1, 52 Stat. 977.

⑥ See Federal Aviation Act § 101(3), 49 U. S. C. A. (1958).

⑦ See Howard C. Westwood, Alexander E. Bennett, Footnote to the Legislative History of the Civil Aeronautics Act of 1938 and Afterword, *Notre Dame Law*, 1967, p. 316.

⑧ See Clinton M. Hester, The Civil Aeronautics Act of 1938, *Journal of Air Law*, 1938, p. 453.

⑨ See George W. Lupton Jr., New Route Certificates under the Civil Aeronautics Act of 1938, 12 *Air L. Rev.* 103 (1941), p. 104.

⑩ See Federal Aviation Act § 401(e), 49 U. S. C. A. (1958).

⑪ 参见张伟:《从管制和放松管制看美国航空产业组织政策的演变》,载《民航经济与技术》1999年第1期。

费用,但需向管理局备案,公示其收费情况。管理局发现收费不合理时有权更改。[①] 1958年《联邦航空法》对本部分规定未做变更。[②]

4. 监督航空公司经营方式

1938年《民用航空法》授权管理局防止航空领域的连锁公司关系,禁止美国国内航空公司进行企业合并[③],保障各航空企业均衡发展,从而限制某航空公司用不公平的经营方式和不公平的竞争方法达到垄断。1958年《联邦航空法》承继了这部分内容。[④]

(三)航空安全监管制度的演进

1. 审查各类人员资格

美国1938年《民用航空法》规定,任何人担任飞行员或飞行机组成员或监督飞机大修的机械师,都必须向管理局申请;管理局确定申请人在经验和技能方面具备适当的资格,并且身体状况适合从事所涉类型的服务后,颁发授权他从事特定工作的证书;当管理局拒绝签发飞行员证书时,当事人可就此事提出申诉。[⑤] 1958年《联邦航空法》保留了此类申诉的权力,但新增两类人员的除外情形,即在拒绝签发飞行员证书时处于暂停令下的人员以及证书在拒绝签发日期后一年内被吊销证书的人员除外。[⑥]

2. 制定安全规则

1938年《民用航空法》授权管理局承接《航空商务法》赋予商务部部长的权力,管理局有权制定空中交通规则、规定飞行员和航空公司其他雇员最高工作时间的规则、规定储备燃料的最低标准以及类似的规则[⑦],管理原商务部部长负责的有关建立、运营和维护航空公司、空中导航设施、天气报告服务和通信系统的工作。1958年《联邦航空法》将此修改为:(1)监管机构的变更,将制定安全规则的权利授予FAA;(2)明确第六章监管机构在规定安全规则和最低标准方面的权力限于民用航空,因此对1938年《民用航空法》第601(a)(7)条关于监管机构规定空中交通规则的权力,1958年《联邦航空法》将其删除,移到第三章FAA的权力与职责下,用以

---

① See Civil Aeronautical Act of 1938, c. 601, § 404, 52 Stat. 993.

② See Federal Aviation Act § 404(a), 49 U. S. C. A. (1958).

③ See Civil Aeronautical Act of 1938, c. 601, § 408, 52 Stat. 1001.

④ See Federal Aviation Act § 408(b), 49 U. S. C. A. (1958).

⑤ See Civil Aeronautical Act of 1938, c. 601, § 602, 52 Stat. 1008.

⑥ See Federal Aviation Act § 602(b), 49 U. S. C. A. (1958).

⑦ See Civil Aeronautical Act of 1938, c. 601, § 601, 52 Stat. 1.007.

适用民用和军用飞机。①

3. 航空事故调查

1938年《民用航空法》设立由3名成员组成的航空安全委员会(Air Safety Board),负责航空事故调查并报告事故原因。该委员会独立于管理局,并自行选择组成人员,保证委员会对事故的公正调查。② 除事故调查工作外,委员会亦负责协助管理局研究与航空安全有关事宜。1940年,CAB承接了航空安全委员会事故调查的职能。

1958年《联邦航空法》将事故调查的权力分两种情形作出规定,一种是涉及民用飞机的事故,一种是涉及军用飞机的事故。有关民用飞机事故调查和确定可能原因的职责由CAB承担,并通过对事故预防问题进行专门研究,确定最有可能减少或消除事故发生或复发的可能性。③ 同时,CAB应允许FAA在适当履行其职责的情况下参与此类调查。④ 关于军用飞机的事故调查,区分不同情形:(1)如涉及民用和军用飞机的事故,CAB应允许有关军事部门参与调查;(2)如仅涉及军用飞机但可能涉及FAA职责的事故,军事部门应允许FAA参与调查;(3)仅涉及军事飞机的其他事故,军事当局应向FAA和CAB提供有助于促进空中安全的任何信息。⑤ 1958年《联邦航空法》新增设立一个特别调查委员会(Special Board of Inquiry),对可能需要或者以其他方式进行公开调查的重大或特别灾难性事故进行调查。成员由三人组成,CAB负责召集。⑥

(四)对我国航空发展的启示

1. 航空业发展既要鼓励竞争,又要加强反垄断

美国政府从1938年《民用航空法》到1958年《联邦航空法》,都在不断加强政府管制力度,最后扼制了航空市场发展的活力。政府介入市场、控制市场自由发展的行为是一把"双刃剑",在航空业的发展初期,政府严格管制有利于为该行业提供一个相对稳定的环境,在发展后期,过多的政府管制会抑制市场竞争,阻碍市场活力,原发展不善的航空企业无法退出市场,新航空企业无法获批进入市场。⑦ 从

---

① See Federal Aviation Act § 601,49 U. S. C. A. (1958).

② See Civil Aeronautical Act of 1938, C. 601. § 701, 52 Stat. 1012.

③ See Federal Aviation Act § 701(a),49 U. S. C. A. (1958).

④ See Federal Aviation Act § 701(g),49 U. S. C. A. (1958).

⑤ See Federal Aviation Act § 702,49 U. S. C. A. (1958).

⑥ See Federal Aviation Act § 703,49 U. S. C. A. (1958).

⑦ 参见杨舜贤、蔡晓珊:《美国航空业放松规制研究及对我国的借鉴》,载《特区经济》2008年第5期。

1938年到1958年再到20世纪70年代美国放松航空管制的40年间,统计有80多家航空公司申请进入美国航空运输市场,但CAB严格控制航空企业的市场进入,除原来的23个航空承运人外,没有一家新航空公司获得美国主要航线经营权。[①]

我国的航空业发展既要放开市场、鼓励竞争、营造良好的竞争环境,又要有所管制、防止垄断、维护公平的竞争秩序,对于两者的平衡,政府在其中起着重要作用。[②] 中国正处于航空运输快速发展阶段,首要任务是要准确找到政府对航空市场管制的平衡点,维持市场活力、规制市场秩序,只有这样才能全面提升中国民航在国际市场的竞争力,实现可持续发展。

2. 加强航空安全是永恒的主题

美国1938年《民用航空法》建立了民用航空管理局,提升了政府对商业航空安全的监管力度;1958年《联邦航空法》通过设立独立的联邦航空管理机构,极大地提高了政府在航空安全方面的权威性,进一步加强了对航空安全的监管。[③] 由此可见,美国维护航空安全的方式是以政府规制为框架,根据不同时期对航空安全的不同要求,通过立法设立独立的监管航空安全的组织机构,并明确该机构的管理权限,强化政府在航空安全监管方面的权威性。我国航空业经过几十年的发展,航空运输量快速增长,在国内交通体系中所占比重明显提高且日益大众化。[④] 航空业的快速发展以航空安全为前提,航空法律体系应不断完善航空安全规则,加大航空安全投入,加强航空安全监管制度的落实。

五、空域管理立法的演进和启示

(一)空域管理主体的演进

1926年《航空商务法》规定了美国空域管理的责任分配,这是美国首个关于空域管理的立法。该法授权商务部管理航空商务,授权总统可以为国防或其他政府目的进行空域保留,授权军事部门指定军用航线。[⑤] 据此,国防部、商务部和总统均有空域的管理权限,并实行军用航空与民用航空使用的空域分开管理模式。

---

① 参见王勇:《中国民航企业的放松管制》,载《中国民用航空》2008年第2期。

② 参见黄伟:《中国民航法律规制的发展与完善》,载《重庆工商大学学报(社会科学版)》2019年第6期。

③ 参见李祥、黄建辉、陈可嘉:《中美民航安全管理比较》,载《中国安全生产科学技术》2012年第12期。

④ 参见赵巍:《从规模化到专业化——美国民航业发展趋势分析》,载《大飞机》2019年第7期。

⑤ See Washington, U. S. Government Printing Office: Legislative History of the Federal Aviation Act of 1958, 1960, p. 3.

1938年《民用航空法》亦采用该空域管理模式,但监管机构有所变化。根据该法规定,美国总统为国家安全利益的需要授权商务部和民用航空委员会管理民用空域。①

1958年《联邦航空法》打破之前的空域管理模式,为协调军用航空和民用航空的统一,加强航空安全,该法授权联邦航空局为空域的使用制定政策,并按照其认为必要的条件和限制,以规则、条例或命令的形式分配使用可航行空域,以确保飞行安全和空域的有效利用。② 为确保国防利益得到适当保障,在FAA行使职能时,行政长官可获得武装部队军事人员的协助,这些人员就军用飞机的需要和其他问题向行政长官提供适当建议,并参与履行行政长官有关管制和保护空中交通的职能,包括为军用飞机与民用飞机联合使用分配空域。③

(二)空域管理措施的演进

1. 1938年《民用航空法》的规定

该法规定民用航空委员会在行使保障航空安全的职责时,应考虑国家安全和航空商业飞行安全,授权民用航空委员会在充分考虑国防要求的情况下建立、运营和维护空中导航设施,并且在切实可行的情况下制定和建立民用航路,以便进行空中导航。④ 该法授权商务部部长为着陆区、航线以及所有其他空中导航辅助设备和设施的有序发展制订计划,以最大限度地满足民用航空的需求,并为民用航空的安全利益服务;商务部部长可以在与国防部协商后,在美国领土及属地上空的空域设立禁止或限制其无法利用现有设施有效识别、定位和控制飞机飞行的区域。⑤

2. 1958年《联邦航空法》的规定

该法授权联邦航空局制订长期计划和政策,以便有序使用可航行空域,开发和定位着陆区、联邦航线、雷达装置以及所有其他空中导航辅助设备和设施,以最好地满足民用航空和国防的需要,并为其利益服务,但军事机构特有的需要(如空战)除外。⑥

联邦航空局负责空中导航设施的设置和运行。空中导航设施的提供,适应了民用和军事航空的需要,从而协调飞机在可航行空域的运行。⑦ FAA为协调军

① See Act of Sept. 9,1950,64 Stat. 825, § 1201.

② See Federal Aviation Act § 307(a),49 U. S. C. A. (1958).

③ See Federal Aviation Act § 302(c),49 U. S. C. A. (1958).

④ See Civil Aeronautical Act of 1938,c. 601, § 302,52 Stat. 9S3.

⑤ See Act of Sept. 9,1950,64 Stat. 825, § 1203.

⑥ See Federal Aviation Act § 312,49 U. S. C. A. (1958).

⑦ See Federal Aviation Act § 308(a),49 U. S. C. A. (1958).

用航空和民用航空合理使用国内空域资源,对全国空域进行统一管理、统一调配。①

联邦航空局有权进行空中交通管制立法,制定有关美国领空内民用和军用飞机飞行、飞机导航和识别、保护地面人员和财产以及有效利用可航行空域的空中交通规则和条例,包括有关安全飞行高度的规则和防止飞机之间、飞机与陆地或水上交通工具之间以及飞机与空中其他物体之间碰撞的规则。② 因紧急军事情况或国防需要,军事部门可在事先通知联邦航空局后,授权美国的军用飞机飞行不遵守联邦航空局制定的空中交通规则,但军事部门应在尽可能在最早时间将此事项通知联邦航空局,并在时间和条件允许范围内,尽一切合理努力与联邦航空局进行充分协商,在双方可接受的基础上提前安排所需的规则偏差。③ 联邦航空局应当对上述这些系统、程序、设施设备进行开发、修改、测试和评估,并确定其性能特征,以满足所有民用和军用航空安全高效导航和交通管制的需要。④

(三)对我国航空发展的启示

从对美国航空立法的考察可以发现,美国的军事部门从未管理过民航空域。⑤ 1958年《联邦航空法》颁布之前,军用航空与民用航空分别负责空域的管理,《联邦航空法》确定了协调管理体制,规定平时民用航空对空域有优先利用和发展经济的权利,战时应当优先保障军用航空对空域的使用,并归入国防部,有力保障飞行安全。⑥ 我国空域管理基于国防安全等因素的考量,实行的是统一管制、分别指挥的体制⑦,在同一空域内存在多个指挥机构,存在空域资源分配不均衡、使用不充分等问题,已不适应现今的经济发展要求。⑧ 因此,我国应建构空域资源统一管理制度,推动军民航协调统一管理,不断开放空域,加强空域安全监管。⑨

---

① See Washington, U. S. Government Printing Office :Legislative History of the Federal Aviation Act of 1958,1960, p. 6.

② See Federal Aviation Act § 308(c),49 U. S. C. A. (1958).

③ See Federal Aviation Act § 308(f),49 U. S. C. A. (1958).

④ See Federal Aviation Act § 312(c),49 U. S. C. A. (1958).

⑤ 参见王海龙:《国外空域资源管理制度研究》,载《青年与社会》2015年第4期。

⑥ 参见张超汉、蔡亚琦:《军民融合战略下我国空域管理体制改革法治化的基本路径》,载《法治论坛》2019年第4期。

⑦ 参见张超汉:《完善空域管理,促进航空发展》,载《中国社会科学报》2016年第5期。

⑧ 参见孙卫国:《中国空域管理的改革方向》,载《民航管理》2017年第7期。

⑨ 参见李寿平、欧阳彦美:《美国通用航空产业发展的法治经验及对中国启示》,载《时代法学》2015年第1期。

六、航空运输业和航空制造业融合发展的立法演进和启示

(一)"两业融合"的立法演进

1. 飞机安全证书

美国1938年《民用航空法》规定,管理局签发的飞机安全证书有三类:型号证书、生产证书和适航证书。管理局根据申请人的申请对飞机进行审查,在飞机制造期间和生产完成时,可以基于安全考虑,自行或要求申请人进行必要且合理的测试,包括飞行测试和对该飞机的原材料、零部件或附件的测试。如果管理局认为该飞机的设计、材料、规格和性能符合安全操作的要求,并符合规定的最低标准,则会签发型号证书。经申请人申请,管理局若认为后续该型号飞机的制造与已颁发的该飞机的型号证书相符,则会颁发生产证书,管理局对根据生产证书制造的飞机进行必要的检查和测试,以确保每一部件的制造符合型号证书。如果管理局认为该飞机符合其型号证书,并在审查后认为该飞机处于安全运行的状态,则会签发适航证书,管理局可在适航证书中规定该证书的有效期、该飞机可使用的服务类型,以及基于安全考虑的其他要求。1938年《民用航空法》明确规定,只有在飞机拥有适航证书并且该证书已经生效的情况下,才能在州际或外国商务中驾驶飞机。①

1958年《联邦航空法》并未对这个规定作出修改,只是将该职责转移给新成立的监管机构——联邦航空局(FAA)。② FAA被授权拟定相关适航规章和标准,颁布美国联邦航空法规(Federal Aviation Regulation,FAR),对民用航空器的设计、生产和适航标准等进行规定,符合要求的航空器才会取得适航证。③ FAA在航空器投入运行使用后仍持续关注,以确保其处于安全飞行的状态。

2. 航空运输设备维修

美国1938年《民用航空法》规定,航空承运人应该按照管理局发布的规则和条例的要求,对航空运输中使用的所有设备进行维护、检修和修理。管理局应派检查员对飞机、飞机发动机、螺旋桨和其他装置进行检查,确保其处于安全状态且航空承运人进行了适当的维护;以及在航空承运人检修和维护时提出建议,检查员在履行其职责时,发现任何航空承运人在航空运输中使用或打算使用的飞机、飞机发动机、螺旋桨或其他装置不符合安全运行条件,应该按照规定的形式和方式通知该承运人,并且在此后的五天内,该飞机、飞机发动机、螺旋桨或其他装置不得用于航空

---

① See Civil Aeronautical Act of 1938, c. 601, § 603, 52 Stat. 1009.

② See Federal Aviation Act § 603, 49 U.S.C.A. (1958).

③ 参见毛可毅、魏书有:《FAA适航管理机构浅析》,载《航空标准化与质量》2012年第4期。

运输,或以危及航空运输的方式使用,除非其处于安全运行状态。[①] 1958年《联邦航空法》将上述职责授权给联邦航空局。[②]

3. 相关人才培养

1938年《民用航空法》规定,管理局有权对教授飞行或修理、维护和检修飞机、飞机发动机、螺旋桨和其他设备的学校进行检查和评级,以确定教学课程的充分性、设备的适用性和适航性以及教员的能力,并为这些学校颁发证书。[③] 1958年《联邦航空法》对这部分规定未做修改,只是将监管职责移交给联邦航空局。

4. 修改、暂停和撤销证书

1938年《民用航空法》规定,管理局可随时重新检查任何飞机、飞机发动机、螺旋桨、其他设备、空中导航设施,可重新检查航空人员,并在调查且通知和听证后,可全部或部分修改、暂停或根据需要撤销飞机安全证书、航空人员证书、航空承运人运营证书、航空导航设施证书。[④] 1958年《联邦航空法》将本条修改为:"联邦航空局可随时检查任何民用飞机、飞机发动机、螺旋桨、其他设备、空中导航设施,或者重新检查任何民用航空人员,并在调查后,联邦航空局根据航空商业或航空运输的安全和公共利益的需要发布命令,全部或部分修正、修改、暂停或撤销飞机安全证书、航空人员证书、航空承运人运营证书、航空导航设施证书。在修正、修改、暂停或撤销任何上述证书之前,联邦航空局应告知证书持有人采取行动所依据的理由,并且除紧急情况外,应回答证书持有人的疑问以及听取其解释。"[⑤]

(二)对我国"两业融合"的启示

我国自主研制了C919大型客机,并且顺利首飞,由此我国的航空制造进入新时代。随着航空制造产业的蓬勃发展,与之相伴的就是对航空器的适航认证,以保障航空运输的安全。想要我国制造的飞机进入国际市场,就必须要通过国际的适航认证,因此我国的适航标准要与国际的适航标准相衔接。[⑥] 美国是航空制造大国,具有非常成熟的适航标准和管理体系,我国可以借鉴美国的相关标准和程序,推动我国适航标准的国际化,保障航空器飞行安全,促进航空运输与航空制造的协调发展。[⑦]

---

① See Civil Aeronautical Act of 1938, c. 601, § 605, 52 Stat. 1010.

② See Federal Aviation Act § 605, 49 U. S. C. A. (1958).

③ See Civil Aeronautical Act of 1938, c. 601, § 607, 52 Stat. 1011.

④ See Civil Aeronautical Act of 1938, c. 601, § 609, 52 Stat. 1009.

⑤ See Federal Aviation Act § 609, 49 U. S. C. A. (1958).

⑥ 参见焦连跃、李华星:《从FAA看如何加强我国民航适航管理》,载《西北工业大学学报(社会科学版)》2009年第3期。

⑦ 参见綦琦:《关于我国民航运输与航空制造协同发展的思考》,载《空运商务》2016年第9期。

七、结语

航空业的发展与航空法律制度的不断完善密不可分，从1938年《民用航空法》到1958年《联邦航空法》，美国航空领域的发展处于政府主导的管制阶段，通过制定法律的方式，设立独立的监管机构，逐步加强管制力度，为促进航空经济和维护航空安全创造稳定的环境。研究这一阶段美国航空立法的演进，对我国航空发展有着积极的意义，我国应重视市场对航空业发展的重要作用，既要鼓励市场竞争，又要重视政府规制，寻找政府与市场的平衡点。推动军民航协调统一管理，充分有效利用空域资源。促进航空运输与航空制造的协调发展，推动我国适航标准的国际化，提高我国航空业的国际竞争力。

[航空立法与国际公约的衔接问题研究]

论《北京公约》对环境的保护*

张莉琼** 武 蓉***

在“9·11”事件中，恐怖主义犯罪人利用航空器攻击美国世界贸易组织大厦导致的爆炸、倒塌和燃烧，在造成人员伤亡和财产损失严重后果的同时，严重污染了环境，致使多名人员在此后的生活中患上了呼吸疾病。① 而且，科技的发展、经济的全球化以及国际政治的复杂化，降低了恐怖主义犯罪人获取核生化武器的难度，而使用这些武器在造成人员伤亡和财产损失的严重后果的同时，也会造成环境污染的危险及后果。

国际社会注意到恐怖主义犯罪及利用生化核物质的犯罪对环境的破坏，为防范此类犯罪可能造成的环境损害后果，2010年制定的《制止与国际民用航空有关的非法行为的公约》（以下简称《北京公约》）采纳了法益保护早期化和刑罚处罚提前化的惩治恐怖主义犯罪的刑事政策，明确规定了旨在保护航空器内外的人员、财产和环境的航空犯罪②：“任何人如果非法地和故

---

* 基金项目：天津市普通高校人文社科重点研究基地中国民航大学航空法律与政策研究中心开放式基金项目（项目编号：HK2019YB02）。

** 张莉琼，中国民航大学法学院教授，航空法律与政策研究中心研究员，法学博士，研究方向为刑法学、航空法学。

*** 武蓉，汉族，鄂尔多斯市交通运输局，科员。

① 参见“12,500人罹患癌症，19年后仍有人死去，‘9·11’诅咒为何还在持续?”，载https://news.ifeng.com/c/7zgLcl8ahw1，最后访问日期：2021年1月5日。

② 参见国际民用航空组织：《为处理新的和正在出现的威胁而制定一项或多项文书的特别小组委员会》，2007年7月3～6日，蒙特利尔。

意地实施下述行为，该人即构成犯罪：……（f）利用使用中的航空器旨在造成死亡、严重人身伤害，或对财产或环境的严重破坏；或（g）从使用中的航空器内释放或排放任何生物武器、化学武器和核武器或炸药、放射性或类似物质而其方式造成或可能造成死亡、严重人身伤害，或对财产或环境的严重破坏；或（h）对一使用中的航空器或在一使用中的航空器内使用任何生物武器、化学武器和核武器或炸药、放射性或类似物质而其方式造成或可能造成死亡、严重人身伤害，或对财产或环境的严重破坏……”

这是自1963年《关于在航空器内犯罪和其他某些行为的公约》（以下简称《东京公约》）制定以来，国际航空刑法公约首次要求各当事国重视航空犯罪造成或者可能造成的环境破坏问题，用刑法的手段保护环境法益。这在生态环境日益恶化，环境问题备受关注的当代社会具有极为重要的意义。

作为示范立法，《北京公约》保护环境法益的要求，可以指导和督促各当事国完善环境保护的国内法，促进惩治破坏环境的航空犯罪的刑事司法协助的顺利进行。对公约中侵害环境法益航空犯罪的理论研究，也有助于深化人们对此类航空犯罪的认识，促进我国航空安保法律制度的现代化。①

一、《北京公约》中破坏环境航空犯罪的构成特征

《北京公约》中破坏环境的航空犯罪主要规定在第1条第1款第f～h项。这些犯罪以航空器为犯罪工具或犯罪对象，具有国际犯罪的性质，在具备公约规定的适用条件时，各当事国之间应当为追诉此类犯罪行为提供刑事司法协助。

（一）《北京公约》中环境法益的含义

1.《北京公约》中的环境是自然环境

国际社会上，2005年通过的《制止核恐怖主义行为国际公约》（以下简称《核恐怖主义行为公约》）第2条就有保护环境的要求：“公约所称的犯罪是指任何人非法和故意：（a）拥有放射性材料或制造或拥有一个装置：（一）目的是致使死亡或人体受到严重伤害；或（二）目的是致使财产或环境受到重大损害……”2005年《制止危及海上航行安全非法行为公约议定书》（以下简称《海上航行安全公约》）第1条也明确规定，公约中的“严重损伤或损害”包括对空气、土壤、水、动物区系或植物区系在内的环境的实质损害。

① 参见宋怡：《〈北京公约〉在环境保护理念方面的新发展——与〈1971年蒙特利尔公约〉的比较》，载《经济视角（下）》2011年第11期。

犯罪分子会利用航空器能不受环境限制而自由移动的特点实施爆炸或散播生化核物质的行为,破坏或可能破坏土壤、海洋、大气、森林等环境要素。因此,《北京公约》从航空运输的角度要求各当事国惩治利用航空器破坏环境的行为,与其他反恐怖主义国际公约共同形成保护环境的国际法网。

环境包括自然环境和人文环境。自然环境由水体、土壤、矿产资源、野生动植物资源等自然要素构成,人文环境由名胜区、农村、城市等经过人工改造而形成。[①]《北京公约》没有界定环境法益的内涵,但是,《北京公约》与《海上航行安全公约》均是国际反恐怖主义公约体系的组成部分,二者从不同的角度共同实现保护人类安全的目标,因此,《北京公约》中环境法益的涵义应当与《海上航行安全公约》对环境的定义一致,均为自然环境。正如罗克辛教授所说,虽然环境概念太含糊,难以作为独立的法益适用,但是使土地、空气和水等免受有害物质侵害,保持其洁净就足够具体了。[②] 环境要素不仅包括对人的生命健康的损害,还包括对空气、土壤、水、动物区系或植物区系在内的环境的实质损害,公约对环境的保护体现了超越传统人类中心主义的环境伦理观。

2.《北京公约》中的环境法益兼具依附性和独立性

《北京公约》的主要保护法益是航空安全,但是,与 1970 年《制止非法劫持航空器的公约》(以下简称《海牙公约》)和 1971 年《关于制止危害民用航空安全的非法行为的公约》(以下简称《蒙特利尔公约》)这些早期国际航空刑法公约仅保护航空器安全及与航空器安全相关的人员财产安全所不同的是,《北京公约》的法益保护范围不限于航空安全,还包括与国际民用航空运输活动有关的其他利益,这是国际航空刑法公约现代化的表现。

《北京公约》所保护的环境可以依附于对航空安全的保护,《北京公约》第 1 条第 f ~ h 项所规定的利用航空器攻击地面,或者向航空器内部或外部释放、排放生化核物质的行为,在造成或者可能造成人身伤亡、财产损失的同时,往往会造成爆炸、燃烧或因生化核物质的散播而危害空气、土壤、水以及动植物。在这种情况下,这些危害行为对环境的破坏可以作为航空安全这一具有包容性的集体法益的组成部分。

但是,《北京公约》在第 1 条第 f ~ h 项中对犯罪行为可能造成的侵害后果的表

---

① 《环境保护法》将环境定义为"影响人类生存和发展的各种天然的和经过人工改造的自然因素的总体,包括大气、水、海洋、土地、矿藏、森林、草原、湿地、野生生物、自然遗迹、人文遗迹、自然保护区、风景名胜区、城市和乡村等"。

② 参见[德]克劳斯·罗克辛:《德国刑法学总论(第 1 卷)——犯罪原理的基础构造》,王世洲译,法律出版社 2005 年版,第 18 页。

述使用了"或者"一词,将环境破坏置于与人员伤亡、财产损失相并列的地位,表明即使犯罪行为没有造成人员伤亡或者财产损失的后果或危险性,也会因为有造成严重破坏环境的后果或危险而构成犯罪,体现了《北京公约》独立保护环境法益的目标。这种情况是有可能发生的。例如,航空器所有人驾驶自己的航空器向无人居住的沙漠地区投放生化核物质造成沙漠环境破坏的行为,虽然没有危害航空安全,但该行为的实施与航空器密切相关,可以构成《北京公约》中的破坏环境的航空犯罪。

3.《北京公约》的犯罪要求达到"严重破坏"环境的程度

《北京公约》第1条第f项规定危害行为"旨在造成……对环境的严重破坏"就构成犯罪,表明公约将对环境法益的保护提前到危害行为的实施阶段,只要行为人在严重破坏环境的主观目的支配下,利用使用中的航空器实施攻击行为,即使该行为由于客观原因的阻碍而没有造成环境破坏的后果,也因为行为有严重破坏环境的危险而构成犯罪既遂。公约将该罪行设置为了抽象危险犯,目的是更好地保护环境。《北京公约》第1条第g项和第h项规定行为"……造成或可能造成死亡……或环境的严重破坏",是将这两个罪设置为具体危险犯,当行为有严重破坏环境的危险时,就构成犯罪既遂。

危险犯的成立,要求行为人的行为顺利发展下去有造成严重破坏环境的可能性。可以参照其他反恐怖主义公约的规定来理解严重破坏环境的含义。《核恐怖主义行为公约》对破坏环境犯罪的成立要求是造成环境的"重大损害",《海上航行安全公约》要求造成环境的"实质损害"。在制定《北京公约》时,部分缔约国提出是否要沿用《核恐怖主义行为公约》中的"重大损害"一词来表述行为对财产和环境的破坏程度,小组委员会最终决定保留"严重"的提法。[①] 究其原因,应当是"实质损害"的表述过于抽象和难以判断,而"重大损害"一词从定性和定量两个层面,强调了环境损害的实质层面,也强调了可以通过破坏环境资源的数量、环境污染的面积来衡量和判断环境损害的数量和范围,含义较为具体。

从定性的层面看,对环境的严重破坏是指超出了自然环境自净能力的损害。人类在开发和利用大自然的过程中,对生态环境造成的一般损害,可以通过生态系统的自我循环或者人工改造来修复。因此,各国在有关环境保护的立法中都会设定环境污染物排放的国家、地方和行业标准,而环境破坏就是指实施了超出法定排放标准的行为。

从定量的层面看,可以根据自然环境遭受破坏的严重程度,将环境污染事故分

---

① 参见国际民用航空组织:《为处理新的和正在出现的威胁而制定一项或多项文书的特别小组委员会》,2007年7月3~6日,蒙特利尔。

为一般事故、较大事故、重大事故和特别重大事故,环境污染程度可以从遭受污染的环境面积,野生动植物受损的数量,以及人工修复费用等方面综合判断。《北京公约》规定的航空犯罪行为所可能造成的环境破坏程度,应当属于人为重大或特大环境污染事故。

(二)《北京公约》中破坏环境的航空犯罪的手段

1.以航空器为攻击武器的行为

《北京公约》第1条第f项规定"利用使用中的航空器旨在造成人身损害、财产或环境的严重破坏",即以使用中的航空器为工具实施暴力攻击的行为。这类行为人可以是飞行员或者航空器的所有权人等航空器的合法占有人,也可以是非法劫持航空器的犯罪人。航空器质量大、速度快,以航空器为武器的攻击行为的破坏性大。《北京公约》修订委员会认为,此项犯罪保留"或环境"的目的,是涵盖因航空器遭到非法控制而可能产生的任何环境灾难。①

利用航空器攻击航空器或者攻击地面建筑物,其燃料和材料的燃烧产生大量的烟雾、粉尘,可能造成大气污染,或因航油泄漏、外溢而污染周围的土壤和水体。有专家推断,"9·11"事件中第四架飞机的最初目标可能是美国东部的三英里岛核电站。核管制委员会认为,美国有21个核反应堆与机场相邻,距机场仅5英里②,利用航空器实施的攻击行为很可能造成核泄漏,引发巨大的环境灾难。

2.从航空器内释放、排放生化核武器或类似物质的行为

《北京公约》第1条第g项规定,"从使用中的航空器内排放、释放生化核武器等类似物质的方式造成或者可能造成人身损害、财产或环境的严重损害",行为人利用使用中的航空器向航空器外部释放、排放生化核武器或放射性、爆炸性物质。此类行为曾经在越南战争中发生过,美军利用飞机向热带雨林喷洒剧毒生物战剂,导致大片丛林被毁,严重污染了耕地、果园和江河,破坏了当地生态系统。③ 在抗日战争期间,日本军用飞机投撒有鼠疫杆菌的跳蚤,有病菌的粮食、衣物等,引发鼠疫,造成大量的人员伤亡,存留在土壤和地下水中的生物制剂对当地的生态环境造成持久的灾难性影响。④ 民用航空器也可能被用以实施这种犯罪行为,从而严重破

① 参见国际民用航空组织:《为处理新的和正在出现的威胁而制定一项或多项文书的特别小组委员会》,2007年7月3~6日,蒙特利尔。

② 参见[美]格兰姆·艾莉森:《核恐怖主义》,吴晓辉、钱程译,东方出版社2008年版,第38~39页。

③ 参见《美军在越南战场上大规模使用落叶剂这种剧毒的原因是什么?真相让人震惊》,载https://www.sohu.com/a/259286549_100239373,最后访问日期:2020年5月28日。

④ 参见《回视:历史上加害中国的两场生物战》,载http://www.wyzxwk.com/Article/lishi/2020/01/413045.html,最后访问日期:2020年11月28日。

坏自然环境。

3. 对航空器使用生化核武器或类似物质的行为

《北京公约》第1条第h项规定,“在使用中的航空器内使用或者对使用中的航空器使用生化核等类似物质造成或可能造成死亡、严重人身伤害,或对财产或环境的严重破坏”,犯罪分子可能携带生化核武器或类似危险物质进入航空器,或者使航空器成为生化核等类似物质的携带物,而可能造成环境灾害。

(三)侵害环境法益航空犯罪的主体

《北京公约》中的航空犯罪主体主要是有刑事责任能力的自然人,但也不排除法人成为此类犯罪的犯罪主体。因为《北京公约》建议各当事国在国内法中将法人规定为航空犯罪的法律责任主体,法人可以为其所实施的航空犯罪承担刑事、民事或行政责任。[①] 各当事国可以根据本国的立法技术和立法传统,自行决定是否在国内法中规定相关航空犯罪的法人刑事责任、民事或行政责任。例如,法国刑法就规定法人可以实施法国刑法中的所有犯罪并承担刑事责任。[②]

(四)侵害环境法益航空犯罪的主观要件

《北京公约》第1条第f~h项规定的犯罪行为均是“非法地和故意地”实施,这是对犯罪实行行为主观心态的规定,行为人对危害结果的主观心态则需要从公约对结果的规定中作具体分析,可以是故意或者过于自信的过失,也即英美法系中的蓄意、明知或者轻率。[③]《北京公约》第1条第f项明确规定了行为人对危害结果的心态是“旨在造成人身、财产或环境损害”,“旨在”一词表明行为人希望危害结果发生的直接故意犯罪心态。

《北京公约》第1条第g、h项犯罪中没有明确规定行为人对危害结果的心态,仅规定行为“造成或可能造成环境严重破坏”,因为排放生化核物质的行为是对环境有严重危险的行为,发生人身伤亡、财产损失及环境破坏结果的概率比较大。因此,只要行为人认识到所使用的是放射性、污染性、毒害性物质,就表明其对危害结果的发生至少是放任的心态。

因此,公约规定的破坏环境的犯罪均为故意犯罪。

---

① 《北京公约》第4条规定:(1)每一当事国可根据其本国法律原则采取必要措施,对于设在其领土内或根据其法律设立的法人,如果负责管理或控制该法人的人以其身份实施第一条所述犯罪(包括实行犯、教唆犯、帮助犯等情况),得以追究该法人的责任。这种责任可以是刑事、民事或行政责任。(2)承担这些责任不影响实施犯罪的个人的刑事责任。

② 参见张莉琼:《国际航空犯罪法人刑事责任及其国内立法转化研究》,载《北方法学》2017年第3期。

③ 参见张莉琼:《传送虚假民航情报罪及其立法转化研究》,载《河北法学》2017年第8期。

二、我国刑法与公约破坏环境犯罪的衔接

(一)可与公约规定衔接的危害公共安全犯罪

《北京公约》第1条第f~h项所规定的航空犯罪,在多数情况下都有危害公共安全的危险性,第f项将航空器用作攻击武器的行为,特别是当航空器是民航客机的时候,该行为将严重危及航空器及其内部人员的生命和财产安全,还会造成航空器之外的人员和财产损害,其危险性不亚于放火、决水、爆炸等危害公共安全的犯罪,在我国刑法没有专门规定此犯罪类型的情况下,对其可适用我国刑法中的以其他危险方法危害公共安全罪定罪处罚;第1条第g项和第h项的犯罪行为可与我国刑法中的投放危险物质罪相衔接,第h项规定的行为还可与我国刑法中的破坏交通工具罪相衔接。

但是,我国刑法中的以其他危险方法危害公共安全罪是具体危险犯,要求行为有危害公共安全的具体危险,而《北京公约》第1条第f项规定的是抽象危险犯,相比较而言,公约对环境法益的保护更超前,我国刑法的规定尚无法实现与《北京公约》第1条第f项规定的全面衔接。

我国刑法中的公共安全仅包含人员的生命健康和财产安全。如果行为人实施的《北京公约》第1条第f~h项的航空犯罪行为只有破坏环境的危险或实害结果,但没有造成人员伤亡和财产损失的危险,则因为该行为没有危害公共安全,就不构成我国刑法中的以其他危险方法危害公共安全罪。例如,行为人利用自己的航空器向无人居住的沙漠投放生化核物质,因为该行为没有造成生命健康和财产损害的危险而不构成危害公共安全的犯罪。

(二)可与公约规定相衔接的污染环境罪

我国《刑法》第338条规定有污染环境罪,该罪位于刑法“妨害社会管理秩序罪”一章中的“破坏环境资源保护罪”一节,指违反国家规定,排放、倾倒或者处置有放射性的废物、含传染病病原体的废物、有毒物质或者其他有害物质,严重污染环境,应当受到刑罚处罚的行为,是我国刑法中对环境资源作一般性保护的罪刑规范。

首先,本罪在客观方面以“严重污染环境”为入罪标准,根据2016年最高人民法院、最高人民检察院《关于办理环境污染刑事案件适用法律若干问题的解释》,“非法排放、倾倒、处置危险废物三吨以上的”与“违法所得或者致使公私财产损失三十万元以上的”或者“致使三十人以上中毒的”等结果相并列,均应被认定为严重污染环境的后果,这表明该罪刑规范除保护人类利益外,也在一定程度上独立保护环境利益。

《北京公约》第 1 条第 f ~ h 项所规定的航空犯罪行为，可以与我国污染环境罪的非法排放、处置和倾倒行为[①]相衔接，而且，我国污染环境罪中“有害物质”的范围十分广泛，基本上能包含公约中的生化核物质、放射性、爆炸性物质等严重危害环境的有害物质。

其次，我国污染环境罪的主观罪过形式是故意，行为人明知自己排放危险物质的行为违反国家规定，就说明行为人在主观上对行为的后果至少是放任的心态。我国司法解释规定，可以根据行为人的认知情况综合判断行为人是否具备故意。[②]该主观罪过形式可与公约的规定相衔接。

但是，我国刑法中的污染环境罪是实害犯，以“严重污染环境”的结果为基本犯罪构成，而《北京公约》第 1 条第 f 项规定的犯罪是抽象危险犯，第 g 项和第 h 项所规定的航空犯罪包括具体危险犯。相较而言，公约对环境法益的保护更超前，我国刑法的规定尚无法实现与公约规定的全面衔接。

三、公约保护环境的要求对我国航空安保工作的影响

（一）我国刑法全面落实公约保护环境要求的意义

《北京公约》将破坏环境的航空犯罪规定为国际犯罪，是为了各国能对该类犯罪行使普遍管辖权和采取引渡等刑事司法协助措施，不给犯罪人提供庇护的机会。这就要求各当事国以公约为示范立法，将这类犯罪转化规定在国内法中，完善本国航空刑法规范及体系，在保护国际国内航空运输安全的同时也能保护国际国内生态环境。

而且，公约要求各当事国惩治可能严重破坏环境的抽象危险犯和具体危险犯，实现对此类犯罪的处罚前置，将保护环境提到与保护人的生命健康和财产相同的高度，重点防范利用航空器和生化核武器实施的新型恐怖主义犯罪。这是我国刑法尚未关注到的新型航空犯罪。考虑到我国的航空大国地位以及航空运输活动的

---

① 最高人民法院、最高人民检察院、公安部、司法部、生态环境部《关于办理环境污染刑事案件有关问题座谈会纪要》关于非法排放、倾倒、处置行为的认定：司法实践中认定非法排放、倾倒、处置行为时，应当根据《固体废物污染环境防治法》和最高人民法院、最高人民检察院《关于办理环境污染刑事案件适用法律若干问题的解释》的有关规定精神，从其行为方式是否违反国家规定或者行业操作规范、污染物是否与外部环境接触、是否造成环境污染的危险或者危害等方面进行综合分析判断。对名为运输、贮存、利用，实为排放、倾倒、处置的行为应当认定为非法排放、倾倒、处置行为，可以依法追究刑事责任。

② 最高人民法院、最高人民检察院、公安部、司法部、生态环境部《关于办理环境污染刑事案件有关问题座谈会纪要》指出，判断犯罪嫌疑人、被告人是否具有环境污染犯罪的故意，应当依据犯罪嫌疑人、被告人的任职情况、职业经历、本人因同类行为受到行政处罚或者刑事追究情况等进行综合分析判断。

国际化特点,我国正积极研究批准《北京公约》,我们应当深入研究这类犯罪的特点,使我国刑法与公约的规定全面衔接。

(二)德、美刑法环境保护刑事立法的借鉴

1. 德国和美国刑法中与公约相关的环境保护规定

《德国刑法典》第28章"公共危险的犯罪行为"第307~313条规定,将行为人故意释放核能、使用爆炸物、释放离子辐射及投放危险物质等方式给他人生命、身体和重大财产造成危险的行为规定为危害公共安全的危险犯。① 这些罪刑规范对行为人使用核能等危险物质造成危害他人生命或身体或重大财产安全的危险的行为方式没有限制,要求行为人主观上有给他人生命或身体或重大财产造成损害危险的意图,立法目的是保护他人生命或身体或重大财产安全。这些罪刑规范虽然没有明确规定保护环境,但因这些犯罪行为所使用的核能、离子辐射物等危险材料对环境有巨大破坏性,可以认为刑法的这些规定在保护公共安全的同时间接保护了环境。②

《德国刑法典》第29章"危害环境罪"的第324条、第325条、第328条、第330条分别规定了污染水域、土地罪,污染空气罪,未经许可的放射性物质及其他危险物品的交易罪和释放毒物造成严重危害罪等罪名,这些犯罪的未遂行为也构成犯罪。③ 这些罪刑规范的目的是,保护人的健康以及动物、植物或者其他有重大价值的物品等环境要素,主观上行为人没有损害他人生命健康或重大财产的意图,客观上一般要求行为已经污染了水或土壤等环境要素,但也处罚犯罪未遂,因此,有造成环境污染危险的行为也构成犯罪。这些犯罪的法定刑一般轻于公共危险的

---

① 《德国刑法典》第307条引起核能的爆炸、第308条引起爆炸物的爆炸、第309条离子辐射的乱用、第310条爆炸或辐射的重罪的准备、第311条离子辐射的释放(力图也构成犯罪)、第312条有缺陷地生产核技术设备(力图也构成犯罪)、第313条公共危险的投毒。参见《德国刑法典》,冯军译,中国政法大学出版社2000年版,第183~186页。

② 例如,第307条"引起核能爆炸"罪规定:(1)排放核能引起爆炸,因而危及他人身体、生命或贵重财物的,处五年以上自由刑。(2)排放核能引起爆炸,过失危及他人身体、生命或贵重财物的,处一年以上十年以下自由刑。(3)行为人因其行为至少轻率地导致他人死亡的,①在第一款情形下,处终身自由刑或十年以上自由刑;②在第二款情形下,处五年以上自由刑。(4)过失实施第二款的行为,且过失引起危险的,处三年以下自由刑或罚金刑。参见《德国刑法典》,徐久生译,中国政法大学出版社2002年版,第150页。

③ 《德国刑法典》第324条水域污染罪、第325条空气污染罪、第328条与放射性物质和其他危险性物质的交易罪(力图也构成犯罪)、第330条通过释放毒物造成的严重危险罪。参见《德国刑法典》,冯军译,中国政法大学出版社2000年版,第196~203页。

犯罪。①

从德国刑法的规定看，行为人实施《北京公约》第1条第g项、第h项中的任一航空犯罪行为，有造成他人生命、健康或重大财产损害严重危险的，包括行为有破坏环境危险的情况，可以相关公共危险的犯罪定罪处罚，这种情况下可以实现对环境的间接保护，也符合其刑法第52条的规定。② 如果该行为仅有严重破坏危害环境的危险而没有危害公共安全的危险的，则可以相关破坏环境的犯罪定罪处罚。

《美国法典》在第18部“刑法与刑事诉讼程序”中规定了禁止生化核武器的犯罪，其第229条及第229A条规定了非法持有使用化学武器的犯罪③，第175条规定了非法生产持有生物武器的犯罪④，这三个条款以行为犯的方式将行为人实施生产或使用生物化学武器等行为规定为犯罪，虽未明确表示对环境的保护，但在保护公共安全的同时间接实现了对环境的保护。第2332i条规定了核恐怖主义行为罪，明确规定“任何人为了造成死亡、重大人身伤害或者造成财产或环境的重大损害而非法”持有、使用放射性材料或装置等行为构成犯罪，从而将环境作为与人的生命、健康和财产相并列的保护利益。⑤

---

① 例如，《德国刑法典》第324条“污染水域”规定：(1)未经许可，污染水域或对其品质做不利的改变的，处五年以下自由刑或罚金刑。(2)犯本罪未遂的也应处罚。(3)过失犯本罪的，处三年以下自由刑或罚金刑。参见《德国刑法典》，徐久生、庄敬华译，中国方正出版社2004年版，第160页。

② 《德国刑法典》第52条第2款规定，触犯数个刑罚法规的，依规定刑罚最重的法规确定刑罚，所判刑罚不得轻于其他可适用法规所规定的刑罚。参见《德国刑法典》，徐久生、庄敬华译，中国方正出版社2004年版，第19页。

③ 第229条及第229A条规定非法使用化学武器构成的犯罪，行为人明知是化学武器而非法开发、生产、以其他方式直接或间接获取、转让、接收、储存、保留、拥有、使用或威胁使用的，或者以任何方式协助或诱使任何人违反前款规定，或企图或共谋违反前款规定的，将构成犯罪，根据本法处以罚金，或处以监禁，或监禁与罚金并罚。如果其行为导致他人死亡，应处以死刑或终身监禁。参见《美国法典》，载https://statecodesfiles.justia.com/us/2018/title-18/part-i/chapter-113b/sec-2332i/sec-2332i.pdf?ts=1588213466，最后访问日期：2021年12月19日。

④ 第175条有禁止生物武器的规定：任何人明知而开发、生产、储存、转让、获取、保留或拥有任何用作武器的生物制剂、毒素或运载系统，或明知而协助外国或任何组织这样做，或企图、威胁或共谋这样做的，构成犯罪，根据本法处以罚金，或处以监禁，或监禁与罚金并罚。参见《美国法典》，载https://statecodesfiles.justia.com/us/2018/title-18/part-i/chapter-113b/sec-2332i/sec-2332i.pdf?ts=1588213466，最后访问日期：2021年12月19日。

⑤ 第2332i条规定，任何人为了造成死亡、重大人身伤害或者造成财产或环境的重大损害而非法拥有放射性物质或装置，或者为此目的以任何方式使用放射性材料或装置，或以导致放射性材料释放或增加释放风险的，或导致放射性污染或辐射暴露的方式使用、损坏或干扰核设施的运行的，处以不超过200万美元的罚款，并判处有期监禁或终身监禁。参见《美国法典》，载https://statecodesfiles.justia.com/us/2018/title-18/part-i/chapter-113b/sec-2332i/sec-2332i.pdf?ts=1588213466，最后访问日期：2021年12月19日。

2. 我国对德、美刑法相关规定的借鉴

(1)从国内法与国际法的衔接看,我国和德国及美国都没有在刑法中明确规定利用航空器欲造成环境破坏的犯罪,也没有将这种行为方式规定为危害公共安全(公共危险)犯罪中的独立犯罪类型,虽然德国和美国也规定,在该类行为可能导致灾难性后果的情况下,可以使用军用武器击落航空器(包括民用航空器)的非法律手段解决[①],但仍然有必要在刑法在对公约规定的此类行为做出转化规定。

(2)德国和美国刑法中都明确规定禁止制造、买卖、持有和使用生化核物质,这种明确列举危险物质的方法鲜明地表达了国家严厉禁止此类犯罪的态度,也与反恐怖主义国际公约严厉惩治利用生化核武器犯罪的要求相一致,有利于各国合作惩治此类犯罪。而且,对此类犯罪的严惩也有利于对环境的保护。

(3)德国和美国刑法中有独立保护环境利益的规定,明确规定了保护不附属于人类利益的动物和植物安全,这是环境的重要内容之一。

上述第一点是我国与德、美刑法共同存在的问题,第二点和第三点是我国刑法在转化公约保护环境的规定时可以借鉴的规定方式。

(三)全面落实公约保护环境的要求以完善我国航空安保立法

1. 在刑法危害公共安全犯罪中增加法人犯罪主体

根据《北京公约》的规定,法人可以实施公约所列举的所有航空犯罪。但是,我国刑法中的投放危险物质罪、以危险方法危害公共安全罪、破坏交通工具罪、破坏交通设施罪等犯罪类型中均无单位犯罪主体的规定。虽然可以对实施这类犯罪的单位中的自然人论以危害公共安全罪,但却不能对单位进行处罚。而生化核武器的拥有、制造、使用往往需要有强大经济和科技实力,单位更有可能被利用成为实施此类犯罪的主体。因此,我国可以以转化《北京公约》的规定为契机,在危害公共安全犯罪中规定单位犯罪及其刑事责任。[②]

2. 将利用航空器欲实施攻击的行为规定在我国刑法中

《北京公约》第1条第f项"利用使用中的航空器旨在造成人身损害、财产或环境的严重破坏"是公约规定的新的犯罪类型,虽然我国刑法中的以其他危险方法危害公共安全罪可与该犯罪类型相衔接,但是,我国的这一罪刑规范过于宽泛,不能准确表达利用航空器实施攻击行为的这种新型犯罪手段的特征及其危害性。而且,公约将该犯罪设置为行为犯,不要求行为造成危害公共安全的紧迫危险就已经

① 参见张莉琼:《航空犯罪研究》,法律出版社2021年版,第56~57页。

② 参见张莉琼:《传送虚假民航情报罪及其立法转化研究》,载《河北法学》2017年第8期。

构成犯罪，其构成犯罪的范围大于以其他危险方法危害公共安全罪。我国刑法有必要全面规定这一新的犯罪类型，实现对公共安全和环境的全面保护。

3. 在我国刑法中全面规定生化核武器的犯罪

我国刑法中的危险物质主要指毒害性、放射性、传染病病原体等物质，刑法主要处罚投放、制造、买卖、运输、储存、盗窃、抢夺、抢劫以及非法携带此类危险物质的行为。[①] 我国刑法对此类犯罪行为方式的规定比较全面，可以与公约的规定相衔接。但是，我国刑法对危险物质的规定过于概括，也不能全面包含公约规定的危险材料及武器。例如，《北京公约》第 2 条对“生化核武器等类似物质”做了解释性规定，其中，对“生物武器”的规定是，(i) 其类型和数量不属于预防、防护或其他和平用途所正当需要的微生物剂或其他生物剂或毒素，不论其来源或生产方法如何；或(ii) 为敌对目的或在武装冲突中使用这类制剂或毒素而设计的武器、设备或运载工具。公约规定的“生物武器”的范围明显大于我国刑法中的“传染病病原体”的范围。我们应当根据公约的规定，在刑法中明确相关危险物质的类型，使其能包含公约的规定。

4. 在我国刑法中明确规定环境法益的要素

我国《刑法》第 338 条污染环境罪及相关司法解释均没有明确环境的含义，从法条表述看，本条所指的环境仍然是人的生命健康和财产安全，并没有明确是否独立保护动物和植物的生存环境问题。

而《北京公约》是将环境作为与公共安全相并列的利益予以保护的，即使行为没有造成人员伤亡和财产损失的可能性，但是有危害动植物生存可能性的，也构成犯罪。保护动植物生存环境，是公约明确规定保护环境的重要意义。公约的这一规定有其必要性，因为世界是普遍联系的，生态环境也是循环发展的，生化核武器等危险材料对环境的破坏有持久性，从发展的角度看，对动植物的生存环境的破坏也必然会影响人类的发展。

所以，我国《刑法》在第 338 条污染环境罪中应当明确将动植物的生存环境作为该罪刑规范的保护内容。

5. 将污染环境罪规定为危险犯

根据我国《刑法》第 338 条污染环境罪的规定，违反国家规定，排放、倾倒或者处置有放射性的废物、含传染病病原体的废物、有毒物质或者其他有害物质，严重

① 参见我国《刑法》第 114 条投放危险物质罪，第 125 条第 2 款非法制造、买卖、运输、储存危险物质罪，第 127 条盗窃、抢夺爆炸物、危险物质罪，第 130 条非法携带危险物品危及公共安全罪。

污染环境的,构成污染环境罪的基本犯,处三年以下有期徒刑或者拘役。

放射性的废物、含传染病病原体的废物和化学有毒物质对环境的破坏巨大而且难以修复,如果等到其已经造成破坏环境的严重后果后再处罚,则面临即使投入巨资也难以修复其对环境造成的损害的问题,并不能达到刑法保护环境的目的。因此,应当在这些危险物质可能造成破坏环境的严重后果之前就及时制止此类行为,防止其发展为严重破坏环境的后果。因为刑法规定环境犯罪的目的不仅在于处罚严重破坏环境的行为,更是要预防破坏环境后果的发生。当然,危险犯的处罚标准应当轻于结果犯。

从《北京公约》的规定看,国际社会已经将保护环境提到极为重要的议事日程,要求当事国将破坏环境的危险犯也规定为犯罪,我国刑法只有将污染环境罪规定为危险犯才能够实现与公约规定的全面衔接。

论国际航空安保公约中的协助逃避罪及与中国刑法的衔接

孟小桦*

一、引言

航空安全是航空运输业健康有序发展的首要前提和根本基础，故航空安保问题一直是国际社会普遍关注的焦点。20世纪60年代以来，在国际民用航空组织的主持下，国际社会先后制定了一系列关于航空安保问题的国际公约和国际标准，对于保障航空安全以及惩治航空犯罪起到了举足轻重的作用。但2001年“9·11”事件后，传统国际航空安保公约面对新的和正在出现的威胁，暴露出了许多不足甚至空白之处，无法充分实现保障航空安全的机能。鉴于修正传统国际航空安保公约的必要性和紧迫性，国际民用航空组织在2010年出台了《制止与国际民用航空有关的非法行为的公约》（以下简称《北京公约》）和《制止非法劫持航空器公约的补充议定书》（以下简称《北京议定书》）。协助逃避罪就是《北京公约》和《北京议定书》规定的新罪名之一，是航空领域打击非法和故意地协助他人逃避调查、起诉或惩罚的行为。

协助逃避罪肇始于非法运输逃犯罪，曾一度成为新公约制定过程中备受争议的问题。非法运输逃犯罪在打击危害海上航行安全犯罪法律体系中存有先例，源自2005年国际海事组织通

---

* 孟小桦，兰州大学法学院硕士研究生，研究方向为航空。

过的《制止危及海上航行安全非法行为公约议定书》第3条之三[①]的规定。虽然海洋运输实践远远早于航空运输实践的事实使海洋运输立法一直领先于航空运输立法,但考虑到航空运输与海洋运输的共性极大,航空运输立法大多移植于海洋运输立法。因此,在实现国际航空安保公约现代化进程中,海洋运输立法中的非法运输逃犯罪具有一定的可借鉴性,能够弥补利用民用航空器协助犯有安保相关重罪的逃犯逃避审判方面的空白。该罪历经2007年第1次小组委员会会议、2008年第2次小组委员会会议、2009年国际民用航空组织第34届法律委员会会议、2010年外交大会的讨论,以及赞成派和反对派的不断磨合,最终演化成协助逃避罪,呈现于《北京公约》第1条第4款第4项。[②] 同时,为保持整个国际航空安保公约的统一性和广泛性,《北京议定书》第1条第3款第4项[③]也有类似规定。

《北京公约》和《北京议定书》是第一次以中国城市命名的国际航空公约,对我国具有重要意义。我国应充分践行国际航空安保公约,积极采取必要措施对航空领域的协助逃避行为进行理性惩治,有效预防和控制航空犯罪,为维护航空安全贡献中国力量。本文在剖析协助逃避罪制定过程中争议焦点的基础上,全面厘清协助逃避罪的构成要件,并重新检视我国刑法的内容,深入探索本罪在我国刑法中的衔接问题,以期提供一定参考。

二、协助逃避罪的构成要件

《北京公约》和《北京议定书》中关涉协助逃避罪的条文不止一项,“法人”责任规则[④]和家庭免责原则[⑤]共同构成了本罪的完整体系。

(一)协助逃避罪的保护法益

犯罪的本质是侵犯法益,在解释某种犯罪的构成要件时,首先必须明确规定成

---

① 《制止危及海上航行安全非法行为公约议定书》第3条之三规定:“任何人非法且故意在船上运输其他人员明知该人已经实施了构成第3条、第3条之二、第3条之四罪行或附件载列的条约中所列罪行并意图协助该人逃避刑事起诉,则构成本公约意义的罪行。”

② 《北京公约》第1条第4款第4项规定:“非法和故意地协助他人逃避调查、起诉或惩罚,且明知此人犯有构成本条第一款、第二款、第三款、第四款(一)项、第四款(二)项或第四款(三)项中所列的一项罪行的行为,或此人因此项罪行被执法当局通缉以提起刑事起诉或因此项罪行已经被判刑。”

③ 《北京议定书》第1条第3款第4项规定:“非法和故意地协助他人逃避调查、起诉或惩罚,且明知此人犯有构成本条第一款、第二款、第三款(一)项、第三款(二)项或第三款(三)项中所列的一项罪行的行为,或此人因此项罪行被执法当局通缉以提起刑事起诉或因此项罪行已经被判刑。”

④ 参见《北京公约》第4条,《北京议定书》第4条。

⑤ 参见《北京公约》第21条第4款第2项,《北京议定书》第22条第2款。

立犯罪是为了保护何种法益。① 率先厘定协助逃避罪的保护法益,对于解析本罪的构成要件具有重要的指导作用。

协助逃避罪的保护法益是航空安全和刑事司法秩序。在国际航空安保公约的法律框架中,一切条款都是围绕着维护航空安全这一根本主题,协助逃避罪也不例外。换言之,正是基于全面保障航空安全的需要,协助逃避罪才得以进入国际航空安保公约,成为科处刑责的犯罪行为。协助逃避罪所带来的社会危害性相当严重,协助航空逃犯逃避调查、起诉或惩罚,使他们逍遥法外,而这些人很有可能再次铤而走险,继续实施危及航空安全的犯罪行为,宛如将一枚"定时炸弹"流放到社会之中,时时刻刻威胁着航空安全。国际航空安保公约将协助逃避行为规定为犯罪,对防止其他航空犯罪的发生具有积极影响,协助逃避罪与其他条款相辅相成,共同为航空安全保驾护航。但严格来说,协助逃避罪属于协助逃避行为的实行化,行为主体未直接实施有损航空安全的犯罪,故本罪对航空安全的侵害是间接的。相反,协助逃避行为会直接妨碍有关机关及时惩办航空逃犯,扰乱刑事侦查、刑事审判、刑罚执行等刑事司法秩序,故本罪对这类法益往往造成直接侵害。

(二)协助逃避罪的客观要件

1. 行为主体

协助逃避罪的行为主体是对身份没有特定要求的一般主体,通常是自然人,也可能是"法人"。航空犯罪的真正实施者必然是自然人,没有自然人的行为就不会有犯罪。然而,随着犯罪规模的不断扩大,"法人"资助、策划或组织实施航空犯罪越发增多,这使得国际社会不得不重视"法人"能否作为行为主体问题。1999 年《制止向恐怖主义提供资助的国际公约》第 5 条首次规定了"法人"责任规则,回应了"法人"参与恐怖主义行为对国际安全与和平所构成的威胁。2010 年《北京公约》和《北京议定书》吸收借鉴了先进成果,对包括协助逃避罪在内的航空犯罪均设置了"法人"的刑事、民事或行政责任。换言之,这是将"法人"实施犯罪行为纳入国际航空安保公约的惩治范围,即"法人"成为除自然人以外的新的行为主体。但《北京公约》强调追究"法人"责任不会影响自然人刑事责任的承担,即实行"法人"和自然人的双罚制,且要保证责任追究的合理性。同时,因各国对"法人"是否需要承担责任的态度不一并短时间内难以调和,为得到尽快推行,《北京公约》将"法人"责任规则仅设定为任意性规范,使用"可以采取必要措施"的措辞,由各当事国自行决定是否在其国内法中予以设置。因此,"法人"只有在满足一定条件时才是协助逃

① 参见张明楷:《刑法分则的解释原理》(第 2 版),中国人民大学出版社 2011 年版,第 349 页。

避罪的行为主体,并非当然的行为主体。需要指出的是,《北京公约》中的“法人”概念与一般的法人并不相同,指代自然人主体以外的,所有由法律创设并赋之以人的特定权利和义务的法律实体。① 此外,国家作为传统的国际法主体,在当代国际法中并不会成为犯罪的行为主体。② 接受国际航空安保公约的国家只是公约的履约主体,负有将公约内容转化或纳入国内法的义务。

2. 行为对象

协助逃避罪的行为对象是实施过特定航空犯罪的逃犯,即《北京公约》所指的“他人”③。行为对象涉及的问题一直是各方争论的焦点,具体包括行为对象的类型范围问题和行为对象的前置罪行问题。

第一,行为对象的类型范围问题,在多次会议中被逐步细化和合理化,由最初的“实施犯罪的人”一类,增加到“实施犯罪的人”、“被执法当局通缉以提起刑事起诉的人”和“已经被判刑的人”三类。行为对象类型范围的确定难题,本是反对派对设立非法运输逃犯罪的必要性质疑的理由之一,他们认为一名犯罪嫌疑人被指控犯有严重的航空罪行,但在终审时被宣判无罪,对于在终审前运输该犯罪嫌疑人的,难以决定是否应以非法运输逃犯罪被起诉。④ 显然,在行为对象的类型范围被明确为三类后,该问题便迎刃而解。

第二,行为对象的前置罪行问题,同样被不断完善。澳大利亚的法律委员会报告员 J. 艾特维尔女士在研究报告中提出,非法运输逃犯罪是直接从海洋运输立法中移植来的,其中行为对象的前置罪行也与海洋运输立法相似,即除实施航空犯罪行为外,还包括实施其他联合国反恐条约中的犯罪行为。这过于宽泛的前置罪行引起了诸多反对之声:一方面,国际航空安保公约致力于针对航空运输的非法干扰问题,其范围必须以可能危害飞行中航空安全的行为为限,与此无关的内容不应出现于公约之中,否则就会扩大公约的规定范围,与已经形成的公约体系相悖。另一方面,由于涉及联合国其他反恐条约中的犯罪,不仅大大增加了认定识别难度,还变相强制国际航空安保公约的某当事国接受可能其未曾缔结或加入的联合国反恐

① 参见张莉琼:《国际航空犯罪法人刑事责任及其国内立法转化研究》,载《北方法学》2017 年第 3 期。

② 参见何志鹏、孙璐、王彦志等:《国际法原理》,高等教育出版社 2017 年版,第 566 页。

③ “他人”的措辞表明,行为对象是区别于行为主体自身的,规避了行为对象自己实施实行行为是否构成协助逃避罪的情况。

④ 参见中国民用航空局政策法规司、中国民航科学技术研究院政策法规研究所:《恐怖主义行为的国际法律控制——国际航空保安公约体系:现状、问题和前景》,中国政法大学出版社 2012 年版,第 164 ~ 165 页。

条约。最终运输逃犯小组委员会认为，航空运输立法有足够的政策和理由采用一种迥异于海洋运输立法的思路，将行为对象的前置罪行限定于国际航空安保公约之中。

3. 实行行为

协助逃避罪的实行行为是协助他人逃避调查、起诉或惩罚的行为。作为缩减行为对象前置罪行的对价，协助逃避罪的实行行为从原本只拘泥于利用民用航空器的运输行为，扩展到任何一种协助他人逃避调查、起诉或惩罚的行为。该实行行为可理解为行为主体实施协助行为的内容是实现或可能实现他人逃避调查、起诉或惩罚；也可理解为行为主体基于希望他人逃避调查、起诉或惩罚这一特定目的所实施的协助行为，即协助行为是手段，使他人逃避调查、起诉或惩罚是目的。这是对"他人逃避调查、起诉或惩罚"的不同认识，前者将其视为客观内容，后者则将其视为犯罪目的。但无论如何，研究实行行为的核心是释明协助行为。

首先，协助行为的表现形式可能是作为，也可能是不作为。以作为形式实施协助行为，即行为主体积极实施协助他人逃避的危害行为，显然违反了《北京公约》的禁止性规定。作为的具体表现形式不只是利用民用航空器运输行为，应是任何一种协助行为。以不作为形式实施协助行为，即行为主体负有制止他人逃避的特定法律义务，能够履行而不履行的危害行为，关键就在于行为主体是否负有作为义务。而从"协助"的文义"从旁帮助，辅助"也可感受到其并非只能通过作为来实施。其次，协助行为本身就是实行行为，无须实现他人逃避了调查、起诉或惩罚。行为主体只要实施了协助行为，就推定其引起了法律拟制的危险状态。这表明公约的立场是提前介入，即法益保护前置化，赋予潜在的、抽象的危险具有刑法上的惩罚意义。但协助行为至少在客观上能达到使他人逃避更容易的效果，这是对协助行为类型的限制，以免漫无边际地扩大范围造成刑事措施的滥用，控权保民。最后，协助行为不仅包括特定共同犯罪中的协助行为，也包括不成立共同犯罪的协助行为。进言之，事前通谋的协助行为也符合上述特征，只是应以其他相应犯罪论处。协助逃避罪仅针对不成立共同犯罪，即事前无通谋而事后提供的协助行为，且存在独立的未完成形态和共同犯罪形式。

（三）协助逃避罪的主观要件

1. 罪过形式

行为主体实施协助逃避罪的罪过形式限于故意，是明知自己的非法协助行为具有危害社会的结果，并且希望或放任这种结果发生。协助逃避罪原本只是规制利用民用航空器运输他人，使他人逃避审判的行为，要求行为主体"明知"

(knowing)他人是逃犯。与会各方自然会考虑到,在实际操作中航空公司将成为至关重要的一方。作为航空公司利益的代表者,国际航空运输协会认为,航空公司只是公共运输企业,这一行为的入罪会给航空公司增加额外甚至过重的负担。有代表进而提出航空公司的"尽责义务"(duty of care)问题,明确其中航空公司负有的责任。正式公约虽未明确解释"尽责义务"问题,但从"明知"的简单表述升级成在保留"明知"的同时额外提出"非法、故意"(unlawfully and intentionally)这两个要求,更有利于合理判断主体责任。[①] "非法、故意"的加入,规范了单一"明知"的适用缺陷,大幅降低了无辜者被纳入惩治范围的危险。其中,"非法"实际上是着重强调客观层面的法律意义,意味着行为主体实施的协助行为应是违反法律规定的,即是对行为事实所作出的否定评价。"非法"中的"法",广义上既包括国际航空安保公约,也包括当事国的国内刑法;狭义上就是实际惩治协助逃避罪的具体法律依据,一般只是当事国的国内刑法。而理解行为主体实施协助逃避罪的罪过形式,就应深入剖析"故意"的意涵。

首先,"故意"侧重于主观层面的法律意义,意味着行为主体明知实施协助行为不具备法律上的正当性,即是对内心认识所作出的否定评价。"故意"包括直接故意和间接故意,但无论是直接故意还是间接故意,都是认识因素和意识因素的统一。就认识因素而言,在主观层面认识到协助行为非法的前提下,两者对危险发生的认识程度存在差异,直接故意是认识到危险发生的可能性或必然性,间接故意仅是认识到危险发生的可能性;就意识因素而言,两者对危险发生的态度不同,直接故意是积极地追求即希望,间接故意是任凭事态发展即放任。如果行为主体认识到其协助行为可能会发生危害结果,即使是放任这一结果发生,但仍继续实施协助行为并真的使他人逃避调查、起诉或惩罚,这所造成的客观效果与希望危害结果发生并使他人逃避调查、起诉或惩罚没有本质区别。因此,协助逃避罪的罪过形式包括直接故意和间接故意。值得注意的是,在间接故意的场合,协助逃避罪没有预备形态。其次,"故意"排除了过失、意外事件和不可抗力。这突出强调了行为主体不应为而为或应为而不为的主观恶性。最后,"故意"下的"明知"是对实行行为、危害结果以及两者的因果关系存在明确认识,包括知道或应当知道行为对象的前置罪行。如果行为主体开始实施协助行为时知道或应当知道他人真实情况,当然符合"明知";如果行为主体在开始实施协助行为时确实不知他人真实情况,但发现他人

① 参见张君周:《国际航空安保公约中的非法干扰行为研究》,中国检察出版社2012年版,第133页。

真实情况后仍继续实施协助行为的,也符合"明知"。

2. 犯罪目的

根据对"他人逃避调查、起诉或惩罚"的不同认识,协助逃避罪可能不需要具有特定犯罪目的,也可能在直接故意的场合中具有特定犯罪目的,而特定犯罪目的就是指他人逃避调查、起诉或惩罚。

若将"他人逃避调查、起诉或惩罚"视为协助行为的客观内容,对实行行为做整体性认识,那么协助逃避罪就不需要具有特定的犯罪目的。无论行为主体为追求何种目的而实施实行行为,都不是协助逃避罪的构成要件,与是否成立犯罪无关。需要说明的是,这只是没有特定的犯罪目的,而不是没有犯罪目的。若将"他人逃避调查、起诉或惩罚"视为犯罪目的,那么特定犯罪目的仅能存在于直接故意的场合。这并不是说直接故意犯罪只能有这一个犯罪目的,不排斥行为主体同时基于其他犯罪目的实施协助行为。例如,行为主体希望他人逃避后能再次实施航空犯罪也可成为其犯罪目的。他人逃避调查、起诉或惩罚,只是直接故意犯罪中必备而非唯一的犯罪目的,可与其他犯罪目的并存。同样,这也没有否认间接故意犯罪没有犯罪目的。从心理事实来说,当行为主体所放任的结果与行为主体所追求的目的不具有同一性时,即二者分别为不同的内容时,二者完全可能并不矛盾地存在于行为主体的主观心理中。[①] 在间接故意的场合,行为主体可以有犯罪目的,但这一犯罪目的绝对不可能是"他人逃避调查、起诉或惩罚"。需要指出的是,无论是直接故意犯罪还是间接故意犯罪,都可能会出现主客观不统一的现象:在直接故意的场合,虽然犯罪目的明确,但客观上无须他人逃避调查、起诉或惩罚这一结果真的实现,即客观上不需要有与犯罪目的相匹配的客观内容;在间接故意的场合,虽然犯罪目的不可能是他人逃避调查、起诉或惩罚,但在客观上必须真的实现这一结果才能构成间接故意犯罪,否则就无所谓协助逃避罪的成立。

3. 犯罪动机

协助逃避罪的行为主体可能会因其具有某种犯罪动机而获得减免处罚的宽恕。质言之,具有刑事责任能力的行为主体符合协助逃避罪的构成要件且存在违法性认识的可能性的,可能会因其出于某种犯罪动机而被认定为缺乏期待可能性进而被减免责任,影响量刑。另外,在直接故意犯罪和间接故意犯罪中犯罪动机都是客观存在的。[②]

---

① 参见张明楷:《刑法学》(第5版),法律出版社2016年版,第301页。

② 参见陈和华:《犯罪动机的本源、性质和形成》,载《政法论丛》2010年第2期。

《北京公约》和《北京议定书》明文规定了一项可以使行为主体获得减免处罚的犯罪动机,即家庭免责原则。虽然海洋运输立法在非法运输逃犯罪中已经设置了这项豁免制度,但直至2010年国际民用航空组织外交大会上,《北京公约》才正式将家庭免责原则纳入协助逃避罪之中,完善了其构成体系。这同样属于任意性规范,与“法人”责任规则的地位别无二致。一方面,这照顾到了各当事国的刑法对于家庭免责原则的态度,不强求保持统一,以免打破其原有的刑事价值观念;另一方面,这将决定权下交当事国自身,即使某当事国的刑法允许家庭免责原则存在,也不意味着该原则一定会适用于协助逃避罪,完全由当事国自行考虑。在我国,家庭免责原则可理解成亲亲相隐,而亲亲相隐于现行刑法中没有明文规定,况且我国古代立法以及世界各国立法中一般都将具有巨大危害性和危险性的犯罪排除于亲亲相隐的范围之外。① 作为间接损害航空安全的犯罪,协助逃避罪适用家庭免责原则的空间相对较小。在大部分国家,协助逃避罪的行为主体依据这一犯罪动机而减免处罚甚至出罪的情况可能并不多见。

三、协助逃避罪与中国刑法的衔接

日益猖獗的航空犯罪是国际社会的共同敌人,威胁着世界航空安全。国际社会唯有通过深入密切的国际合作,才能共同预防和控制航空犯罪。这就推动了国际航空安保公约的完善和进步,公约正呈现航空领域犯罪圈不断扩张的趋势,掀起了违法行为犯罪化的浪潮,以满足国际社会打击航空犯罪的现实需要。国际上已经生效的国际航空安保公约,主要是通过间接实施方式在各当事国得到贯彻落实。间接实施方式是由各当事国对某些国际犯罪通过将其缔结的国际刑事条约规范转化为国内立法,并且依照国内刑法进行起诉、审判和执行。② 换言之,各当事国应根据“条约必须遵守”的国际法原则,将公约的最新成果体现于国内法,通过适用国内法来管辖犯罪,而非直接适用公约。这种方式主要基于以下两点考虑:其一,虽然国际法经历了共存时代、合作时代直至如今的公益性合作时代,其强制性和威慑力已大大提高,但国际社会依旧是主权林立的“无政府状态”。作为国家主权的重要组成部分,刑事管辖权难以被大多数主权国家所放弃或让渡。其二,国际航空安保公约只对航空犯罪作了原则性的规定,并没有制定任何明确的强制制裁措施,如果不加补充无法直接适用。《北京公约》第3条强调:“各当事国承诺对第一条所列的罪行给予

---

① 参见谢佑平、陈莹:《“亲亲相隐”与亲属间窝藏、包庇类犯罪的豁免》,载《河北法学》2011年第12期。

② 参见刘远山:《略论国际刑法的间接实施》,载《海南大学学报(人文社会科学版)》2001年第1期。

严厉惩罚。”这表明,真正实施国际航空安保公约关于航空犯罪规定的法律依据仍然是各当事国的国内法。

我国对于国际航空安保公约的适用基本遵循了转化的做法,具体表现为加入国际公约之后,于数次修订刑法的过程中都充分吸收了国际航空安保公约确定的罪名,使之成为国内法的一部分。[①]《刑法》第9条的普遍管辖原则指出,对于我国缔结或参加的国际条约所规定的罪行,要求我国在所承担条约义务的范围内行使刑事管辖权。我国在取得某航空犯罪的刑事管辖权后,必须按照我国刑法规定的相关罪名进行审判,否则将会违反我国《刑法》第3条的罪刑法定原则。因此,这对我国刑法衔接国际航空安保公约的新发展提出了新要求,避免犯有航空犯罪的人在我国得不到应有的制裁。

(一)协助逃避罪在我国刑法的衔接选择

刑法的目的是保护法益,只要某种行为严重侵害了某种法益,或者侵害了重要法益,就应当将这种行为作为犯罪予以处罚。[②] 面对全面保护航空安全法益的压力,协助逃避罪的社会危害性足以使其遭受严厉的刑罚制裁,纳入刑法的调整范围之中。通过考量我国刑法的既有罪名和刑法体系,协助逃避罪的衔接选择,主要取决于我国对待“法人”责任规则是否增设和航空安全是否加强保护的态度。

1. 既有罪名的比较分析

在我国刑法中,针对协助逃避的犯罪行为太过庞杂,从典型的第310条窝藏、包庇罪到第311条拒绝提供间谍犯罪、恐怖主义犯罪、极端主义犯罪证据罪再到第305条伪证罪,甚至第318条组织他人偷越国(边)境罪、第400条私放在押人员罪等罪名都符合最广义上的协助逃避罪。如果继续将本罪的实行行为解释为任何一种协助行为,其将难以准确地融入我国刑法。鉴于我国刑法个罪的区分十分精细,为适应我国刑法的客观情况,协助逃避罪的实行行为应限定于第310条的窝藏、包庇行为,这也是我国学者在研究本罪时的默认前提。[③] 因此,协助逃避罪与既有罪名的比较,主要是与窝藏、包庇罪的比较分析。

通过剖析两罪除实行行为之外的构成要件,仅就行为主体可能有较大的区别。具体而言,窝藏、包庇罪的行为主体只能由自然人构成,而协助逃避罪的行为主体

---

① 参见孙运梁、石少敏:《比较视野下惩治航空安全犯罪的立法完善》,载《北京航空航天大学学报(社会科学版)》2015年第5期。

② 参见张明楷:《增设新罪的观念——对积极刑法观的支持》,载《现代法学》2020年第5期。

③ 窝藏、包庇罪的实行行为是为犯罪分子提供隐藏处所、财物,帮助其逃匿或者作假证明包庇的行为。

还可包括“法人”。在我国刑法中,“法人”的中国化表述应为单位,而成立单位犯罪的前提是刑法明文规定,否则只能是自然人承担刑事责任。虽然国际航空安保公约让当事国自主决定是否规定协助逃避罪的“法人”责任规则,但扩大危害航空安全犯罪的行为主体,由单一的自然人主体向二元的自然人—单位主体转变,是我国刑法衔接工作的当务之急。① 只要我国认同并采取“法人”责任规则,这将是协助逃避罪与窝藏、包庇罪最不契合的地方,也是本罪增设为新罪最主要的理由。② 此外,两罪的其他构成要件则均属于整体部分或内涵统一的关系,不存在明显矛盾。例如,两罪的保护法益具有整体与部分的关系。虽然通常认为窝藏、包庇罪的保护法益是刑事司法秩序,但犯罪分子逃避法律的追究后,很可能抱着侥幸心理再次实施犯罪进而侵害其他法益,而其他法益就可理解为窝藏、包庇罪的次要保护法益。故协助逃避罪的保护法益是窝藏、包庇罪在航空领域的具体体现。③ 又如,两罪的行为对象内涵一致。一般来说,窝藏、包庇罪的行为对象是在客观上被合理地认为有强烈犯罪嫌疑的人,既包括真正犯了罪的人,也包括因有犯罪的嫌疑而受到司法机关侦查或起诉的人,还包括暂时未被列为犯罪嫌疑人但确实实施了犯罪行为的人,以及虽不具有刑事责任能力但实施了危害社会的行为,在客观上有重大犯罪嫌疑的人。④ 协助逃避罪行为对象的类型范围包括“实施犯罪的人”“被执法当局通缉以提起刑事起诉的人”和“已经被判刑的人”三类,可见其与窝藏、包庇罪的行为对象基本一致。当然,协助逃避罪仍具有别具一格的特殊之处,包括行为对象的前置罪行问题、家庭免责原则等。

一言以蔽之,窝藏、包庇罪能否大致涵盖协助逃避罪的构成要件,与我国是否认可“法人”责任规则密切相关。如果我国为协助逃避罪先行设立“法人”责任规则,单位犯罪的成立条件就决定了现行的窝藏、包庇罪不能包含本罪,需要另辟蹊径。但如果我国为窝藏、包庇罪设立了单位犯罪,那么其将可以适应协助逃避罪的主要构成要件。

2. 刑法体系的实质分析

除窝藏、包庇罪以外,我国刑法还将某些类似行为专门规定成犯罪,如针对包

① 参见刘晓山、夏娜:《〈国际航空安保公约〉中界定的犯罪及其与我国刑法之衔接》,载《江西科技师范大学学报》2015 年第 4 期。

② 参见刘晓山:《论〈国际航空安保公约〉非法运输类犯罪及其与我国刑法之衔接》,载《武汉大学学报(哲学社会科学版)》2015 年第 3 期。

③ 这并非当然意味着协助逃避罪的主要保护法益是刑事司法秩序,次要保护法益是航空安全。

④ 高铭暄、马克昌主编:《刑法学》(第 9 版),北京大学出版社 2019 年版,第 556 页。

庇毒品犯罪分子的行为有第349条包庇毒品犯罪分子罪,针对特殊单位的人员为从事卖淫、嫖娼活动的人通风报信的严重行为有第362条法律拟制的包庇罪,针对国家机关工作人员帮助犯罪分子逃避处罚的行为有第417条帮助犯罪分子逃避处罚罪,以及第311条将拒绝提供间谍犯罪、恐怖主义犯罪、极端主义犯罪证据的纯正不作为规定为犯罪。实质上,这些罪名的保护法益均包含着刑事司法秩序。我国刑法体系所展现出来的样态,是以一般规定即窝藏、包庇罪为基础,为有效保护某些其他重大法益,严密我国刑事法网,相应地增设单独罪名。因而,是否增设新罪名就关乎其他保护法益的重要性:第349条的其他保护法益是国家对毒品的管理制度,第362条的其他保护法益是国家对社会风尚的管理秩序,第417条的其他保护法益是国家机关的正常活动,第311条的其他保护法益是国家安全与公共安全。① 显然,这些罪名的其他保护法益过于重大,以至于需要我国刑法专门对此进行规定。那么,协助逃避罪的保护法益之一航空安全是否足以与上述法益媲美,成为需要我国刑法重点保护的法益?答案是肯定的。

航空运输可谓是既安全又不安全的运输方式:航空科技足以确保航空运输在自然状态下具有最高安全系数,鲜有因航空器的机械故障酿成事故的情况;但航空运输即使拥有最严密的安检措施,也难以规避人为因素的非法干扰和破坏。如果航空安全遭受切实的侵害,后果往往是毁灭性的和不可逆的,会带来极大的负面影响。航空运输具有天然的国际性,航空安全则是国际社会及全人类共同的利益,这也是各当事国采用国际航空安保公约的形式予以合作保护航空安全的原因之一。具体到某一国家,航空安全应作为公共安全的一般范畴,包括不特定或多数人的生命、健康的安全以及航空运输的平稳与安宁。详细展开来说,航空安全可归结于三个部分:(1)不特定或多数人的生命、健康安全。航空犯罪可能侵犯的对象和可能造成的结果难以预估,甚至行为主体自己也无法完全控制这一危险或结果的实际范围。即使侵犯的对象十分具体且明确,航空运输的高密度和高流动也会使航空犯罪威胁到较多人的生命、健康安全。在人权观念兴起的今天,不特定或多数人的生命、健康安全是航空安全最直接的体现,也是最重要的内容。但单纯的重大财产安全并不属于航空安全的范围,只有具备侵害不特定或多数人生命、健康安全的前提,侵犯重大财产安全才有进行规制的必要。(2)航空运输的平稳。航空运输的平稳运行,涉及飞行安全、机场安全以及航班安全的保障。航空犯罪必然会干扰航空

① 司法秩序与其他保护法益并非完全一致的主与次关系,依据体系定位可得知罪名的主要保护法益。

运输的平稳,由于其实施的地点和效果不同,不同程度地对飞行安全、机场安全以及航班安全造成侵犯。(3)航空运输的安宁。一方面,这体现于航空犯罪直观地、外在地对航空运输安宁的侵犯,诸如破坏基础设备设施、扰乱航空运营秩序等。另一方面,这还体现于航空犯罪的发生会导致社会公众内心对航空运输安宁的不信任。总的来说,航空安全是独立的整体利益,对其中任何利益的侵害会同时侵害其他利益并构成对航空安全整体利益的侵害。①

面对全球化和风险社会所带来的种种挑战,日益严峻的航空安全问题逐渐暴露于社会公众的视野中,不安感随之广泛蔓延。社会公众对于航空安全的焦虑与担忧,促使国家必须积极地介入和干预,运用刑法力量来预防和控制危及航空安全的行为。现阶段,为积极履行国际义务,我国结合国情,以相关公约为蓝本,已相继制定了具有中国特色的航空安保刑事立法。② 例如,我国《刑法》第 116 条和第 119 条破坏交通工具罪、第 117 条破坏交通设施罪、第 121 条劫持航空器罪、第 123 条暴力危及飞行安全罪、第 131 条重大飞行事故罪等。航空安全与国家和社会各方面利益及安全息息相关,已然得到了我国刑法的关注。因此,出于航空安全的重大意义,无论协助逃避罪是否与窝藏、包庇罪相契合,都值得在我国刑法占据一席之地。

综上所述,根据我国刑法对“法人”责任规则和航空安全的不同态度,可总结出表 1 关于协助逃避罪在我国刑法的衔接选择。如果我国刑法只对航空犯罪增设单位犯罪,协助逃避罪的行为主体也会包括单位,那么无论我国是否加强对航空安全的保护,继续适用窝藏、包庇罪将彻底无法实现罪责刑相适应,此种情况下我国刑法必然需要增设协助逃避罪。当我国刑法对窝藏、包庇罪增设单位犯罪,其构成要件足以涵摄协助逃避罪并可直接适用窝藏、包庇罪的规定时,可实现有效衔接。③虽然这样做一般无须再增设新罪,但考虑到航空安全的重要地位,也可以对协助逃避罪作出专门规定。当我国刑法完全不考虑“法人”责任规则,此种情况与窝藏、包庇罪增设单位犯罪一样,本质上均取决于我国对航空安全的保护态度。但无论是否增设新罪,对于协助逃避罪的特殊之处,如行为对象的前置罪行、亲亲相隐等规定,都可通过法律解释的形式将其融入我国刑法。

---

① 参见张莉琼:《侵害航空安全的危险判断研究》,载《河北法学》2020 年第 12 期。

② 参见张超汉、魏悦悦:《论现代国际航空保安公约体系的惩治范畴》,载《上海政法学院学报(法治论丛)》2017 年第 3 期。

③ 参见刘耀彬:《我国民用航空犯罪及立法研究:以国际民用航空安保公约为参照》,法律出版社 2018 年版,第 135 页。

表 1　协助逃避罪在我国刑法的衔接选择

<table>
<tr><th colspan="2">“法人”责任规则是否增设</th><th>航空安全是否加强保护</th><th>协助逃避罪的衔接选择</th></tr>
<tr><td rowspan="3">是</td><td>仅航空犯罪增设</td><td></td><td>增设新罪</td></tr>
<tr><td rowspan="2">窝藏、包庇罪增设</td><td>是</td><td>增设新罪</td></tr>
<tr><td>否</td><td>适用窝藏、包庇罪</td></tr>
<tr><td colspan="2" rowspan="2">否</td><td>是</td><td>增设新罪</td></tr>
<tr><td>否</td><td>适用窝藏、包庇罪</td></tr>
</table>

(二)协助逃避罪在我国刑法的增设构思

可见,如果我国刑法对单位犯罪的增设持开放态度以及有望进一步加强对航空安全的保护力度,新增协助逃避罪势在必行,故在现行刑法框架中前瞻本罪的增设构思相当必要。增设新罪体现了积极的一般预防观,通过协助逃避罪的设立向社会公众传递相关行为的违法性,引导和鼓励社会公众明确地认同并遵守这一规范,从而最大限度地保护航空安全。

自我国 1997 年《刑法》生效后,除 1998 年 12 月的单行《刑法》外,新罪名的增设均是通过刑法修正案的形式进行,包括现有的其他航空犯罪。虽然我国刑法并未明确刑法修正案的地位,但这已经成为习惯法之一,认为刑法修正案与现行刑法具有同等法律效力,是中国特色社会主义法律体系的重要组成部分。故协助逃避罪同样可通过刑法修正案增设至我国刑法之中。按照立法者对保护法益的选择偏好,协助逃避罪可归置于《刑法》分则的不同章节。我国《刑法》分则总体上是依据犯罪的社会危害程度由重至轻依次分为 10 章,其中危害公共安全罪和妨害社会管理秩序罪这两章分别包含着协助逃避罪的两种保护法益。如果立法者着重强调协助逃避罪的保护法益是航空安全,那么本罪可设置于危害公共安全罪中;反之,本罪可设置于妨害社会管理秩序罪中。但总体来说,协助逃避罪增设于妨害社会管理秩序罪更为合适。

综观危害公共安全罪一整章,非实行行为的实行化集中于实施恐怖、危险活动危害公共安全的犯罪,诸如第 120 条之一帮助恐怖活动罪属于帮助犯的实行化、第 120 条之二准备实施恐怖活动罪属于预备犯的实行化。这些拟制正犯针对的基本上都是恐怖活动且与恐怖活动的实施密切相关,侧重点是预防恐怖活动的发生。对于其后的协助逃避行为,主要是由妨害社会管理秩序罪中妨害司法罪的相关罪名进行规制。同理,协助逃避罪的实行行为并非帮助或准备实施航空犯罪,只是协助已经实施航空犯罪的人逃避调查、起诉或惩罚,未对行为对象前置罪行的实施产生实质影响或作用。再观之妨害社会管理秩序罪一整章,主要保护法益是刑事司法秩序的罪名集中在妨害司法罪中,依据不同的实行行为、主体身份以及发生时间等,分别制定了各种各样的罪名。这些罪名的显著特征就是直接侵害了刑事司法秩序,妨碍有关机关正常追究犯罪分子的刑事责任。协助逃避罪也一样,距航空安全受到实质侵害相对较远,而对刑事司法秩序的确造成了直接侵害。

此外,考虑到协助逃避罪的成立无须造成实害结果,只要具有刑事司法秩序和航空安全的危险状态即可,故本罪属于抽象危险犯。站在结果无价值论的立场,违法性的实质是法益侵害及其危险,如果协助逃避行为没有造成法益侵害及其危险,即使符合协助逃避罪的全部构成要件,也不应成立本罪。抽象危险犯中的危险是以一般的社会生活经验来认定行为具有发生侵害结果的危险,但在具体案件中的特别情况导致行为根本不存在任何危险,则不能认定为抽象危险犯。[①] 这也意味着,虽然行为完成就推定具有了立法者所要求的抽象危险,但允许司法过程中通过反证危险之不存在而出罪。[②] 对协助逃避罪采用实质性理解,尽可能去形式化,避免作出只要行为主体着手实施协助逃避行为就成立协助逃避罪既遂的认定。这同样体现出国际航空安保公约的新社会防卫论刑事政策,其自始至终寻求保障人权和控制自由之间的平衡,防止片面的、积极的一般预防成为预防和控制国际航空犯罪的理论依据。[③] 而一般来说,犯罪的主要保护法益会在某种意义上影响抽象危险应达到的程度。如果协助逃避罪增设于危害公共安全罪,就认定航空安全属于其主要保护法益,刑事司法秩序是其次要保护法益。这样一来,会使协助逃避罪的外延过窄,入罪的标准也将更高,从而欠缺打击力度。相较于航空安全,协助逃避罪对刑事司法秩序的侵犯显然更为紧迫。因此,本罪增设于妨害社会管理秩序罪的妨害司法罪中更加妥当。

综上可知,为了保持我国刑法逻辑的一致性,降低惩治门槛,协助逃避罪新增在妨害社会管理秩序罪中,更有利于惩治协助逃避行为,并防范这类行为的发生。为避免新罪设置过于频繁,类型化规定也十分必要,如协助曾犯有船舶犯罪的人逃避调查、起诉或惩罚的行为也可一并设置于此。值得注意的是,在国际航空安保公约的语境之中,协助逃避罪仅适用于民用航空器,即利用国家航空器实施此类行为不属于其规制范围。但在我国刑法的语境下,协助逃避罪所提及的航空器当然包

---

① 参见张明楷:《刑法学》(第5版),法律出版社2016年版。

② 参见付立庆:《行为犯概念否定论》,载《政法论坛》2013年第6期。

③ 参见夏娜:《国际反恐领域预防性刑事法之建构——以国际航空安保公约为例》,载《江西社会科学》2017年第8期。

括国家航空器。这是将本罪的构成要件和普遍管辖权问题作出区分，以免将二者混为一谈而得出荒诞的结论。这也与我国刑法现有的航空犯罪相统一，保持内部逻辑的一致。

四、结语

航空安全是国际国内航空运输持续发展的关键，国际航空安保公约致力于此。协助逃避罪的增设具有深远意义：一方面，新增协助逃避罪能确保所有当事国都将这类行为确定为犯罪，从而为打击航空犯罪设立立法管辖的基础，并使引渡和相互司法协助等国际法律合作机制得以实行。另一方面，协助逃避罪的设立完善了保护航空安全法益的相关罪名，有效预防和控制国内外的航空犯罪。而我国作为航空运输大国应承担起公约义务和大国责任，及时回应国际社会对航空犯罪的法律规制现状，保障航空运输的安全有序发展，积极考虑协助逃避罪与我国刑法的衔接问题。根据我国对于“法人”责任规则和航空安全的态度，协助逃避罪要么直接适用窝藏、包庇罪处理，要么成为新罪名并增设在妨害社会管理秩序罪的妨害司法罪中，且无论是选择哪种衔接，均可运用法律解释的形式将其特殊之处呈现出来。

运行于21世纪的《蒙特利尔公约》：有效适用抑或过时停摆*

Robert Lawson Q. C.　著**　赵东苑　译***　张超汉　修订****

一、引言

1999年《统一国际航空运输某些规则的公约》(以下简称《蒙特利尔公约》)制定至今已有23年的时间，该公约通过20多年来，在理论和国际航空实践当中仍存一些值得争议和思考的问题。在新的国际航空运输背景下，随着公约通过的时间越来越长，在此，有必要对其是否仍旧适用于新的国际航空运输关系做一探讨。

《蒙特利尔公约》序言开宗明义地阐明了该公约的立法目的，即认识到使《统一国际航空运输某些规则的公约》(以下简称《华沙公约》)和相关文件现代化和一体化的必要性，认识到确保国际航空运输消费者利益的重要性，以及在恢复性赔偿原则的基础上提供公平赔偿的必要性。由此进一步明确了公约的立法宗旨是“确信国家间采取集体行动，通过制定一项新公约

---

* 原文“The Montreal Convention 1999 at 21：Has It Come of Age or Passed Its Sell-by Date?”，2020年刊发于荷兰莱顿大学主办的刊物(Air and space Law)第45卷第3期。

** Robert Lawson Q. C.，克莱德联合律师事务所英国办公室合伙人和航空全球业务组主席。E-mail：rob. lawson@ clydeco. com.

*** 赵东苑，西北政法大学郑斌航空与空间法研究所研究人员。

**** 张超汉，西北政法大学“长安青年学者”特聘教授、军民融合发展研究院副院长。

来增进对国际航空运输某些规则的一致化和法典化是获得公平的利益平衡的最适当方法”。《华沙公约》至今已有90多年的历史,在此期间,国际航空运输业得到了巨大发展,该公约的许多规则已逐渐暴露出各种各样的缺陷。因此,由《蒙特利尔公约》“取代”《华沙公约》以统一调整航空运输活动,是新的国际航空运输背景下的必然趋势。

二、《蒙特利尔公约》是利益妥协的产物

《蒙特利尔公约》作为全球外交大会的立法成果,既有在《华沙公约》基础上的一系列发展与创新,又有对华沙体系文件已有规则及使用术语的保留与继承,其中包括于1975年9月25日在加拿大蒙特利尔签订的《修改经一九五五年九月二十八日在海牙签订的议定书修正的一九二九年十月十二日在华沙签订的统一国际航空运输某些规则的公约的第四号议定书》(以下简称《蒙特利尔第四号议定书》)和1961年9月18日在墨西哥瓜达拉哈拉签订的《统一非缔约承运人所办国际航空运输某些规则以补充华沙公约的公约》关于托运行李和货物损害赔偿责任的规定。此外,《蒙特利尔公约》还增加了一些新规定,其中最值得关注的内容包括以下几个方面:第一,取消对旅客伤亡赔偿责任限额的保护,承运人只要证明存在免责的情形就可以排除或限制其责任①;第二,规定限额定期复审,确保当事国免受通货膨胀的影响②;第三,在有关旅客、行李和货物运输的损害赔偿诉讼中,排除任何惩罚性、惩戒性或其他任何非补偿性的损害赔偿③;第四,公约确立了所谓的“第五管辖权”(fifth jurisdiction),即旅客或其代理人可在一定条件下,在其住所或永久居住地就其伤亡产生的损失起诉④;第五,取消未遵守公约规定的货物运输凭证规则的任何制裁。⑤ 为了保证具有优先适用的法律效力,公约还明确规定其具有优先于国际航空运输所适用的任何规则的效力。⑥ 最后需要说明的是,该公约于2003年11月正式生效。

正如所有的国际条约一样,《华沙公约》和《蒙特利尔公约》也是国家间利益妥

① 参见《蒙特利尔公约》第21条,该条规定实质上遵循了国际航空运输协会(International Air Transport Association,IATA)1995年通过的《关于旅客责任的承运人间协议》和1996年通过的《关于实施国际航空运输协会承运人间协议的措施的协议》。

② 参见《蒙特利尔公约》第24条。

③ 参见《蒙特利尔公约》第29条第2句。

④ 参见《蒙特利尔公约》第33条第2款和第3款。

⑤ 参见《蒙特利尔公约》第9条。

⑥ 参见《蒙特利尔公约》第55条。

协的产物。霍普勋爵(Lord Hope)在Sidhu v. British Airways Plc.案中关于《华沙公约》的开创性判决令人难忘：

> 《华沙公约》的立法内容和使用措辞均表明其意在制定一部统一的国际规则,即所有缔约国法院都可以适用且无需参考本国国内法规则。尽管该公约并不解决与国际航空运输合同有关的所有问题,但航空承运人责任问题是其调整核心领域之一。此外,该公约的立法目的在于统一国际航空私法方面的规则并排他适用任何国内法规则。
>
> 然而,《华沙公约》并非旨在提供针对航空承运人的补救措施,而是在于明确何种情况下发生的损失能够获得赔偿。因此,为了有一个统一且确定的国际规则作为航空运输赔偿制度存在和发展的基础及条件[①],出于一种妥协和平衡的考量,公约规定了承运人的责任限额,包括存在争议情况下如何确定航空承运人的责任。

这种妥协和平衡无疑得到了国际社会的普遍支持:1929年《华沙公约》有152个缔约国,1955年海牙议定书有137个缔约国。[②] 迄今为止,《蒙特利尔公约》有137个缔约方。此外,欧洲联盟(Europan Union,EU,以下简称欧盟)也通过立法制定特别规定。[③] 由于全球航空运输业务几乎都在华沙体系文件及《蒙特利尔公约》的缔约国之间进行,因此,世界上绝大多数国际航空旅客、行李和货物运输几乎都受上述公约的调整。2019年接受定期国际航空运输服务的旅客超过45亿人次,这也就意味着《蒙特利尔公约》在航班运输量和索赔范围方面的普遍适用。该公约作为国际航空领域的统一性实体规范,其获得的这种全球性影响本身就是一种巨大的胜利。对于国际民用航空业这样一个真正的国际性产业来说,该公约无疑是一项真正值得称赞的立法成果。

在回答本文开篇提出的问题时,绝不能忘记《蒙特利尔公约》是各国利益妥协的统一立法结果。它能够解决复杂的法律冲突和管辖权冲突问题,在很大程度上是因为它通过制定一个相对简单、可以直接适用并且内容完备的法律规则,以规范法律体系和道德体系各不相同的缔约国的航空承运人对旅客和货物损失承担的责任。由于这些问题在缺乏统一的法律规定时普遍存在,因此,该公约的优点在于提供了一套统一适用的法律规则,其中包括:第一,确定了承运人可以就旅客在上下航空器的过程

① [1997] AC 430, at 453.

② See http://www.icao.int/secretariat/legal/list%20of%20Parties/WC-HP_EN.pdf.

③ See http://www.icao.int/secretariat/legal/list%20of%20Parties/Mt199_EN.pdf.

中、在航空器内或者在国际航空运输期间发生的事故承担责任的诉由[①];第二,确定承运人的免责事由和责任限额[②],包括规定将有关旅客、行李和货物运输的损害诉讼索赔根据限制为补偿性的赔偿[③];第三,确定索赔人只能根据本公约规定的责任限额提起损害赔偿诉讼[④];第四,确定索赔人可以对承运人提起损害赔偿诉讼的管辖法院[⑤];第五,确定索赔人提起损害赔偿诉讼的诉讼时效[⑥];第六,通过确认某个合同条款无效并不影响整个合同的效力,规定公约的强制适用规则以保护消费者的合法权益和促进航空运输合同的顺利履行。[⑦]

正如一位密切参与《蒙特利尔公约》的通过和缔结过程的与会代表,在公约签订后不久所说的那样:

> 事实证明,这次外交会议"快乐"与"痛苦"并存。许多人无法理解我们正在面临的难题,各方利益和目标相互冲突,这种冲突不仅存在于不同地区之间,甚至存在于同一地区内部和同一国家内部。
>
> 正是基于这种原因,我们认识到平衡各方利益是一个非常棘手的问题。
>
> 不可否认,该公约并非面面俱到,但它是平衡各方利益的"最适当方法"。因为它实现了我们所有人都想要的,我们所有人都需要的以及我们所有人都希望得到的公平利益的平衡。
>
> 尽管我们每个人都希望得到更多利益,但是能够让各缔约国在同等条件下公平竞争才是最好的方法,也是唯一可行的"最适当方法"。[⑧]

很明显,以任何特定法律制度的国内标准来评判《蒙特利尔公约》,无疑是坐井观天,普遍适用性才是它的最大优势。

《华沙公约》和《蒙特利尔公约》通过使用独立的概念[如"事故"(accident)]来增强法律适用的确定性,对这些概念应进行目的解释,并基于普遍适用原则来确定

---

① 参见《蒙特利尔公约》第17~19条。

② 参见《蒙特利尔公约》第20~22条、第30~31条、第36~45条。

③ 参见《蒙特利尔公约》第29条第2句。

④ 参见《蒙特利尔公约》第29条第1句。

⑤ 参见《蒙特利尔公约》第33、46条。

⑥ 参见《蒙特利尔公约》第35条。

⑦ 参见《蒙特利尔公约》第26条、第47条和第49条。

⑧ Vijay Poonoosamy, The Montreal Convention 1999 - A Question of Balance, TAQ 7984 - 85 (2000).

相关术语的真实含义。[①] 此外,缔约国的最高法院应通过尊重彼此对法律条款的解释,使这种法律确定性进一步增强。正如一位蒙特利尔会议与会代表所记录的那样:

> 由于需要维护大量的有关《蒙特利尔公约》判例的有效性,从而解释和适用公约的赔偿责任规则。基于此,公约的起草者们最终决定不对华沙体系文件已有规则的实质性措辞进行改动。
>
> 此外,随着公约的生效时间越来越长,这些长达90多年的判例规则将成为今后法院解释和适用该公约规定的承运人责任规则的基础。[②]

事实证明,这一预测比较准确。在公约通过的23年间,缔约国的高等法院很少作出判决以促进公约相关判例的发展,更不用说在公约适用方面开辟新的道路了。

但是,就所有的立法规定而言,公约在23年后的今天是否仍然符合其立法宗旨?公约是否需要修订?如果需要修订,国际社会最需要关注哪些问题?

三、《蒙特利尔公约》规定的排他性问题

公约适用的排他性规定,是《华沙公约》和《蒙特利尔公约》作为关于航空承运人责任法典的基石以及国际统一法典的成功关键,该规定[③]获得多个国家和地区高等法院的支持,包括英国[④]、美国[⑤]、澳大利亚[⑥]、爱尔兰[⑦]、加拿大[⑧]、中国香港[⑨]、新西兰[⑩]和德国[⑪]等。这意味着,如果索赔人根据公约无法获得赔偿,那么对由《蒙特

---

① See e. g. Morris v. KLM Royal Dutch Airlines, 2 AC 628, at 16, 75 – 82, 146 – 151 (2000). 同时参见1969年5月23日签订于维也纳的《维也纳条约法公约》规定的解释原则。此外,Morris对如何解释先于《维也纳条约法公约》生效的《华沙公约》予以关注。

② George N. Tompkins, Jr., *Liability Rules Applicable to International Air Transportation as Developed by the Courts in the United States-From Warsaw* 1929 *to Montreal* 1999, p. 42 – 43 (2010).

③ 参见《华沙公约》第24条和《蒙特利尔公约》第29条。

④ See Sidhu v. British Airways Plc. [1997] AC 40; In re Deep Vein Thrombosis and Air Travel Group Litigation [2006] 1 AC 495; and in relation to the Montreal Convention Stott v. Thomas Cook Tour Operators Ltd. [2014] AC 1347.

⑤ See El Al Israel Airlines Ltd. v. Tseng (1999) 525 US 155.

⑥ See Parkes Shire Council v. South West Helicopters Pty. Limited [2019] HCA 14.

⑦ See Hennessey v. Aer Lingus Ltd. [2012] IEHC 124.

⑧ See Thibodeau v. Air Canada [2014] 3 SCR 340.

⑨ See Ong v. Malaysian Airline System Berhad [2008] HKCA 88.

⑩ See Emery Air Freight Corpn v. Nerine Nurseries Ltd. [1997] 3 NZLR 723.

⑪ See Loss of Airplane Luggage Case, No. X ZR 99/10 (15 Mar. 2011).

利尔公约》第1条规定的适用范围内的索赔诉讼,即在国际航空运输过程中或者由国际航空运输引起的有关旅客、行李和货物运输的损害诉讼,将无法获得赔偿。[①]

目前与《蒙特利尔公约》的排他性规定背道而驰的只有欧洲法院(Court of Justice)判决的两起典型案例。第一起案例是R.(根据国际航空运输协会和欧洲低成本航空协会的申请)v. Department of Transport案[②],法院认为,由于欧盟和该公约规定了不同损害类型,因此欧盟261/2004号条例关于延误责任的援助措施和补救措施与公约的规定并不一致。第二起案例是Sturgeon v. Condor Flugdienst GmbH案[③],法院的判决理由不仅不充分,而且与第一起案例的判决理由也不一致。法院认为,欧盟261/2004号条例对因延误引起的损失进行赔偿的规定与《蒙特利尔公约》第19条的规定并不冲突。[④]

不幸的是,英国上诉法院在Dawson v. Thomson Airways Ltd.案中也参考了第二起案例的判决。尽管该判决对航空公司施加了与公约规定不一致的义务,但英国及其他不少国家仍对该项判决表示认同并在司法实践中予以参考。[⑤] 显而易见,这些法院忽视了一个重要问题,即公约的适用范围并非取决于所主张的法理或遭受损害的实际性质。[⑥]

因此,为了防止继续误读《蒙特利尔公约》的排他性规定,以排除国际航空运输适用任何其他规则为代价,或许可以对公约的排他性规定予以进一步明确。[⑦]

四、《蒙特利尔公约》有关旅客伤亡的问题

《蒙特利尔公约》第17条第1款规定:“对于因旅客死亡或者身体伤害而产生

---

① See In re Deep Vein Thrombosis and Air Travel Group Litigation, supra n. 25, at 3.

② See Case C-344/04, Judgment 10 Jan. 2006.

③ See Joined Cases C-402/07 & C-432/07, Judgment 19 Nov. 2009.

④ 对这些法院判决的批判性意见,参见Robert Lawson & Tim Marland, The Montreal Convention 1999 and the Decisions of the ECJ in the Cases of IATA and Sturgeon-in Harmony or Discord?, 36 Air & Space L. 99-108 (2011); Paul Stephen Dempsey & Svante O. Johannsson, Montreal v. Brussels: The Conflicts of Laws on the Issue of Delay in International Carriage by Air, 35 Air & Space L. 207-224 (2010); Kinga Arnold & Pablo Mendes de Leon, Regulation 261 (EC) 261/2004 in the Light of the Recent Decisions of the European Court of Justice: Time for a Change?!, 35 Air & Space La 91-112 (2010); David McClean, EU Law and the Montreal Convention of 1999, Air Passengers Rights: Ten Years On 57-64 (Bobek & Prassl ed., 2016)。

⑤ See [2015] 1 WLR 883, at 21.

⑥ See Tseng, supra n. 26.

⑦ 由于《蒙特利尔公约》不涉及任何争端解决机制,也没有规定对违法行为进行任何制裁,因此更容易受到限制。

的损失,只要造成死亡或者伤害的事故是在航空器上或者在上、下航空器的任何操作过程中发生的,承运人就应当承担责任。"

(一)关于"事故"的界定

航空事故导致旅客死亡或者身体伤害而造成损失,是承运人承担责任的首要条件。在美国联邦最高法院关于《华沙公约》第17条"事故"(accident)界定的案例中,Air France v. Saks[①]案是一起具有里程碑意义的典型案例。根据美国联邦最高法院的解释,"事故"即旅客意志以外的不测事件或意外遭遇。美国联邦最高法院对"事故"含义的解释得到了国际社会的普遍认同,这一解释不仅被诸多高等法院予以采纳[②],而且英国上诉法院在根据《蒙特利尔公约》作出的相关判决中也适用这一解释。[③] 由此可见,美国联邦最高法院的解释符合《华沙公约》第17条"事故"一词的通常含义,即指造成损害的原因而非结果。此外,《华沙公约》第17条明确规定了航空承运人的责任和损害赔偿的范围[④],免除了原告证明航空承运人、其雇员或者代理人具有过错的责任。

另一项令人遗憾且缺乏充分理由的判决同样由欧洲法院作出。近期发生的GN v. ZU案[⑤],尽管检察长在对该案件发表审理意见时明确表示以Saks案所作判决为指引[⑥],但是欧洲法院在审理该案时仍对Saks案所作判决以及"事故"在《蒙特利尔公约》第17条第1款规定中的通常含义熟视无睹。相反,欧洲法院在审理该案时采用了"事故"的原始含义,即指以合理的谨慎未能预见之事,或在没有人力作用情况下而由不可控的自然力单独作用的意外发生之事。[⑦] 欧洲法院的这项判决能否得到国际社会的支持,从而打破国际社会对"事故"含义的普遍认同,在司法实践中还存在不同观点。因此,为了提高国际社会对美国联邦最高法院在Saks案中对"事

① See (1985) 470 US 392.

② 英国在In re Deep Vein Thrombosis and Air Travel Group Litigation案中采纳美国联邦最高法院对"事故"含义所作的解释,参见Sidhu v. British Airways Plc. [1997] AC 40; In re Deep Vein Thrombosis and Air Travel Group Litigation [2006] 1 AC 495; and in relation to the Montreal Convention Stott v. Thomas Cook Tour Operators Ltd. [2014] AC 1347;澳大利亚在Povey v. Qantas Airways Ltd. (2005) 223 CLR 189案中对该解释予以采纳;加拿大在Naval Torres v. Northwest Airlines Inc. [19880 159 DRL (4th) 67]案中适用该解释。法国在Sté Camat v. Dubsoscq (1988) 42 RFDA 381 and in Germany, Bundesgerichtshof 1 Dec. 1981 (VI ZR 111/80)一案中遵循了美国联邦最高法院对"事故"含义作出的解释。

③ See Barclay v. British Airways Plc. [2010] QB 187.

④ See Sidhu, supra n. 25, at 453.

⑤ See Case C-532/18, Judgment 19 Dec. 2019.

⑥ See C-532/18, Opinion, 26 Sept. 2019.

⑦ See Sidhu, supra n. 25, at 453.

故"解释的认同度，有必要对《蒙特利尔公约》第17条第1款的措辞予以修改。

至于"事故"是否是国际航空运输中固有的或普遍的风险因素，美国判例法对该问题的认识还存在分歧。① 然而，英国上诉法院在 Morris v. KLM Royal Dutch Airlines 案中认为，尽管美国联邦最高法院在解释"事故"的同时作出附带性声明，但仍然对《蒙特利尔公约》第17条所用措辞强加了一个令人难以接受的解释。② 此外，欧洲法院在 GN v. ZU 案中对英国上诉法院的结论表示认同。③ 在上述结论中，即使航空承运人根本没有袭击旅客的举动，但仍需对旅客之间的打斗行为承担责任。随着患有空怒症和不循规旅客越来越多，航空承运人责任也日益成为一个问题。尽管航空承运人可以根据《蒙特利尔公约》第20条规定的免责条款相应全部或部分免除其责任，或者根据《蒙特利尔公约》第21条第2款的规定免除对超过100,000特别提款权部分的损害赔偿责任，但是承运人仍需要承担举证责任。在司法实践中，航空承运人很难证明其没有过失，或者事故完全是由第三人造成的。因此，可能需要重新讨论航空承运人的赔偿责任问题。

（二）关于旅客"死亡"或"身体伤害"的界定

航空承运人承担责任的第二个条件是，航空事故造成旅客死亡或者受伤。在各国的司法实践中，虽然对"死亡"的词义解释不存在争议，但对"身体伤害"的词义解释还存在不同观点。根据华沙体系文件已有规则的相关判例，在旅客声称身体没有受伤的情况下，其所遭受的精神损害不属于"身体伤害"的范围。④ 但许多其他判例认为，伴随身体伤害的精神损害可以根据《蒙特利尔公约》获得赔偿。此外，学界权威观点认为，对大脑、中枢神经系统或身体任何其他部位造成的损害仅属于医学证据问题。因此，只要能够证明精神损害本身就构成身体伤害，精神损害就可以获得赔偿。⑤

至于纯粹的精神损害是否能够根据《蒙特利尔公约》获得赔偿，如创伤后压力

---

① 对比 Curley v. American Airlines, Inc. 846 F. Supp 280 (SDNY, 1994) 和 Stone v. Continental Airlines, Inc. 905 F. Supp 823 (D. Hawaii, 1995), with O'Grady v. British Airways 905 F. Supp 2d 407 (ED Pa, 2001)。

② See Morris v. KLM Royal Dutch Airlines [2002] QB 100, at 25 – 27.

③ See Morris v. KLM Royal Dutch Airlines [2002] QB 100, at 25 – 27.

④ 参见 Eastern Airlines Inc. v. Floyd (1991) 499 US 530。案件事实大致如下：1983年5月5日，一架从迈阿密国际机场飞往巴哈马的航班（该航班所属公司为东方航空公司）在起飞不久后，因引擎油压失控致使飞机急速下降，机组人员通知旅客飞机很可能坠毁在太平洋。但是机组人员奇迹般地重新启动了引擎，使飞机安全折返并降落在迈阿密国际机场。尔后机上少数旅客对东方航空公司提起精神损害赔偿之诉。

⑤ See Morris v. KLM Royal Dutch Airlines [2002] 2 AC 628.

心理障碍(Post-traumatic stress disorder,PTSD),各国在蒙特利尔会议上进行了一番长时间和激烈的讨论。会议保留了《华沙公约》关于“身体伤害”的措辞,一位与会代表这样总结会议的情况:

> 法律委员会将精神损害纳入身体伤害的范围,但是大会的专门小组将精神损害排除在身体伤害的范围外。至于纯粹的精神损害能否根据《蒙特利尔公约》获得赔偿,各国对此问题展开了激烈讨论。这是各缔约国总统派出代表通过外交手段解决的问题之一,与会代表就该问题达成一致意见,即精神损害不属于身体伤害的范围。大会主席在准备工作中宣读了一份冗长且令人困惑的声明,该声明似乎有意暗示当事各方在此问题上均占优势。此外,还向大会提交了一份内容同样令人困惑的声明草案,以供大会通过精神损害可以获得赔偿的方案,从而将其列入准备工作。这份草案将精神损害纳入身体伤害范围的依据是在一些国家的司法实践中认为其在特定情况下可以获得赔偿。鉴于精神损害获得赔偿的相关判例不断增多,考虑到国际航空运输领域以外的判例发展,这份草案无意干涉精神损害赔偿相关判例的发展。①

令人惊讶的是,只有澳大利亚新南威尔士州上诉法院审理的一起关于PTSD构成身体伤害的案件是根据《蒙特利尔公约》规定的“身体伤害”作出的判决。法院的判决遵循了前文提到的华沙判例,判决认为:

> 原告不足以证明他或她的大脑生理功能发生了变化,甚至不能证明其脑波活动已被改变。在缺乏强有力的医学证明情况下,这种功能障碍或者生理功能变化不能被定义为对身体的伤害。②

由此可见,身体伤害和精神损害的关系问题,无疑在未来的外交会议上将被再度列为一项讨论议题。

虽然美国联邦第二巡回法庭作出的判决偏离了传统华沙规则的判例实践,但这是自《蒙特利尔公约》生效以来,唯一推动精神损害赔偿问题发展的判例。法院判决认为,旅客遭受的伴随身体伤害的精神损害可以获得赔偿。③ 考虑到公约的立

---

① Sean Gates, The Montreal Convention of 1999: A Report on the Conference and on What the Convention Means for Air Carriers and Their Insurers [1999] TAQ 186, at 189 – 190. The quoted part of the travaux is at Montreal Convention Minutes, at 242 – 243.

② Pel-Air Aviation Pty Ltd. v. Casey [2017] NSWCA 32, at 51.

③ See e. g. Ehrlich v. Am. Airlines, Inc. , 360 F. 3d 366 (2d Cir, 2004).

法宗旨在于保护国际航空运输消费者的权益，应当允许旅客对遭受的伴随身体伤害的精神损害获得赔偿。[①] 但是，尚不清楚美国法院的这一观点能否获得国际社会的支持，其产生的实际后果仍值得怀疑。也就是说，在身体伤害和精神损害同时存在的情况下，身体伤害和精神损害之间的界限变得模糊以至于难以区分。身体伤害和精神损害同时存在完全是偶合，两者并无逻辑上的必然因果关系。[②]

（三）关于承运人责任期间的界定

承运人承担责任的第三个要件是"只要造成死亡或者伤害的事故是在航空器上，或者在上、下航空器的任何操作过程中发生的"。虽然存在对"在上、下航空器的任何操作过程中发生事故"的华沙判例[③]，但是自《蒙特利尔公约》生效以来，似乎没有任何高等法院对《华沙公约》或《蒙特利尔公约》使用这一术语进行过专门讨论。由此可见，在司法实践中，对确定旅客是否处于上、下航空器的过程中并不存在争议。因此，无须重新讨论承运人责任期间的界定问题。

（四）关于"遭受损害"的界定

航空承运人满足上述条件时，应当对受害旅客承担损害赔偿责任。法院对《华沙公约》之"遭受损害"的解释，是"在法律上可以认定的损害"[④]。不可否认，这是一个可以增强法律确定性的合理解释。很显然，这是可以明确界定的问题，且在某种程度上可以避免是否可援引法院地法确定损害赔偿责任法律适用问题的任何混淆。在航空实践中，关于"遭受损害"的界定是一个贯穿始终的核心难题，该问题也常常是各国矛盾和分歧的焦点。

（五）关于管辖法院引发的问题

在统一性方面，有两个关联问题仍是国际社会普遍关注的焦点。第一，与1929年《华沙公约》一样，《蒙特利尔公约》也未能确定提起损害赔偿诉讼的权利人以及他们各自的权利。[⑤] 第二，就损害类型和范围而言，《蒙特利尔公约》未能明确可以获得赔偿的损害类型。这两个问题都被默认由管辖法院援引法院地法处理，但法院在审理过程中必须遵守《蒙特利尔公约》第29条的规定，即在有关旅客、行李和

---

① See Jane Doe v. Etihad Airways, P. J. S. C. ,870 F. 3d 406 (6th Cir,2017).

② 有人认为，Doe案的判决依据是原告主张的精神损害是伴随着在"事故"中造成的身体伤害，即被注射针头刺伤，导致对传染病的恐惧而造成精神损害。

③ 参见以下案件：Mac Donald v. Air Canada (1971) 439 F. 2d 1402 (1st Cir, 1971); Day v. Trans World Airlines, Inc. 528 F. 2d 31 (2d Cir, 1975); Adatia v. Air Canada (1992) 2 S&B Av R. VII/63; and Phillips v. Air New Zealand [2002] 1 All ER 801。

④ Zicherman v. Korean Air Lines Co. Ltd. (1996) 516 US 217.

⑤ 参见《蒙特利尔公约》第29条第1句。

货物运输中的损害赔偿诉讼,均不得判给惩罚性、惩戒性或者任何其他非补偿性的损害赔偿。①

此外,援引法院地法将导致两个结果:(1)在特定案件中确定管辖法院至关重要(具体情况参见下文);(2)管辖法院不同导致索赔内容不同,如索赔范围和责任承担者的确定都取决于管辖法院,许多国家的管辖法院之间也存在差异。

首先,在旅客伤亡方面,一些国家不仅允许自然人提出索赔,而且还允许雇主对所遭受的损害提出索赔,即使运输合同是由雇主订立的。② 其次,在货物损失方面,一些国家不仅允许发货方和收货方提出索赔,而且允许他们的负责人提出索赔,无论他们的负责人是否被披露。③ 至于精神损害是否可以提出索赔以及由谁提出,各国司法实践仍存在较大分歧④,且各国规定的赔偿金额存在较大差距,其中包括从美国提供的巨额赔偿到部分非洲及亚洲国家提供的小额赔偿。⑤

对乘坐同一架航班且同样遭受不测的旅客,航空承运人承担的责任可能由于管辖法院的不同而大相径庭,此类问题往往在发生特大空难事故时变得较为复杂。因此,在此情况下,尽快对航空承运人和旅客的利益予以明确,从而提供统一适用的赔偿方案,有利于保证航空承运人和旅客之间的利益平衡。虽然在恢复性赔偿原则的基础上制定统一适用的国际赔偿规则,可能是一个不切实际的企盼,但笔者认为,这仍是一个需要改革而加以探讨的问题。

(六)关于先行付款制度存在的困惑

先行付款制度的具体执行和实施,在各国司法实践中存在较大差异,可能破坏公约的统一价值和目标。《蒙特利尔公约》第28条规定:"因航空器事故造成旅客死亡或者伤害的,承运人应当在其国内法有如此要求的情况下,向有权索赔的自然人不迟延地先行付款,以应其迫切经济需要。此种先行付款不构成对责任的承认,并可从承运人随后作为损害赔偿金支付的任何数额中抵销。"尽管蒙特利尔会议最

---

① 参见《蒙特利尔公约》第29条第2句。

② See Air Baltic Corporation AS v. Lietuvos Respublikos specialiųjų tyrimų tarnyba Case C-429/14, Judgment 17 Feb. 2016.

③ See Western Digital Corpn v. British Airways Plc. [2001] QB 733.

④ 例如,在英格兰和威尔士,只允许就法定丧葬费进行索赔,目前是12,980英镑。根据s. 1A of the Fatal Accidents Act 1976,只有特定群体才能获得上述赔偿。在多数国家的民法体系中都存在基于补偿性原则作出的判决,从而使更多不同阶层的群体获得赔偿。

⑤ 例如,一家著名的律师事务所在几年前做了一个演讲,指出一位45岁的工薪阶层(该工人任职于行政岗位)留给其伴侣和十几岁孩子的赔偿金在美国被估价为450万美元,在巴西为250万美元,在法国为140万美元,但在亚洲仅为25万~65万美元。

终文件第2号决议敦促航空承运人对受害人先行赔付,并且鼓励缔约国"根据本国法律采取适当措施,以促使航空承运人向有权索赔的自然人不迟延地先行付款"。但是,鲜有国家会遵循该决议,其中最值得关注的是欧盟2027/97号条例第5条和欧盟889/2002号条例的规定。由此可见,先行付款制度并不具有法律强制力,其在司法实践中能否约束缔约国,以及如何执行和实施均取决于航空承运人所属国国内法的规定。

制定航空承运人先行付款制度,不能脱离接受给付的权利人及相关各方的利益需求,尤其是当前国际立法呈现出以保护航空消费者权益为重心的明显发展趋势。特大空难事故造成的重大损害往往伴随着相关各方的利益竞争,遗憾的是他们在此之前并不知道彼此的存在或者对方与死者的关系。因此,航空承运人总是绞尽脑汁地向相关各方透露对方的存在或对方与死者的关系,从而使相关各方为是否存在航空承运人所属国国内法要求其进行先行付款的法律依据而据理力争,且航空承运人在问题得到解决之前无须支付任何款项。

(七)关于旅客伤亡责任制度的创新

如前所述,《蒙特利尔公约》关于承运人对旅客死亡或者身体伤害的责任限额规定,突破了华沙体制下的限额赔偿原则。公约规定对每名旅客因第17条规定的事故而遭受的死亡或身体伤害享有不超过100,000特别提款权的损害赔偿,航空承运人不得免除或限制其责任。① 尽管公约还规定,如果承运人证明损失不是由承运人或其受雇人、代理人的过失或者其他不当作为、不作为造成的,或者损失完全是由第三人的过失或者其他不当作为、不作为造成的,承运人不应就根据公约第17条第1款所产生的每名旅客超过100,000特别提款权部分的损害承担责任。② 但是在司法实践中,航空承运人很难证明其没有过失或损失完全是由第三人造成的。因此,尚不存在承运人在损害赔偿诉讼中成功援引相关规定的判例。

五、《蒙特利尔公约》的管辖权问题

如前所述,在发生国际空难事故后,管辖权问题对受害旅客本人或者遇难者家属的索赔具有非常重要的意义。因此,对于国际航空旅客人身损害赔偿争议,如果通过诉讼方式解决,那么首先要解决的就是确定哪些法院具有管辖权。《蒙特利尔

---

① 参见《蒙特利尔公约》第21条第1款。自2019年12月28日起,对根据《蒙特利尔公约》第17条第1款所产生的每名旅客不超过128,821特别提款权的损害赔偿,承运人不得免除或者限制其责任(详见正文第九部分)。

② 参见《蒙特利尔公约》第21条第2款。

公约》原封不动地继承了《华沙公约》由原告选择管辖法院的规定,只是在管辖地点方面采用了不同的措辞。[①] 此外,公约正式还增加了第五个对航空旅客提起的损害赔偿诉讼具有管辖权的法院,即通常所谓的"第五管辖权"。[②]

公约在管辖地方面采用了不同的措辞,具体表现为将"向承运人住所地或其总管理处所在地或签订契约的机构所在地法院"改为"向承运人住所地、主要营业地或者订立合同的营业地的法院"。部分国家,(如法国)将承运人总管理处所在地限缩解释为隶属于承运人的主要营业地。[③] 相较而言,《蒙特利尔公约》沿用了美国对《华沙公约》所用词汇的解释,各缔约国在蒙特利尔会议上对公约采纳该解释达成了一致意见。甚至一些国家的法院进一步扩大解释,使得该词汇含义包括航空承运人经常用作销售机票的旅行社。[④] 但是,这一解释目前并没有获得国际社会的明确支持。至于该解释是否能够获得国际社会的支持和认同,特别是考虑到目前普遍通过国际航空运输协会的联运系统销售机票,笔者认为对此表明态度实为必要。

与此同时,随着网上购物逐渐成为一种普遍的购物形式,有必要对上述解释在新的消费模式下是否依然适用予以明确。例如,将管辖权交给旅客购买机票所在地法院或者购买机票所在国法院可能更为恰当。尽管购买机票所在国法院可能是承运人住所地或者主要营业地法院,但不会对《蒙特利尔公约》规定的第一管辖权和第二管辖权产生实质性影响。

"第五管辖权"的引入源于美国的强烈坚持,其目的是保证美国公民能在美国法院起诉,即指事故发生时,旅客在当事国领土内:

> 拥有其主要且永久居所地,并且航空器承运人使用自己的航空器或者根据商务协议使用另一承运人的航空器经营旅客航空运输业务,并且该承运人通过其本人或者与其有商务协议的另一承运人租赁或者所有的处所从事其旅客航空运输经营。[⑤]

---

① 参见《蒙特利尔公约》第33条第1款。公约第46条规定,在实际承运人与缔约承运人不同的情况下,原告向可以对缔约承运人提起诉讼的法院提起,或者向实际承运人住所地或者其主要营业地有管辖权的法院提起。关于《蒙特利尔公约》是一部自成一体的系统性法典,参见 Rothmans of Pall Mall (Overseas) Ltd. v. Saudi Arabian Airlines Corpn [1981] 1 QB 368。

② 参见《蒙特利尔公约》第33条第1款和第2款。

③ See e. g. Herfroy v. Cie Artop (1962) 16 R. F. D. A. 177.

④ See e. g. in Germany, BGH, NJW 1983 at 518, and in the US, Eck v. United Arab Airlines, Inc. 360 F. 2d 804 (2d Cir, 1966).

⑤ 关于"商务协议"和"主要且永久居所"的定义,参见《蒙特利尔公约》第33条第3款。

自“第五管辖权”被引入以来,美国联邦巡回法院从未对该项规定提出异议。[①]由此可见,第五管辖权规则在实践中的具体执行和实施情况是比较好的,能够为航空旅客消费者权益提供更加有效的保护。

然而,为了统一国际航空运输管辖权的规则,是否可以援引不方便法院说(doctrine of forum non conveniens)替代当事人法院选择亦同样需要予以明确。不方便法院说作为一种程序性规则,是普通法系国家影响法院行使管辖权所特有的管辖规则。不方便法院说,是指当法院认为某一涉外案件在外国法院审理更为适宜或者本国法院不适合审理时,法官拥有拒不行使管辖权的自由裁量权。由于《华沙公约》第28条为管辖权提供了统一规则,因此学界长期以来普遍认为不方便法院说在其规定的四种管辖规则下不具有可适用性。[②] 但是为了统一国际航空运输管辖权规则,不方便法院说应适用于《蒙特利尔公约》增加的第五种管辖权。例如,Pierre-Louis v. Newvac Corpn案[③]是有关不方便法院说在《蒙特利尔公约》第33条项下适用的一起案件。在该案中,法院认为不方便法院说应当适用于第五管辖权。

尽管《蒙特利尔公约》规定的诉讼程序适用受理案件的法院地法[④],但是一国国内的程序性规则是否应当替代公约关于当事人选择法院的规定,特别是在只有部分缔约国承认国内程序规则的情况下,仍然是一个值得怀疑的问题。不可否认,允许一国国内程序规则替代当事人选择法院的规定,将会破坏公约的统一价值和目标。[⑤]

六、《蒙特利尔公约》的适用范围问题

由于《蒙特利尔公约》进一步加强了对国际航空运输消费者权益的保护力度,为此,与残疾群体有关的权利是否应当纳入公约的适用范围,在各国司法实践中仍是一个充满争议的问题。[⑥] 例如,欧盟成员国对欧盟1107/2006号条例关于保护残

---

① As to which see e. g. Erwin-Simpson v. Air Asia Berhad 375 F. Supp. 3d 8 (2019).

② 参见英国上诉法院审理的案件:Milor S. r. L. v. British Airways Plc. [1996] QB 702; 和美国上诉法院审理的案件:Hosaka v. United Airlines, Inc. 305 F. 3d 989 (9th Cir, 2002)。

③ See Pierre-Louis v. Newvac Corpn. 584 F. 3d 1052 (11th Cir, 2009).

④ 参见《蒙特利尔公约》第33条第4款和《华沙公约》第28条第2款。

⑤ 该主张在Milor案中得到支持,supra n. 74, at 707D。判决认为,一般性条款不能使案件受理法院的程序规则具有效力,这种做法与公约的规定相冲突。此外,这一观点可以在1969年《维也纳条约法公约》第31条得到支持,第31条规定条约应依其用语按其上下文并参照条约之目的及宗旨所具有之通常意义进行解释。因此,国内程序规则当然不能剥夺《蒙特利尔公约》第33条第1~3款关于当事人选择法院的规定的效力。

⑥ See As Lord Dyson suggested in Stott, supra n. 25, at 63.

疾群体及行动不便者乘坐飞机权利的规定存在不同立场。此外,各国对国际航空运输中应当承认和保障的权利范围也未能达成一致意见。例如,是否应当禁止航空承运人以旅客身患残疾为由拒绝载客以及在何种情况下可以拒载残疾旅客?航空承运人是否有义务满足残疾旅客的合理需求以及满足哪些方面的合理需求?航空承运人是否有义务运输旅客携带的辅助动物以及承运人对辅助动物的运输要求和运输义务又是什么?行李和货物损失的赔偿责任限额是否适用于残疾旅客随身携带的移动装备?不可否认,制定关于国际航空运输领域航空承运人及旅客的统一适用规则,有利于防止各国法律规则的严重不统一给迅速发展的航空运输业带来极大不便。

此外,在航班拒载、航班取消和航班长时间延误的情况下,航空承运人提供的援助措施和补救措施同样应遵循国际统一性。为此,欧盟261/2004号条例的突破性规定提供了方向。尽管如此,该条例自通过以来就饱受争议,并引发了大量诉讼,特别是欧洲法院在司法实践中对该条例的理解和适用。欧洲法院为了提高对旅客的保护,严格执行条例规定,甚至在某些案件中无视条例的明确规定而做任意解释。例如,对航班延误造成的损失提供赔偿①,减少航空承运人援用"特殊情形"进行抗辩以减轻自身责任的事由②,以及对停留在欧盟境外机场的航班引起的损害赔偿诉讼进行管辖③。

尽管一些其他国家,如巴西、印度、尼日利亚、以色列、土耳其、菲律宾和加拿大已出台了与欧盟261/2004号条例立场相同的法律法规,但仍有不少国家未通过立法对这一问题的相关权利和补救措施作出规定,或者只是制定适用范围有限的法律法规。例如,美国只对航班拒载和停机坪延误作出规定④,日本和澳大利亚从未

① See Sturgeon v. Condor Flugdienst Gmbh, Joined Cases C – 402/07 & C – 432/07, Judgment 19 Nov. 2009;对此判决的批判性意见,参见 Robert Lawson & Tim Marland, The Montreal Convention 1999 and the Decisions of the ECJ in the Cases of IATA and Sturgeon-in Harmony or Discord?, 36 Air & Space L. 99 – 108 (2011); Paul Stephen Dempsey & Svante O. Johannsson, Montreal v. Brussels: The Conflicts of Laws on the Issue of Delay in International Carriage by Air, 35 Air & Space L. 207 – 224 (2010); Kinga Arnold & Pablo Mendes de Leon, Regulation 261 (EC) 261/2004 in the Light of the Recent Decisions of the European Court of Justice: Time for a Change?!, 35 Air & Space La 91 – 112 (2010); David McClean, EU Law and the Montreal Convention of 1999, Air Passengers Rights: Ten Years On 57 – 64 (Bobek & Prassl ed., 2016)。

② See e. g. Wallentin-Hermann v. Alitalia-Linee Aeree Italiane SpA, Case C – 549/07, Judgment 22 Dec. 2008; Siewert v. Condor Flugdienst GmbH, Case C – 394/14, Judgment 14 Nov. 2014; and Van der Lans v. Koninklijke Luchvaart Maatschappij NV, Case C – 257/14, Judgment 17 Sept. 2015.

③ See Air France SA v. Folkerts, Case C – 11/11, Judgment 26 Feb. 2013, and especially Wegener v. Royal Air Maroc SA, Case C – 537/17, Judgment 31 May 2018.

④ See 14 CFR Parts 250 and 259 respectively.

出台任何与保护航空运输消费者权益有关的法律法规。

由此可见,法律适用的不统一是否符合航空承运人及旅客的权益保护是值得怀疑的。特别是当各国国内法规则具有域外适用效力时,航空承运人在同一国际航空运输中需要遵循相互矛盾的法律规则,如欧盟206/2004号条例的规定。因此,制定一部国际统一适用的规则是解决上述矛盾的唯一方法,但修订《蒙特利尔公约》的有关规则,可能是解决上述矛盾的潜在途径。

七、《蒙特利尔公约》有关行李运输的规定

在行李运输方面,《蒙特利尔公约》将行李区分为托运行李和未托运行李。该公约继承了《华沙公约》关于托运行李诉讼事由的规定,对因托运行李毁灭、遗失或者损坏而产生的损失,只要造成毁灭、遗失或者损坏的事件发生在航空器上或者在托运行李处于承运人掌管之下的任何期间内,承运人就应承担责任。① 此外,公约还增加了一项但书条款,即行李损失是由行李的固有缺陷、质量或者瑕疵造成的,在此范围内承运人不承担责任。② 关于非托运行李,公约规定承运人对其因过错或者受雇人或者代理人的过错造成的损失承担责任。③

该公约还规定在行李运输中造成毁灭、遗失、损坏或者延误的,承运人的责任以每名旅客1000特别提款权为限。④ 除非旅客在向承运人交运托运行李时,特别声明在目的地点交付时的利益,并在必要时支付附加费。在此情况下,除承运人证明旅客声明的金额高于在目的地点交付时旅客的实际利益外,承运人在声明金额范围内承担责任。⑤ 或者证明损失是由于承运人、其受雇人或者代理人的故意或者明知可能造成损失而轻率地作为或者不作为造成的。⑥

《蒙特利尔公约》关于行李运输赔偿制度的规定,明确了承运人和旅客之间的风险分配,因此,这一制度在航空司法实践中似乎运作良好。此外,旅客可以通过购买旅行保险以进一步保护自身的合法权益,但公约并未对托运行李的定义作出界定。托运行李必须包括旅客向承运人办理托运手续的行李以及旅客随身携带至飞机客舱内的行李,这一点毋庸置疑。由于客舱空间有限,航空承运人更倾向于旅

---

① 参见《蒙特利尔公约》第17条第2款第1句。

② 参见《蒙特利尔公约》第17条第2款第2句。

③ 参见《蒙特利尔公约》第17条第2款第3句。

④ 截至2019年12月28日,在行李运输中造成毁灭、遗失、损坏或者延误的,承运人的责任以每名旅客1288特别提款权为限(具体内容参见正文第九部分)。

⑤ 参见《蒙特利尔公约》第22条第2款。

⑥ 参见《蒙特利尔公约》第22条第5款。

客在登机时,将准备携带至飞机客舱的行李放入货舱内。另外,需要说明的是,对这一行为的定性至今尚不确定。为此,笔者认为,对国际航空运输中的行李何时被视为“托运行李”予以明确界定确有必要。

八、《蒙特利尔公约》有关货物运输损害赔偿的规定

在货物运输方面,《蒙特利尔公约》继承了1975年《蒙特利尔第四号议定书》的规定。对于因货物毁灭、遗失或者损坏而产生的损失,只要造成损失的事件是在航空运输期间发生的,承运人就应当承担责任。但是,承运人证明货物的毁灭、遗失或者损坏是由下列一个或者几个原因造成的,在此范围内承运人不承担责任:(1)货物的固有缺陷、质量或者瑕疵;(2)承运人或者其受雇人、代理人以外的人包装货物的,货物包装不良;(3)战争行为或者武装冲突;(4)公共当局实施的与货物入境、出境或者过境有关的行为。① 此外,公约还规定了货物的责任限额②,在货物运输中造成毁灭、遗失、损坏或者延误的,承运人的责任以每公斤17特别提款权为限,除非托运人在向承运人交运包件时,特别声明在目的地点交付时的利益,并在必要时支付附加费。在此情况下,除承运人证明托运人声明的金额高于在目的地点交付时托运人的实际利益外,承运人在声明金额范围内承担责任。③

相对于《华沙公约》来说,《蒙特利尔公约》明确规定了航空承运人对货物运输承担的责任,使得与货物运输有关的损害赔偿诉讼大幅减少。此外,该公约规定的货物运输赔偿制度,在特定情况下突破了《华沙公约》的限制,提高了承运人和货物之间商业利益风险分配的确定程度,航空运输消费者可通过购买货物运输保险进一步维护自身的合法权益。因此,在司法实践中,《蒙特利尔公约》规定的货物运输赔偿制度的具体执行和实施相对较好,不存在需要修订之处。

九、《蒙特利尔公约》有关责任限额复审机制问题

如前所述,《蒙特利尔公约》继承了责任限额规定作为承运人对国际航空行李和货物运输损失承担责任的上限。为了避免责任限额受到通货膨胀因素的影响,公约还规定了限额定期复审制度,即对责任限额每隔五年进行一次复审。④ 国际民

---

① 参见《蒙特利尔公约》第18条。

② 截至2019年12月28日,在货物运输中造成毁灭、遗失、损坏或者延误的,承运人的责任以每公斤22特别提款权为限(具体内容参见正文第九部分)。

③ 参见《蒙特利尔公约》第22条第3款和第4款。

④ 参见《蒙特利尔公约》第24条。

航组织理事会根据赔偿责任限额的审议报告，分别于2009年和2019年提高了承运人赔偿责任限额。[①] 然而，尽管缔约国明知修订后的责任限额已根据《蒙特利尔公约》生效，但是多数缔约国仍旧没有适用修订后的责任限额，由此肢解了公约的统一目标和价值，减损了公约统一实施的效果。为了解决这一问题，笔者认为，可考虑在该条约中增加一项条约的自动更新机制。

十、国内航空运输是否适用《蒙特利尔公约》的问题

在国内航空运输方面，笔者认为，扩大《蒙特利尔公约》的适用范围可能大有裨益。《蒙特利尔公约》第1条规定的"国际运输"是指：

> 根据当事人的约定，不论在运输中有无间断或者转运，其出发地点和目的地点是在两个当事国的领土内，或者在一个当事国的领土内，而在另一国的领土内有一个约定的经停地点的任何运输，即使该国为非当事国。就本公约而言，在一个当事国的领土内两个地点之间的运输，而在另一国的领土内没有约定的经停地点的，不是国际运输。

由此可见，当国内航空运输符合在另一国的领土内有一个约定的经停地点的条件时，可以适用《蒙特利尔公约》。例如，如果一位旅客从纽约飞往洛杉矶的路程是从英国飞往纽约，从纽约飞往洛杉矶，再从洛杉矶飞回伦敦的国际航空运输合同的一部分，则适用公约规定的"国际运输"。但是，该公约并不适用于纯粹的国内航空运输合同，国内航空运输合同应由国内法调整。因此，不同航班的航空承运人之间以及乘坐同一航班的旅客之间，可能适用不同的规则，这主要取决于航空运输合同中规定的航班顺序。但是法律适用的不一致可能会使航空运输消费者感到困惑与不公。为此，欧盟已规定所有乘坐欧盟航空公司航班的旅客及其行李运输均统一适用公约。[②] 不可否认，欧盟的这一规定可能成为该公约未来修订时值得参考的对象。

十一、结语

综上，航空运输业作为典型的全球性产业，制定一部规范国际航空运输的统一私法公约是当务之急，其中包括实现航空运输责任体制的统一。随着国际航空运

---

① See https://www.icao.int/secretarlat/legal/Pages/2019_Revised_Limits_of_Liability_Under_the_Montreal_Convent-ion_1999.aspx.

② See EU Regulation No. 2027/97 as amended by EU Regulation No. 889/2002, Art. 3.

输业的不断发展,《华沙公约》向各国提供了一部国际统一的航空民事责任法典,使全球范围内的国际航空运输业几乎都在《华沙公约》的各个缔约国之间进行。可以说,《华沙公约》很好地协调和平衡了各缔约国的航空经济权益以及航空承运人与消费者之间的利益。

《蒙特利尔公约》既有在《华沙公约》基础上的继承和发展,又有在新的国际航空运输背景下的一系列创新,使《华沙公约》及其相关文件现代化和一体化,这对国际航空运输业产生了深远影响。因此,《蒙特利尔公约》作为新的国际航空运输背景下的统一立法成果,其规定的适用范围和对各国航空经济权益,以及对航空承运人与消费者之间利益的协调与平衡,至今仍然适用于新的国际航空运输关系。特别是随着人类联系日益密切和相互交往不断扩大,对公约统一目标和价值的需要,应是不言而喻的。不可否认,该公约作为国际法规则,并非面面俱到。期待任何国际条约能够符合所有国家的利益期待,甚至满足所有国家的利益需求都是不现实的,但这是形成妥协一致的统一立法结果的必经之路。《蒙特利尔公约》作为规范国际航空运输关系和促进国际航空运输有序发展的重要"武器",虽然包含许多值得称赞的立法规定和创新,但如前所述,它仍然存在对立法内容重新修订并进一步完善的可能。

在国际航空运输的新背景下,《蒙特利尔公约》是否需要进行重新修订以及何时修订,是一个值得关注的问题。如果对公约重新修订,那么国际社会是否能够就修订范围达成一致意见?此外,我们应庆祝该公约通过的23年历史,同时祝愿它在未来能够继续在国际航空运输领域发挥重要作用。

[航空法律实务问题研究]

国内空难赔偿法律实务问题浅析

王兴尧*

2022年3月21日下午，中国东方航空集团有限公司(以下简称东航)一架波音737客机MU5735航班在广西梧州藤县发生空难。3月26日晚，"3·21"东航MU5735航空器飞行事故(以下简称"3·21空难")国家应急处置指挥部通报，机上123名乘客和9名机组人员已全部遇难。

空难发生后，一方面，政府会迅速组织力量，加大事故现场搜寻力度，寻找遇难人员遗骸、遗物以及飞机残骸，为事故调查取证提供有力支撑。"3·21空难"这种重大事故是由国务院或者国务院授权有关部门组织事故调查组进行调查的，同时，中国民用航空局根据《国际民用航空公约》相关要求，将事故信息通报了国际民用航空组织(International Civil Aviation Organization, ICAO)及航空器设计制造国的调查机构——美国国家运输安全委员会(National Transportation Safety Board, NTSB)。调查依照《国际民航组织公约》附件13的规定进行，在我国，针对公约附件也有一个专门的规章——《民用航空器事件调查规定》，明确了按照什么方式和程序来开展调查。

另一方面，航空公司、保险公司及事故发生地政府等主体也要认真、妥善做好遇难者的善后工作，及时对遇难者家属开展全

* 王兴尧，北京乾成律师事务所合伙人，主要业务领域为自贸区(港)法律服务、民用航空法律业务、油气能源法律业务、投资并购业务。

程服务保障和安抚沟通,做好精神安抚和损害赔偿,以帮助他们渡过难关。

在事故的善后处理过程中,涉及大量与赔偿有关的法律问题,本文仅就空难发生后的损害赔偿请求权利人、赔偿义务人、赔偿范围、赔偿标准以及案件管辖等若干法律问题做一浅析。

一、赔偿请求权利人

(一)旅客及其近亲属

根据《民法典》规定,旅客购买并乘坐了航空公司的航班,即与航空公司确立了客运合同,承运人有义务把旅客安全地运送到目的地。在运输的过程中,非因旅客自身原因或非旅客故意、重大过失造成自身伤亡的,承运人应当承担赔偿责任。[①]《民用航空法》对此也有相似的规定,发生在民用航空器上或者在旅客上、下民用航空器过程中的事件,造成旅客人身伤亡的,承运人应当承担责任。[②]

最高人民法院《关于审理人身损害赔偿案件适用法律若干问题的解释》(以下简称《人身损害赔偿司法解释》)规定,赔偿权利人是指因侵权行为或者其他致害原因直接遭受人身损害的受害人以及死亡受害人的近亲属。[③]

根据上述法律和司法解释的规定,如果旅客在事故中受伤,旅客本人有权要求承运人承担赔偿责任。如果旅客在事故中身亡,旅客的近亲属有权要求承运人承担赔偿责任。

按照《民法典》的规定,配偶、父母、子女、兄弟姐妹、祖父母、外祖父母、孙子女、外孙子女为近亲属。这里的父母子女包括养父母与养子女,近亲属也包括养子女与养父母的近亲属。[④]

但是,父母子女是否包括有扶养关系的继父母与继子女,兄弟姐妹是否包括同父异母或者同母异父的兄弟姐妹、有扶养关系的继兄弟姐妹,从《民法典》的具体条

---

① 参见《民法典》第823条规定:"承运人应当对运输过程中旅客的伤亡承担赔偿责任;但是,伤亡是旅客自身健康原因造成的或者承运人证明伤亡是旅客故意、重大过失造成的除外。"

② 《民用航空法》第124条规定:"因发生在民用航空器上或者在旅客上、下民用航空器过程中的事件,造成旅客人身伤亡的,承运人应当承担责任;但是,旅客的人身伤亡完全是由于旅客本人的健康状况造成的,承运人不承担责任。"

③ 参见最高人民法院《人身损害赔偿司法解释》第1条第2款规定赔偿权利人"是指因侵权行为或者其他致害原因直接遭受人身损害的受害人以及死亡受害人的近亲属"。

④ 参见《民法典》第1045条第2款规定:"配偶、父母、子女、兄弟姐妹、祖父母、外祖父母、孙子女、外孙子女为近亲属。"第1111条第1款规定:"自收养关系成立之日起,养父母与养子女间的权利义务关系,适用本法关于父母子女关系的规定;养子女与养父母的近亲属间的权利义务关系,适用本法关于子女与父母的近亲属关系的规定。"

文规定来看，还是存在一些疑问的。《民法典》第1127条第3～5款明确限定了继承编中子女、父母、兄弟姐妹的范围，而人身损害赔偿与遗产继承并非同一法律关系，分别适用于不同的法律规定。①

因此，空难中的受害人以及死亡受害人的近亲属为赔偿请求权人。

（二）地（水）面受害第三人及其近亲属

在《民法典》侵权责任编中，民用航空器致人损害责任被列为高度危险责任，适用无过错责任原则。② 民用航空器造成他人损害的，民用航空器的经营者应当承担侵权责任；但是，能够证明损害是因受害人故意造成的，经营者不承担责任。③

对此，《民用航空法》的规定则更为具体，因飞行中的民用航空器或者从飞行中的民用航空器上落下的人或者物，造成地面（包括水面）上的人身伤亡或者财产损害的，受害人有权获得赔偿。如果受害人死亡，则其近亲属为赔偿请求权人。因此，地（水）面受害第三人以及死亡受害人的近亲属为赔偿请求权人。

（三）机组成员

航空人员，是指从事民用航空活动的空勤人员和地面人员。空勤人员，包括驾驶员、飞行机械人员、乘务员。民用航空器机组由机长和其他空勤人员组成。机长应当由具有独立驾驶该型号民用航空器的技术和经验的驾驶员担任。④

按工作职责，机组人员可以分为飞行组和乘务组，飞行组主要是指驾驶员（机长）、副驾驶、机械师、领航员，乘务组主要是指乘务员、安全员（或兼职乘务员）和乘

---

① 《民法典》第1127条规定："遗产按照下列顺序继承：（一）第一顺序：配偶、子女、父母；（二）第二顺序：兄弟姐妹、祖父母、外祖父母。继承开始后，由第一顺序继承人继承，第二顺序继承人不继承；没有第一顺序继承人继承的，由第二顺序继承人继承。本编所称子女，包括婚生子女、非婚生子女、养子女和有扶养关系的继子女。本编所称父母，包括生父母、养父母和有扶养关系的继父母。本编所称兄弟姐妹，包括同父母的兄弟姐妹、同父异母或者同母异父的兄弟姐妹、养兄弟姐妹、有扶养关系的继兄弟姐妹。"

② 参见于丹：《〈民法典〉中民用航空器致害责任条款的解释论》，载郝秀辉主编：《航空法评论》（第9辑），中国民航出版社2021年版，第109～124页。

③ 参见《民用航空法》第157条规定："因飞行中的民用航空器或者从飞行中的民用航空器上落下的人或者物，造成地面（包括水面，下同）上的人身伤亡或者财产损害的，受害人有权获得赔偿；但是，所受损害并非造成损害的事故的直接后果，或者所受损害仅是民用航空器依照国家有关的空中交通规则在空中通过造成的，受害人无权要求赔偿。前款所称飞行中，是指自民用航空器为实际起飞而使用动力时起至着陆冲程终了时止；就轻于空气的民用航空器而言，飞行中是指自其离开地面时起至其重新着地时止。"

④ 根据《民用航空法》第39条规定，航空人员，是指从事民用航空活动的空勤人员和地面人员。空勤人员，包括驾驶员、飞行机械人员、乘务员；地面人员，包括民用航空器维修人员、空中交通管制员、飞行签派员、航空电台通信员。第43条规定："民用航空器机组由机长和其他空勤人员组成。机长应当由具有独立驾驶该型号民用航空器的技术和经验的驾驶员担任。机组的组成和人员数额，应当符合国务院民用航空主管部门的规定。"

警(飞行警察)等。

因机组人员属于航空公司的职员,航空器发生事故后,通常是根据他们与承运人航空公司的劳动关系,依照《劳动法》《工伤保险条例》和相关规章、司法解释的规定等理赔,而不是按照《民用航空法》赔偿。

在现实中,还有一种比较特殊的情况。航空公司通常会给员工一些职优机票的福利,受惠人包括本人及配偶、父母、岳父/岳母、公公/婆婆、子女、儿媳/女婿、孙子/孙女、外孙/外孙女,有的是全免,有的支付较低的折扣价,不同的航空公司规定各有不同。如果航空公司职员或其亲属使用职优机票乘机,按照《民法典》的规定,免票、持优待票或者经承运人许可搭乘的无票旅客在运输过程中发生伤亡,承运人亦应承担赔偿责任。

二、赔偿义务人

根据《人身损害赔偿司法解释》第1条第3款规定,赔偿义务人"是指因自己或者他人的侵权行为以及其他致害原因依法应当承担民事责任的自然人、法人或者非法人组织。"

空难中赔偿义务人主要包括以下几类:

(一)航空公司(承运人)

旅客通过购买机票与航空公司建立了航空旅客运输合同关系,承运人应当对运输过程中旅客的伤亡承担赔偿责任。同时,旅客在乘机过程中非因自身原因发生伤亡,也符合侵权的构成条件,旅客可以航空违约或侵权为由主张航空公司承担责任。

(二)飞机制造商

如经调查组最终确认,属于飞机本身的缺陷或故障引起的飞行事故,赔偿请求权利人还可以向飞机制造商索赔。针对飞机制造商的侵权之诉,原告需要负举证责任,证明飞机制造商的产品设计具有安全隐患、未能尽到安全关注义务,与遇难者的死亡有因果关系。

(三)航空器经营人

航空器导致地面第三人损害,其承担侵权责任的经营人是事故发生时使用民用航空器从事通用航空运行活动的人,包括航空器的所有人或授权实际使用的人。

《民用航空法》第十二章对"对地面第三人损害的赔偿责任"专门作了规定。因飞行中的民用航空器或者从飞行中的民用航空器上落下的人或者物,造成地面(包括水面)上的人身伤亡或者财产损害的,受害人有权获得赔偿。赔偿责任由民用航空器的经营人承担。①

航空器经营人，是指损害发生时使用民用航空器的人。民用航空器的使用权已经直接或者间接地授予他人，本人保留对该民用航空器的航行控制权的，本人仍视为经营人。民用航空器登记的所有人应当视为经营人，并承担经营人的责任；除非在判定其责任的诉讼中，所有人证明经营人是他人，并在法律程序许可的范围内采取适当措施使该人成为诉讼当事人之一。

一般来说，谁配备机组，谁提供燃料，谁投保航空保险，并负责航空器发动机的正常运行，谁就享有航行控制权。以租赁航空器为例，承租人自出租人处租赁不带机组的航空器（干租），自行配备机组时，承租人具有航行控制权；承租人自出租人处租赁带机组的航空器（湿租），出租人具有航行控制权。在跨国湿租飞机的情况下，谁具有航行控制权以合同约定为准。

如果有人未经对民用航空器有航行控制权的人同意而使用民用航空器，比如在航空器被盗窃或抢夺等非法使用情况下，对地面第三人造成损害的，有航行控制权的人除证明本人已经适当注意防止此种使用外，应当与该非法使用人承担连带责任。如果有航行控制权的人已经采取适当注意，但仍被盗抢的，航行控制权人是该承担一般责任、补充责任还是不承担责任，有待法律进一步明确。

（四）保险公司

如旅客在登记前购买了航空意外险或其他意外险种，可以基于与保险公司建立的《保险合同》关系，请求保险公司支付合同约定的赔偿金。

（五）社会保险机构及用人单位

根据《工伤保险条例》第14条的规定："职工有下列情形之一的，应当认定为工伤：（一）在工作时间和工作场所内，因工作原因受到事故伤害的……（五）因工外出期间，由于工作原因受到伤害或者发生事故下落不明的……"

机上因公出差旅客和机组人员基本上可以认定为工伤，应当由社会保险机构或用人单位承担工伤赔偿。

三、赔偿范围

（一）人身损害

最高人民法院《关于审理道路交通事故损害赔偿案件适用法律若干问题的解

---

① 参见《民法典》第1238条规定："民用航空器造成他人损害的，民用航空器的经营者应当承担侵权责任；但是，能够证明损害是因受害人故意造成的，不承担责任。"

释》(以下简称《交通事故赔偿司法解释》)规定的“人身伤亡”,是指机动车发生交通事故侵害被侵权人的生命权、身体权、健康权等人身权益所造成的损害,包括医疗费、残疾赔偿金、赔偿丧葬费和死亡赔偿金、精神损害赔偿等各项损害。

1. 伤残损害赔偿

造成人身损害的,应当赔偿医疗费、护理费、交通费、营养费、住院伙食补助费等为治疗和康复支出的合理费用,以及因误工减少的收入。侵害他人造成残疾的,还应当赔偿辅助器具费和残疾赔偿金;造成死亡的,还应当赔偿丧葬费和死亡赔偿金。被扶养人生活费计入残疾赔偿金或者死亡赔偿金;被侵权人死亡的,其近亲属有权请求侵权人承担侵权责任。①

2. 精神损害赔偿

空难发生后,航空承运人如何才能最大限度地保护在事故中受到伤害旅客的合法权益,使遇难者家属得到应有的赔偿和补偿成为民众关注的焦点。除了前文所述的赔偿丧葬费和死亡赔偿金外,旅客及近亲属的精神损害赔偿问题也成为关注的焦点。这个问题在《民法典》中有明确的规定,同时也是国际公约中的重要议题之一。

(1)我国法律对精神损害赔偿的规定

《宪法》第38条确立了人格尊严是人的基本权利,这是我国法律第一次提及精神方面权利的保护,但之后却一直没有制定相关法律制度将其具体化,精神权益的保护一直空无内容。

1986年原《民法通则》以列举的方式规定了可以提起损害赔偿的人格权种类,

---

① 参见《民法典》第1179条规定:“侵害他人造成人身损害的,应当赔偿医疗费、护理费、交通费、营养费、住院伙食补助费等为治疗和康复支出的合理费用,以及因误工减少的收入。造成残疾的,还应当赔偿辅助器具费和残疾赔偿金;造成死亡的,还应当赔偿丧葬费和死亡赔偿金。”《人身损害赔偿司法解释》第16条规定:“被扶养人生活费计入残疾赔偿金或者死亡赔偿金。”第17条规定:“被扶养人生活费根据扶养人丧失劳动能力程度,按照受诉法院所在地上一年度城镇居民人均消费性支出和农村居民人均年生活消费支出标准计算。被扶养人为未成年人的,计算至十八周岁;被扶养人无劳动能力又无其他生活来源的,计算二十年。但六十周岁以上的,年龄每增加一岁减少一年;七十五周岁以上的,按五年计算。被扶养人是指受害人依法应当承担扶养义务的未成年人或者丧失劳动能力又无其他生活来源的成年近亲属。被扶养人还有其他扶养人的,赔偿义务人只赔偿受害人依法应当负担的部分。被扶养人有数人的,年赔偿总额累计不超过上一年度城镇居民人均消费性支出额或者农村居民人均年生活消费支出额。”《民法典》第1181条规定:“被侵权人死亡的,其近亲属有权请求侵权人承担侵权责任。被侵权人为组织,该组织分立、合并的,承继权利的组织有权请求侵权人承担侵权责任。被侵权人死亡的,支付被侵权人医疗费、丧葬费等合理费用的人有权请求侵权人赔偿费用,但是侵权人已经支付该费用的除外。”《民法典》第1183条规定:“侵害自然人人身权益造成严重精神损害的,被侵权人有权请求精神损害赔偿。因故意或者重大过失侵害自然人具有人身意义的特定物造成严重精神损害的,被侵权人有权请求精神损害赔偿。”

在法律中确定了精神性人格权的法律地位，但是对“损失”的范围同样没有加以明确的界定。

2001 年最高人民法院《关于确定民事侵权精神损害赔偿责任若干问题的解释》（已修改）出台，这一解释主要规定了民事侵权中精神损害的可赔偿范围，是民事领域中处理精神损害赔偿问题的主要法律依据。精神损害赔偿的范围包括四种情形：一是侵害他人生命权、身体权、姓名权、肖像权、名誉权、荣誉权等人格权，给他人造成精神损害的；二是侵犯监护身份权，非法使被监护人脱离监护，给监护人造成精神损害的；三是侵害死者人格权或非法利用、侵害遗体、遗骨给死者近亲属造成精神损害的；四是灭失或毁损他人具有人格象征意义的特定纪念物品而造成精神损害。

2009 年《侵权责任法》颁布并生效，我国第一次将精神损害赔偿明文写入法律。第 22 条明确规定，侵害他人人身权益，造成他人严重精神损害的，被侵权人可以请求精神损害赔偿。

2020 年《民法典》进一步明确了侵害自然人人身权益造成严重精神损害的，被侵权人有权请求精神损害赔偿。

我国《民用航空法》主要遵循国际公约的相关规定，对于承运人的责任也仅有一些概括性和原则性的规定，没有相关的实施细则和司法解释，一般都是由法官依据国内法中的精神损害赔偿相关规定根据案情进行裁量。对于精神损害赔偿的认识也曾存在争议和分歧，过去死亡赔偿金被定性为精神损害赔偿，最高人民法院《关于审理人身损害赔偿案件适用法律若干问题的解释》（法释〔2003〕20 号，已修订）以《国家赔偿法》的规定为依据，确定残疾赔偿金、死亡赔偿金的内容是对赔偿权利人收入损失的赔偿，其性质为财产损害赔偿或者物质损害赔偿，和精神损害赔偿并列。

此外，根据《民法典》规定，被侵权人死亡的，其近亲属有权请求侵权人赔偿死亡赔偿金。侵害自然人人身权益造成严重精神损害的，被侵权人有权请求精神损害赔偿。可见，死亡赔偿金的赔偿权利人是死者近亲属，而精神损害赔偿的赔偿权利人是被侵权人本人。但如果是死者的姓名、肖像、名誉、荣誉、隐私、遗体、遗骨等受到侵害，其近亲属可以向人民法院提起诉讼请求精神损害赔偿。

（2）国际公约中对精神损害赔偿的规定

①1929 年《统一国际航空运输某些规则的公约》（以下简称《华沙公约》）。《华沙公约》第 17 条是航空承运人赔偿责任的核心条款，其规定对于旅客因死亡、受伤或身体上的任何其他损害而产生的损失，如果造成这种损失的事故是发生在航空

器上或上下航空器过程中,承运人应负责任。从该条“任何其他伤害”设定来看,是否包括精神损害存在争议,但考虑到当时公约的意图更多是偏向保护航空运输产业,有意避免扩大赔偿责任,不支持对纯粹的精神损害进行赔偿,更倾向于只赔偿纯粹的身体伤害。

②1955年《海牙议定书》及1971年《危地马拉议定书》。1955年《海牙议定书》对于是否包含精神损害赔偿的观点基本继承《华沙条约》,但关于精神损害应该纳入“人身损害”的声音却从未停止。1971年《危地马拉议定书》就明确提出“人身损害”包括“精神损害”,精神损害是可以赔偿的。但遗憾的是,《危地马拉议定书》最终因未达到生效要件而没有生效。

③1999年《统一国际航空运输某些规则的公约》(以下简称《蒙特利尔公约》)。《华沙公约》以及其后的历次修订在航空旅客精神损害赔偿问题上持模糊态度,引起了缔约国在解决民航旅客精神损害赔偿问题上法律适用的混乱。因此,国际航空运输承运人损害赔偿的范围是否应当包括精神损害赔偿特别是纯粹性的精神损害赔偿,成为1999年《蒙特利尔公约》起草过程中的重要议题之一,支持将精神损害赔偿写入公约一方与反对的一方发生了激烈的讨论。会议的最终结果是,精神损害赔偿不可作为一个独立可赔偿的伤害。由此可见,《蒙特利尔公约》不支持纯粹的精神损害赔偿。

④2009年5月2日,在蒙特利尔签署的《关于航空器对第三方造成损害的赔偿公约》(2009年一般风险公约,中国尚未签署加入)。2009年5月2日,在蒙特利尔签署的《关于因涉及航空器的非法干扰行为而导致对第三方造成损害的赔偿公约》(2009年非法干扰公约,中国尚未签署加入)。

在现代风险社会,精神损害赔偿制度之所以不断引起人们的关注并得到认可,原因除精神利益日益得以彰显、人们更清晰地观察到客观存在的精神利益损害事实之外,还在于对航空承运人赔偿制度完善的迫切需要。国际法中空难精神损害赔偿最终获得立法上支持,但经历了曲折的立法和司法过程。从1952年《罗马公约》的否认,到1999年《蒙特利尔公约》的规避,再到2009年《关于航空器对第三方造成损害的赔偿公约》,这表明了立法与司法的进步,更显示了人们对精神损害赔偿救济不断探索的精神。我国法律对精神损害作了比较笼统的规定。但是,由于中国国际航空运输起步较晚,目前涉及的航空旅客精神损害赔偿诉讼也非常有限。随着我国航空业的迅猛发展,此类损害赔偿诉讼数量也将不断增长,我国可以在借鉴国外丰富的立法经验的基础上结合国内的实务指导,对精神损害赔偿规定的粗线条予以细化,特别是对精神损害赔偿的类型和具体情况、受害人的感知能力和程度、加害人的过错等要件进行具体化。

(二)旅客的财产损失

对于因托运行李毁灭、遗失或者损坏而产生的损失,只要造成毁灭、遗失或者损坏的事件是在航空器上或者在托运行李处于承运人掌管之下的任何期间内发生的,承运人就应当承担责任。但是,行李损失是由于行李的固有缺陷、质量或者瑕疵造成的,在此范围内承运人不承担责任。关于非托运行李,包括个人物件,承运人对因其过错或者其受雇人或者代理人的过错造成的损失承担责任。

(三)地面第三人的损害赔偿

空难和航空器零部件高空掉落是小概率事件,可一旦发生便会对民航飞行安全造成威胁,而且会给地面第三人的人身、财产安全带来损害,引发人们的高度关注和广泛讨论。

例如,2015 年 7 月 13 日,一个航空器零件从空中掉落到上海市一家工厂厂区内,所幸无人员伤亡,该零件初步被认定为波音 777 型飞机主起落架舱门盖板。事发一周后,7 月 20 日,法国航空公司总部发布声明,称此次掉落的航空器零部件属于该公司 7 月 13 日 AF111 航班,该航班当时正执行中国上海飞往巴黎戴高乐机场的飞行任务,执飞机型为波音 777 型客机,注册号 F-GSQF。起飞后不久,在飞行高度大约为 3700 米时,机上起落架可移动舱门盖板掉落,飞机最终安全抵达巴黎。这个事件在当时引起了民众极大的担忧。

1. 损害赔偿的确定

飞行中的航空器坠落,或航空器上的人或者物掉落造成地面上人身伤亡或者财产损害的,属于对地面第三人的损害。

(1)造成财产损失的。根据《民法典》第 1184 条的规定,侵害他人财产的,财产损失按照损失发生时的市场价格或者其他合理方式计算。

2004 年 11 月 21 日,由包头飞往上海的东航云南公司 MU5210 航班在包头市南海公园的南海湖中坠毁,造成 55 人死亡和南海公园湖水严重污染。2006 年 9 月 29 日,东航云南公司、中华联合财产保险股份有限公司与包头市人民政府签订《包头“11・21”空难地面第三者损害赔偿最终协议》,其中就空难所造成的南海公园水污染,赔偿湖水水体污染治理费用人民币 2000 多万元。

(2)造成人身损害的。根据《民法典》第 1179 条的规定,侵害他人造成人身损害的,应当赔偿医疗费、护理费、交通费、营养费、住院伙食补助费等为治疗和康复支出的合理费用,以及因误工减少的收入。造成残疾的,还应当赔偿辅助器具费和残疾赔偿金;造成死亡的,还应当赔偿丧葬费和死亡赔偿金。

侵害自然人人身权益造成严重精神损害的,被侵权人有权根据最高人民法院《关于确定民事侵权精神损害赔偿责任若干问题的解释》请求精神损害赔偿。

1999年4月15日,一架韩国大韩航空公司的巨型运输机坠落在上海市莘西南路沁春园居民新村旁的一片建筑工地上,着地的同时即大爆炸,3名韩国机组人员当场死亡,另造成现场居民5人死亡、42人受伤、近千户居民房屋受损。事发后,6名重伤员每人分别获赔13.5万~25.5万元不等。针对死者的赔偿,一位姓周的家属同意了52.5万元的赔偿款,当场签下合同。其余四位受害者家属于1999年6月9日提起诉讼,每位原告要求赔357万元。2001年4月,上海市第一中级人民法院作出判决,判决大韩航空公司支付原告高某的家属人民币111万元,乔某家属108万元;王某家属88万元;陆某家属88万元。加上大韩航空公司原已支付每户的2万元,4户死者家属每户实际获赔90万~113万元。

2. 经营者责任的免除或减轻

(1)所受损害并非造成损害的事故的直接后果,或者所受损害仅是民用航空器依照国家有关的空中交通规则在空中通过造成的,受害人无权要求赔偿。

(2)如果损害是武装冲突或者骚乱的直接后果,不承担责任。

(3)如果应当承担责任的人对民用航空器的使用权业经国家机关依法剥夺的,不承担责任。

(4)如果能证明损害是完全由于受害人或者其受雇人、代理人的过错造成的,免除其赔偿责任;应当承担责任的人证明损害是部分由于受害人或者其受雇人、代理人的过错造成的,相应减轻其赔偿责任。

(5)空中第三人不能据此索赔。空中第三人,是指两机在空中相撞,机上人员相互成为对方损害的第三人的情形。《民用航空法》第十二章仅适用于航空器对地面第三人损害的赔偿责任。

(6)如果地面受害人与事故致害人有合同关系或者劳动关系,则不适用于《民用航空法》第十二章航空器对第三人损害赔偿责任的规定,而适用于合同法或者劳动法相关规定。

(7)核损害。

四、赔偿额度及计算

(一)航空公司的赔偿

1. 我国国内航空运输承运人赔偿责任限额的演进及现状

1951年4月24日,原政务院财政经济委员会发布的《飞机旅客意外伤害强制保险条例》规定，旅客之保险金额，不论全票、半票、免票，一律为每人人民币 1500 万元(第一套人民币，约合现人民币 1500 元)。

1989 年 5 月 1 日起施行的《国内航空运输旅客身体损害赔偿暂行规定》(已失效)规定，承运人按照本规定应当承担赔偿责任的，对每名旅客的最高赔偿金额为人民币 7 万元。

2006 年 3 月 28 日起施行的《国内航空运输承运人赔偿责任限额规定》(以下简称《责任限额规定》)规定："国内航空运输承运人(以下简称承运人)应当在下列规定的赔偿责任限额内按照实际损害承担赔偿责任，但是《民用航空法》另有规定的除外：(一)对每名旅客的赔偿责任限额为人民币 40 万元；(二)对每名旅客随身携带物品的赔偿责任限额为人民币 3000 元；(三)对旅客托运的行李和对运输的货物的赔偿责任限额，为每公斤人民币 100 元。"根据《责任限额规定》，这类空难每名旅客人身意外方面的法定赔偿限额是 40 万元人民币，对于旅客随身携带的物品按照 3000 元封顶的标准进行赔付。如果旅客涉及行李的托运或者运输的货物，按照每公斤 100 元的标准进行赔付。

特殊情况下，仍可高于 40 万元的赔偿金额。在 2010 年的伊春空难中，每名遇难者家属获得的赔偿金额高达 96 万元，远超法定的 40 万元。

2.《民法典》对人身损害赔偿的规定及计算

根据《民用航空法》规定，因发生在民用航空器上或者在旅客上、下民用航空器过程中的事件，造成旅客人身伤亡的，承运人应当承担责任。

根据《民法典》规定，侵害他人造成死亡的，还应当赔偿丧葬费和死亡赔偿金。

根据最高人民法院的解释，丧葬费按照受诉法院所在地上一年度职工月平均工资标准，以六个月总额计算。死亡赔偿金按照受诉法院所在地上一年度城镇居民人均可支配收入或者农村居民人均纯收入标准，按 20 年计算。但 60 周岁以上的，年龄每增加一岁减少一年；75 周岁以上的，按五年计算。

以北京为例，2021 年北京城镇居民人均可支配收入 81, 518 元，职工月平均工资 10, 534 元，如受害人死亡时不满 60 周岁，可获得死亡赔偿金 81, 518 元 × 20 = 1, 630, 360 元，丧葬费 10, 534 × 6 = 63, 204 元。两项合计 1, 693, 564 元。

3.《蒙特利尔公约》对于赔偿限额的规定

《蒙特利尔公约》目的在于确保国际航空运输消费者的利益，对在国际航空运输中旅客的人身伤亡或行李损失，或者运输货物的损失，在恢复性赔偿原则基础上建立公平赔偿的规范体系。

(1)旅客人身伤亡的赔偿

《蒙特利尔公约》的最大特点是,其通过两步递进形式为旅客人身伤亡赔偿引进了无限制责任的概念。第一步是不管有无过错,承运人必须对旅客的人身伤亡承担赔偿10万份特别提款权SDR(10万SDR系1999年数额,换算大约14.4万美元;2019年12月数额已经修订为128,821份SDR,换算大约18.5万美元),承运人不得免除或者限制其责任。第二步是如果旅客的人身伤亡是由承运人的过错造成的,则承运人承担的责任无限制。

此外,事故发生后,承运人应当按照国内法的要求,及时向索赔人先行付款,以应其经济需要。先行付款不构成对责任的承认,并可从随后的损害赔偿金中抵销。此规定使受害旅客家属不需要通过冗长、昂贵的法律诉讼就可以获得初步的赔偿,更符合现代经济的赔偿需求。

(2)行李损失的赔偿责任限额

以每名旅客1000特别提款权(约合1850美元)为限,除非旅客在交运托运行李时特别声明其交付利益,并支付附加费。

虽然《责任限额规定》规定了赔偿限额,但在实践中这个标准难以落实。近年来的几起空难事故,赔偿标准都远超这一标准。

2000年武汉空难,每人赔偿12.5万元。2002年大连空难,每人赔偿18.4万~19.4万元。2004年包头空难,东航提出向每位遇难乘客家属赔偿21.1万元人民币,但此赔偿标准引起大部分家属的不满。在当时,中国旅客赔偿责任限额标准仅为7万元。

2010年的伊春空难事故造成44人遇难、52人受伤。航空公司将赔偿限额从40万元增加到59.23万元,再加上为遇难旅客亲属支付的生活费补贴和抚慰金等,总计赔偿每位遇难者家属96.2万元,创下了中国民航迄今为止空难赔偿的最高额。

如今,《责任限额规定》实施已有16年,在此期间国内居民收入水平已经得到大幅度提高,舆论普遍认为40万元的标准已经不合时宜。业内专家、学者提出,从保护旅客利益的角度看,现行航空旅客人身损害赔偿法律制度存在严重的缺陷和不足:一是赔偿数额显著过低;二是赔偿数额长期保持不变。

(二)保险公司赔款

中国银行保险监督管理委员会官网披露,"3·21空难"发生后,截至3月29日,财产保险方面,承保飞机机身的保险公司合计向东航预付保险赔款1.16亿元。人身保险方面,相关保险公司根据客户报案情况,积极开展保险理赔工作,已有11家公司向遇难人员家属支付14笔赔款,金额合计1485万元。

主流的航空意外险赔付金额大概是在100万~200万元。由于缴纳保费金额不同,保险的保额也会多少有一些差别。

(三)工伤保险机构及用人单位的工亡赔付标准

1. 工亡的标准,包括丧葬补助金、供养亲属抚恤金和一次性工亡补助金三项费用。

(1)一次性工亡补助金:标准为上一年度全国城镇居民人均可支配收入的20倍,按国家统计局发布2021年城镇居民人均可支配收入47,412元计算,为948,240元。

(2)丧葬补助金:丧葬补助金为6个月的统筹地区上年度职工月平均工资(视地方),比如,北京2020年度社平工资112,886元/年,则丧葬补助金为56,443元(2021年数据尚未公布)。

(3)供养亲属抚恤金:按照职工本人工资的一定比例发给由因工死亡职工生前提供主要生活来源、无劳动能力的亲属。标准:配偶每月40%,其他亲属每人每月30%,孤寡老人或者孤儿每人每月在上述标准的基础上增加10%。核定的各供养亲属的抚恤金之和不应高于因工死亡职工生前的工资。

以上视职工本人情况而定。例如,遇难者生前月工资10,000元,有配偶(无劳动能力)、父母(父亲退休,母亲无业且残疾)、子女二人(均未成年),其配偶抚恤金4000元、母亲3000元、子女各3000元,但核定总额高于10,000元,最终为10,000元。

2. 如果用人单位未缴纳工伤保险,谁来赔偿?根据《工伤保险条例》规定,应当参加工伤保险而未参加工伤保险的用人单位职工发生工伤的,由该用人单位按照本条例规定的工伤保险待遇项目和标准支付费用。

3. 工伤保险待遇赔偿和航空公司民事赔偿是否可以兼得?航空公司对每名旅客赔偿的赔偿责任问题。不管旅客有没有购买保险,这些赔偿都是可以得到的属于法定责任保险。根据最高人民法院《关于因第三人造成工伤的职工或者其亲属在获得民事赔偿后是否可以获得工伤保险补偿问题的答复》,工伤职工或其近亲属获得民事赔偿后,可以按照《工伤保险条例》第37条的规定,向工伤保险机构申请工伤保险待遇补偿。因此,除了医疗费外,受害者或者其近亲属应该得到“双赔”,即可以同时主张工伤保险待遇赔偿和民事赔偿。

工伤保险待遇赔偿和保险公司的商业保险赔偿是否可以兼得?保险公司所承担的赔偿,包括航空意外伤害险,旅客自身投保的各类意外险、意外医疗保险、终身寿险、定期寿险等包括意外身故、伤残责任的险种。

对于购买了航空意外险的旅客,保险公司根据其与旅客订立的航空意外险合同进行赔偿,空难死亡旅客指定的受益人或者家属可以依法获得保险赔偿。航空意外险的保额根据投保确定金额。

《最高人民法院公报案例》(2017年第12期)刊登了安民重、兰自姣诉深圳市水湾远洋渔业有限公司工伤保险待遇纠纷案,裁判要旨是:"用人单位为职工购买商业性人身意外伤害保险的,不因此免除其为职工购买工伤保险的法定义务。职工获得用人单位为其购买的人身意外伤害保险赔付后,仍然有权向用人单位主张工伤保险待遇。"这意味着商业保险的赔付不影响主张工伤保险待遇损失。

五、受诉法院管辖地

如果赔偿权利人与航空公司、保险公司、飞机制造商或工伤保险机构无法就赔偿达成一致意见,有权依法提出诉讼。

(一)对航空公司诉讼的管辖地

追究航空公司作为责任人的,又分为两种情形:

1. 依据客运合同追究违约责任的,依据《民事诉讼法》规定被告住所地人民法院、合同履行地人民法院等均有管辖权,具体要看客运合同的约定。

2. 追究航空公司侵权责任的,一般由侵权行为地或者被告住所地人民法院管辖。侵权行为地包括侵权行为实施地和侵权结果发生地。

根据我国《民事诉讼法》的规定,因铁路、公路、水上和航空事故请求损害赔偿提起的诉讼,由事故发生地或者车辆、船舶最先到达地、航空器最先降落地或者被告住所地人民法院管辖,即上述这些地点法院均可为管辖法院,当事人可根据自身情况进行选择。

具体到本次空难,因东航坠机地点在广西梧州,该地是事故发生地,赔偿权利人有权以此作为法院管辖地提起诉讼。

(二)保险公司责任

追究保险公司责任的,依据《民事诉讼法》的规定,可以由保险公司住所地人民法院管辖。

(三)产品质量安全责任

追究厂家产品质量安全责任的,是追究违约责任还是侵权责任,可以参考上述第(一)部分,不同之处在于可以将有关产品责任方作为被告连带起诉,要求承担连带赔偿责任。由事故发生地或被告所在地的法院管辖。

(四)第三人损害赔偿

民用航空器对地面第三人的损害赔偿,适用侵权行为地法律。

（五）诉讼时效

根据《民用航空法》第135条规定："航空运输的诉讼时效期间为二年，自民用航空器到达目的地点、应当到达目的地点或者运输终止之日起计算。"

根据《民用航空法》第171条规定："地面第三人损害赔偿的诉讼时效期间为二年，自损害发生之日起计算；但是，在任何情况下，时效期间不得超过自损害发生之日起三年。"

空难发生后，及时解决遇难旅客赔偿问题是对空难中的受害人以及死亡受害人的近亲属的经济补偿及精神安抚。在我国，民用航空领域事故赔偿责任实行双重赔偿责任原则，在发生航空事故的情况下，旅客及其近亲属在获取了保险公司依照保险合同支付的赔偿金之后，航空公司基于事故发生所产生的赔偿责任并不因此而免除或者减少。受害人以及死亡受害人的近亲属，可以航空公司违反运输合同义务，也可以侵权为由要求航空公司予以赔偿。

[航空法学研讨会综述]

航空旅客权益与个人信息保护法律问题研讨会会议综述

中国法学会航空法学研究会秘书处整理

2021年10月22日,由中国法学会航空法学研究会和中国航空运输协会(以下简称中国航协)法律委员会联合举办的航空旅客权益与个人信息保护法律问题研讨会在杭州举行。中国民用航空局(以下简称中国民航局)政策法规司副司长吉大鹏、中国航协总法律顾问马正出席并作致辞发言。中国航协法律委员会主任、中国法学会航空法研究会副会长、中国南方航空股份有限公司总法律顾问陈威华主持会议开幕式并致欢迎辞。中国法学会航空法学研究会会长、中国航协法律委员会副主任、中国东方航空集团有限公司(以下简称东航)总法律顾问郭俊秀为本次研讨会作总结讲话并致闭幕辞。中国民航局政策法规司政策处处长刘贺、民航局运输司服务质量监督处副处长王旭、上海市长宁区人民法院副院长王飞等出席会议并发言。中国民航局、中国航协以及中国法学会相关领导应邀出席会议,来自航空公司、机场、法院、高校科研机构和律师事务所的代表共计110余人参加本次会议。

中国民航局政策法规司副司长吉大鹏作致辞发言。吉大鹏强调,民航业是重要的战略产业,伴随改革开放的伟大历史进程,我国的民航运输产业飞速发展。践行人民航空为人民,坚守真情服务底线,满足人民对美好出行的需求是民航作为服务行业的本质要求。《公共航空运输旅客服务管理规定》(新客规)总结了近年来中国民航局坚守真情服务的生动实践,主动回应了旅客和监管各方需求,是民航法规建设与时俱进的具体体现。《个人信息保护法》是我国首部保护个人信息安全的专门法律,对于规范信息收集、使用、公开等处理活动,促进信息合法利用,具有重要意义。信息化与民航业持续深度融合,电子客票、网络购票、无纸化乘机等新形态不断涌现,对旅客信息保护提出了新挑战。本次会议聚焦《公共航空运输旅客服务管理规定》和《个人信息保护法》这两部法律法规,召开非常及时,具有很强的实践意义。吉大鹏就贯彻习近平法治思想,为多领域民航强国建设提供法治保障,从"立足民航强国大局,不断增强民航法治建设的自觉性、责任感和使命感""善用民航专业力量,抓好重点工作,协同共治,推进民航法治体系建设""统揽民航法治研究和实务工作人员两支队伍,加强民航法治研究"三个方面提出指导性意见。他指出,我们要善于运用法治方式抓紧安全,持续完善安全法规体系,全面推进依法治理,实现运输航空持续安全飞行,积极回应人民群众对安全出行的基本要求;要以完善航班正常管理机制为牵引,持续提升服务品质,做好《公共航空运输旅客服务管理规定》实施工作,完善民航服务质量管理体系,让广大旅客在民航高质量发展中有更多获得感、幸福感。我们既要立足当前,运用法治思维和法治方式解决民航改革发展面临的深层次问题;又着眼长远,筑法治之基、行法治之力、积法治之势,为民航高质量发展提供有力的法治保障。

中国航协总法律顾问马正致辞发言。马正指出,随着科技进步,大数据系统得到进一步的提升和优化,信息的取得更加便利,旅客合法权益和个人信息的安全越来越受到关注,公民自我保护意识增强,国家通过立法、政策的导向尽力保护个人权利的趋势越发明显。个人信息保护问题也给民用航空运输中的航空旅客信息权益保护带来了挑战。马正从航空运输服务提供者的定位、关于旅客合法权益和个人信息保护的讨论热点等方面提出问题,为民航法律实务和研究者提供了新的工作思路。

此次研讨会上,王旭、王春晖等19位嘉宾聚焦当前形势下民航业的热点、难点问题,围绕"新客规的背景、新内容及新特点""新客规下的公共航空运输实践""《个人信息保护法》的理解与适用""《个人信息保护法》的应对"四个议题展开研讨。

第一单元:新客规的背景、新内容及新特点

中国民航局运输司服务质量监督处副处长王旭以"《公共航空运输旅客服务管

理规定》修订主要思路”为题,从新客规修订背景、修订的基本原则和主要内容进行了分析。他认为,原有规章主要从企业角度出发,对消费者保护力度不够,部分条款规定过死,束缚企业自主性;原有规章管辖范围不足,约束力较差。因此,新规章修订坚持简政放权,发挥市场机制决定作用的原则,删减、调整了对承运人服务规定过细、管得过死的条款,尊重企业自主经营权依法行政;维护消费者合法权益,对易于产生纠纷的关键环节提出明确要求,更好地保护旅客的知情权、选择权、索赔权等各项权利;与时俱进,适应民航运输新发展,规范民航新业务形式;真情服务,着力提升民航服务质量,从方便旅客角度出发,制定更加人性化的规定。新客规统一国内国际运输服务管理,契合民航国际化发展战略,明确航空市场主体责任,进一步规范航空运输秩序,规范客票销售行为,优化旅客购票环境,解决客票退改服务痛点,切实提升旅客满意度,优化旅客乘机体验,保障旅客安全便捷出行,完善行李运输管理制度,提升行李运输服务水平,规范超售处置工作,保护旅客合法权益,畅通旅客维权渠道,实现旅客投诉闭环管理,加大监管力度,确保规章落实到位。

中国民航局政策法规司政策处处长刘贺解读了《民用航空法》修订的进程与难点,分析了《民用航空法(修订稿)》新增的旅客权益保护条款的主要内容及其重要意义,就《民用航空法(修订稿)》中增加的旅客信息保护、不正常航班服务、残疾旅客服务规定、旅客投诉管理以及航空事故家属援助等具体条款,结合新客规进行分析,阐明了立法的背景、依据、含义及其与新客规的关系。

中国航协法律委员会高级顾问聂颖从航空运输服务的新规则对行业发展的推动作用以及政府与市场的关系入手,结合国际惯例与中国国情分析了我国制定新客规的缘由。他认为,国际航空运输公约是缔约国必须共同遵守的规则。一方面,国际公约是许多国家协调和斗争的产物,许多规则需要根据本国法律认可转化。另一方面,国际公约不可能面面俱到,许多商业交易规则和习惯需要国内法律补充完善。他认为,新客规的优点在于简政放权,对具体的运输服务和交易规则简化了,抓大放小。新客规强调了保护旅客权益、关注新科技和互联网对航空运输服务的影响。

东航客户委标准与产品部总经理李必群从航空企业的角度探讨了以标准体系化管理应对新机遇新挑战的问题。他提出,一要坚持底线思维践行“人民航空为人民”宗旨,以加强服务标准“三基”建设为抓手,以建立具有前瞻性、可行性、合规性的高质量服务标准体系为目标,推进服务标准体系建设工作;二要系统化推进服务标准体系建设,结合新客规要求修订完善服务标准;三要以客户为中心,以规范化、流程化为抓手,以标准促提升,打造高质量航空旅客服务标准。

第二单元：新客规下的公共航空运输实践

中国民航局消费者事务中心投诉合规评价主管赵瑞以“公共航空运输旅客服务投诉管理”为题，在简要介绍消费者事务中心业务的基础上，分析了中心坚持以人为本的科学发展观，密切关注航空消费市场的热点难点问题，及时研究解决与消费者权益最直接、最现实、最突出的问题。他认为，中心的主要任务是为航空消费者排忧解难，不断提高服务水平，满足消费者对民航正点、舒适和便捷等多方面的需求，促进民航事业又好又快发展，更好地为国民经济和社会发展服务。他还结合《公共航空运输旅客服务投诉管理办法》，对投诉的定义、范围以及不受理情形、投诉调解等进行了讲解。

中国航空集团有限公司法律部法律事务专员冯舸从落实新客规要求护航消费者权益这一角度，分析了航空公司新版运输总条件的结构、合规和焦点问题。她认为，合并国内、国际运输总条件，就变化频繁事项单独制定规定，调整章节顺序，业务逻辑更合理。运输总条件应逐项对标新客规，规范适用法律，并且针对客票全部未使用时的有效期、非自愿变更手续费等具体问题分析其法律适用问题。

航空法学研究会常务理事、独立仲裁员高峰从新客规对于航空旅客运输纠纷解决的影响及应对建议角度，分析了新旧客规关于客票有效期、退票等的规定，并且结合《民法典》，分析了旅客因自己的原因不能按照客票记载的时间乘坐的，应当在约定的期限内办理退票或者变更手续；逾期办理的，承运人可以不退票款，并不再承担运输义务的情形。就旅客对于代理人的行为是否可以选择向航空公司索赔，航空公司是否有能力影响代理人等问题提出思考。他建议，要重新认识新客规，可以通过最高人民法院《关于统一法律适用加强类案检索的指导意见(试行)》、最高人民法院《关于案例指导工作的规定》，发挥热点或典型诉讼的积极示范作用，结合行业主管部门的解释或者咨询意见，通过调解，如行政调解、协会调解、在线调解等途径解决有关航旅纠纷。

广东省机场集团总法律顾问周建南从机场角度，以新客规实施为契机开创民航运输服务新局面进行阐述。他认为，实施新客规是顺应新时代对行业发展的新要求，新客规明确了机场的16项强制性义务、1项非强制性义务和11项禁止性条款。一方面，这进一步明确了机场管理机构公共管理职责的属性和定位，对地面服务代理人和航站楼商户负有管理和督促责任。另一方面，这明确了机场作为市场主体，有协同全行业各主体提高旅客美好出行体验，做到安全有序，积极履行航班正点的义务和责任。机场行业的努力方向，是推动共建共治共享新机制，构建民航协同发展新格局,坚持安全隐患零容忍,确保航班服务安全正点,争创一流服务品质,提升旅客美好出行体验,加强旅客权益保护,完善投诉受理机制,共同应对挑战,形成更加紧密的命运共同体,为旅客美好出行提供一流的服务保障。

国浩律师事务所合伙人金喆律师在新客规视角下,对航空运输纠纷提出思考。他从运输总条件的范围以及举证责任的角度,对新客规适用情况下的运输纠纷进行分析。他结合司法实例,提出运输总条件应当视为运输合同的一部分,并与运输总条件在同一位置以显著方式予以公布。网上的"机票行程确认单"是航空旅客运输合同内容的一部分。由于提供格式条款的一方未履行提示或者说明义务,致使对方没有注意或者理解与其有重大利害关系的条款的,对方可以主张该条款不成为合同的内容。承运人的运输总条件不得与国家法律法规以及涉及民航管理的规章相关要求相抵触。明显加重对方责任、减轻自身责任,且违反法律规定的,不具有相应的法律效力。违反公平原则,相关格式条款也因免除其责任、排除对方主要权利而无效。此外,他还结合《民用航空法》分析了举证义务的加重和行李运输过程的举证责任、超售处置过程的举证责任等。

第三单元:《个人信息保护法》的理解与适用

浙江大学教授、工业和信息化部信息通信经济专家委员会委员王春晖以"个人信息保护与利用之平衡"为题作了主题演讲。

习近平总书记在主持中共中央政治局就推动我国数字经济健康发展进行的第三十四次集体学习时强调,要规范数字经济发展,坚持促进发展和监管规范两手抓、两手都要硬,在发展中规范、在规范中发展。要健全市场准入制度、公平竞争审查制度、公平竞争监管制度,建立全方位、多层次、立体化监管体系,实现事前事中事后全链条全领域监管。要纠正和规范发展过程中损害群众利益、妨碍公平竞争的行为和做法,防止平台垄断和资本无序扩张,依法查处垄断和不正当竞争行为。要保护平台从业人员和消费者合法权益。

这些年,我国数字经济迅猛发展,最突出是平台经济的发展居全球前列,平台经济的繁荣和发展除因我国经济的高速发展和巨大的市场支撑外,也得益于监管的包容和滞后。从发展数字经济到"规范数字经济发展",表明我国在促进数字经济发展的同时,将实施严格的监管规范,而且"两手抓、两手都要硬",实现"在规范中发展,在发展中规范"的动态平衡。同时,要健全三种制度:市场准入、公平竞争、公平竞争监管。在市场准入阶段就要把好关,建立全方位、多层次、一体化的监管制度,在监管环节应注重先纠正,后规范,并实现事前防范、事中控制和事后救济的全链条全领域的监管,重点监管发展过程中损害群众利益行为以及妨碍公平竞争的行为,特别是要防止平台垄断和资本无序扩张。依法查处垄断和不正当竞争行为将成为平台经济监管的重中之重。在大数据时代,并没有"个人信息权"这个概念,个人的信息权利处于消极状态,因此需要规范第三方的个人信息处理行为,规范第三方平台对个人信息的收集、存储、使用、加工、传输、提供、公开、删除等。从《个人信息保护法》的立法目的看,《个人信息保护法》的实质功能是一部个人信息处理活动行为规范法,《个人信息保护法》的真正立法目的有两个,一个是"保护个人信息权益",另一个是"促进个人信息合理利用",其中"规范个人信息处理活动"处于《个人信息保护法》的核心地位,只有夯实"规范个人信息处理活动"这个关键环节,才能确保实现保护个人信息权益和促进个人信息合理利用之目的。在大数据和云环境下,个人信息从一开始就处在与自然人主体相分离的状态,尊重个人信息的消极权利,维护个人信息的自决权,这是"告知—同意"这一核心处理规则的根源和本旨。《个人信息保护法》不仅确立了"告知—同意"的个人信息处理规则,而且构建了以"告知—知情—同意"为核心的个人信息处理规则体系。个人信息处理者"告知"的目的是确保被告知者充分"知情",只有被告知者在充分知情的前提下才能自愿、明确地作出决定。《个人信息保护法》对处理敏感个人信息作出了严格的限制性规定,即在履行"告知—知情—同意"原则的基础上,只有在具有特定目的和充分的必要性,并采取严格保护措施的情形下,个人信息处理者方可处理敏感个人信息。特别是处理敏感个人信息应当取得个人的同意。如果法律、行政法规规定处理敏感个人信息应当取得书面同意的,应当从其规定。

王春晖教授认为,"个人敏感信息"不同于"个人隐私信息"。《个人信息保护法》没有对自然人的隐私信息作出专门规定,而是将个人信息分为敏感信息和非敏感信息,并专节设置了"敏感个人信息的处理规则"。

《个人信息保护法》全面构建了个人在个人信息处理活动中的权利,包括知情权、决定权(限制、拒绝和撤回权)、查阅复制权、个人信息可携带权、更正补充权、删除权、规则解释权。从个人在个人信息处理活动中的权利设定上看,都表明了个人信息保护与利用的平衡,即在保护中利用,在利用中保护。随着《个人信息保护法》的实施,个人信息保护与利用边界的基本要义是在确保"敏感个人信息"不受非法侵害的基础上,在"遵循合法、正当、必要和诚信原则"和"告知—知情—同意"原则的基础上对个人信息进行合情、合理、合法的利用和处理。

东航法律合规部副总经理曹颖从东航《个人信息保护法》合规实践出发,认为《个人信息保护法》为处理旅客信息提供了基本遵循,《个人信息保护法》坚持保护与发展并重规则,立法目的明确。个人信息安全对企业合规经营意义重大。在2019年英国航空个人数据泄露事件中,英国监管机构信息专员办公室(Information Commissioner's Office,ICO)对英国航空处以2000万英镑罚款。ICO采取"五步法"确定罚款金额,避免企业因数据泄露而获得经济利益,包括考虑数据泄露的范围和严重程度、是否有加重情节、是否需要增加罚款金额以起到告诫作用、是否存在减轻罚款的因素。数据泄露不仅使公司形象受损,更导致高额罚款和民事赔偿,保护好数据安全极其重要。做好数据保护工作,可以让企业在涉数据泄露民事诉讼案件中取得有利地位,维护企业合法权益。东航个人信息保护合规的具体实践要求,建立一支队伍,起草一项制度,制定一套流程,成立一个机构,举办一期培训班,拟定一份手册,落实个人信息保护相关法定义务。

上海机场集团有限公司法务审计部经理陈向东作了题为"民用机场用户个人信息保护和利用问题"的发言。他认为,伴随科技飞速发展,个人信息保护问题日益凸显。对于我国民航行业来说,近年来旅客和其他相关用户的个人信息保护问题也是社会关注的热点问题。《个人信息保护法》构建了完整的个人信息保护框架,是对个人信息保护和利用的法律要求。结合机场用户个人信息保护和利用现状及其存在的主要问题,需要建立健全机场用户个人信息保护体系。机场应采取对个人权益影响最小的方式,遵循公开、透明的原则,保证个人信息的准确、完整性,并采取必要措施保障个人信息的安全。结合现有法律及规范要求,各种应用场景在合规性要求方面有所不同,在民航机场范围内视频监控、智慧安检、安防布控、疫情防控、运营管理等场景下可以合法地使用人脸识别技术,自助行李托运需要事先征得乘客单独同意,而智慧服务要谨慎使用,合理设计应用场景。在机场管理层面,数据安全和个人信息保护重视不足、管理专门机构和责任制有待完全有效落实、制度管理有待完善、信息系统建设管理未落实"三同步"、工作人员保护意识和素质有待提高。机场应建立健全个人信息保护工作机制,包括个人信息保护风险评估机制、个人信息外部交互管控机制,依法做好个人信息保护合规审计,常态化开展对员工的个人信息保护意识培训等。

浙江大学国际战略与法律研究院常务副院长程乐教授以"数据治理核心问题"为题发表演讲。他在分析国内外航空数据治理现状、美国数据保护立法特点之后,分析了航空数据治理的几个核心问题,信息安全、传统的信息安全、数据安全、个人数据安全等。他认为,航空安全特性与隐私保护之间存在张力,民航涉及航空安全和国家安全双重特性个人隐私风险:个人出行信息属于个人隐私,一旦个人乘机信息保护不当就会导致公民的隐私权和财产权受到侵害;需要平衡好数据收集与数据保护，优化收集个人信息的规制、追求公共利益最大化的同时，严格限制出于公共安全目的收集信息的范围，并完善为受损个人利益所提供的救济途径。国家安全离不开网络安全，网络安全与发展的核心在于数据的安全与发展。从航空安全、网络安全等方面看，国家数据安全制度的布局都至关重要。在总体国家安全观的指导下，加强数据治理，坚持总体国家安全观，平衡隐私保护和航空安全，积极开展网络空间治理国际交流与合作，在全球范围内参与航空安全领域的国际交流与合作，充分借鉴和吸收先进经验，不仅能积极促进各国民航业发展，更能共商共议网络技术研发和标准制定，帮助解决航空安全和隐私保护困境，推动构建和平、安全、开放、合作的网络空间，建立多边、民主、透明的网络治理体系。

广州民航职业技术学院副教授谢新明从《个人信息保护法》实施与民航行业监管角度，分析了民航旅客信息处理活动的特点、民航旅客信息处理活动的民航行业监管法律依据、民航行业监管的边界和重心等关键问题。他认为，民航行业监管的边界是民航安全，包括数据安全和网络安全，民航行业监管的重心是公平竞争和消费者权益。

第四单元：《个人信息保护法》的应对

上海市长宁区人民法院副院长王飞发言主题是“侵犯个人信息案件中‘过错的证明’与‘损失的确定’”。他认为，《个人信息保护法》关于“对于处理个人信息造成他人损害的，个人信息处理者不能证明自己没有过错的，应当承担损害赔偿等侵权责任”采取的是举证责任倒置的表述，即由个人信息处理者（通常是被告）来证明自己没有过错。对于这个规定，他认为审理时需要把握以下几点：该条规定的仅仅是过错上的举证责任倒置，而不是侵权其他要件上的举证责任倒置。这样的案件通常是侵权案件，原告需要证明被告实施了不法行为、不法行为与损害后果之间的因果关系以及损害事实。现代社会信息流转的渠道不胜枚举，在缺少特定联系点的情况下，要认定某个被告就是侵权主体比较困难，而且越是普遍的不法行为越是难以证明。机票预订除涉及姓名、联系方式等个人信息外，还涉及特定的航程信息，如果消费者举证泄露的信息只是手机号、个人住址等信息，不包括航程信息，则认定航空公司泄露了其手机号、个人住址就比较困难。侵权责任法的发展趋势之一是过错的客观化，不是从单个行为人的主观状态认定其过失，而是依据行为人是否尽到合理的注意义务判断其有无过失。在实践中，个人信息处理者仅仅称其主观上不想侵害是难以免责的。未尽到合理的注意义务的，便可以认定其存在过错。在实践中，个人信息处理者的有些行为可以直接被认定为存在过错。在涉及的是

"泄露"个人信息的情形之下,被告首先要做的是证明自己有严格的制度,而且严格遵守了法律规定和行业规范的制度。实践中很多公共运营企业委托外包公司进行个人信息处理,或者在经营中和一些其他机构共享这些信息(如订票网站、旅游网站),那么被告的举证负担就会更重,不但要证明自己有严格的制度,还要证明合作的外包方、相关信息公司也有严格的制度且遵守了这些制度。被告要举证证明个人信息泄露是该信息处理者无法控制或管理的第三方实施的,这是一种反向的直接证明的途径。通俗地说,要证明侵权行为是由第三人实施的。对于损失如何确定的问题,《个人信息保护法》的表述是:"前款规定的损害赔偿责任按照个人因此受到的损失或者个人信息处理者因此获得的利益确定;个人因此受到的损失和个人信息处理者因此获得的利益难以确定的,根据实际情况确定赔偿数额。"建议赋予法官对实际损失的自由裁量权。《个人信息保护法》以严格著称,但这种严格更多地体现为行政处罚责任,有必要去探索对于侵犯个人信息的惩罚性赔偿制度。目前,《民法典》对于惩罚性赔偿的适用有特定的范围,集中在欺诈消费者、环境侵权这方面。将来是否能够在合适的时候,引入侵犯信息权的惩罚性赔偿制度,需要大家共同努力。

中国民航信息网络股份有限公司(以下简称"航信")法律事务部副部长王红梅从加强民航领域数据安全立法保护角度,介绍了航信对旅客个人信息保护工作的概况。王红梅部长认为,航信的各类数据,一方面,对国家加强对社会治理相关领域数据的归集、发掘及关联分析,强化对妥善应对和处理重大突发公共事件的数据支持,提高公共安全保障能力等有着重要作用;另一方面,也在推动政府有效整合并充分运用政府数据和社会数据,掌握企业需求,推动行政管理流程优化再造。如何在政府需求以及法律规范中保障企业自身利益,合法合规进行数据调用与共享,成为一个新问题。毋庸置疑,为政府部门监管需要而提供旅客信息数据是企业必须履行的义务,但在实践中,一些问题的出现也令信息提供者产生困扰。建议根据《数据安全法》的要求,尽快出台民航领域数据安全保护办法,同时加快企业数据保护立法,加强对民航数据的立法保护,保障其社会经济利益、公共利益和安全利益的充分实现,促进全社会数字经济稳步提升,保障大数据的公共安全,不断提升国家信息社会建设和信息化管理能力。

首都机场集团有限公司法律事务部副总经理高坤霞以"人脸识别在机场场景化应用的法律思考"为题,分析了信息化技术迅猛发展、全社会都进入数字化转型发展的新阶段对日常工作生活都产生了深刻影响。《中国民航"无纸化"便捷出行发展报告》指出,"首都机场、大兴机场基于人脸识别技术大力推广全流程'无纸化'

乘机服务,将人脸与航班信息绑定后,即可实现'刷脸'乘机,有效降低了旅客与机场服务人员、物品的接触感染风险,为旅客打造一个'无接触'的安全出行环境,有利于常态化疫情防控"。为旅客提供多样化选择和完善的隐私政策,对于信息咨询、商业、餐饮等非安全性的应用场景,在引入人脸识别技术的服务中,同时还提供证件核验、客票验证等多种模式供旅客选择,确保拒绝提供人脸信息的旅客同样可以享受到完全一致的服务内容。而对于选择采用人脸识别方式的旅客,按照《个人信息保护法》相关要求,采取了更加严格的处理规则,通过弹窗提示、人工提醒等方式,充分告知旅客,征得旅客个人同意后方提供服务。机场将进一步加大对信息数据传输对象的关注,通过订立专门的数据传输或数据共享协议,厘清相互间的管理边界和责任界限,尽可能减少因约定不清晰,甚至约定缺失导致的法律风险。

北京清律律师事务所首席合伙人熊定中以"旅客个人信息安全维护义务的证明路径"为题,从案例入手分析了个人信息保管方具有"安全维护义务",若个人信息保管方通过充分举证,证明其已采取有效措施保护信息主体个人信息,法院可认定其未泄露个人信息。若多名个人信息保管方间存在合作关系,应各自对其履行合作协议过程中的行为承担法律后果,相互间无须就对方泄露个人信息的行为承担违约赔偿责任。但其中会遇到一些问题,如内部沟通成本高,案件材料准备流程烦琐,需对接众多部门,需把控材料准备节奏、注意取舍,在有限时间里实现证据效果利益最大化等。

上海天尚律师事务所高级合伙人张燕律师以欧洲法院1/15号法律意见为镜鉴角度,对旅客姓名记录数据的处理原则进行了阐述。根据国际民用航空组织发布的《关于旅客姓名记录数据的指导方针》,旅客姓名记录数据的作用在于防止、侦查和调查恐怖主义和其他形式的严重犯罪。《欧盟和加拿大有关旅客姓名记录数据传输和处理的协议》主要内容包括协议目的、定义、旅客姓名记录数据的使用等。欧洲法院认为,协议的若干条款与欧盟法律相悖。对我国旅客姓名记录数据处理原则的初步建议:旅客姓名记录数据的处理者应当清晰准确地界定其处理的旅客姓名记录数据的范围;应当履行《个人信息保护法》规定的告知义务;依据能够有效显示存在相关风险的客观、准确、可靠和非歧视的标准,对旅客姓名记录数据进行自动处理;不得仅依据旅客姓名记录数据的自动处理,作出对航空旅客的合法权益有重大不利影响的决定。就航空公司而言,其不应主动或被动收集非为其日常业务经营所需的旅客姓名记录数据,也不应在将该数据传输给政府主管部门之前,对该数据进行过滤。航空公司可以向第三国传输旅客姓名记录数据,条件是该第三国的旅客姓名记录数据体系符合《国际民用航空公约》附件9以及我国《个人信息保护法》规定的保护标准。航空旅客对其姓名记录数据享有查阅权、更正权、删除权。

研讨会发言嘉宾们分别从理论、实务、技术等多维度对相关问题进行深入解读和经验分享,引起与会者强烈共鸣,大家纷纷表示收获颇丰。

最后,郭俊秀在本次会议闭幕式上致辞。他强调本次会议是中国航空法研究会学习贯彻习近平法治思想的一次重要会议。会议主题高度契合民航高质量发展需要;参会代表范围广泛,梯度有序,特别是青年人居多;会议围绕贯彻航空为民、保护旅客权益、加强旅客信息保护、维护群众权益进行了全面的研讨,交流十分充分。中国法学会航空法学研究会下一步工作将从办好年会、发展队伍、创新成果三方面开展。年会要以学习贯彻习近平法治思想为主题进行。研究会要为青年航空法治人才的成长提供条件。航空法学研究既要聚焦民航法治建设中的重大理论问题,也要着眼于解决困扰行业发展的现实法律问题,为我国建设民航强国提供坚实的法学研究支撑。

首届航空私法系列学术研讨会暨“民用航空器司法执行的困境与路径”学术研讨会会议综述

中国政法大学航空与空间法研究中心整理

主办单位：中国法学会民法学研究会
中国法学会航空法学研究会
中国政法大学国际法学院
中国民航管理干部学院马克思主义学院（社会科学系）

承办单位：中国政法大学航空与空间法研究中心
中国民航管理干部学院经济与法律研究中心

会议时间：2021年6月27日上午

会议地点：中国民航管理干部学院教学楼2E教室

会议开幕

朱子勤，中国政法大学教授、中国政法大学航空与空间法研究中心主任。

感谢大家接受我们的邀请参加本次研讨会。航空法研究非常广泛，不仅涉及公法、私法，还涉及行政法的很多内容。在航空运输纠纷中用的最多的是民法，所以航空法的研究离不开民法的支持。感谢中国法学会民法学研究会和中国法学会航空法学研究会对我们提出联合办会建议的支持，使首届航空私法系列学术研讨会得以成功举行。

中国政法大学航空与空间法研究中心新组建了航空法研究团队,团队主要成员包括朱子勤教授、覃华平副教授、李大朋博士、孔得建博士和张鹿苹博士,团队也欢迎更多的对航空法有研究的青年才俊加入,今后团队将依托研究中心和中国政法大学国际法学院举办更多的跨学科的小型学术研讨会,对航空法及航空法相关问题进行深入交流和探讨。下面进入第一单元,有请刘保玉教授。

第一单元:民用航空器司法执行机制

主持人:刘保玉,中国政法大学教授、博士生导师,最高人民法院执行局特邀咨询专家。

法学交叉学科的研究是非常必要的,很多问题仅仅从某一单一领域看都有不足,需要从多个角度才能研究清楚。例如,航空器物权问题,民法学者比较了解航空器物权的变动规则,作为特殊动产之一,其采用的是交付生效、登记对抗的规则,但民法学者对航空器的具体的登记规则认识不足。航空法学者和民法学者对登记的认识也不尽相同。关于航空器的留置权也存在许多问题,尤其航空器大多是用融资租赁的方式来经营的,债权人对承租人融资租赁的航空器是否可以行使留置权?根据最高人民法院《关于适用〈中华人民共和国民法典〉有关担保制度的解释》(以下简称《担保制度司法解释》)第 62 条的规定,似乎仍不能得出清晰的答案,有待进一步的研究、解释。航空器的司法执行也存在问题,由于登记和交付往往不属于同一方,当事人或第三人如何申请执行?希望大家借这个机会对相关问题进行深入讨论,汇报思想的火花,同时借鉴外国法和有关国际公约的规定,对我国司法执行中的相关问题提出意见。

发言人:孙超,最高人民法院执行局执行督导室主任。

《民事执行立法的基本情况》

自 2018 年 9 月“民事强制执行法”立法进程重启以来,最高人民法院作为牵头部门高度重视,积极推进,目前已取得阶段性成果。但就今天研讨的民用航空器执行,相对来说缺乏实践经验,由于较少碰到此类强制执行,这也导致相关规则的空白,是立法中的薄弱环节。今天也借此机会向各位专家请教,并积极吸收合理化的意见建议。

首先,关于强制执行立法的整体情况和进展。纵观立法进程,民事强制执行法的立法整体来说可划分为两个阶段,第一个阶段是在 2011 年之前,最高人民法院已形成六稿草案,但后来因各种原因搁浅了;2016 年开始解决执行难的攻坚,在这个过程中对执行立法的重要性和必要性有了新认识;2018 年 9 月全国人大常委会将《民事强制执行法》列入二类立法规划项目,并明确由最高人民法院牵头起草。自此,最高人民法院成立起草小组,并在广泛征求各方面意见的基础上又形成六稿草案。目前基本形成了 5 编 26 章 270 条的法律案,后续将在进一步修改完善后争取尽快向人大提交审议。

其次,关于整体立法体例。目前的草案包括总则、分则和五编。其中,总则主要是关于执行程序的一般性的规定,分则根据执行标的的不同分为金钱债权的执行、非金钱债权的执行以及保全执行,其中民用航空器的执行规定在金钱债权执行编中的“动产执行”一章,并设有“对船舶、航空器的执行”一节,民用航空器的执行主要采取了参照适用的立法技术,条文较为简单,即主要参照船舶的执行方法,需要进一步研究、丰富和完善。

最后,关于具体规则及可能存在的特殊问题。一般而言,金钱债权的执行大致分为调查、查封、变价和分配四个阶段,其中民用航空器的执行在每个阶段可能都会涉及一些比较复杂和疑难的问题。一是在财产调查阶段,总则中规定的协助执行机制能不能适用在航空器的协助查找方面?具体协助执行单位如何确定?二是在查封阶段,主要是查封中实际扣押(占有)和查封登记的关系如何界定?目前大部分观点认为,民法典上交付占有是特殊动产最重要的公示方式,但同时规定不登记不得对抗第三人,那么就查封的方式来说,进行查封登记和实际扣押(占有)应该都是有效的查封方式,但各自产生何种法律效力尤其是对外效力,不同法院采取不同查封方式时何者优先,可能都与特殊动产的物权变动规则密切相关。考虑到目前法院在尚未实际扣押航空器时尚不能启动拍卖程序,似可赋予占有以更强的效力。此外,民用航空器的最特殊之处可能是若不实际运营,价值贬损会很快,这种情况下可能就要在“活封”和“死封”之间做好选择,引进专业的第三方托管并保持正常的适航状态就尤为必要。三是在变价阶段,民用航空器是否委托特定的评估机构并适用特殊的评估规则以确定处置参考价?是否和普通财产一样采取网络司法拍卖的方式?在拍卖公告中应展示哪些具体信息以增强竞拍的吸引力?如何组织现场看样并可由竞买人试航?这些都存在可以探讨的空间。四是在价款分配方面,主要涉及民用航空器优先权问题,导致清偿的顺序可能也和普通的分配有所不同。整体来说,执行立法可能只会体现最基本的规则,因此以上问题不一定会全部在执行法中予以具体规定,但是对于其中比较特殊的内容进行探讨并在立法中予以明确,确实更有利于解决实践中的难题,并进一步推进航空器的强制执行。

发言人:张克勤,中国民用航空局空中交通管理局(以下简称“民航局空管局”)

法律顾问。

《民航局空管局协助航空器司法执行的机制》

民用航空器司法执行的难点,不仅有确定民用航空器的实际停放位置,还有如何寻求协助的问题。航空器被查封和留置后,其长期停放会产生高昂的费用和成本,在航空器变现时,在整个交易市场中,没有官方的机构进行评估,且在安全监管要求原则下如何进行交易都存在问题。

民用航空器属于特殊动产,对于特殊动产的法律保护和权利行使都有特殊法律规定,在司法执行中有许多困难,需要考虑很多专业技术问题,其中之一就是确定民用航空器的实际停放位置。

一是技术方面,确定一个航空器的位置是简单易行的。可以通过适航证、飞行计划、飞行情报进行判断。适航证是航空器身份的唯一标志,任何航空器都要进行登记,获得国务院民用航空主管部门颁发的适航证书后方可飞行。飞行计划,是指组织与实施通用航空飞行活动,必须按照有关规定履行报批手续,并向当地飞行管制部门提出飞行申请。管制单位应获取航空器飞行计划和有关变化的情况以及航空器飞行动态。二是建立协同机制,包括联络机制和履行义务。人民法院在执行中有权向被执行人、有关机关、社会团体、企业事业单位或公民个人,调查了解被执行人的财产状况。对于法院而言,相关部门较多,关键是与谁联络,而事实上寻找相关的单位难度大,期望以后可以搭建一个合理的联络机制。总体来说,司法方面许多问题需要探讨,但整体上来说确定飞机位置较为容易和方便。

评议人:王雷,中国政法大学副教授、博士生导师,中国法学会民法学研究会副秘书长。

对于以上三位老师的发言,我有如下体会:

第一,航空器物权变动规则,除《民法典》物权编采取混合主义的物权变动模式外,在《民法典》配套司法解释中还规定了航空器多重买卖的物权变动规则,首先是看交付。其次是没有交付就看登记。再次是没有交付也没有登记的,看合同成立在先。但司法解释没有提到支付价款,而只提到合同成立,这带来了很大的道德风险和法律风险,如伪造买卖合同、倒签买卖合同。这里需要结合航空器买卖的实践去细化,且买卖合同司法解释需要与执行异议司法解释相衔接,多个债权人中谁更努力谁更幸福。最后是如果既有交付又有登记的,交付优先于登记。

第二,围绕航空器的登记查封,在先权利人要满足以下条件才予以保护:支付合理价款并实际占有。最高人民法院《担保制度司法解释》和《民法典》物权编都围绕带租执行、带租拍卖作了规定,需要同时考察是否实际占有和是否支付价款。

第三,协助执行法律制度,对此,《民事强制执行法》优于执行类的司法解释。其中,关于协助执行应细化到何种程度?可采取参照适用的立法技术,参照适用船舶和机动车的执行规则。关于执行担保,则可以参照适用《担保制度司法解释》第36条第3款所确定的有异议担保的规则。

第四,对于民事强制执行法立法,我觉得应当遵循几项原则。一是审执分离;二是执行权法定,既要有执行依据,还要在强制执行过程中遵循合比例性原则;三是强制执行制度要体系化;四是强制执行制度的民事一体化原则,注重强制执行法和民法典的协调衔接,以及强制执行法和《担保制度司法解释》的衔接。

第二单元:民用航空器司法执行理论

主持人:杜新丽,中国政法大学教授、博士生导师,最高人民法院国际商事专家委员会专家委员。

听了第一单元的发言我很受启发,第二单元是关于执行理论的,很高兴我们邀请到了三位发言嘉宾,分别是德和衡律师事务所高级合伙人黄振达律师、中国民航科学技术研究院李亚凝研究员、工银金融租赁有限公司法律事务部主管王娇莺。三位发言嘉宾的发言题目都围绕着航空器的司法执行。另外,我们也非常荣幸地请到了孟庆芬主任做我们这个单元的评议人,孟主任是航空界的专家型领导。下面我们就有请第一位发言人黄振达律师。

发言人:黄振达,北京德和衡律师事务所高级合伙人、航空法中心主任。

《民用航空器司法执行法律问题研究》

民用飞机作为特殊动产和交通运输工具,具有物权的基本法律属性。现实社会中,飞机资产除了使用价值外,通常还用于抵押担保、融资租赁等交易模式,实现所有权和经营权、占有权的分离。

第一,对于飞机可以进行分类,有大型飞机、干支线飞机、小型飞机,还有通航飞机、私人飞机,未来能够成批量的或者可能产生更大的纠纷的主要是私人公务机。而关于大型飞机、干支线飞机,国际公约规定公共航空运输航空器因公共利益不应执行,所以大范围的司法执行和扣押较难。航空器在很多情况下是作为一种金融产品,目前约三分之一飞机属于自行购买,而三分之二都是租赁和融资租赁的方式,这也就意味着加入了其他的市场主体。在执行中法律关系比较复杂,执行效率较低。关于航空器优先权,适用于救援该民用航空器的报酬和保管维护该民用航空器的必须费用(主要指机场、维修机构等),优先于抵押权。航空器的特殊性在于它的权利主体可以细分,对应不同的主体。

第二,在执行过程当中建议关注以下核心问题:一是权利查封;二是实物的查封扣押。在查封扣押中应考虑公共利益原则,且如果采取了查封或者扣押,如何确保这架飞机具备市场状态。在一些刑事案例中,飞机被查封、扣押后长期处于搁置状态,缺乏维护保障,飞机适航性能等面临巨大风险,无法实现司法执行的预期效果。

航空器作为标的物时,要注意区分争议的性质,注意运营当中存在的风险以及维修保障阶段存在的风险。

关于航空器的拍卖,并没有专门的飞机资产评估拍卖公司,而国际上关于飞机的买卖和评估有专业的市场。没有专业市场,航空器的再运营和再出售也面临很大的困难。

发言人:李亚凝,中国民航科学技术研究院副研究员。

《出租人取回飞机的法律困境与路径》

首先介绍民航行业的情况和法院执行的情况。一是查封扣押执行函,包含两个部分,其一,是过程的协助执行,其二,是在诉讼前面和诉讼中的保全。实践中有时会出现所有权人和真正的所有权人不相符的情况。二是试航状态,航空器一旦脱离适航状态就会造成巨大损失。我国民航法很多内容其实是借鉴了《日内瓦公约》,但《开普敦公约》是国际航空领域权利公约的一个升级版本,它不同于《日内瓦公约》。

现实中,交易双方都对于对方的信誉心存疑虑,出卖方可能需要购买方提供担保来保障交易安全,或者在购买方分期付款完成前保留商品所有权,而购买方可能采取融资租赁或者经营租赁的形式来获得比所有权更为实际的使用权。这些退而求其次的方法,往往需要借助融资担保才能降低交易成本。但是,由于各个国家法律制度存在差异,导致出卖方、出租方、贷款方等主体面临巨大的国别法律风险,这种风险同样使交易成本飙升。因此,如何消除由于国别法律不同所导致的担保风险就成为迫在眉睫的问题。这种时间需求推动各国缔结了《开普敦公约》,统一了大陆法系和英美法系之间的概念冲突。另外,《开普敦公约》建立了一个独立的登记处,所以该公约生效后,民用航空器的整个交易市场得到了极大的繁荣。《开普敦公约》主要解决航空器取回权问题,在出现原债务人违约的情况时,债权人申请取回涉案航空器,缔约国相关机构具有协助义务,债权人可以进行资产处置。但需要注意以下几点:一是公约并不影响公权力的扣押。二是税费优先。根据中国的保留条款,只有结清税费才能实现取回权。另外,债权人依据《开普敦公约》任何条款可以获得条款并未明确要求必须向法院申请的任何救济,必须经过我国人民法院同意后方可施行。其中,中国法院需要在10日内作出裁定并开始冻结保全财产,对于出租和销售的裁判需要在30日内作出。一旦裁定出租与销售,我国民航行政机关就需要按照《不可撤销的注销登记和出口请求许可书》开始执行。

《开普敦公约》与《航空器议定书》所规定的缔约国司法机关的义务,特别是时限方面、终局性方面较为特殊,我国《民事诉讼法》与其在制度衔接方面存在一定问题。针对该种情况,理想方案建议在《民事诉讼法》中增设“涉外航空标的物审判程序”,次级方案建议最高人民法院与民用航空局联合发文规范民用航空器的司法执行活动。

发言人:王娇莺,工银金融租赁有限公司法律事务部主管。

《飞机取回的法律困境与承租人破产的影响分析》

作为实务部门的代表,我们是具有金融背景的租赁公司,在世界多个国家开展飞机租赁业务。今天我汇报的内容包括两个方面,一个是飞机取回的法律困境,另一个是承租人破产重整中的一些影响分析。

第一,飞机取回的法律困境。承租人出现危险情况的时候,我们一般都是通过保全资产来维护自身权益的,即把飞机取回来。一般可能会面临一些困难,比如,航空公司不配合的话就没有办法完成飞机国籍的注销,也可能没有办法实际地去占有和控制飞机。同时也面临第三方权利对飞机取回权的影响,一是飞机救援或者保管维护主体对于飞机的优先权。二是海关,如果欠付一些费用,它也有一定的扣押权,还有一些税务机关也可以在对飞机主张欠付费用的时候扣押航空公司的飞机。第三个方面是一些机场飞机空管机构可能也会因某些诉求而主张扣押飞机。上述这些第三方权利,出租人在履约过程中没有途径能够了解,那么在实践当中应当采取什么措施来防控这种风险呢?一是在合同中约定承租人不得设立这种第三方的权利,如果发生了这类费用,承租人有义务定期向出租人提供相关凭证,证明其恰当履行了有关付款义务。如果承租人违反上述约定,出租人可以行使违约救济权利。二是我们也会提前从承租人取得一个授权,授权我们有权利去了解他欠付费用的情况。三是我们会采用适当方式及时将飞机转移到一个安全的地点。四是我们也可能会垫付有关费用,以便顺利转移飞机。

第二,承租人破产重整有一些什么样的影响?一是承租人进入破产程序后,履行合同的终止权受制于管理人的安排,不再是出租人的意愿。二是可能会涉及保证金和维修储备金的法律性质与抵扣权利等。三是债务会自动暂停,我们也就不能再行使相关的权利。从实务界的角度来讲,以取回实物资产进行处置的方式保护自身权益是飞机融资租赁交易下惯常采用的风险化解方式。我国尚需从取回、评估、拍卖、处置等多个方面构建完善的机制予以保障。

评议人:孟庆芬,中国民用航空局国际合作服务中心主任。

今天是一个跨界交流的机会,可以推动相关制度的完善,后续甚至可以考虑发布相应的司法指引,规范《开普敦公约》及相关公约在我国的适用。数十年来,我国的航空运输业发展迅速,但在相关规则制定方面,我们还有一段路要走,《开普敦公约》也是在航空制造大国推动下制定的公约。近年来,随着天津东疆飞机租赁模式的创立,我国在飞机的融资租赁方面也有了一定的制度创新。

配合民用航空器司法执行的关键是登记系统,已登记的航空器一般可以在民航局的登记系统中查询到。然而,我国《民用航空法》《民用航空器权利登记条例》对权利登记的要求并不是强制性的,而且没有登记的法律后果也仅仅是不能对抗第三人,所以实践中权利登记情况并不十分理想。在司法执行中,针对没有登记的权利,可能需要通过其他手段来确定权利人的具体情况。

对此,建议开展以下工作:第一,我国在加入《开普敦公约》时,基于当时的情势作出了一些保留,这么长时间过去了,相关情况可能已经改变,建议考虑是否对这些保留作一个全面的回顾。这种回顾并不违背条约法上的程序。第二,针对我国航空器权利登记制度本身,建议考虑是否需要对相关机制进行完善。第三,随着公务航空的发展,在公务机领域面临着比较突出的执行问题,需要考虑如何才能使执行程序更顺畅,更能保护债权人利益,同时也有利于航空器资产的保护、适航性的维护以及拍卖机制的完善,更加有利于这个行业的发展。希望通过这次研讨会,能够推动将各相关领域的碎片化管理信息予以整合,共同完善民用航空器司法执行制度。

第三单元:民用航空器司法执行实践

主持人:朱子勤,中国政法大学教授、中国政法大学航空与空间法研究中心主任。

上一单元我们探讨了航空器司法执行的理论问题,本单元会探讨有关航空器司法执行的实践,我们有幸请到了北京市顺义区人民法院和上海市静安区人民法院有过执行经验的两位法官和我们一起探讨航空器的司法执行问题。

发言人:麦育亥,北京市顺义区人民法院执行局法官。

《北京某公务航空公司民用航空器执行案介绍》

我介绍的执行案例涉及对一架公务机的查找、查封、扣押、变价、款项分配全部执行流程。因被执行人公司财产仅有一架公务飞机,因此决定对该飞机进行查封处置。在对飞机进行登记查封和实物扣押后，由于国内并无相关资质的评估公司，飞机处置参考价的确定出现了难题。所幸本案被执行人与申请执行人愿意通过协议变卖的方式处置这架飞机。在变卖过程中，由于种种原因，和加拿大的一架经营二手飞机的公司的买卖最终未能成交。后由于被查封飞机已经产生不菲的各项费用，其母公司愿意购买此架飞机，买卖双方达成协议并完成过户手续和交付。

但本案仍有许多问题，首先，民用航空器属于特殊动产，对其进行查封应采取登记查封和实物扣押的方式。基于飞机在安全、适航方面的严格要求，飞机的存放、保管以及日常保养需要有符合资质的公司来完成，同时会产生高昂的费用。如何查找和指定相关公司，对于法院或者法官来说需要做大量的工作。其次，根据法律规定，对于保管和保养飞机过程中产生的费用，维保单位对飞机享有留置权和优先受偿权，即不用生效的法律文书的确认，法院或法官在证据审查、费用数额确定上将面临较大的难度。最后，飞机属于高技术、高风险的交通工具，对其运行的监管政策很严格。如果对飞机进行司法拍卖，那么在拍卖公告中对拍品现状、瑕疵以及相关风险的展示和提示，就需要符合相当的技术要求。这就要求法院进行详尽的调查并制作完备的协调预案。例如，要有详细的技术性报告和价值评估报告；需要试飞的，要有航线申请计划等。

发言人：韩雨奇，上海市静安区人民法院商事审判庭法官助理。

《民用航空器执行的难点及实践分析》

接下来我将介绍一个案外人占有民用航空器，后经执行交付的案例。该案双方曾达成调解协议，如到期不还款则拍卖、折价变卖两架飞机。之后法院在申请执行人的申请下依法进行查封，但第三方提出异议，要求基于其曾签订的融资租赁合同解除对涉案两架飞机的飞行禁止令，法院在其承诺配合执行后予以解除。由于涉案飞机的两次拍卖都流拍，申请执行双方同意以物抵债。申请执行人经诉讼撤销了确定融资租赁合同继续履行的生效判决，但第三方以买卖不破租赁为由要求继续履行，法院驳回其请求后第三方拒绝交付，直至法院采取强制措施后才成功执行。

关于航空器执行的难点，首先体现在查找困难，如被执行人不配合，难以确定航空器具体位置。其次，如采取实物查封的方式会产生高额的费用，并导致航空器价值迅速贬损。且民用航空器上基本都存在融资租赁等租赁关系，如果直接进行控制，势必会影响实际使用人的利益。在本案由第三方实际控制的情况下也存在很多困难，因此采取权利查封的方式，目的是限制飞机的使用与转让。航空器的变现也存在权利瑕疵、评估和拍卖的操作等困难。航空器的交付存在交付标准、方式和附随义务等问题,在附随材料的交付、附随义务分担方面尤其要注重平衡各方利益。在今后的航空器执行问题中,应坚持创新执行,在法律框架内适当进行自由裁量;智慧执行,善用执行措施,使被执行人、案外人自动履行;善意执行,法理、人情并重,兼顾各方利益。

评议人:张君周,中国民航管理干部学院《民航管理》杂志社副总编。

本单元探讨的是航空器司法执行的实践,两位法官各自举了一起典型的航空执行的案例,对于我们了解航空器司法执行理论以及法律规定在实践中的运用及存在的难点非常有帮助,针对这一话题,有如下几点值得特别注意:

第一,航空器执行的实践中要体现"最大利益保护"。两个案例都提到了多方主体,如申请执行人、被执行人以及开展航空器维修、停放的案外人、协助执行义务人等,涉及多方利益。因此,实施航空器相关执行措施时,需要兼顾多方利益。例如,为了确保航空器的正常功能,要特别关注维修方的利益,确保其有维修航空器的动力,避免标的物核心功能的大幅度损耗。进而,保障诉讼终结时,涉案各方特别是胜诉方合法权益得到最大限度的保障。

第二,在司法协助方面,法院面临的挑战大,需要专业力量的支持。两位法官也介绍了,实践中法院处理此类案子的工作任务是很繁重的。一方面,法院执行机构作为民航领域非专业的一方,需要对专业一方采取执行措施;另一方面,缺乏权威的中介机构对航空器的价值进行鉴定,法院执行缺少有力的支持。这些困难的解决,需要法院在实践中自行研究,以及寻找民航主管方、空管、运输等专业机构的帮助。

第三,航空器的高价值、高风险特性,需要我们特别考量执行成本。航空器本身价值非常高,而且维修保养专业性强,维修费、停场费同样也极高。如果执行不当,航空器没有得到有效的保管,它的价值可能会遭受大幅度的减损。此外,诉讼的时间越长,产生的各类费用也就越高,有时甚至会超过航空器本身价值。因此,在此类案子的执行中,还需要特别注意执行过程中产生的成本。

第四单元:自由讨论

主持人:覃华平,中国政法大学航空与空间法研究中心副主任。

今天的这个会议是跨界、跨学科的,大家看见了有法院的、律师事务所的、租赁公司、航空公司,涉及民法、国际法。在进行涉外法制体系建设的时候,也应该有这样的一个跨学科的交流。下面进入自由发言这个环节。

发言人:赵凯,巴西航空工业公司飞机融资总监。

第一个就是价值确定。国际上有七八家比较主流的飞机评估机构，会针对不同机型每一年的市场价值和基本价值发布一个参考，在实际工作中我们可以以评估机构发布的参考和指导作为基准值。同时，这些评估机构也提供收费服务，具体的某一个序列号的这么一个飞机，他们能提供大概的评估值。另外是在实际工作当中，航空公司的工程部门，尤其是工程部门里负责退租检的专业人员，是有能力参与到飞机评估中的。另外，国际上有 ISTAT 评估师认证，有很多评估机构的工作人员取得了 ISTAT 的认证资格。我们也可以利用这样的一些专业人员的知识去做分析评估。

第二个就是刚才提到的查封问题。如果查封导致不能运营或者出现不适航的情况，会影响企业经营或导致飞机较大的贬值。还有融资租赁和经营租赁的问题，将来在设计这种执行制度的时候，最好能区分一下融资租赁和经营性租赁，因为两种租赁中航空公司和租赁公司的投入是不同的。还有《开普敦公约》，如果未来国内相关制度拓展完善，有可能在国内开发出更多的金融产品或交易结构。中国将来如果能在这方面有所进步，对于中国在民航大国之外，同时也成为民航融资业务大国，会很有帮助。

发言人：李志宏，北京仁人德赛（上海）律师事务所合伙人。

上海市静安区人民法院介绍的豪海公司执行案件，我之前也有所关注。因为航空器的所有权和使用权分离是常态，一般涉及民用航空器权利纠纷的案件，都是所有权人、出租人主张权利的情形，在租赁关系中出租人是挺紧张的，担心承租人随便出现一个违约事由就影响飞机的价值甚至取回权。这个案子的特殊之处是，承租人主张因租赁而享有的占有权对抗抵押权，而占有权是《民用航空法》规定的民用航空器权利之一，虽然承租人的占有权并未进行登记，但我个人认为依据民用航空器国籍登记的规定，其占有权的信息在国籍登记机关有备案，在航空器上也是有显示的，抵押权人在办理抵押权登记时并未尽到审慎注意义务。所以这个案子对于研究民用航空器权利是非常有价值的。

引申开来，就会议研讨的民用航空器司法执行问题，我感觉理论界和实务界都已经达成共识，认为民用航空器属于高价值、全球流动的动产，可形象地称为“新鲜水果”，因此在处理涉民用航空器的纠纷和执行案件时，要以实现价值最大化为原则。我国《民用航空法》参考了相关的国际公约，设立了民用航空器的所有权、占有权、抵押权、优先权，这就涉及不同权利的利益保护均衡，体现立法的价值取向，比如优先权有利于保持和提高民用航空器的价值，因此优先受偿。需要注意的是，《民用航空法》并没有规定民用航空器留置权，是否可以按照一般法直接适用留置权,甚至适用企业之间的特殊留置规则?这个问题存在争议,鉴于对民用航空器交易和整个行业的巨大影响,个人认为实践中应谨慎从事,严格执行《民用航空法》的现有规定,如有必要,也可以通过修改《民用航空法》进行明确。

除《民用航空法》外,《开普敦公约》及其《航空器议定书》创设了一种新的权利——国际利益。《开普敦公约》是代表民用航空器所有权人、出租人利益的,我国在批准加入时,国内企业基本处于买方和承租人的角色,因此在当时批准的时候做了大量的声明。现在形势已经不同了,我们的国内租赁公司每年从事大量的民用航空器出租业务,我们的航空器制造企业也开始走上国际舞台,从这个角度讲,我们也是公约的受益方。因此我赞成刚才嘉宾的提议,需要对声明做一个系统的回顾,看哪些内容没有必要排除公约适用(如国内交易,经常是作为国际交易的一部分),还有一些内容,需要结合国内立法和司法实践进一步予以明确。

关于民用航空器的执行,基于前面讲的"新鲜水果"原则,我觉得还是要有系统的法律保障,在这方面可以借鉴《海事诉讼特别程序法》的规定,如明确申请扣押民用航空器的请求范围、扣押的执行、扣押期间、拍卖申请的审查、拍卖前的公告、拍卖的特别通知、拍卖的实施、债权登记、优先权催告等。当然这些内容,目前看专门再制定一个特别程序法是有难度的,可行的还是在修改《民用航空法》时增加诉讼程序方面的特别规定。所以《民用航空法》大范围修订的时候,这方面还是要做大量的基础性工作。有了这样明确的法律规定,目前实践中遇到的执行难题才可能彻底解决。

发言人:周广元,上海市静安区人民法院执行局副科长。

我们从上海过来带着求知若渴的心,确实也不虚此行。之前满脑子都是问题,现在满脑子都是方法和解决办法。

结合今天主题,我们认为,要快速让航空器动起来,不能靠法院一家,需要协助单位。协助单位首先就是相关的登记部门。如果这个问题登记好了,下面问题就是衔接和配合的问题。真正的难点在于找不到哪家机构来协助,找到之后能不能快速全方位配合又是难点。这些不是知识和技术问题,是人的问题,是机制问题。

下一个问题,如何在最短的时间内拍卖处置掉,刚才有老师提到了一个技巧,叫留置权。但法院执行不能老靠技巧,不需要求任何人,否则这个强制力无法体现。执行中有这个规定,但是不常用的,即指定保管,一方面航空器动起来价值不减损,另一方面加速拍卖。我想只要成交了,这个航空器它本身的处理就结束了。

关于分配问题,离不开民法,离不开相应的强制法,比如说优先权、留置权,这是需要民法解决的问题。

发言人：周婷婷，上海市静安区人民法院执行局法官助理。

在会前我们这个团队也收集了一些问题，在会议的前半阶段，经过各位专家老师的发言这些问题都已经得到解决。尤其是关于航空器的查找以及司法执行过程中的协助单位以及司法查封之后，为了维护航空器的运营价值、使用价值所产生的托管费用、保养维护等高昂的辅助性费用，在执行过程中如何妥善平衡及保护，老师们给予了非常详细的讲解。在这里又产生了一个延伸的问题——提存价款，这是我们确保或者是平衡处置过程中所产生的辅助性费用保持在一个合理范围之内的一个非常有效的手段。

另外，从立法层面来说，在当前要求合理善意执行的情况下，在满足什么样的条件时法院可以依职权提前拍卖、提存价款，希望最高人民法院能够在立法层面上给予明确的指引。

最后一个问题是关于航空器的多重买卖。在多重买卖中，对于债权人的优先权如何进行认定。当前立法对于特殊动产的多重买卖优先权认定规则，可以总结为：交付优于登记、优于成立在前、优于成立在后。由此可见，排在优先权首位的方式是交付，但是我们知道交付分为四种，分别是现实交付、简易交付、占有改定以及指示交付。在认定合同成立先后的时候，可能存在当事人倒签合同，或者是约定一个虚假的合同订立的时间来规避优先权的问题，而指示交付以及占有改定这两种交付方式同样是以当事人之间的合同约定来完成交付的，那么同样可以存在虚构时间来提前交付的时间从而到达规避优先权的认定问题。对此最高人民法院是否可以在立法层面上，对于交付方式上的优先认定作进一步的规定。

发言人：孔得建，中国政法大学国际法学院讲师，中国政法大学航空与空间法研究中心研究员。

民用航空器是一种特殊的动产，其司法执行也面临特殊的问题。第一，部分民用航空器涉及公共运输秩序，在执行中需要适当考量公共利益，避免明显超标查封；第二，民用航空器是一个“鲜活”物品，在执行中需要尽量维护其适航性能，否则不利于实现债权人利益；第三，民用航空器的价值在于飞行，是否考虑多采用“活封”方式，尽量发挥其商业效用，由法院对此期间的营收进行提存，同时通过保险等措施降低财产贬值或灭失风险；第四，建议明确民航部门配合司法部门执行民用航空器的责任单位和具体流程，增强该领域司法执行工作的可操作性。

发言人：李大朋，中国政法大学国际法学院讲师，中国政法大学航空与空间法研究中心研究员。

本次研讨会非常有价值，令人深思。一方面，一架航空器在经济年限内，其折旧的速度是非常快的,这也就决定了,交易一方当事人违约,其他利益方需要得到快速而有效的救济。另一方面,航空器的价值在于正常运营,因为保全等原因造成航空器长期无法正常运营,其损失也是各方都无法承受的。因此,航空器的执行不同于一般标的物的执行。

我国可以考虑进一步完善实现担保物权的特殊程序、承认与引进航空器自力取回制度、更积极地承认与执行IDEAR,甚至进一步突破国内交易的限制,将《开普敦公约》中的最终判决前救济引入国内航空器物权救济中。

发言人:张鹿苹,中国政法大学国际法学院讲师,中国政法大学航空与空间法研究中心研究员。

这次的研讨会非常有意义。民用航空器的执行是理论和实务中越发关注的重点。随着我国航空制造业的发展和更多的航空企业逐步走上世界舞台,如何利用好国际公约,如《开普敦公约》体系(包括《航空器议定书》)下创设的“国际利益”等问题值得深入研究。随着情势变化,我国对于《开普敦公约》所作的保留,应当作一梳理。这可以与我国国内《民用航空法》的后续修订工作协同推进。

发言人:李磊,中国民航管理干部学院马克思主义学院(社会科学系)讲师。

航空器执行是个“跨界”法律问题,解决航空器执行难的问题需要理论界、实务界打破法律文本的边界,综合运用法律手段和经济手段。

第一,在民法典体系框架内解释航空器权利,使航空器权利融入民事权利体系中,这是解决航空器执行难题的基础。在航空器权利中,航空器占有权的法理诠释最为急迫,应当明确航空器占有权的物权性质,将登记时间作为判断占有权与其他物权权利优先顺位的标准。

第二,建立航空器联合执行机制。联合执行机制应当包括如下内容:航空器位置共享、查封信息共享、协力完成航空器的交付、适航证书与航行记录等附随材料移交以及黑名单信息共享。

第三,在查封方式上,应当坚持实物查封和权利查封相结合的方式。在航空器运营商积极配合执行时,应当以权利查封为主;当航空器运营商不配合执行时,执行机关也可以灵活采用实物查封的方式,甚至可以将航空器移交给第三方代为监管或者管理,以保证飞机始终处于适航状态。

第四,培育航空器执行的相关市场。目前,我国缺乏公开透明的航空器评估市场,而价值评估困难是制约航空器执行的重要因素。尽快培育起航空器价值评估市场,既能推动行业健康发展,也可以解决航空器的执行难题。另外,专业辅助执行机构也能为航空器的顺利执行提供保障,如专业的航空器监管方、航空器运营商。

会议总结

刘保玉，中国政法大学教授、博士生导师，最高人民法院执行局特邀咨询专家。

回到一开始航空法领域交叉研究的问题。对于特殊动产的研究，民法学者更多关注的是车辆，但对于船舶、航空器则几乎没有人研究，我一直觉得这是有缺陷的。

航空器的登记规则确实有特殊性，交付规则以及租赁的规则等也有特殊性，这都需要我们民法学者投入更多的精力来研究。航空法虽然小众，但影响很大，做这个研究还是很有意义的。

《航空法评论》征稿启事

《航空法评论》是中国民航大学航空法律与政策研究中心、法学院联合主办的系列出版丛书，自 2011 年以来已经出版 10 辑，获得广大读者好评，现第 11 辑正在征稿。《航空法评论》也欢迎各位同人在航空法理论、民航政策、航空法判例、民航法治文化、国内外航空立法进展等领域的论著或译文。

一、来稿规范

鉴于学术研究统一规范化的要求以及编辑工作的需要，对来稿提出以下几点要求：

1. 中英文标题名称。请用宋体 4 号字格式，并居中。

2. 作者名称。请用楷体 5 号字格式，居中，并用上标星号（ * ）作为介绍作者注释的标志，在脚注中注明作者姓名、性别、工作单位、联系方式、学位、职称以及研究方向。

3. 目次：文中的 1 ~ 3 级标题要加黑。

4. 注释。正文注释一律采用脚注，每页重新编号，并采用①②③形式。论文不区分注释（对文章中某一内容和观点作进一步解释或补充说明的文字）与参考文献。

注释体例：参照法学引注手册（2019 年）体例。

例如：

著作类：

（1）刘俊海：《股份有限公司股东权的保护》，法律出版社 2004 年版，第 101 页。

（2）李双元、徐国建主编：《国际民商新秩序的理论建构》，武汉大学出版社 1998 年版，第 75 页。

（3）［德］拉伦茨：《德国民法通论》（下册），邵建东译，法律出版社 2003 年版，第 1 页。

论文类：

（1）苏号鹏、蒋恒：《论信用权》，载《法律科学》1995 年第 2 期。